# राजनीतिशास्त्र के सिद्धान्त

प्रदीप माथुर

इशिका पब्लिशिंग हाउस
जयपुर दिल्ली

**इशिका पब्लिशिंग हाउस**

ए –25, ''गणेश सदन'', गली न. 4, आदर्श बस्ती,
बी.एल. हाउस के पास, टोंक फाटक,
जयपुर–302018 (राजस्थान) भारत
फोन : 0141-2761280, Mob. 9887532741
Email: ishikapublishinghouse@yahoo.in

**दिल्ली कार्यालय :** 102, प्रथम मंजिल, 'सत्यम हाउस'
4324/3, अंसारी रोड़, दरियागंज, नई दिल्ली – 110 002
फोन : 011–45652440



ISBN: 9788189471132



टाइपसेटिंग : बी.एस. कम्प्यूटर्स, जयपुर

मुद्रक : थॉमसन प्रेस, नई दिल्ली

# भूमिका

राज्य के स्वरूप सम्बन्धी धारणाओं की भिन्नता और उसके विषय में पाये जाने वाले भ्रम के कारण भी राजनीति विज्ञानी राज्य के स्थान पर मनुष्य के राजनीतिक क्रिया कलाप को राजनीति-विज्ञान के अध्ययन का केन्द्र बिन्दु मानने को प्रेरित हुए। सी.एच.टाइटस के अनुसार विभिन्न विद्वानों के द्वारा राज्य की परिभाषा 145 प्रकार से की गई है, जैसे राज्य नैतिक चेतना की अभिव्यक्ति है, समाज का शोषण का माध्यम है, संघों का संघ है, शासन का पर्यायवाची है, समाज का ही विशिष्ट अंग है आदि। ऐसी दशा में राजनीति विज्ञानियों को यह अधिक उचित प्रतीत हुआ कि अपनी गवेषणा में राज्य के स्थान पर मनुष्य के बहुपक्षीय क्रियाकलाप को आधार मानकर चलें। अपनी गवेषणा को राज्य तक ही सीमित रखने में राजनीति विज्ञानियों की एक कठिनाई यह भी रही कि अनेक जनजातियों में राज्य नामक संगठन ही नहीं होता है, यद्यपि राजनीतिक क्रियाकलाप उनमें भी देखने को मिलता है। इस चर्चा का यह मंतव्य नहीं कि 'राज्य' के स्थान पर 'राजनीति' या 'राजनीतिक क्रिया कलाप' को राजनीति विज्ञान के अध्ययन का विषय मानने की नई प्रवृत्ति के प्रचलन से राजनीति विज्ञानियों का इन शब्दों के अर्थों से सम्बन्धित मतान्तर समाप्त हो गया है। इस सम्बन्ध में दृष्टिकोणों में जहाँ अनेक समानताएँ देखने को मिलती हैं, वहीं पारिभाषिक स्तर पर अनेक विभिन्नताएँ भी मिलती हैं।

राजनीति शब्द का प्रयोग उस अध्ययन क्षेत्र के लिए करना उचित नहीं है, जिसमें हम राज्य की उत्पत्ति, विकास, प्रकृति एवं उद्देश्य आदि का व्यवस्थित अध्ययन करते हैं और जिसे हम राजनीति-विज्ञान कहते है। राजनीति (Politics) शब्द का प्रयोग सर्वप्रथम अरस्तू ने अपनी राज्य विषयक पुस्तक के शीर्षक के रूप में किया था। अरस्तू की उस पुस्तक का विषय पोलिस (Polis) या नगर राज्य था। अतः नगर राज्य से सम्बन्धित विषय को उसने राजनीति (Politics) का नाम प्रदान किया। यूनानियों के नगर-राज्यों के प्रबन्ध से सम्बन्धित विषयों के अर्थ में राजनीति (Politics) शब्द का प्रयोग निःसन्देह उचित था। अरस्तू का अनुकरण करते हुए कुछ बाद के लेखकों ने भी राजनीति (Politics) नाम का ही प्रयोग किया, किन्तु जिस विषय को दर्शाने के लिए उस समय तक उसका प्रयोग होने लगा था, वह अरस्तू के काल के विषय से क्षेत्र की दृष्टि से पर्याप्त रूप से भिन्न हो चुका था। अतः सम्पूर्ण विषय-सामग्री को उसके अन्तर्गत लाने के लिए राजनीति को दो भागों में बाँटा गया- सैद्धान्तिक राजनीति (Theoretical Politics) तथा व्यवहारिक राजनीति (Practical Politics)। उदाहरणार्थ, फ्रेडरिक पोलक ने विषय सामग्री का विभाजन आगे पर किया गया है।

**लेखक**

# अनुक्रमणिका

1

# राजनीति-विज्ञान की परिभाषाएँ, क्षेत्र तथा महत्व

राजनीति विज्ञान की विषय वस्तु के दो पहलू मात्र हैं। एक पहलू यदि उसके वैधिक या औपचारिक पक्ष से सम्बन्धित है, तो दूसरा पहलू उसके व्यावहारिक पक्ष से सम्बन्धित है तथा दोनों अन्योन्याश्रित हैं। यदि संस्थाओं के वैधिक विवरण मात्र से किसी राजनीतिक व्यवस्था की प्रकृति एवं स्वरूप का पूरा बोध नहीं हो सकता, तो राजनीतिक व्यवहार का अध्ययन भी संस्थात्मक विचार-संधार (Institutional frame work) के अभाव में अर्थहीन है। राजनीति विज्ञान के अध्ययन क्षेत्र के सम्बन्ध में जो कुछ पूर्व में कहा गया है,उसमें दो धाराओं को स्पष्ट देखा जा सकता है। पहली धारा, जो पारस्परिक दृष्टिकोण पर आधारित है, राज्य और राजनीतिक संस्थाओं के अध्ययन को प्रमुख स्थान देने के लिए आग्रहशील है। दूसरी धारा, जो नवीन धारा कहलाती है, राजनीति को राजनीति विज्ञान के अध्ययन का विषय मानती है। मनुष्य के राज्य सम्बन्धी क्रिया-कलापों के अध्ययन को आजकल हम यद्यपि राजनीति विज्ञान अथवा राजनीति-शास्त्र अथवा पोलिटिकल साइन्स कहते हैं, तथापि इसे अब तक कई नामों से पुकारा जा चुका है। कुछ लेखकों ने इसे राजनीति (Politics) कहकर पुकारा है, तो कुछ ने इसे राजनीतिक सिद्धान्त (Political Theory) अथवा राजनीति-दर्शन (Political Philosophy) की संज्ञा दी है। अत: अपने अध्ययन में

और आगे बढ़ने से पहिले यह समझ लेना आवश्यक है कि इन नामों के अर्थ में क्या अन्तर है और हमें अपने अध्ययन को क्यों राजनीति-शास्त्र अथवा राजनीति-विज्ञान कहना चाहिए।

व्यावहारवादी राजनीति विज्ञानी भी अपने अध्ययन के लिए संस्थात्मक विचार-संधार पर अवलम्बित रहे हैं,यद्यपि वे उसे प्रमुख स्थान नहीं देते। विचार की निष्पत्ति यदि व्यवहार में होती है, तो व्यवहार भी निश्चय रूप से विचार को प्रभावित करता है। इसलिये यह कहा जाता है कि जो कुछ व्यवहार में है उसे सिद्धान्त रूप से मान लेने में कोई कठिनाई नहीं होनी चाहिये और इसी दृष्टि से इन दोनों धाराओं को एक दूसरे का पूरक समझा जा सकता है। कुछ विद्वान इस स्थिति को स्वीकार भी करने लगे हैं। उदाहरण के रूप में रोलां पिनॉक एवं डेविड स्मिथ ने राजनीति विज्ञान की परिभाषा करते हुये जो विचार वयक्त किये हैं, वे अधिक संयत एवं उपयुक्त प्रतीत होते हैं । क्योंकि उनके द्वारा दोनों पक्षों को समान रूप से महत्त्वपूर्ण मानते हुये दोनों के सामंजस्य पर बल दिया गया है। उनके अनुसार, ''क्या है और क्या होना चाहिए तथा दोनों के (यथार्थ एवं आदर्श) के बीच सामंजस्य कैसे बिठाया जाए, इस दृष्टि से सरकार और राजनीतिक प्रक्रिया के व्यवस्थित अध्ययन को राजनीति विज्ञान कहा जा सकता है1'' इस विचार का एक अन्य गुण यह भी है कि व्यवहारवादियों के विरुद्ध नैतिक मूल्यों की अवहेलना का जो आरोप लगाया जाता है, उससे इसमें बचा गया है।

राजनीति शब्द का प्रयोग उस अध्ययन क्षेत्र के लिए करना उचित नहीं है, जिसमें हम राज्य की उत्पत्ति, विकास, प्रकृति एवं उद्देश्य आदि का व्यवस्थित अध्ययन करते हैं और जिसे हम राजनीति-विज्ञान कहते हैं। राजनीति (Politics) शब्द का प्रयोग सर्वप्रथम अरस्तू ने अपनी राज्य विषयक पुस्तक के शीर्षक के रूप में किया था। अरस्तू की उस पुस्तक का विषय पोलिस (Polis) या नगर राज्य था। अत: नगर राज्य से सम्बन्धित विषय को उसने राजनीति (Politics) का नाम प्रदान किया। यूनानियों के नगर-राज्यों के प्रबन्ध से सम्बन्धित विषयों के अर्थ में राजनीति (Politics) शब्द का प्रयोग नि:सन्देह उचित था। अरस्तू का अनुकरण करते हुए कुछ बाद के लेखकों ने भी राजनीति (Politics) नाम का ही प्रयोग किया, किन्तु जिस विषय को दर्शाने के लिए उस समय तक उसका प्रयोग होने लगा था, वह अरस्तू के काल के विषय से क्षेत्र की दृष्टि से पर्याप्त रूप से भिन्न हो चुका था। अत: सम्पूर्ण विषय-सामग्री को उसके अन्तर्गत लाने के लिए राजनीति को दो भागों में बाँटा गया- सैद्धान्तिक राजनीति (Theoretical Politics) तथा व्यवहारिक राजनीति (Practical Politics)। उदाहरणार्थ, फ्रेडरिक पोलक ने विषय सामग्री का विभाजन आगे पर किया गया है।

सैद्धान्तिक राजनीति का सम्बन्ध राज्य, शासन तथा विज्ञान के केवल मूलभूत सिद्धान्तों एवं लक्षणों से है और उनके अन्तर्गत राज्य की उत्पत्ति, प्रकृति, लक्षण एवं उद्देश्य आदि जैसे विषय का अध्ययन हो जाता है। सरकार के क्रिया-कलापों अथवा उन साधनों का अध्ययन उसके अन्तर्गत नहीं आता, जिनके द्वारा राज्य के उद्देश्यों की प्राप्ति होती है।

इसके विपरीत व्यावहारिक राजनीति का सम्बन्ध राज्य के वास्तविक कार्यों तथा प्रशासन की वास्तविक समस्याओं से है। इसके अर्न्तगत हम राज्यों की वास्तविक कार्य-प्रणालियों एवं राजनीतिक संस्थाओं के वास्तविक जीवन का अध्ययन करते हैं। विषय का यह विभाजन इस दृष्टि से अत्यन्त उपयोगी है कि इसके अन्तर्गत हमारे अध्ययन की सम्पूर्ण सामग्री आ जाती है। इसी कारण जेलीनिक, लैविस, जैनिक बैन आदि अन्य लेखकों ने भी इसे अपनाया है। फिर भी राजनीति-विज्ञान की सम्पूर्ण विषय सामग्री के लिए राजनीति शब्द का प्रयोग आधुनिक युग में मान्य नहीं समझा जाता। जिस अर्थ में राजनीति शब्द का प्रयोग अरस्तू द्वारा किया गया है, उसमें इस शब्द का प्रयोग ठीक है। किन्तु आजकल राजनीति शब्द का प्रयोग जिस अर्थ में किया जाने लगा है, उसके कारण हम राजनीति विज्ञान को राजनीति का नाम नहीं दे सकते। प्रोफेसर गिलक्राइस्ट ने भी कहा है कि ,''आधुनिक प्रयोग के कारण राजनीति का एक नया अभिप्राय हो गया है, अतः हमारे विज्ञान के नाम के रूप में यह बेकार हो गया है।''[1] आजकल राजनीति का अभिप्राय सरकार की दिन प्रति-दिन की समस्याओं से होता है, वैज्ञानिक ढंग के राज्य-सम्बन्धी सिद्धान्तों से नहीं, और जब हम किसी देश की राजनीति की बात करते हैं तो हमारा अभिप्राय वहाँ की सामाजिक, राजनीतिक समस्याओं से ही होता है, जिनमें चुंगी के निर्धारण से लेकर किसी सरकार के प्रशासकीय कार्यों से सम्बन्धित विवाद की बातें तक सम्मिलित होती हैं। जब हम यह कहते हैं कि अमुक व्यक्ति राजनीति में रुचि रखता है तो हमारा तात्पर्य यही होता है कि वह आयात-निर्यात कर, मजदूरों एवं मिल-मालिकों के सम्बन्धों, व्यापार शिक्षा तथा खाद्य आदि विषयों से सम्बन्धित वर्तमान प्रश्नों में अभिरुचि रखता है, राज्य की उत्पत्ति, विकास तथा उद्देश्य आदि के सैद्धान्तिक अध्ययन में नहीं। इस सम्बन्ध में यह भी स्मरणीय है कि एक देश की राजनीति दूसरे देश से तथा एक दल की राजनीति दूसरे दल की राजनीति से भिन्न होती है और स्वभावतः विभिन्न देश अथवा दल से सम्बन्धित राजनीतिज्ञों की राजनीति भी भिन्न होती है। चूँकि राजनीति-विज्ञान की सामग्री के विषय में देशीय विभिन्नता मान्य नहीं हो सकती, अतः राजनीति और राजनीति-विज्ञान एक नहीं हो सकते। इसी प्रकार राजनीति का ज्ञान रखने वाला राजनीतिज्ञ हो सकता है, राजनीति-विज्ञानी अथवा राजनीति-विज्ञान का विद्यार्थी नहीं हो सकता।

एक अन्य नाम जिससे हमारा विषय सम्बोधित किया जाता है, राजनीति-दर्शन है। जो विचारक राज्य-सम्बन्धी अध्ययन को 'राजनीति दर्शन' का नाम देना चाहते हैं, उनका कहना है कि हमारे विषय के अध्ययन की प्रकृति वस्तुतः सैद्धान्तिक अथवा दार्शनिक है, जिसमें हम राजनीतिक संस्थाओं से सम्बन्धित आधारभूत सिद्धान्तों का अध्ययन करते हैं, उनके वास्तविक कार्य-कलाप का नहीं। इस प्रकार उनके मतानुसार इस विषय के क्षेत्र में राज्य की उत्पत्ति, विकास, प्रकृति, उद्देश्यों, अधिकारों एवं कर्त्तव्यों तथा अन्य राजनीतिक विचारों का अध्ययन आता है और राजनीति-विज्ञान का अध्ययन सैद्धान्तिक राजनीति तक ही सीमित हो जाता है। उदाहरणार्थ सिजविक के अनुसार ''राजनीति-विज्ञान अथवा राजनीति (जिस नाम से वह इस विषय को सम्बोधित करता है) का सम्बन्ध मुख्यतः कुछ मनोवैज्ञानिक

आधारों पर पारस्परिक सम्बन्धों की उस व्यवस्था के निर्माण करने से है, जो सभ्य मनुष्यों द्वारा निर्मित समाज में शासक तथा शासित व्यक्तियों तथा उनमें आपस में स्थापित होनी चाहिए।''[1] इस प्रकार हम यह देखते हैं कि राजनीति-दर्शन के क्षेत्र में यद्यपि वह सब कुछ आ जाता है जिसे हम विषय का सैद्धान्तिक अध्ययन कहते हैं, तथापि उसमें उसका वह भाग छूट जाता है जिसको सर फ्रेडरिक पोलक के विभाजन में व्यावहारिक राजनीति का नाम दिया गया है। अत: जो विषय-सामग्री हम राजनीति-विज्ञान के क्षेत्र की मानते हैं, वह सब राजनीति-दर्शन में नहीं आती। गिलक्राइस्ट के शब्दों में वस्तुत: ''राजनीति दर्शन एक दृष्टि से राजनीति-विज्ञान का पूर्वगामी है क्योंकि प्रथम (राजनीति दर्शन) की मौलिक मान्यताओं पर ही द्वितीय (राजनीति-विज्ञान) आधारित है साथ ही राजनीति-दर्शन को भी स्वयं बहुत-सी ऐसी सामग्री का प्रयोग करना पड़ता है, जो उसे राजनीति-विज्ञान से प्राप्त होती है।''[1] इस प्रकार हम देखते हैं कि दोनों में अत्यन्त घनिष्ठ सम्बन्ध होते हुए भी दोनों की विषय-सामग्री एक नहीं है। दोनों के क्षेत्रों के विषय के सम्बन्ध में यद्यपि कोई स्पष्ट विभाजन-रेखा नहीं खींची जा सकती, फिर भी यह अब सभी स्वीकार करते हैं कि आधुनिक प्रयोग के अनुसार राजनीति-विज्ञान शब्द के अभिप्राय में एक ऐसी व्यापकता एवं सुनिश्चितता है जो राजनीति दर्शन में नहीं पायी जाती और इसलिए हम मनुष्य के राज्य-सम्बन्धी कार्य-कलापों के अध्ययन को राजनीति-शास्त्र अथवा राजनीति विज्ञान (Political Science) कहकर पुकारना ही अधिक उचित समझते हैं।

मनुष्य के सामाजिक संगठन अनेक प्रकार के होते हैं, परन्तु उसके संगठन का वह रूप जिसे हम राज्य कहते हैं सबसे विशिष्ट होता है। वस्तु-स्थिति इस विषय में यह है कि उसके अन्य संगठन 'राज्य' नामक संगठन के आश्रित होते हैं। उपयोगिता की दृष्टि से मनुष्य की उन्नति के लिए राज्य का बड़ा महत्त्व है। आचार्य चाणक्य के अनुसार दण्ड अर्थात् राज्य-व्यवस्था न होने पर 'मत्स्यन्याय' प्रचलित हो जाता है। मनुष्य स्वभावत: एक सामाजिक प्राणी है। सामाजिक प्राणी होने के कारण वह समाज में ही रहकर अपने योगक्षेम की साधना करता है। उसकी व्यक्तिगत उन्नति सामाजिक जीवन पर ही आश्रित होती है।

समाज के बिना मनुष्य का वह महत्त्व नहीं होता जो उसका समाज के एक अंग के रूप में होता है। अत: मनुष्य से सम्बन्धित जितने भी शास्त्र अथवा विज्ञान हैं, उनका प्रतिपाद्य विषय व्यक्ति रूप में मनुष्य न होकर समाज होता है। मनुष्य के पारस्परिक सम्बन्ध विभिन्न प्रकार के होते हैं। उन्हीं के आधार पर अनेक सामाजिक शास्त्रों एवं विज्ञानों का विकास हुआ है। उदाहरणार्थ, मनुष्य के आर्थिक सम्बन्धों को लेकर अर्थशास्त्र अथवा उनके नैतिक सम्बन्धों को लेकर नीति-शास्त्र का विकास हुआ है। इसी प्रकार समाज में रहते हुए मनुष्य के राजनीतिक सम्बन्ध भी होते हैं और उनके ऐसे सम्बन्धों को लेकर जिस विज्ञान का विकास हुआ है, उसे राजनीति-विज्ञान कहते हैं। मनुष्य के राजनीतिक सम्बन्ध चूँकि राज्य नामक मानव संगठन में ही सुचारू रूप से संचालित होते हैं, अत: राज्य राजनीति-विज्ञान का प्रतिपाद्य विषय बन जाता है। उसके प्रचलित हो जाने पर जिस प्रकार बड़ी मछली छोटी मछली को खा जाती है, उसी प्रकार बलवान दुर्बलों को नष्ट कर सकते हैं।

दूसरे शब्दों में, राज्य-व्यवस्था की अनुपस्थिति में जिसकी लाठी उसकी भैंस वाली कहावत चरितार्थ होने लगती है और मानव समाज का अस्तित्व खतरे में पड़ जाता है। राज्य के अभाव में बाहर की ओर से आक्रमण का भय भी बना रहता है। अत: मनुष्य के जीवन के अस्तित्व के लिए यह आवश्यक है कि राज्य की व्यवस्था हो, जिससे प्रत्येक मनुष्य अपनी सुरक्षा की ओर से निश्चिन्त होकर उन्नति कर सके।

सुरक्षा की दृष्टि से ही राज्य की उपयोगिता मनुष्य के लिए नहीं होती, उसके मनुष्यत्व के विकास के लिए भी उसका अस्तित्व आवश्यक होता है। क्योंकि राज्य की सत्ता द्वारा स्थापित व्यवस्था एवं मर्यादा में ही मनुष्य के मानवोचित गुणों का विकास होता है। वस्तुत: राज्य मानव संगठन का सबसे उत्कृष्ट रूप होता है। वह मनुष्य को वे परिस्थितियाँ प्रदान करता है, जिनमें उसकी सर्वतोमुखी उन्नति हो सकती है। आधुनिक युग में तो मनुष्य के हित एवं कल्याण से राज्य का अनिवार्य सम्बन्ध माना जाता है। समाजवादी विचारधारा के अनुसार तो राज्य का क्षेत्र केवल राजनीतिक ही नहीं अपितु आर्थिक एवं सामाजिक भी होता है। व्यवहार रूप में राज्य नामक मानव-संगठन संसार में मनुष्य के लिए जो कुछ कर रहा है, उससे यह सिद्ध हो गया है कि राज्य के कार्य-क्षेत्र में मानव जीवन का प्रत्येक पहलू किसी न किसी रूप में आ जाता है। इस प्रकार राज्य की उपयोगिता मनुष्य की सुरक्षा की दृष्टि से ही नहीं, अपितु उसकी सर्वतोमुखी उन्नति की दृष्टि से भी होती है। चूँकि राजनीति-विज्ञान का प्रतिपाद्य विषय वही राज्य होता है और चूँकि राज्य के संगठन को सुचारू रूप राजनीति-विज्ञान के ज्ञान के बिना नहीं दिया जा सकता, अत: जितनी उपयोगिता राज्य की होती है उतनी ही राजनीति-विज्ञान की भी समझी जानी चाहिए। आधुनिक युग में लोकतंत्रवाद के विकास के कारण राजनीति-विज्ञान की उपयोगिता और भी अधिक बढ़ गई है। एकतन्त्रवाद अथवा श्रेणीतन्त्रवाद के दिनों में राज-शक्ति का प्रयोग किसी एक व्यक्ति अथवा एक श्रेणी के हाथ में रहता था और जनसाधारण राजनीति में विशेष रुचि नहीं रखते थे। परन्तु अब जब लोकतन्त्रवाद का विकास पूर्ण रूप से हो चुका है और साधारण जनता स्वयं अपने निर्वाचित प्रतिनिधियों द्वारा शासन करती है, तब राजनीति विज्ञान की उपयोगिता मनुष्य मात्र के लिए हो गयी है, क्योंकि उसी के द्वारा मनुष्य के पारस्परिक सम्बन्ध तथा उसके अधिकार एवं कर्त्तव्य का ज्ञान सम्भव होता है।

## राजनीति-विज्ञान का अर्थ एवं परिभाषा

'राजनीति' का पर्यायवाची अँग्रेजी शब्द पौलिटिक्स (Politics) यूनानी भाषा के Polis शब्द से बना है, जिसका अर्थ उस भाषा में 'नगर' अथवा 'राज्य' है। प्राचीन यूनान में प्रत्येक नगर एक स्वतन्त्र राज्य के रूप में संगठित होता था और पौलिटिक्स शब्द से उन नगर-राज्यों से सम्बन्धित शासन की विद्या का बोध होता था। धीरे-धीरे राज्य का स्वरूप बदला और नगर-राज्यों (City States) का स्थान राष्ट्रीय राज्यों (Nation State) ने लिया, अत: राजनीति भी राज्य के विस्तृत रूप से सम्बन्धित विद्या हो गई। आधुनिक युग में जब संसार प्रत्येक विषय के वैज्ञानिक व व्यवस्थित अध्ययन की ओर झुक रहा है, राज्य से

सम्बन्धित विषयों का अध्ययन राजनीति विज्ञान (Political Science) के द्वारा किया जाने लगा है। राजनीतिविज्ञान की परिभाषा का यह पारम्परिक रूप अब बदल गया है और इस सम्बन्ध में उसके नवीन रूप के प्रतिपादकों द्वारा उठाये गये इस विवाद पर विचार करना भी अत्यन्त आवश्यक है कि राजनीति विज्ञान क्या मनुष्य के केवल उन कार्यकलापों का अध्ययन करने वाला विज्ञान है जिनका सम्बन्ध उससे राज्य नामक संगठन से होता है या वह मनुष्य के कुछ उन कार्यकलापों का भी अध्ययन करता है जिनका सम्बन्ध उसके जीवन के राजनीतिक पहलू से न होकर उसके सामाजिक, आर्थिक या धार्मिक आदि अन्य पहलुओं से होता है। यह एक सर्वमान्य तथ्य है कि मनुष्य का जीवन समष्टिमय है और उसके राजनीतिक, सामाजिक, आर्थिक या धार्मिक आदि विविध पहलुओं को पूर्णत: पृथक-पृथक नहीं किया जा सकता। अत: राजनीति विज्ञानियों का एक वर्ग, जिन्हें व्यवहारवादी राजनीति विज्ञानियों की संज्ञा दी जाती है, यह मानने वाला भी हो गया है कि राजनीतिविज्ञान की गवेषण का आधार मनुष्य का राज्य सम्बन्धी व्यवहार एवं क्रियाकलाप ही न होकर उसका बहुपक्षीय व्यवहार एवं क्रियाकलाप है। इसमें सन्देह नहीं कि मनुष्य के क्रियाकलाप के विविध पक्षों का अध्ययन विविध सामाजिक शास्त्र अलग-अलग करते हैं, पर इसमें भी सन्देह नहीं कि कोई भी शास्त्र अथवा विज्ञान अपने से सम्बन्धित मानव जीवन के पहलू को उसके अन्य पहलुओं से पूरी तरह अलग करके उसका अध्ययन नहीं कर सकता। अत: इस दृष्टिकोण के आधार पर राजनीति विज्ञान को वह विज्ञान नहीं माना जा सकता जो मनुष्य के केवल राजनीतिक क्रियाकलापों का ही अध्ययन करता हो, वरन् उसे ऐसा सामाजिक विज्ञान माना जाना चाहिए जो मनुष्य के राजनीतिक व्यवहार व क्रियाकलाप के अध्ययन करने में उसके सामाजिक आर्थिक, धार्मिक तथा नैतिक व्यवहार एवं क्रियाकलापों का अध्ययन प्रसंग एवं आवश्यकता के अनुसार करे। इस विचार को दृष्टिगत रखते हुए राजनीति विज्ञान की परिभाषा हम एक ऐसे विज्ञान के रूप में कर सकते हैं, जो मनुष्य के उन कार्यकलापों का अध्ययन करता है, जिनका सम्बन्ध उसके जीवन के राजनीतिक-राज्य, सरकार, राजनीतिक संस्थाओं, राजनीतिक प्रक्रियाओं आदि से सम्बन्धित पहलू से होता है, तथा उस अध्ययन में वह मनुष्य के जीवन के राजनीतिक, सामाजिक, आर्थिक, धार्मिक, नैतिक आदि सब पहलुओं के पारस्परिक प्रभावों का भी अध्ययन करते हुए यह देखता है कि मनुष्य के जीवन का राजनीतिक पहलू उसके अन्य पहलुओं को और अन्य पहलू उसके राजनीतिक पहलू को किस प्रकार परस्पर प्रभावित करते हैं।

राजनीति-विज्ञान की परिभाषा भिन्न-भिन्न लेखकों ने भिन्न-भिन्न प्रकार से की है। उदाहरणार्थ, प्रसिद्ध राजनीति-शास्त्री **ब्लुंशली** के अनुसार, "राजनीति-विज्ञान वह विज्ञान है जिसका सम्बन्ध राज्य से है और जो यह समझने का प्रयत्न करता है कि राज्य के आधारभूत तत्त्व क्या हैं, उसका आवश्यक स्वरूप क्या है, उसकी किन विविध रूपों में अभिव्यक्ति होती है तथा उसका विकास कैसे हुआ।"[1] एक जर्मन लेखक **गेरिस** का कथन है कि "राजनीति-विज्ञान में, शक्ति की संस्था के रूप में, राज्य के समस्त सम्बन्धों, उसकी उत्पत्ति, उसके मूर्तरूप (भूमि एवं निवासी), उसके प्रयोजन उसके नैतिक महत्त्व, उसकी आर्थिक

समस्याओं, उसके अस्तित्व की अवस्थाओं, उसके वित्तीय पहलू तथा उद्देश्य आदि पर विचार किया जाता है।'' **डॉक्टर गार्नर** के अनुसार, ''राजनीति-विज्ञान का प्रारम्भ तथा अन्त राज्य के साथ होता है।'' फ्रान्सीसी विद्वान **पॉल जेनिट** के शब्दों में, ''राजनीति-विज्ञान समाजविज्ञान का वह भाग है, जिसमें राज्य के आधारों तथा शासन के सिद्धान्तों पर विचार किया जाता है।'' अँग्रेज विचारक **सीले** के अनुसार, ''राजनीति-विज्ञान शासन के तत्त्वों का अनुसंधान उसी प्रकार करता है जैसे अर्थ व्यवस्था सम्पत्ति का, जीव-विज्ञान जीवन का ''बीजगणित अंकों का तथा रेखा गणित स्थान एवं ऊँचाई का करता है।'' **गेटेल** के मतानुसार, ''यह राज्य के भूत, वर्तमान तथा भविष्य का, राजनीतिक संगठन तथा राजनीतिक कार्यों का, राजनीतिक संस्थाओं तथा राजनीतिक सिद्धान्तों का अध्ययन है।''

**डॉक्टर जकरिया** का कथन है कि, ''राजनीति-विज्ञान व्यवस्थित रूप में उन आधारभूत सिद्धान्तों का निरूपण करता है जिनके अनुसार समष्टि रूप में राज्य का संगठन होता है और प्रभुसत्ता का प्रयोग किया जाता है।'' उपर्युक्त सभी परिभाषाओं से स्पष्ट है कि राजनीति-विज्ञान की सभी परिभाषाएँ राज्य पर केन्द्रीभूत हैं और वही राजनीति-विज्ञान के अध्ययन का विषय है। इसका कारण प्लेटो व अरस्तू के समय से चलती आ रही यह मान्यता है कि राज्य का अस्तित्व कुछ पवित्र लक्ष्यों की प्राप्ति के लिए है। परन्तु इस सम्बन्ध में यह भी स्मरणीय है कि राज्य मनुष्यों का ही संगठन विशेष है तथा उसकी क्रियात्मक अभिव्यक्ति सरकार के माध्यम से होती है। राज्य पर विचार करते समय न तो हम मनुष्य की ही अपेक्षा कर सकते हैं (क्योंकि उसके बिना राज्य के अस्तित्व की कल्पना भी नहीं की जा सकती) और न सरकार को ही छोड़ सकते हैं (क्योंकि वह राज्य का ऐसा यन्त्र होता है जिसके द्वारा उसके उद्देश्य तथा प्रयोजन कार्यरूप में परिणत होते हैं)। प्रोफेसर लास्की के कथनानुसार, ''राजनीति-विज्ञान के अध्ययन का सम्बन्ध संगठित राज्यों से सम्बन्धित मनुष्य के जीवन से है।'' राजनीति-शास्त्र के प्रसंग में मानव-तत्त्व का महत्त्व व्यक्त करते हुए **एनसाइक्लोपीडिया ऑफ सोशल साइंसेज** में हरमन हैलर ने तो यहाँ तक कहा है कि, ''राजनीति-विज्ञान के सर्वाङ्गीण स्वरूप का निर्धारण उसकी मनुष्य विषयक मौलिक मान्यताओं द्वारा होता है।'' वस्तुतः राजनीति-विज्ञान की परिभाषा करने में मनुष्य, जिसके बिना राज्य के अस्तित्व का कोई अर्थ नहीं है, तथा सरकार, जिसके द्वारा राज्यसत्ता की अभिव्यक्ति और उसका प्रयोग होता है, दोनों को उचित महत्त्व प्रदान किया जाना आवश्यक है। अतः राजनीति-विज्ञान की परिभाषा हम एक ऐसे विज्ञान के रूप में कर सकते हैं जो मनुष्य के उन कार्य कलापों का अध्ययन करता है, जिनका सम्बन्ध उसके राज्य नामक संगठन से होता है और जिसके अन्तर्गत, स्वभावतः सरकार का भी विस्तृत अध्ययन सम्मिलित होता है।

## राजनीति विज्ञान का क्षेत्र

राजनीति-विज्ञान के क्षेत्र के विषय में व्यक्त इन विचारों से हमारे समक्ष तीन प्रकार की विचारधारायें आती हैं। पहले प्रकार की विचारधारा वह है जिसके अनुसार केवल

राज्य को ही राजनीति-विज्ञान का प्रतिपाद्य विषय माना गया है और जिसमें सरकार सम्बन्धी अध्ययन की कोई चर्चा नहीं है। दूसरे प्रकार की विचारधारा वह है जिसमें केवल सरकार के अध्ययन को ही राजनीति-विज्ञान का विषय माना गया है और उसमें राज्य की चर्चा बिल्कुल नहीं की गई है। तीसरे प्रकार की विचारधारा वह है, जिसके अनुसार राज्य एवं सरकार दोनों का अध्ययन राजनीति-विज्ञान का प्रतिपाद्य विषय माना गया है। इसमें सन्देह नहीं कि तीसरे प्रकार का विचार सत्य के अधिक निकट है क्योंकि राज्य की क्रियात्मक अभिव्यक्ति के लिए सरकार का और सरकार के अस्तित्व की किसी कल्पना के लिए राज्य का अस्तित्व अनिवार्य है और फलत: राज्य के अध्ययन बिना सरकार का तथा सरकार के अध्ययन बिना राज्य का कोई भी अध्ययन पूर्ण नहीं हो सकता। इस प्रकार राज्य एवं सरकार दोनों ही अनिवार्यत: राजनीति-विज्ञान के प्रतिपाद्य विषय बन जाते हैं।जिस प्रकार राजनीति-विज्ञान की परिभाषा विभिन्न विचारकों ने विभिन्न प्रकार से की है, उसी प्रकार उसके क्षेत्र को भी भिन्न-भिन्न लेखकों ने भिन्न-भिन्न शब्दों से व्यक्त किया है। उदाहरणार्थ फ्रान्सीसी विचारक **ब्लुंशली** के अनुसार, ''राजनीति-विज्ञान का सम्बन्ध राज्य के आधारों से है और वह उसकी आवश्यक प्रकृति, उसके विविध रूपों, उसकी अभिव्यक्ति तथा उसके विकास का अध्ययन करता है। ''

**डॉक्टर गार्नर** के अनुसार, ''इसकी मौलिक समस्याओं में साधारणत: प्रथम, राज्य की उत्पत्ति और उसकी प्रकृति का अनुसंधान, द्वितीय, राजनीतिक संस्थाओं की प्रगति, उनके इतिहास तथा उनके स्वरूपों का अध्ययन तथा तृतीय जहाँ तक सम्भव हो, इसके आधार पर राजनीतिक प्रगति और विकास के नियमों का निर्धारण करना सम्मिलित है।'' डॉक्टर लीकॉक का मत है कि राजनीति-विज्ञान केवल सरकार का ही विवेचन करता है। राज्य शब्द उनकी राजनीति-विज्ञान की परिभाषा में आता ही नहीं। फ्रेडरिक पोलक के अनुसार राजनीति-विज्ञान के दो भाग होते हैं-सैद्धान्तिक राजनीति-विज्ञान तथा व्यवहारिक राजनीति-विज्ञान। उसके मतानुसार प्रथम में राज्य के मूल तत्त्वों, सिद्धान्तों और आदर्शों पर विचार किया जाता है तथा द्वितीय में उन साधनों एवं उपायों का विवेचन होता है जिनके द्वारा राज्य की सत्ता की अभिव्यक्ति और प्रयोग होता है। गेटेल ने राजनीति-विज्ञान के क्षेत्र का विस्तृत वर्णन करते हुए लिखा है कि ''ऐतिहासिक दृष्टि से राजनीति-विज्ञान राज्य की उत्पत्ति, राजनीतिक संस्थाओं के विकास तथा अतीत के सिद्धान्तों का अध्ययन करता है।..... वर्तमान का अध्ययन करने में यह विद्यमान राजनीतिक संस्थाओं तथा विचारधाराओं का वर्णन, उनकी तुलना तथा वर्गीकरण करने का प्रयत्न करता है। परिवर्तनशील परिस्थितियों तथा नैतिक मापदंडों के आधार पर राजनीतिक संस्थाओं तथा क्रिया-कलापों को अधिक उन्नत बनाने के उद्देश्य से राजनीति-विज्ञान भविष्य की ओर भी देखता हुआ यह भी विचार करता है कि राज्य कैसा होना चाहिए।''

किन्तु इस सम्बन्ध में यह ध्यान रखने योग्य है कि परिभाषा की तरह हमें यहाँ भी मानव-तत्त्व की उपेक्षा नहीं करनी चाहिए। यह बात निर्विवाद सत्य है कि किसी भी सामाजिक विज्ञान-और इसलिए राजनीति-विज्ञान का अध्ययन उसके प्रसंग में मानव-तत्त्व

के अध्ययन के बिना पूर्ण नहीं हो सकता। व्यवहार रूप में भी हम यह देखते हैं कि मनुष्य के पारस्परिक राजनीतिक सम्बन्धों की अभिव्यक्ति उसके राज्य नामक संगठन में और राज्य की क्रियात्मक अभिव्यक्ति शासन अथवा सरकार द्वारा होती है। अतः यह स्पष्ट है कि राजनीति-विज्ञान में हमारे अध्ययन के विषय मनुष्य, राज्य तथा सरकार तीनों ही होते हैं तथा उनमें किसी एक के बिना हमारे अध्ययन का क्षेत्र पूरा नहीं हो सकता। राजनीति-विज्ञान के क्षेत्र को इस प्रकार हम मनुष्य, राज्य तथा सरकार सम्बन्धी अध्ययन के तीन भागों में विभाजित कर सकते हैं।

**मनुष्य का अध्ययन** - प्रत्येक सामाजिक शास्त्र अथवा विज्ञान मनुष्य के कार्य-कलापों के किसी पहलू विशेष को लेकर विकसित हुआ है। राजनीति-विज्ञान मनुष्य के कार्य-कलापों के उस पहलू का अध्ययन है जिसका सम्बन्ध राज्य से है। यह हम सभी जानते हैं कि राज्य नागरिकों से बनता है अथवा यों कहना चाहिए कि मनुष्य के हित के लिए ही राज्य अस्तित्व में आया है। राज्य व्यक्ति के अधिकारों की रक्षा करता है और इस प्रकार मानव-जीवन को सार्थक बनाता है। प्रत्येक राज्य के नागरिक कुछ अधिकारों का उपभोग करते हैं और राज्य उन्हें संरक्षण प्रदान करता है तथा राज्य के प्रति नागरिक के कुछ कर्त्तव्य भी होते हैं, जिनका पालन करना मनुष्य के लिए आवश्यक होता है। इस प्रकार मनुष्य एवं राज्य अन्योन्याश्रित रहते हैं। अतः राजनीति-विज्ञान में मनुष्य के अधिकारों, राज्य के प्रति उसके कर्त्तव्यों तथा मनुष्य एवं राज्य के पारस्परिक सम्बन्धों का अध्ययन होता है।

**राज्य का अध्ययन** - इसके अतिरिक्त मनुष्य के राज्य विषयक विचारों में भी निरन्तर परिवर्तन होता आया है। एक समय था, जब लोग राज्य और उसकी आज्ञाओं को दैवी मानते थे। प्राचीन भारतीय शास्त्रों के अनुसार राजा इन्द्र, मित्र, वरुण, यम आदि देवताओं का अंश होता है। वर्तमान राजनीतिक विचारों के अनुसार राज्य की प्रभुत्व शक्ति जन-साधारण में निहित होती है, जिसका प्रयोग उसके प्रतिनिधियों द्वारा किया जाता है। मनुष्य के राजनीतिक विचारों का यह विकास तथा उसका राज्य के स्वरूप पर पड़ने वाला प्रभाव भी राजनीति-विज्ञान के अध्ययन का विषय है। इस प्रकार राजनीति-विज्ञान में हम सर्वप्रथम राज्य तथा राजनीतिक विचारधारा के विकास का ऐतिहासिक विवेचन करते हैं। राजनीति-विज्ञान में राज्य का सर्वांगीण एवं सर्वकालीन अध्ययन होता है। इसके अन्तर्गत हम राज्य के अतीत, वर्तमान तथा भविष्य तीनों का अध्ययन करते हैं। **(अ) राज्य के अतीत का अध्ययन**-सर्वप्रथम इस अध्ययन में हम यह देखते हैं कि राज्य का अतीत क्या रहा है। इस सम्बन्ध में हम राज्य की उत्पत्ति का अध्ययन करते हैं और यह देखते हैं, कि अतीत में राज्य का विकास कैसे हुआ और राजनीतिक संस्थाओं तथा विचारधाराओं ने क्या-क्या स्वरूप धारण किए। राज्य का जो स्वरूप हम आजकल देखते हैं, उसे विकसित होने में शताब्दियाँ लग चुकी हैं और वह सदा से बदलता आया है। बहुत प्रारम्भ में राज्य-संस्था का स्वरूप कुलों का था, जब एक कुल अथवा परिवार के सब सदस्य मिलकर एक राजनीतिक संगठन बना लेते थे। बाद में संगठन का विस्तार बढ़ा और कुलों के स्थान पर संगठन की इकाई जन

जाति (कबीला या ट्राइब) हो गई। जब ये लोग किसी भूखण्ड पर बस गए तब जनपदों (Tribal States) का विकास हुआ। ग्रीस में इस प्रकार के जनपदों को नगर-राज्य (City state) कहा गया। इन राज्यों का संगठन संघों (लीग्स) में भी हुआ, जिनके उदाहरण हमें ग्रीस की एथीनियन लीग अथवा भारत के बज्जिसंघ और अन्धवृष्णि-संघ के रूप में मिलते हैं। इसके पश्चात् विजय और पराजय के आधार पर साम्राज्य अस्तित्व में आए और अब वर्तमान समय में जन-सत्ता के आधार पर सम्पूर्ण-प्रभुत्व-सम्पन्न (Sovereign) राज्य का विकास ही नहीं हुआ है अपितु लोग सम्पूर्ण संसार के लिए भी एक राज्य की कल्पना करने लगे हैं। इस प्रकार हम देखते हैं, कि अन्य मानव संस्थाओं की तरह राज्य का भी विकास हुआ है और उसका स्वरूप भिन्न-भिन्न समय पर भिन्न-भिन्न रहा है। अत: राजनीति विज्ञान इस पर विचार करता है कि राज्य की उत्पत्ति कैसे हुई, उसका स्वरूप, भिन्न-भिन्न समयों में कैसा रहा तथा उसका विकास निरन्तर किस प्रकार होता गया।

**(ब) राज्य के वर्तमान का अध्ययन** - राज्य का अतीत क्या रहा है, इसके ऐतिहासिक अध्ययन के पश्चात्, राज्य क्या है, इसका अर्थात् उसके वर्तमान स्वरूप का अध्ययन भी हम राजनीति-शास्त्र में करते हैं। जैसा अरस्तू ने लिखा है कि "राज्य की उत्पत्ति जीवन की अनिवार्य आवश्यकताओं के कारण हुई और अच्छे जीवन के लिए ही उनका अस्तित्व चलता आ रहा है।" आधुनिक युग में राज्य सर्वोपरि एवं सर्वोत्कृष्ट मानव-संगठन है। मनुष्य के अन्य अनेक संगठन उसके अधीन होते हैं। राज्य उनके लिए ऐसी परिस्थितियाँ प्रदान करता है, जिनमें उनका अस्तित्व सम्भव होता है। वस्तुत: इस युग में राज्य का स्वरूप ऐसा है कि उसकी अनुपस्थिति में अच्छा मानव-जीवन सम्भव ही नहीं हो सकता। अत: राजनीति-विज्ञान इस बात पर विचार करता है कि वर्तमान समय में राज्य का क्या स्वरूप है, उसका क्या प्रयोजन है, उसका क्या उद्देश्य है तथा उसका क्या कार्य-क्षेत्र है। राज्य के अन्तर्राष्ट्रीय सम्बन्धों का अध्ययन भी हम इसी दृष्टि से करते हैं।

**(स) राज्य के भविष्य का अध्ययन**- परिवर्तन प्रकृति का नियम है अत: राज्य का वर्तमान स्वरूप अन्तिम नहीं माना जा सकता। अतीत की तरह वर्तमान समय में भी ऐसे अनेक सिद्धान्तों का विकास हो रहा है, जो राज्य के स्वरूप, उद्देश्य एवं कार्य-क्षेत्र के सम्बन्ध में अनेक नवीन विचार हमारे सम्मुख प्रस्तुत करते हैं। उदाहरणार्थ, समाजवादी सिद्धान्त के अनुसार समाज का आर्थिक जीवन भी राज्य द्वारा नियन्त्रित होना चाहिए। बहुसमुदायवादी सिद्धान्त के अनुसार राज्य को अन्य मानव-समुदायों (आर्थिक, धार्मिक तथा सांस्कृतिक आदि) के समकक्ष ही समझा जा सकता है। अराजकतावादी सिद्धान्त के अनुसार राज्य सर्वथा अनावश्यक है और इस सिद्धान्त के प्रतिपादक एक ऐसे समाज की कल्पना करते हैं, जिसमें राज्य की सत्ता ही नहीं रहेगी। इसमें सन्देह नहीं कि इस प्रकार की विचारधाराओं का राज्य के स्वरूप पर महत्त्वपूर्ण प्रभाव पड़ता है। अत: राजनीति-शास्त्र में हम इस बात पर विचार करते हैं कि राज्य का भावी स्वरूप क्या होना चाहिए और उसकी प्रगति किस दिशा में होनी चाहिए।

इस प्रकार राजनीति-विज्ञान में हम राज्य का सर्वकालीन अध्ययन करते हैं और "राज्य अतीत में कैसा रहा है इसकी ऐतिहासिक खोज, राज्य वर्तमान में क्या है इसका विश्लेषणात्मक अनुशीलन, और राज्य कैसा होना चाहिए इसका राजनीतिक तथा नैतिक विवेचन इसके अन्तर्गत होता है।"

**सरकार का अध्ययन** :-राजनीति-विज्ञान का अध्ययन-क्षेत्र अत्यन्त विस्तृत है। उसके अन्तर्गत मनुष्य के उन सम्पूर्ण कार्य-कलापों का अध्ययन आ जाता है, जिनका सम्बन्ध उसके राज्य नाम संगठन के अतीत, वर्तमान एवं भविष्य से होता है। साथ ही उसमें सरकार का भी अध्ययन होता है। राजनीति-विज्ञान के क्षेत्र की इस विशालता को ध्यान में रखते हुए ही **प्रोफेसर फेयरली** ने कहा है कि "राजनीति-विज्ञान राज्य के अन्तर्गत शासन एवं कानून की अधीनता में संगठित मानव-जीवन से सम्बन्धित है। इसमें राज्यों के संगठन तथा उनके क्रिया-कलाप और राजनीतिक संगठनों एवं क्रियाओं से सम्बन्धित सिद्धान्तों तथा विचारों का अध्ययन होता है। यह राजनीतिक सत्ता तथा व्यक्तिगत स्वतन्त्रता के सामंजस्य की समस्या, राज्य द्वारा नियन्त्रित मनुष्यों के पारस्परिक सम्बन्धों तथा मनुष्य एवं राज्य के सम्बन्धों पर विचार करता है। जिन अभिकरणों द्वारा राज्य के कार्यों का निर्धारण, अभिव्यंजन तथा क्रियान्वयन होता है, उनके बीच शासन-सत्ता के विभाजन तथा अन्तर्राष्ट्रीय जीवन की समस्या का भी इसमें अध्ययन होता है।" राज्य सम्बन्धी कोई अध्ययन तब तक पूरा नहीं हो सकता, जब तक हम उसके उस यन्त्र का अध्ययन न करें जिसके द्वारा राज्य की अभिव्यक्ति होती है और जिसे हम सरकार कहते हैं। यह हम सभी जानते हैं कि राज्य के स्वरूप की क्रियात्मक अभिव्यक्ति तथा उसके प्रयोजन एवं उद्देश्यों की पूर्ति सरकार द्वारा होती है। अत: राज्य का भी अध्ययन करते समय राजनीति-विज्ञान के लिए यह आवश्यक है कि वह सरकार का भी अध्ययन करे। एक समय था जब राजा ही सरकार होता था। एक समय रहा, जब कुछ दरबारियों की सरकारें हुआ करती थीं। अब वह समय है, जब सरकारें जनता के प्रतिनिधियों की होती हैं और व्यवस्थापिका, कार्यपालिका एवं न्यायपालिका नामक उसके विभिन्न अंग होते हैं। अत: राजनीति-विज्ञान में हम सरकार के अंग, उसके प्रकार तथा उसके संगठन आदि का भी अध्ययन करते हैं। अन्य विज्ञानों की तरह राजनीति विज्ञान भी विकासशील है और इसके विकास के साथ-साथ इसका अध्ययन क्षेत्र भी विकसित होता जा रहा है। आज मनुष्य की समस्याएँ पहिले की अपेक्षा बिल्कुल बदली हुई हैं। आज के राज्य की समस्याएँ भी बदल गई हैं। पहिले की तरह किसी के द्वारा राज्यसत्ता हथिया लेने से राजसत्ता की स्थापना नहीं होती, वरन् अब जनता की शक्ति किसी देश विशेष की परिस्थितियों एवं उसके वातावरण के अनुसार राजसंस्था का रूप धारण करती है। जहाँ अन्य मानव-समुदाय राज्य के अधीन होते हैं वहाँ उनका प्रभाव भी राज्य के स्वरूप पर पड़ता है। राजनीतिक, सामाजिक तथा आर्थिक विचारधारायें राज्य के ढाँचे पर अलग-अलग प्रभाव डालती हैं। राजनीतिक एवं विशिष्ट सामाजिक शक्तियाँ अनिवार्य रूप में परस्पर सम्बद्ध होती हैं। कोई राज्य सम्पूर्ण जगत में होने वाली विशेष घटनाओं के प्रभाव से भी अछूता नहीं रह सकता है। अत: आधुनिक राजनीति-विज्ञान जहाँ राज्य की उत्पत्ति तथा उसके

विकास आदि का अध्ययन करना है, वहाँ वह उस आधुनिक वातावरण का भी अध्ययन करता है, जिसमें राजसत्ता की स्थापना, अभिव्यक्ति तथा प्रयोग होता है। **एन्साइक्लोपीडिया ऑफ सोशल साइन्सेज** में प्रकाशित '' 'पोलिटिकल साइंस' नामक लेख के लेखक हरमन हैलर ने भी इसी प्रकार का विचार व्यक्त किया है। उन्होंने लिखा है कि आज का राजनीति-विज्ञान मुख्यत: राजनीतिक शक्ति की प्राप्ति दृढ़ीकरण तथा वितरण की समस्या पर केन्द्रीभूत है। उसमें हम उन प्रक्रियाओं के पारस्परिक सम्बन्ध का अध्ययन करते हैं जिनके द्वारा भौगोलिक, जलवायु सम्बन्धी, जातीय, प्राकृतिक, आर्थिक, सैनिक, नैतिक, धार्मिक तथा राष्ट्रीय वातावरण और कानून के अनुसार जन-शक्ति राज्य-संस्था का रूप धारण करती है। इसके अन्तर्गत हम महत्त्वपूर्ण राजनीतिक समुदायों-विशेषत: राजनीतिक दलों – के संगठन तथा उनके कार्यों का वर्णन तथा विश्लेषण करते हैं। हम यह भी देखते हैं कि राजनीतिक समुदायों की उत्पत्ति और उसके विकास पर राजनीतिक विचारों के प्रभाव का क्या महत्त्व होता है। इसके अतिरिक्त इसमें हम संगठित राजनीतिक शक्ति तथा अन्त में संघीय अथवा अन्तर्राष्ट्रीय प्रसंग में राज्यों के पारस्परिक सम्बन्धों का सर्वेक्षण भी करते हैं।''

## राजनीति-विज्ञान की नवीन प्रवृत्तियाँ

आधुनिक काल में राजनीति-विज्ञान की अध्ययन सामग्री और राज्य सम्बन्धी इन धारणाओं की कटु आलोचना हुई है। आलोचकों के अनुसार राज्य व राजनीतिक संस्थाओं की परिधि से परे भी कुछ प्रक्रियाएँ एवं एक परिवेश देखने को मिलता है, जिनके अध्ययन की उपेक्षा राजनीति-विज्ञान अपनी गरिमा एवं उपयोगिता खोकर ही कर सकता है। इस मत के प्रतिपादक यह मानते हैं कि सभी समाज विज्ञानों का प्रेरणा स्त्रोत व अध्ययन का केन्द्र बिन्दु मानव व्यवहार है और राजनीति विज्ञान सामान्यत: मानव व्यवहार के राजनीतिक पहलू का अध्ययन है। पर ये विचारक राजनीति विज्ञान के अध्ययन क्षेत्र के अन्तर्गत मानव व्यवहार की कुछ उन प्रक्रियाओं को भी मानते हैं, जो राज्य व राजनीतिक संस्थाओं की परिधि से बाहर की होती है।

द्वितीय विश्व-युद्ध के बाद यह प्रवृत्ति इतनी सर्वग्राह्य व बलवती हुई है कि राजनीति-विज्ञान के क्षेत्र में इसे अब विरोध-आन्दोलन ही नहीं, 'क्रान्तिकारी आन्दोलन' माना जाने लगा है। चूँकि यह आन्दोलन राज्य एवं राजनीतिक संस्थाओं की परिधि से बाहर के मानव व्यवहार को राजनीति-विज्ञान के अध्ययन का केन्द्र बिन्दु बनाए जाने के प्रति आग्रहशील है, इसे इसके एक प्रमुख प्रणेता डेविड ईस्टन द्वारा व्यवहारवादी आन्दोलन की संज्ञा दी गई है। इस विवेचन से स्पष्ट है कि राजनीति-विज्ञान का अध्ययन पारम्परिक तौर पर राज्य और राजनीतिक संस्थाओं तक सीमित माना जाता रहा है। इसके साथ ही एक अन्य सम्बद्ध धारणा यह रही है कि मानव समाज में राज्य का स्थान निर्णायक है। इस धारणा के अनुसार राज्य चूँकि कतिपय महान लक्ष्यों की प्राप्ति के लिए बना संगठन है, अत: वह समाज का नियामक व निर्माता भी है। यह धारणा यद्यपि राष्ट्रराज्यों के उद्‌भव के बाद ही अधिक बलवती हुई, तथापि प्लेटो, अरस्तू एवं पश्चात्‌वर्ती विचारकों की प्रतिष्ठापनाओं में

भी इस धारणा के बीजांकुर देखने को मिल जाते हैं। की पहले से मान्य न्यूनताओं को केवल उजागर ही किया। इन न्यूनताओं को पूरा करने की दिशा वस्तुतः अन्य स्त्रोतों से भी प्राप्त हुई तथा इन स्त्रोतों में सहयोगी समाज विज्ञानों में हुआ यह परिवर्तन मुख्य है कि प्राकृतिक विज्ञानों की तरह समाज विज्ञानों को भी अधिकाधिक व्यवस्थित व वैज्ञानिक रूप प्रदान किया जाय। प्राकृतिक विज्ञानों की परम्परा में समाज विज्ञानों को भी अधिकाधिक व्यवस्थित व वैज्ञानिक स्वरूप प्रदान करने की प्रवृत्ति मानवविज्ञानियों व अर्थशास्त्रियों में वस्तुतः बहुत पहले ही विकसित हो चुकी थी तथा राजनीति-विज्ञान ने उनसे बहुत कुछ उधार लिया है। सुदूर भूत के अगस्त कॉम्टे, मार्क्स और स्पेंसर ने अपनी दार्शनिक विचारधारा को प्रस्तुत करने में अनुभवात्मक सामग्री (Empirical data) का पर्याप्त उपयोग किया था, पर उन्हें यदि हम छोड़ भी दें, तो भी निकट भूत में मेक्स वेबर, चार्ल्स मेरियम, टालकोट पार्ससंस आदि के आध्यवसायिक कार्यों का प्रभाव राजनीति विज्ञान पर स्पष्ट परिलक्षित है। इनके प्रभाव के कारण राजनीतिविज्ञानियों ने अध्ययन सामग्री के संकलन एवं विश्लेषण में और अधिक वैज्ञानिक पद्धति अपनाने एवं राजनीति विज्ञान के सैद्धान्तिक पक्ष को अधिक सशक्त करने का उपक्रम किया तथा इन नए प्रयासों के पीछे मूल भावना यह रही कि ज्ञान व्यवस्थित (Systematized), विश्वसनीय (Reliable)और व्यवहार व घटनाओं के स्पष्टीकरण में सक्षम (Explanatory) हो। इस भावना का परिणाम यह हुआ कि राज्य के आदर्श या वैधानिक स्वरूप एवं मूल्यों के स्थान पर मानव व्यवहार का स्पष्टीकरण खोजने वाले सिद्धान्तों के विकास की प्रवृत्ति बढ़ी तथा इस प्रकार मूल्य-सिद्धान्त (Value theory) का स्थान कार्य-कारण सिद्धान्त (Causal theory) ने ले लिया।

द्वितीय विश्व-युद्ध से पूर्व भी कतिपय विचारक राजनीति विज्ञान के अध्ययन में मनुष्य की राजनीतिक प्रक्रियाओं एवं गतिविधियों को प्रमुख स्थान दिए जाने के प्रति आग्रहशील रहे थे तथा ग्राहम वैलास ,ए.एफ. बैटले, कैटलिन और लासवेल इन विचारकों में प्रमुख हैं। पर युद्ध ने कुछ ऐसी विशिष्ट परिस्थितियों को जन्म दिया जिनसे इस प्रवृत्ति का क्र ांतिकारी प्रसार सम्भव हुआ। प्रथम विश्वयुद्ध के बीस वर्ष बाद ही लड़े गए दूसरे विश्वयुद्ध और उसमें हुए भीषण जन-धन संहार से इस पूर्ववर्ती विचारधारा के प्रति राजनीति विज्ञानियों का विश्वास डिग गया कि राज्य का उद्देश्य पवित्र लक्ष्यों की प्राप्ति है अथवा मानव एक विवेकशील प्राणी है। पर इसका तात्पर्य यह नहीं है कि वे हॉब्स की तरह मानव को विवेकहीन या असभ्य मानने लगे थे। नये व्यवहारवादी राजनीति विज्ञानी मानव को वस्तुतः एक ऐसा भावना युक्त प्राणी मानते हैं, जिसका अपना दृष्टिकोण, अपनी लालसायें, अपने गुण-अवगुण तथा अपने संस्कार आदि होते हैं, जिनके कारण विशिष्ट परिवेश व परिस्थतियों में मानव अपनी मानसिक प्रकृति के अनुकूल मार्ग अपनाने को प्रेरित होता है। व्यवहारवादियों के अनुसार इस प्रकार संस्थाओं का संचालन चूँकि मानव व्यवहार के अनुरूप ही होता है, राज्य एवं राजनीतिक संस्थाओं को समाज का नियंत्रक व नियामक नहीं कहा जा सकता तथा राजनीति शास्त्र के अध्ययन क्षेत्र में केवल राज्य व राजनीतिक संस्थाओं का अध्ययन ही महत्वपूर्ण नहीं होता, वरन् राजनीतिक व्यवहार या राजनीतिक तत्त्व के अध्ययन में मानसिक, सामाजिक

तथा आर्थिक परिस्थितियों के प्रभावों का अध्ययन भी महत्त्वपूर्ण हो जाता है। द्वितीय विश्वयुद्ध ही राजनीति विज्ञान में आई व्यवहारवादी क्रांति के लिए एक मात्र उत्तरदायी कारण नहीं है। द्वितीय विश्वयुद्ध ने वस्तुत: राजनीति विज्ञान

राज्य के स्वरूप सम्बन्धी धारणाओं की भिन्नता और उसके विषय में पाये जाने वाले भ्रम के कारण भी राजनीति विज्ञानी राज्य के स्थान पर मनुष्य के राजनीतिक क्रिया कलाप को राजनीति-विज्ञान के अध्ययन का केन्द्र बिन्दु मानने को प्रेरित हुए। सी.एच.टाइटस के अनुसार विभिन्न विद्वानों के द्वारा राज्य की परिभाषा 145 प्रकार से की गई है, जैसे राज्य नैतिक चेतना की अभिव्यक्ति है, समाज का शोषण का माध्यम है, संघों का संघ है, शासन का पर्यायवाची है, समाज का ही विशिष्ट अंग है आदि। ऐसी दशा में राजनीति विज्ञानियों को यह अधिक उचित प्रतीत हुआ कि अपनी गवेषणा में राज्य के स्थान पर मनुष्य के बहुपक्षीय क्रियाकलाप को आधार मानकर चलें। अपनी गवेषणा को राज्य तक ही सीमित रखने में राजनीति विज्ञानियों की एक कठिनाई यह भी रही कि अनेक जनजातियों में राज्य नामक संगठन ही नहीं होता है, यद्यपि राजनीतिक क्रियाकलाप उनमें भी देखने को मिलता है। इस चर्चा का यह मंतव्य नहीं कि 'राज्य' के स्थान पर 'राजनीति' या 'राजनीतिक क्रिया कलाप' को राजनीति विज्ञान के अध्ययन का विषय मानने की नई प्रवृत्ति के प्रचलन से राजनीति विज्ञानियों का इन शब्दों के अर्थों से सम्बन्धित मतान्तर समाप्त हो गया है। इस सम्बन्ध में दृष्टिकोणों में जहाँ अनेक समानताएँ देखने को मिलती हैं, वहीं पारिभाषिक स्तर पर अनेक विभिन्नताएँ भी मिलती हैं। वस्तुत: मत-भिन्नतायें कितनी गहरी हैं यह **युलाऊ** (Eulau) की इस टिप्पणी से स्पष्ट हो जाता है कि "राजनीति विज्ञानी विभिन्न दिशाओं में स्पष्ट यह मानकर यात्रा कर रहे हैं कि यदि किसी को मंजिल नहीं भी मालूम होती है तो कोई न कोई रास्ता उन्हें मंजिल तक पहुँचा ही देता"[1] मतों की इस बहुलता के कारण ही एक अन्य विद्वान **चार्ल्स हेगन** ने "राजनीति-विज्ञानियों को बहुभाषाविदों की फौज" कहा है[2] तथा राजनीति विज्ञान वस्तुत: क्या है, इससे सम्बन्धित अनिश्चतता के कारण **स्टीफेन वास्बी** ने कहा है कि "राजनीति विज्ञानी प्रात:9 बजे से सांय 5 बजे तक जो कुछ करते हैं वही राजनीति शास्त्र है।"

राजनीति विज्ञान क्या है तथा उसके अध्ययन क्षेत्र में क्या-क्या आना चाहिये, इस विषय में व्यापक मतान्तर होते हुए भी कुछ प्रतिनिधि दृष्टिकोण अवश्य हैं, जिनका विवेचन हम इन शीर्षकों में कर सकते हैं :

### राजनीति विज्ञान शक्ति का अध्ययन है:

'शक्ति' अवधारणा के दूसरे प्रमुख प्रणेता लासवेल ने अपने विवेचन का आधार इस मान्यता को बताया है कि समाज में कतिपय मूल्यों व मूल्यवान वस्तुओं की प्राप्ति के लिए हर व्यक्ति अपना प्रभाव डालने की चेष्टा करता है तथा इस प्रभाव-चेष्टा में शक्ति भाव निहित रहता है। चूँकि शक्ति का वितरण असमान है, अत: मूल्यों व मूल्यवान वस्तुओं की प्राप्ति भी सबको एक-सी, एक समय पर तथा एक तरह से नहीं होती। अत: लासवेल

के अनुसार राजनीति विज्ञान का अभीष्ट वह राजनीति है, जो बतलाए कि "कौन, क्या, कब और कैसे प्राप्त करता है।" अपने इसी विचार के आधार पर उसने अपनी एक पुस्तक का शीर्षक ही "राजनीति–कौन, क्या, कब तथा कैसे प्राप्त करता है" रखा है।[2] लासवेल की प्रारम्भिक रचनाओं से यह अनुमान होता है कि वह मूल्यों से अधिक 'शक्ति' को राजनीति विज्ञान का केन्द्र बिन्दु मानता है। परन्तु बाद की एक रचना में उसने इस विचार में संशोधन का प्रयास किया है तथा शक्ति की महत्ता का प्रतिपादन इसलिये किया है, क्योंकि उसकी आवश्यकता विविध आदर्शों व मूल्यों की प्राप्ति के लिये है। कैटलिन और लासवेल इस धारा के प्रतिनिधि विचारक हैं। इस सम्बन्ध में दोनों के विवेचन का मुख्य आधार मनोविज्ञान है। कैटलिन ने 1927–28 में राज्य के स्थान पर मनुष्य के राजनीतिक क्रियाकलाप के अध्ययन पर बल दिया और राजनीति को प्रभुत्व एवं नियन्त्रण (dominance and control) के लिए किये जाने वाला संघर्ष बताया है। उसके मतानुसार संघर्ष का मूल स्रोत मानव की यह इच्छा रही है कि दूसरे लोग उसका अस्तित्व मानें। 1962 में **सिस्टेमेटिक पोलिटिक्स** (Systematic Politics) शीर्षक से प्रकाशित अपनी पुरानी पुस्तक के संशोधित संस्करण में अपनी धारणा को और स्पष्ट व परिष्कृत करते हुए केटलिन ने लिखा है कि "नियन्त्रण समाज में जो कुछ करता है, नियन्त्रण भावना के कारण जो कार्य किये जाते हैं तथा नियन्त्रण की भावना पर आधारित सम्बन्धों की इच्छाओं के कारण जिस ढाँचे व इच्छाओं का निर्माण होता है, राजनीति विज्ञान का सम्बन्ध उन सबसे है।"[1] इस प्रकार केटलिन 'शक्ति' (Power) को सभी राजनीतिक कार्यों की कुन्जी मानता है, क्योंकि यह इच्छाओं के संघर्ष एवं नियन्त्रण प्रक्रिया का आलम्बन है। परन्तु कैटलिन ने इच्छाओं के संघर्ष के साथ ही इच्छाओं के तालमेल को भी महत्त्वपूर्ण माना है। लासवेल ने कहा है कि, "राजनीतिक क्रियाकलाप का प्रारम्भ उस परिस्थिति में होता है, जिसमें कर्त्ता विभिन्न मूल्यों की प्राप्ति के लिये प्रयत्न करता है तथा शक्ति जिसकी आवश्यक (तथा सम्भवत: पर्याप्त) शर्त होती है। इस प्रकार इस नवीन विचार के अनुसार शक्ति के साथ ही मूल्यों का अध्ययन भी राजनीति में महत्त्वपूर्ण हो जाता है। उक्त दोनों विद्वानों के प्रतिपादन का प्रमुख दोष यह है कि उनके अनुसार व्यक्ति के वे सब कार्य राजनीति विज्ञान के अध्ययन क्षेत्र की परिधि में आ जाते हैं जिनका आधार शक्ति है। दूसरे शब्दों में उनके अनुसार डाकू –गिरोह, चर्च, परिवार आदि सभी संस्थाएँ जब शक्ति पर आधारित सम्बन्धों का निर्माण करती है तो वे सभी राजनीतिक हो जाती हैं तथा इसका परिणाम यह होता है कि राजनीतिक एवं अराजनीतिक क्रियाकलाप के बीच सीमा रेखा खींचना सम्भव नहीं होता। इसके अतिरिक्त लासवेल "कौन, क्या, कब और कैसे प्राप्त करता है?" के सवाल उठाकर राजनीति को शक्तिशाली अभिजात्य वर्ग के क्रियाकलाप के अध्ययन तक ही सीमित कर देता है, यद्यपि शासित या जन सामान्य का क्रियाकलाप भी राजनीति विज्ञान के अध्ययन का एक महत्त्वपूर्ण अंग है। पर इन कमियों के बावजूद भी हमें यह मानना होगा कि इन विद्वानों के प्रयासों से शक्ति का विचार राजनीति विज्ञान में इतना घृणित नहीं रह गया जितना एक समय वह हॉब्स व मैक्यावलि के विचारों के कारण हो गया था।

**राजनीति विज्ञान का सम्बन्ध सामाजिक मूल्यों के अधिकारिक निर्धारण से है:**

डेविड ईस्टन ने कैटलिन व लासवेल के प्रतिपादन की कमियों को दूर करने के प्रयास मेंअपना अलग विचार प्रस्तुत किया है। ईस्टन के अनुसार राजनीति विज्ञान ''सामाजिक मूल्यों के अधिकारिक निर्धारण'' का अध्ययन है। [1] व्याख्या करते हुए ईस्टन ने राजनीति विज्ञान के अध्ययन क्षेत्र में तीन बातों - नीति, अधिसत्ता और समाज (Policy, Authority and Society) को प्रमुख माना है। नीति से उसका तात्पर्य समाज द्वारा किये गये निर्णयों एवं मानव क्रियाकलाप कि तानेबाने से है जिनके द्वारा सामाजिक मूल्यों का निर्धारण होता है। इस सम्बन्ध में यह स्मरणीय है सामाजिक मूल्यों के निर्धारण की इस प्रक्रिया का आशय यह निश्चय करना होता है कि सामाजिक सम्पन्नता या विपन्नता में कौन किस सीमा तक भागीदार होना चाहिये तथा इस प्रक्रिया में किये गये निर्णयों की सफलता भी राजनीति विज्ञान अध्ययन के लिए उतनी ही महत्त्वपूर्ण होती है जितनी उनकी असफलता। अधिसत्ता सम्बन्धी राजनीति विज्ञान के लिये इसलिये आवश्यक होता है कि औपचारिक या प्रभावी, नीति सम्बन्धी जो भी निर्णय उक्त प्रक्रिया में लिये जाते हैं, उन्हें मनवाने के लिये अधिसत्ता का अस्तित्व आवश्यक होता है। अधिसत्ता की मान्यता के पीछे कारण अनेक हो सकते हैं, जैसे विधि के अनुकूल आचरण करने की भावना, दबाव का भय अथवा पूर्ण उदासीनता। ईस्टन के विवेचन में तीसरा स्थान समाज का है। समाज का अध्ययन राजनीति विज्ञान में इसलिये आवश्यक होता है कि व्यक्ति का व्यवहार एकाकी न होकर समाज के सदस्यों के प्रति होता है तथा राजनीति विज्ञान में व्यक्ति के उन्हीं क्रियाकलापों , एवं उन्हीं नीतियों का अध्ययन करते हैं, जिनका रूप सार्वजनिक व सामाजिक होता है अर्थात् जिनका प्रभाव पूरे समाज पर पड़ता है। उदाहरणार्थ कोई मजदूर संगठन अपने तक प्रभावी नियम बनाएँ तो राजनीति विज्ञान को उसका अध्ययन आवश्यक नहीं होगा। परन्तु यदि वह किसी ऐसी हड़ताल का निर्णय करें जिससे समूचा समाज प्रभावित हो, तो उसका अध्ययन राजनीति विज्ञान के अध्ययन का विषय अवश्य हो जाता है।

ईस्टन ने यद्यपि राजनीति विज्ञान के अध्ययन को नया दृष्टिकोण प्रदान करने की चेष्टा की है, तथापि उसकी यह चेष्टा लासवेल की अवधारणाओं को ही संशोधित कर उसकी कुछ कमियों को दूर करने तक सीमित है। उसकी कुछ कमियाँ तो वस्तुतः पूर्णतः दूर भी नहीं हो पाई हैं। उदाहरणार्थ ईस्टन के विवेचन से इस समस्या का कोई समाधान नहीं हुआ है कि 'राजनीतिक' को 'अराजनीतिक' से कैसे अलग किया जाय। यह निर्धारण करने में भी भ्रान्ति होती है कि अमुक नीति के अधिकारिक निर्धारण से केवल कोई समूह विशेष ही प्रभावित हो रहा है या समस्त समाज प्रभावित हो रहा है। कठिनाई की एक बात इस सम्बन्ध में यह भी है कि यह निर्णय अनेक बार वस्तुपरक (Objective) होने के स्थान पर व्यक्तिपरक (Subjective) हो जाता है तथा जैसा वास्बी ने कहा है यह तय करना भी कई बार कठिन हो जाता है कि नीति विशेष का उद्‌गम वस्तुतः कोई वैध अधिसत्ता है या नहीं।

### राजनीति विज्ञान समस्याओं व संघर्षों का अध्ययन है:

कुछ विद्वानों का मत है कि मूल्यों एवं साधनों की सीमितता के कारण उनके वितरण की समस्या को लेकर मतवैभिन्य, विवाद एवं संघर्ष उत्पन्न होते रहते हैं। जहाँ कोई समस्या होती है वहीं तनाव एवं राजनीति का शुभारम्भ हो जाता है। इस प्रकार राजनीति राजनीतिक दलों तक ही सीमित नहीं रहती, वरन् वह विभिन्न व्यक्तियों व समूहों तक भी फैल जाती है। यह हम सभी नित्य प्रति देखते हैं कि समाज में जो कुछ प्राप्य है उसके वितरण की समस्या को लेकर अनेक व्यक्ति, व्यक्ति समूह, राजनीतिक दल एवं शासन राजनीति के मंच पर उदय होते रहते हैं और विलीन होते रहते हैं, जब वितरण-सम्बन्धी संघर्ष की राजनीति चलती है। इसी दृष्टिकोण को लेकर प्रोफेसर डायक ने सार्वजनिक समस्याओं पर परस्पर विरोधी इच्छाओं वाले पात्रों के संघर्ष को राजनीति कहा है। पीटर ओडगार्ड ने इस सम्बन्ध में थोड़ा भिन्न दृष्टिकोण अपनाया है और कहा है कि सभी संघर्ष राजनीति नहीं कहे जा सकते जब तक कि उनका उद्देश्य संघर्ष के बहिर्तत्त्वों का नियन्त्रण न हो।

### राजनीति विज्ञान सार्वजनिक सहमति व सामान्य अभिमत का अध्ययन है:

कुछ विचारकों के अनुसार राजनीति का विषय संघर्ष न होकर सार्वजनिक सहमति व सामान्य अभिमत होता है, क्योंकि उनके विचार के अनुसार अधिकांश मसलों पर संघर्ष के बिना हुये ही वाद-विवाद समझौता-वार्ता आदि के द्वारा सार्वजनिक सहमति होकर सामान्य अभिमत ज्ञात हो जाता है। उनके विचार के अनुसार संघर्ष समस्याओं के लिये नहीं, वरन् वह सामान्य सहमति व सामान्य अभिमत को प्रभावित करने के लिये होता है। इसके अतिरिक्त जहाँ समस्याओं पर संघर्ष होता है, वहाँ भी संघर्ष के नियमों और प्रतिमानों पर सहमति होती है। इसलिए एडवर्ड बेनफील्ड ने कहा कि ''किसी मसले को संघर्षमय बनाने अथवा सुलझाने वाली गतिविधियाँ (समझौता वार्ता, तर्क-वितर्क, विचार विनिमय, शक्ति प्रयोग आदि) सभी राजनीति के अंग हैं।''

राजनीति विज्ञान के अध्ययन क्षेत्र सम्बन्धी इन विचारधाराओं के तुलनात्मक अध्ययन से स्पष्ट है कि विभिन्न राजनीति विज्ञानियों में इस बात पर तो सहमति है कि राजनीति राजनीति-विज्ञान के अध्ययन की वस्तु है। पर राजनीति क्या है, इस प्रश्न पर उनमें एकमत का अभाव है। जैसा हर विज्ञान के संदर्भ में देखने को मिलता है, किसी भी वस्तु या तत्त्व की परिभाषा उसके गुणों व लक्षणों की दृष्टि से प्रायः पूर्ण नहीं हो पाती। प्रत्येक परिभाषा में कुछ कमियाँ रह जाती हैं और उन्हें दूर करने के प्रयास में दूसरे विद्वान उसकी परिभाषा देते हैं। इसके अतिरिक्त विविध विचारकों के दृष्टिकोण में भी अन्तर रहता है। फिर भी इन सबके होते हुये दी गई विचारधाराओं में अनेक सामान्य बातें भी देखी जा सकती हैं।

□□□

# 2

# राजनीतिक विज्ञान की प्रकृति एवं पद्धतियां

पुराने व्यवहारवादियों की दृष्टि में, 'क्या है' अर्थात यथार्थ की खोज के सामने 'क्या होना चाहिए' अर्थात् आदर्श का कोई विशेष महत्त्व नहीं था। पर नये व्यवहारवादी अब यह अनुभव करने लगे हैं कि ऐसा करके उन्होंने जीवन के महान व उपयोगी मूल्यों की उपेक्षा करने की भूल की है, क्योंकि नये व्यवहारवादियों के अनुसार ऐसा करने से समस्याओं के समाधान खोजने में जीवन के विविध आदर्शों के मूल्यांकन के लिये कोई आधार नहीं रह जाता। इसीलिये कुछ विद्वान यह अनुभव करने लगे हैं कि राजनीति-विज्ञान में दार्शनिक पद्धति का उपयोग बढ़ाकर अनुभव पर आधारित शोधों एवं निष्कर्षो का तालमेल दार्शनिक पद्धति द्वारा निर्धारित जीवन के आदर्शों से बिठाया जाना चाहिये। इस प्रकार के विद्वानों में **रोबर्ट डाहल** (Robert Dahl) का नाम प्रमुख है। अति आधुनिक व्यवहारवादी तरुण राजनीति विज्ञानी, जिनका विशेष क्षेत्र अमेरिका है, इससे भी आगे जाते प्रतीत होते हैं। उनके अनुसार यथार्थ व आदर्श का तालमेल बैठाना ही पर्याप्त नहीं है, वरन् उनका कहना है कि कार्य कारण सिद्धन्त (Causal theory) जिस पर चलने से जीवन के आदर्शों व मूल्यों की उपेक्षा होती है तथा उससे सम्बन्धित पद्धतियों को त्याग कर दार्शनिक पद्धति के

प्रयोग को प्रमुखता दी जानी चाहिये जिससे संसार को उन आदर्शों व मूल्यों से वंचित न रहना पड़े जो जीवन को जीने योग्य बनाते हैं। राजनीति विज्ञान के अध्ययन से एक नवीन मार्ग का विकास हुआ है, जिसे व्यवहारवादी मार्ग कहा जाता है। इस दृष्टिकोण के पीछे मान्यता यह है कि मनुष्य भावनाओं का पुंज होता है, उसकी अपनी मनोवृत्तियाँ, अभिलाषाएँ और रुझान होते हैं। उसका राजनीतिक व्यवहार काफी सीमा तक इन मानसिक प्रवृत्तियों द्वारा निर्देशित व नियन्त्रित होता है और उसके सामने वैधानिक प्रावधान एवं मूल्य-व्यवस्थाएँ बहुत कुछ सीमा तक अप्रभावी रहती हैं। इसलिए व्यवहारवादी राजनीति-विज्ञानी व्यक्ति या समूहों के राजनीतिक व्यवहार को अधिक महत्त्वपूर्ण व मुख्य मानते हैं तथा ऐतिहासिक महत्त्व को घटनाओं, संस्थाओं, संविधानों आदि के अध्ययन को कम महत्त्वपूर्ण व गौण मानते हैं,। अध्ययन पद्धति के रूप में व्यवहारवाद राजनीति विज्ञान की अपनी देन नहीं है। राजनीति विज्ञान से बहुत पहले मनोविज्ञान, समाज विज्ञान आदि ने इसे अपना लिया था। अन्य सामाजिक विज्ञानिकों से आई हुई पद्धति होने के कारण व्यवहारवादी अध्ययन पद्धति ने अन्य सामाजिक विज्ञानों के साथ राजनीति विज्ञान के सम्बन्धों को एक नया रूप दे दिया है तथा ये सम्बन्ध और उनसे उत्पन्न समस्यायें इतनी व्यापक हैं कि उनको लेकर कुछ नए विज्ञान ही विकसित हो गए हैं, जिन्हें राजनीतिक समाज विज्ञान, राजनीतिक मनोविज्ञान, राजनीतिक मानव विज्ञान, राजनीतिक अर्थशास्त्र आदि के नामों से पुकारा जाता है। वस्तुतः व्यवहारवाद का प्रादुर्भाव एवं प्रसार इतना व्यापक एवं द्रुतगति से हुआ है कि उसने अनेक विचारकों का ध्यान अपनी ओर आकृष्ट किया है।

राजनीतिविज्ञान के अध्ययन में एक पद्धति (Method) के रूप में भी किया गया है और एक मार्ग (Approach), दृष्टिकोण या शैली के रूप में भी किया गया है तथा इसकी सबसे अधिक महत्त्वपूर्ण उपयोगिता इस बात में है कि इससे राजनीति विज्ञान के अध्ययन को वैज्ञानिक रूप दिये जाने में बड़ी सहायता मिली है। एक लेखक ने तो वैज्ञानिकता को ही उसका लक्ष्य माना है और कहा है कि "व्यवहारवादी मार्ग की प्रमुख पहचान उसके द्वारा सिद्ध किये जाने वाले उद्देश्य का स्वरूप है और वह वैज्ञानिकता है।"[1] व्यवहारवाद का मूल आधार ही वैज्ञानिकता के प्रति उसका प्रबल आग्रह है तथा वैज्ञानिकता को उसके अनुयायी इतना महत्वपूर्ण समझते है कि वे उसे साधन ही नहीं लक्ष्य भी मानते हैं। व्यवहारवादी वस्तुतः इस बात के लिए सदा सचेष्ट रहते हैं कि विषय सामग्री व्यवस्थित व क्रमबद्ध रूप में ही संगठित की जाये, उसका सुव्यवस्थित विश्लेषण हो, तथा उसके आधार पर कुछ ऐसी सामान्य प्रतिष्ठापनाएँ विकसित की जाएँ जिन्हें अन्त में मानव व्यवहार से सम्बन्धित सिद्धान्तों का रूप दिया जा सके। भविष्यवाणी करने की क्षमता विज्ञान का एक प्रमुख गुण होता है। ये प्रतिष्ठापनाएँ व सिद्धान्त चूँकि मानव व्यवहार को समझने व उनके आधार पर मानव व्यवहार विषयक भविष्यवाणी करने में राजनीति विज्ञान के लिये बड़े सहायक होते हैं, अतः व्यवहारवाद राजनीतिविज्ञान के अध्ययन को वैज्ञानिक रूप प्रदान करता है। **डेविड ईस्टन** ने इसे पारम्परिक दृष्टिकोण के प्रति मात्र व्यवहारवादी विरोध न कहकर व्यवहारवादी क्रान्ति कहा है। **रोबर्ट डहल** ने कहा है कि पारस्परिक पद्धतियों एवं

अध्ययन की सामग्री के विरोध में यह आन्दोलन इतना सफल हुआ है और मुख्य धारा में वह इतना घुलमिल गया है कि उसका अलग अस्तित्व ही समाप्त हो गया है। इस सम्बन्ध में एक प्रश्न उठाते हुये और उसका उत्तर देते हुये उन्होंने कहा है कि "विरोधी आन्दोलन के रूप में व्यवहारवादी रुझान आगे कहाँ जायेगा? मेरी समझ से यह धीरे-धीरे अदृष्ट हो जायेगा। इससे मेरा तात्पर्य यह है कि पृथक रुझान व दृष्टिकोण के रूप में यह धीरे-धीरे समाप्त हो जायेगा, क्योंकि वह धारा के मुख्य प्रवाह में मिल जायेगा और वस्तुत: मिलता जा रहा है। ऐसी दशा में व्यवहारवादी मार्ग असफल होने के कारण अदृष्ट नहीं होगा, वरन् वह सफल होने के कारण अदृष्ट होगा।" श्री डहल का आशय है कि यह आन्दोलन राजनीति-विज्ञान का अभिन्न अंग एवं सर्वग्राह्य तत्त्व हो गया है और इसके पृथक अस्तित्व या गुटपरक विशिष्ट स्वरूप का अब कोईं प्रश्न ही नहीं रह गया है। दार्शनिक पद्धति द्वारा निष्पादित आभासों एवं अनुमानों पर आधारित ज्ञान व सिद्धान्त प्राय: यथार्थ से परे होते हैं। पर व्यवहारवादी पद्धति से निष्पादित ज्ञान व सिद्धान्त चूँकि मनुष्य के वास्तविक व्यवहार के अध्ययन पर आधारित होते हैं, अत: वे मनुष्य के वास्तविक जीवन के अधिक निकट तथा उसके लिये अधिक उपयोगी होते हैं तथा यही कारण है कि व्यवहारवादी मार्ग का अनुसरण अब अत्यधिक होने लगा है।

आज के युग में व्यवहारवाद का इतना महत्त्व होते हुए भी प्रारम्भ में इसे यदि बड़ी हेय दृष्टि से देखा जाता था, तो उसके पीछे मूल कारण इसका उद्गम स्रोत था। समाज विज्ञानों में व्यवहारवाद (Behaviourism) **वाटसन** के व्यवहारवाद (Behaviourism) से विकसित हुआ है। **वाटसन** ने इसका प्रयोग मानव व्यवहार की भौतिक व्याख्या प्रस्तुत करने के लिए किया था। वाटसन की व्याख्या के अनुसार मानव-व्यवहार बाह्य प्रेरकों (Stimuli)की प्रतिक्रिया मात्र है। अत: मनुष्य की वैयक्तिक निष्ठा (Subjective) या मानव-भावनाओं का उसके अध्ययन में कोई स्थान नहीं हो सकता। इस प्रकार वाटसन द्वारा मानव व्यवहार के अध्ययन की दृष्टि से मानव भावनाओं को चूँकि अत्यन्त हीन माना गया है, अत: वाटसन व उसके द्वारा प्रतिपादित धारा की कटु आलोचना होती रही है। नये व्यवहारवादी (Behaviouralists) मानव भावनाओं के प्रति ऐसे पूर्वाग्रहों व हीन धारणाओं से मुक्त हैं। वे वस्तुत: मानव भावनाओं को उसके व्यवहार का स्रोत मानकर उसके राजनीतिक व्यवहार व कार्यकलाप का अध्ययन करते हैं और संस्थाओं के स्थान पर भावनाओं के पुंज मानव के व्यवहार को राजनीति विज्ञान की विषय वस्तु बनाने का प्रयास करते हैं। व्यवहारवादी अध्ययन पद्धति का प्रयोग अब इतना व्यापक व उच्च स्तर पर होने लगा है कि व्यवहारवाद पद्धति से बढ़कर अब एक मार्ग (Approach) बन गया है तथा व्यवहारवाद के अन्तर्गत नई अध्ययन पद्धतियाँ विकसित हो गई हैं जिनमें सर्वेक्षण शोध पद्धति (Survey Research Method), समस्या अध्ययन पद्धति (Case Study Method), पर्यवेक्षण (Observation) प्रमुख हैं।

## व्यवहारवादी अवधारणा

मनुष्य के क्रियाकलाप के लिये उसकी भावनाओं को मुख्य प्रेरक तत्त्व मानते हुये व्यवहावादी मानव व्यवहार का अध्ययन राजनीतिक परिपेक्ष्य में करते हैं और अपने उस अध्ययन के आधार पर मानव या मानव समूह के राजनीतिक व्यवहार के विषय में सामान्यीकरण व सिद्धान्तों का निर्धारण करते हैं। इस पद्धति की सहायता से राजनीति विज्ञानी यथार्थ के अधिक निकट पहुँचना चाहते हैं। व्यवहारवादी अध्ययन पद्धति की कुछ विशेषतायें व मन्तव्य हैं, जिनका प्रतिपादन उसके एक समर्थक **डेविड ईस्टन** (David Easten) ने किया है तथा जो कि इस प्रकार है :

**1. सत्यापन (Verification)**- व्यवहारवादी अध्ययन पद्धति की एक अन्य विशेषता यह है कि उसके अर्न्तगत संग्रहीत जानकारी का सत्यापन किया जाता है। व्यवहारवादी अध्ययन में यह आवश्यक होता है कि मानव व्यवहार के सम्बन्ध में एकत्रित सामग्री को अवसर आने पर दुबारा जाँचा जाये और उसकी पुष्टि की जाये। इस क्रिया को सत्यापन कहते हैं।

**2. नियमन (Regularization)**- व्यवहारवादी यह मानते हैं कि मानव व्यवहार में सामान्य तत्त्व ढूंढ़े जा सकते हैं, क्योंकि कुछ निश्चित प्रकार के कार्य-कलापों व परिस्थितियों में मनुष्य कुछ निश्चित प्रकार के व्यवहार का ढंग अपनाता है। वैज्ञानिक अनुसंधान के लिए आवश्यक होता है कि इन सामान्य तत्त्वों तथा प्राय: दुहराये जाने वाले तत्त्रों को खोज कर उसके आधार पर किये गये सामान्यीकरण के आधार पर मनुष्य के व्यवहार का नियमन किया जाये।

**3. तकनीक प्रयोग (Use of techniques)**- विश्वसनीय जानकारी प्राप्त सामग्री एकत्रित करने के लिए यह आवश्यक होता है कि कुछ विश्वसनीय तकनीकों का प्रयोग किया जाये। उन तकनीकों का सर्वमान्य होना आवश्यक है। इस सम्बन्ध में यह स्मरणीय है कि तकनीकों का विकास अभी अपूर्ण ही है तथा नई-नई प्रविधियों (तकनीकों) को परिपक्व किये जाने के प्रयास अभी जारी हैं। अब तक काम में लाई जाने वाली प्रविधियों में प्रश्नावली (Questionnaire), पर्यवेक्षण (Observation) सहभागी-पर्यवेक्षण (Participant observation), विषय-विचार विश्लेषण (Content-analysis)आदि प्रमुख हैं।

**4. परिमाणीकरण (Quantification)**-मानव व्यवहार सम्बन्धी नियमों की खोज में पुनरावृत्तियों (Frequencies) की गणना का आश्रय लिया जाता है और उनका परिमाण ढूँढ़ा जाता है, जिसे परिमाणीकरण कहते हैं। परिमाणीकरण के माध्यम से दो या अधिक तत्त्वों व उनके रूपान्तरों (Variables) के बीच के सम्बन्धों को खोज निकालने में सहायता मिलती है। परिमाणीकंरण में सांख्यकी का प्रयोग भी किया जाता है जिससे परिणामों में और अधिक शुद्धता लाई जा सके।

**5. व्यवस्थाबद्धीकरण (Systematization)**- सामग्री के एकत्रीकरण में यह आवश्यक है कि उसे व्यवस्थाबद्ध किया जाये, जिससे उसके आधार पर सामान्य सिद्धान्तों की सृष्टि की जाये और मानव व्यवहार में कार्य-कारण सम्बन्ध स्थापित किये जाएँ।

**6. अध्ययन का वैज्ञानीकरण (Scientific Nature of Study)**- व्यवहारवादियों की प्रवृत्ति इस ओर रही है कि मानव व्यवहार को निर्देशित करने वाले मौलिक सिद्धान्त पूर्णतः वैज्ञानिक रहें। परिणामस्वरूप व्यवहारवादी मानव व्यवहार के यथार्थ का अध्ययन करते हैं, उससे सम्बन्धित समस्याओं की ओर से वे उदासीन रहते हैं और उनका निदान व उपचार वे अपना अभीष्ट नहीं मानते। परन्तु यह विचार व्यवहारवादियों के एक वर्ग का ही है। लासवेल आदि विज्ञान के प्रयोगिक (Applied) पहलू पर अधिक बल देते हैं जिससे नीति-निर्माण में मदद मिल सके ।

**7. मूल्य निर्धारण व आदर्श निर्माण (Value determination Model-building)**- सामान्यतः व्यवहारवादी मूल्यों की दृष्टि से तटस्थ रहना चाहते हैं। फिर भी नैतिक मूल्यांकन के लिए कुछ मूल्यों व आदर्शों की प्रतिष्ठापना व प्रयोग आवश्यक हो जाता है। इस सम्बन्ध में यह ध्यान देने की बात है कि मूल्यों व आदर्शों को अध्ययनकर्त्ता के मूल्यों व आदर्शों से पृथक माना जाना चाहिए और यदि अध्ययनकर्त्ता के अपने कोई मूल्य हैं तो सामान्य मूल्य व आदर्श उनसे अप्रभावित रहने चाहिए।

**8. समग्रता (Integration)** - व्यवहारवादियों की एक प्रमुख मान्यता यह भी है कि मानव व्यवहार समष्टिमय है और उसका अध्ययन खण्डों में नहीं होना चाहिए। मानव व्यवहार में उनके अनुसार एक मौलिक एकता पाई जाती है तथा इसी कारण विभिन्न समाज-विज्ञान परस्पर अत्यन्त निकट हैं। व्यवहारवादियों के अनुसार राजनीति विज्ञान भी जीवन की इस मौलिक एकता के अभीष्ट लक्ष्य की उपेक्षा नहीं कर सकता।

प्रारम्भ में अपनी प्रकृति के अनुरूप व्यवहारवादी पद्धति का प्रयोग लघु समुदायों के अध्ययन के लिये होता था और चुनावों में मतदान व्यवहार का अध्ययन इसका प्रिय विषय था। परन्तु अब राष्ट्रीय व अंतर्राष्ट्रीय व्यवस्थाओं के अध्ययन में भी इस पद्धति का प्रयोग होने लगा है। इससे व्यवहारवादी पद्धति की उपयोगिता और भी अधिक बढ़ी है तथा उसी अनुपात में राजनीति विज्ञान अथवा व्यावहारिक अध्ययनों की वैज्ञानिकता एवं विश्वासनीयता के अंशों में भी वृद्धि हुई है।

जो विचारक राजनीति-विज्ञान को विज्ञान नहीं मानते, उनका कहना है कि राजनीति-विज्ञान के विचारों एवं अवधारणाओं के विषय में मतैक्य नहीं है। उदाहरणार्थ, कुछ विद्वानों के अनुसार यदि लोकतन्त्रवाद मनुष्य के हित के लिए सबसे अधिक उपयोगी है, तो कुछ लोगों के मतानुसार वह समाज के व्यक्तियों को समान स्वतन्त्रता एवं अधिकार दिलाने वाली व्यवस्था न होकर धनी को अधिक धनी और निर्धन को अधिक निर्धन बनाने वाली व्यवस्था है। कुछ लोगों के अनुसार संसदीय सरकार सर्वोत्तम है, तो कुछ के मतानुसार अध्यक्षात्मक

सरकार अधिक उपयुक्त कही जाती है। नाम-विभेद की चर्चा करते समय हम इस निष्कर्ष पर पहुँचे थे कि मानव के राज्य-सम्बन्धी कार्य-कलाप के अध्ययन को हमें राजनीति-शास्त्र अथवा राजनीति विज्ञान (Political Science) कहना चाहिए। दूसरे शब्दों में, राजनीति-विज्ञान के स्वरूप को हमने विज्ञान का रूप माना था।

इस सम्बन्ध में यह स्मरणीय है कि उसको विज्ञान के रूप में मान्यता देने के विषय में विचारकों में मतभेद रहा है। कुछ विचारकों के अनुसार राजनीति-विज्ञान को विज्ञानों की श्रेणी में रखना उचित नहीं है और उसके समर्थन में उन्होंने कुछ महत्त्वपूर्ण युक्तियाँ प्रस्तुत की हैं। यहाँ हम उन युक्तियों का विवेचन करके यह देखेंगे कि राजनीति-विज्ञान का वास्तविक स्वरूप (प्रकृति) क्या है। विचारों एवं अवधारणाओं में समरूपता का अभाव राजनीति विज्ञान के स्वरूप एवं प्रकृति के निर्धारण में काफी बड़ी बाधा है। कुछ की सम्मत्ति में राज्य की संसद में दो सदन होना अधिक उपयोगी है और कुछ लोग दो सदनों के अस्तित्व को राज्य की प्रगति में बाधक मानते हैं और केवल एक सदन वाली संसद के पक्षपाती हैं। इसी प्रकार राज्य के आदर्शवादी सिद्धान्त के समर्थकों के अनुसार राज्य का व्यक्ति के ऊपर अधिकार निरंकुशता पर आधारित है अथवा यह कहना चाहिए कि उनके अनुसार व्यक्ति का अस्तित्व ही राज्य के लिए है, जबकि व्यक्तिवादियों के अनुसार राज्य व्यक्ति के हित-साधन के लिए है, व्यक्ति राज्य के हित-साधन के लिए नहीं। सारांश यह है कि राजनीति शास्त्र उन **नियमों का निर्माण और उन सिद्धान्तों का प्रतिपादन नहीं** कर राकता जो सर्वमान्य हो सकते हों। जैसे ''दो और दो चार होते हैं'' गणित के नियम की तरह, ''पृथ्वी में गुरुत्वाकर्षण की शक्ति होती है'' भौतिक-विज्ञान के इस नियम की तरह अथवा ''हाइड्रोजन और आक्सीजन मिलकर पानी बन जाते हैं'' रसायन-विज्ञान के इन नियमों की तरह राजनीति-विज्ञान में ऐसे कोई नियम नहीं हैं जो सर्वमान्य हों।

राजनीति-विज्ञान को हम विज्ञान नहीं कह सकते। दूसरी युक्ति जो राजनीति-विज्ञान के विज्ञान न होने के पक्ष में दी जाती है यह है कि इसमें अन्य विज्ञानों की तरह **कार्य-कारण का सम्बन्ध स्थापित नहीं किया जा सकता**। राजनीतिक क्षेत्र में जो घटनाएँ घटित होती हैं, वे वस्तुतः अनेक पेचीदे कारणों का परिणाम होती हैं, अतः अमुक घटना किन विशेष कारणों के परिणामस्वरूप हुई यह कहना कठिन होता है। उदाहरणार्थ, फ्रांस की क्रांति उससे पूर्व के वहाँ के दार्शनिकों से क्रिया-कलापों के परिणामस्वरूप अथवा प्राचीन व्यवस्था (Old Regime) के कुशासन के परिणामस्वरूप हुई, इस बात का स्पष्ट निरूपण करना कठिन है। इसके अतिरिक्त राजनीतिक जगत में एक से कारणों की उपस्थिति में एक से ही परिणाम नहीं निकलते। एक देश में शासन द्वारा किये गए थोड़े से शोषण पर विद्रोह हो सकता है, तो दूसरे में शताब्दियों तक वहाँ की जनता शोषण सहन करती है। इस प्रकार चूँकि एक से कारणों से एक से परिणाम निकलने की जो बात अन्य विज्ञानों में पायी जाती है, वह राजनीति-विज्ञान में नहीं पाई जाती है अतः उसे विज्ञान नहीं कहा जा सकता। तीसरे, राजनीति विज्ञान में वह **पर्यवेक्षण तथा परीक्षण सम्भव नहीं है,** जो एक विज्ञान में होना चाहिए। उदाहरणार्थ, पृथ्वी के गुरुत्वाकर्षण की शक्ति के अस्तित्व के परीक्षण के लिए

हम किसी वस्तु को फेंक कर यह देख सकते हैं कि वह नीचे की ओर गिरती है अथवा नहीं। इसी प्रकार विभिन्न पदार्थों के रासायनिक योग का परीक्षण हम उन पदार्थों को आवश्यकतानुसार मिलाकर कर सकते हैं। परन्तु राजनीति-विज्ञान में इस प्रकार का पर्यवेक्षण तथा परीक्षण सम्भव नहीं है। क्योंकि राजनीति-विज्ञान के परीक्षण तथा पर्यवेक्षण का पदार्थ (मनुष्य के राजनीतिक क्रिया-कलाप) उस प्रकार हमारे नियन्त्रण में नहीं होता, जिस प्रकार भौतिक शास्त्र अथवा रसायन-शास्त्र के पदार्थ होते हैं।

**आर.एच.एस. क्रौसमैन** ने कहा है कि "आप जीवन के उस भाग को जिसे राजनीति कहा जाता है अथवा संगठन के उस अंग को जिसे राज्य कहा जाता है, मनुष्य-समाज के पेचीदे ढ़ाँचे से अलग करके समझाने की आशा नहीं कर सकते।"[1] हम व्यवहार रूप में देखते हैं कि एक राज्य में लोकतन्त्रात्मक शासन सफल हो जाता है तो दूसरे में असफल। सार्वभौमिक मताधिकार किसी देश में एक शक्तिशाली एवं जनप्रिय शासन की स्थापना का कारण बन जाता है, तो कहीं उसके कारण एक ऐसा शासन स्थापित हो जाता है, जो अधिनायक तन्त्र से भी अधिक बुरा सिद्ध होता है। ऐसी दशा में यह अत्यन्त कठिन है कि पर्यवेक्षण द्वारा किन्हीं वैज्ञानिक नियमों अथवा तथ्यों का पता लगाया जा सके। इसी प्रकार क्रान्ति-सम्बन्धी सिद्धान्तों के परीक्षण के लिए क्रांति के प्रयोग भी नहीं किये जा सकते। इसी प्रकार राजनीति-विज्ञान के नियमों की शाश्वतता की बात है। क्रान्तियों में रक्तपात अवश्य होता है, यह नियम राजनीतिक जीवन में बहुत काल पहले से मान्य रहा था। परन्तु भारत स्वतन्त्रता जैसी घटना ने इस धारणा की शाश्वतता समाप्त कर दी है और अब हम यह भी देख चुके हैं कि क्रान्ति बिना रक्तपात के भी हो सकती है। इस प्रकार राजनीति-विज्ञान के निष्कर्षों में चूँकि वह निश्चितता तथा शाश्वतता नहीं पाई जाती है, जो एक विज्ञान के निष्कर्षों में होनी चाहिए, हम उसे विज्ञान नहीं कह सकते।

अन्य विज्ञानों की तरह राजनीति-विज्ञान में चूँकि पर्यवेक्षण तथा परीक्षण नहीं किये जा सकते, अतः हम उसे विज्ञान नहीं कह सकते। चौथी युक्ति इस सम्बन्ध में यह दी जाती है, कि राजनीति-विज्ञान के **निष्कर्ष शुद्ध तथा नियम निश्चित एवं शाश्वत नहीं होते।** अंकगणित का यह नियम कि दो और दो चार होते हैं, एक निश्चित तथा शाश्वत नियम है अथवा भौतिक-विज्ञान का यह नियम कि प्रत्येक पदार्थ पृथ्वी की ओर खिंचता है सब दशाओं में सही रहने वाला नियम है। राजनीति-विज्ञान के निष्कर्षों तथा नियमों के विषय में यह बात नहीं कही जा सकती। राजनीति-विज्ञान का शक्ति विषयक यह नियम कि "शक्ति मनुष्य को भ्रष्ट कर देती है और निरंकुशता पूर्णतः भ्रष्ट कर देती है।" तथ्य की दृष्टि से उतना शुद्ध नहीं है जितने प्राकृतिक विज्ञानों के नियम। इससे हमें शक्ति की भ्रष्ट करने वाली प्रवृत्ति का ज्ञान अवश्य होता है, पर हम यह नहीं समझ सकते कि किस बिन्दु पर जाकर शक्ति भ्रष्ट करने लगती है।

इन युक्तियों के आधार पर अनेक विचारकों ने इस बात का खण्डन किया है कि राजनीति-विज्ञान एक विज्ञान है। **बक्ल** के अनुसार, "ज्ञान की वर्तमान अवस्था में राजनीति

विज्ञान तो है ही नहीं और है भी तो कलाओं में सबसे पिछड़ा हुआ है।''[1] इसी प्रकार मेटलैण्ड ने भी इस पर व्यंग्य कसते हुए कहा है कि ''जब मैं राजनीति-विज्ञान के परीक्षण-प्रश्नों को देखता हूँ, तो मुझे प्रश्नों के लिए नहीं वरन् शीर्षक के लिए खेद होता है।''

## राजनीति-विज्ञान का वैज्ञानिक स्वरूप

इनमें सन्देह नहीं है कि इन कथनों में सत्य का अंश है, किन्तु केवल इन्हीं युक्तियों के आधार पर राजनीति-विज्ञान को विज्ञान न कहना उचित नहीं होगा। इन युक्तियों के विषय में यह विचारणीय है कि वे साधारणत: इस तथ्य पर आधारित हैं कि चूँकि राजनीति-विज्ञान प्राकृतिक विज्ञानों की समानता नहीं कर सकता अत: वह विज्ञान नहीं कहा जा सकता। वस्तुतत: यह राजनीति-विज्ञान का दोष नहीं, अपितु उसकी यह कमी उस विषय (मानव) की प्रकृति के कारण है जिससे उनका सम्बन्ध है। हम यह जानते हैं कि प्राकृतिक विज्ञानों के विषय ऐसे हैं जिस पर अध्ययनकर्त्ता का पूर्णरूपेण अथवा पर्याप्त रूप से नियन्त्रण रहता है और उन पर वह जैसे चाहे वैसे प्रयोग कर सकता है, जबकि राजनीति-शास्त्र आदि सामाजिक विज्ञानों का विषय मानव है, जिस पर अध्ययनकर्त्ता का नियन्त्रण रह सकना कठिन है ही नहीं वरन् असम्भव है। यही कारण है कि राजनीति-विज्ञान अपनी अध्ययन पद्धतियों की उपयुक्तता तथा निष्कर्षों की शुद्धता के सम्बन्ध में प्राकृतिक विज्ञानों की समानता नहीं कर सकता, यद्यपि उसमें वैज्ञानिक पद्धतियों का प्रयोग संमुचित रूप से किया जाता है और पर्याप्त रूप से शुद्ध अनेक निष्कर्ष भी निकल जाते हैं। राजनीति-विज्ञान के विज्ञान होने के सम्बन्ध में पहली आपत्ति यह की गई है कि राजनीतिक तथ्यों के विषय में मतैक्य नहीं है। इस विषय में यह स्मरणीय है कि उक्त मतैक्य के अभाव का कारण राजनीति-विज्ञान में विज्ञान तत्त्व की कमी नहीं है, वरन् इसका कारण यह **मानव-प्रकृति** है, जो सदैव देश-काल के अनुसार बदलती रहती है। लोकतन्त्रवाद साधारणत: एक सफल शासन-प्रणाली है, किन्तु यदि वह किसी देश अथवा काल विशेष में असफल सिद्ध हो जाती है, तो इसका कारण राजनीति-विज्ञान की अवैज्ञानिकता नहीं, अपितु देश अथवा काल विशेष के उन मनुष्यों की परिर्वतनशील प्रकृति है जिनके माध्यम से लोकतन्त्रवाद का प्रयोग किया जाता है। इसके अतिरिक्त राजनीतिक तथ्यों के मतैक्य के अभाव के लिए विचारकों की भावनाएँ भी पर्याप्त रूप में उत्तरदायी हैं। जैसे लैस्ली स्टीफे न ने लिखा था, ''अन्य मनुष्यों की भाँति दार्शनिकों की भी अपनी-अपनी भावनाएँ होती हैं'' और इसलिये यदि राजनीतिक दार्शनिकों के विचारों में किन्हीं राजनीतिक तथ्यों के विषय में मतैक्य नहीं है तो कोई आश्चर्य की बात नहीं है। दूसरी आपत्ति जो राजनीति-विज्ञान के विज्ञान होने के विषय में कही गई है, वह यह है कि उसमें कार्य-कारण के सम्बन्ध की स्थापना सम्भव नहीं है। इसमें सन्देह नहीं है कि प्राकृतिक विज्ञानों की तरह इसमें कार्य-कारण सम्बन्ध स्थापित नहीं किया जा सकता, फिर भी विभिन्न समयों तक विभिन्न स्थानों पर किसी घटना विशेष के कारणों के विधिवत अध्ययन से यह निश्चय किया जा सकता है कि वह घटना सब स्थानों पर तथा सब समयों पर साधारणत: किन कारणों के परिणामस्वरूप हुई। उदाहरणार्थ, सब स्थानों पर हुए विद्रोह के कारणों में हम यह देखते हैं कि **शासन की अव्यवस्था एक**

**सर्वस्थानीय तथा सर्वकालीन कारण** होता है। वर्तमान परिस्थितियों में राज्य का कार्य-क्षेत्र राजनीतिक ही नहीं, अपितु सामाजिक एवं आर्थिक भी होना चाहिए अथवा इसी प्रकार के अनेक **निष्कर्ष हम पर्यवेक्षण** द्वारा निकाल सकते हैं। यद्यपि मनुष्यों का आचरण आग तथा बिजली के आचरण की भाँति सदा एक-सा नहीं होता तथापि मनुष्यों के आचरणों में भी सम्बद्धता एवं नियमितता पाई जाती है, और किन्हीं निश्चित परिस्थितियों की उनके मस्तिष्कों पर साधारणतः निश्चित प्रतिक्रिया होती है। वस्तुतः जैसा लॉर्ड ब्राइस ने कहा है, "मानव प्रकृति की प्रवृत्तियों में एकरूपता तथा समानता पाई जाती है, जिसकी सहायता से हम यह पता लगा सकते हैं कि एक ही प्रकार के कारणों से प्रभावित होकर मनुष्य बहुधा एक ही प्रकार के कार्य करता है। कार्यों का वर्गीकरण किया जा सकता है, उनका पारस्परिक सम्बन्ध स्थापित किया जा सकता है तथा उन्हें श्रृंखलाबद्ध करके सामान्यतया क्रियाशील प्रवृत्तियों के परिणाम-रूप में उनका अध्ययन किया जा सकता है।"[1] अतः यह मानना कि मनुष्य के कार्य सदा ऊटपटाँग, असम्बद्ध तथा अनियमित होते हैं अथवा उनके राजनीतिक कार्यकलापों से सम्बन्धित तथ्यों में **कार्य-कारण का सम्बन्ध स्थापित नहीं किया जा सकता, पूर्णतः सही नहीं है।** तीसरी आपत्ति जो इस सम्बन्ध में कही गई है वह यह है कि राजनीति-शास्त्र में पर्यवेक्षण तथा परीक्षण सम्भव नहीं है। इसमें सन्देह नहीं कि प्राकृतिक-विज्ञानों की भाँति इसमें पर्यवेक्षण अथवा परीक्षण नहीं किये जा सकते। किन्तु इसका तात्पर्य यह नहीं है कि इसमें पर्यवेक्षण अथवा परीक्षण हो ही नहीं सकते। जहाँ तक पर्यवेक्षण (Observation) का प्रश्न है,राजनीति-विज्ञान के अध्ययन में हम अनेक ऐसे राजनीतिक तथ्यों का पता पर्यवेक्षण द्वारा लगाते हैं, जिन्हें वैज्ञानिक अर्थ में सत्य कहा जा सकता है। उदाहरणार्थ, लोकतन्त्रवाद के अब तक के हुए विकास का पर्यवेक्षण करके हम यह निष्कर्ष निश्चित रूप से निकाल सकते हैं कि लोकतन्त्रात्मक शासन में जनता अपने राजनीतिक अधिकारों तथा कर्त्तव्यों के प्रति सजग रहती है और इस प्रकार राज्य-शक्ति की अभिव्यक्ति एवं उसका प्रयोग जनता के हित के लिये होता है। इसी प्रकार विभिन्न राज्यों में अब तक के हुए यद्‌भाव्यम् (Laissez-Faire) के प्रयोग के पर्यवेक्षण के आधार पर हम यह निश्चित निश्चय रूप से निकाल सकते हैं कि राज्य की सर्वांगीण उन्नति नियन्त्रित जीवन में ही हो सकती है। परीक्षण के विषय में यह स्वीकार्य है कि राजनीति-विज्ञान के अध्ययन में हम उस प्रकार के परीक्षण नहीं करते जैसे प्राकृतिक विज्ञानों में किये जाते हैं। फिर भी यह कहना ठीक नहीं है कि इसके क्षेत्र में परीक्षण हो ही नहीं सकते। वास्तविकता यह है कि जब किसी राज्य में कोई नया कानून बनता है, अथवा किसी नवीन नीति का अनुसरण किया जाता है, या नई शासन-व्यवस्था अपनाई जाती है, तो ये राजनीतिक परीक्षण ही होते हैं। कानूनों के अनेक परीक्षण हमारे समक्ष विद्यमान हैं। उदाहरण के लिए हम भारत में आवश्यक वस्तुओं के मूल्य के नियन्त्रण का परीक्षण ले सकते हैं।

युद्ध काल की विषमताओं के कारण इसका परीक्षण किया गया और उसके परिणामस्वरूप यह निष्कर्ष निकाला गया कि जिन वस्तुओं के उत्पादन एवं माँग कि स्थिति अब भी विषम है, जन-हित में उनके मूल्य का राजकीय नियन्त्रण शान्ति-काल में भी किया

जाना चाहिए। बहुत समय तक संसार में पूँजीवादी अर्थव्यवस्था चली। उसके परीक्षण के परिणामस्वरूप संसार अब इस निष्कर्ष की ओर बढ़ रहा है कि पूँजीवादी अर्थव्यवस्था कि तुलना में समाजवादी अर्थव्यवस्था अधिक हितकारी है। इसी प्रकार एक समय था जब जगत में सर्वत्र राजतन्त्रीय शासन-व्यवस्था थी। कुछ काल के उसके परीक्षण के पश्चात् लोकतन्त्रीय शासन-व्यवस्था को अपनाया गया। इनके परीक्षण के पश्चात् यह निष्कर्ष निकला कि राजतन्त्र साधारणतः जन-हित की दृष्टि से अधिक उपयोगी शासन-व्यवस्था नहीं है, वरन् उसकी तुलना में लोकतन्त्रीय शासन-व्यवस्था अधिक उपयोगी होती है। इस प्रकार हम देखते हैं कि राजनीति में यद्यपि हम अपनी इच्छानुसार प्राकृतिक विज्ञानों की भाँति परीक्षण नहीं कर सकते तथा प्राकृतिक विज्ञानों की तरह हमारी कोई प्रयोगशाला नहीं होती, तथापि इसमें सन्देह नहीं है कि इसमें प्रयोग होते रहते हैं। इसके अतिरिक्त राजनीतिविज्ञानियों ने अब नियंत्रित परीक्षण (Controlled experimentation) की दिशा में भी कुछ प्रगति की है इस प्रकार के परीक्षण जिन विषयों में किये गये हैं, उनमें नेतृत्व का व्यवहार एवं नेतृत्व की परिस्थितियाँ, प्रचार-तकनीक, अफवाहों की प्रकृति आदि विषय प्रमुख हैं। इन प्रयोगों पर मनोविश्लेषण एवं मनोविज्ञान की अन्य शाखाओं में अपनाई जाने वाली पद्धतियों एवं विधियों का प्रभाव विशेष रूप से है। कुछ अन्य प्रयोग शासन की मदद से किन्हीं विशेष क्षेत्रों को चुनकर किए जा सकते हैं। इस प्रकार के प्रयोगों से राजनीति विज्ञान का विद्यार्थी उनके निष्कर्षों के आधार पर **राजनीतिक सिद्धान्तों व नियमों का निरूपण करता है** और कर सकता है। चौथी आपत्ति निष्कर्षों और नियमों की अशुद्धता के विषय में है। इसमें संदेह नहीं कि राजनीति-विज्ञान के निष्कर्ष एवं नियम प्राकृतिक विज्ञानों की तरह शुद्ध एवं शाश्वत नहीं हो सकते, किन्तु इसका कारण राजनीति-विज्ञान का कोई दोष नहीं है। अपितु उसके अध्ययन के विषय-मनुष्य की प्रकृति का दोष है।

माइकेल द्वारा प्रतिपादित यह नियम संगठनों व संस्थाओं की कार्य प्रणाली के विषय में एक सामान्य प्रवृत्ति प्रस्तुत करता है, पर यह नियम किन परिस्थितियों में, किन संगठनों में, कहाँ तथा किस सीमा तक लागू होगा, इसे अंकगणित जैसी निश्चयात्मकता व शुद्धता से नहीं कहा जा सकता। इसके अतिरिक्त इस प्रकार की अनिश्चतता तथा सापेक्षता केवल समाज-विज्ञानों में ही नहीं, अपितु अनेक प्राकृतिक विज्ञानों में भी है। उदाहरणार्थ, हम भौतिक विज्ञान, भूगर्भ विज्ञान और ऋतु विज्ञान को ले सकते हैं, जिनके नियमों में भी इसी प्रकार की अनिश्चितता एवं सापेक्षता पाई जाती है। **रोगर एच.सौल्टाऊ** ने भी कहा है कि ''मानव सम्बन्धों के इस क्षेत्र में अंकगणित जैसे शुद्ध उत्तर प्राप्त नहीं हो सकते क्योंकि पहले तो आप पूर्णतः यह नहीं कह सकते कि किन्हीं दी हुई परिस्थितियों में मनुष्य क्या करेगा और दूसरे कभी भी बार-बार एक-सी परिस्थितियाँ नही आतीं, जिससे एक-सी मानवीय स्थितियाँ हो सकें।''[1] परिणामस्वरूप राजनीति-विज्ञान के निष्कर्ष एवं नियम प्राकृतिक विज्ञानों के निष्कर्षों एवं नियमों की तरह पूर्णतः शुद्ध नहीं हो सकते। वास्तव में राजनीति-विज्ञान ही क्या, सभी सामाजिक-विज्ञानों के नियम प्राकृतिक विज्ञानों की तरह के न होकर प्रवृत्तियों के सूचक होते हैं।

अर्थशास्त्र का यह नियम है कि यदि किसी वस्तु की माँग (demand) बाजार में कम हो और उसकी उपलब्धि (Supply) अधिक हो तो वह सस्ती हो जाती है और उसके विपरीत यदि किसी वस्तु की माँग बाजार में अधिक हो और उपलब्धि कम हो तो वह महंगी हो जाती है। फिर भी यह नियम वस्तु के सस्ते और मँहगें होने की प्रवृत्ति मात्र का ही सूचक है। उससे हमें यह ज्ञान नहीं होता कि माँग एवं उपलब्धि में किसी अनुपात पर वस्तु कितनी सस्ती अथवा मँहगी हो जायगी। इसी प्रकार **राजनीति-विज्ञान के नियम एवं तथ्य भी ऐसी ही प्रवृत्तियों के सूचक होते हैं**। उदाहरणार्थ, राज्य-शक्ति के दुरुपयोग से जनता में विद्रोह उत्पन्न होता है अथवा मताधिकार या राज्य-कार्य में भाग मिलने से जनता में राजनीतिक चेतना उत्पन्न होती है, ऐसे नियम हैं जो अमुक परिस्थितियों में मानव-प्रवृत्ति के सूचक हैं, तथापि वे ऐसे निश्चयात्मक नियम नहीं हैं, जिनसे यह माना जा सके कि किसी हद तक राज्य-शक्ति के दुरुपयोग में किस रूप का विद्रोह उत्पन्न होगा अथवा राज्य-कार्य में कहाँ तक हाथ बँटाने से जनता में कितनी राजनीतिक चेतना उत्पन्न होगी। एक अन्य उदाहरण के रूप में हम माइकेल के गुटतंत्रीयता (oligarchism) के सिद्धान्त को ले सकते हैं, जिसके अनुसार उसने यह प्रतिपादित किया है कि संगठनों में गुटतंत्रीयता की प्रवृत्ति पाई जाती है और कहा है कि संगठन का रूप जितना अधिक विशाल तथा उसकी कार्य प्रणाली जितनी अधिक अप्रत्यक्ष होती है यह प्रवृति उतनी ही अधिक पाई जाती है।

इस प्रकार राजनीति-विज्ञान के विज्ञान होने अथवा न होने का सम्पूर्ण विवाद प्राकृतिक तथा सामाजिक विज्ञानों के उस मौलिक अन्तर पर आधारित है, जो उनके नियमों को सर्वमान्यता, पर्यवेक्षण एवं परीक्षण के ढंगों तथा निष्कर्षों एवं नियमों की निश्चितता एवं शाश्वतता के विषय में उनमें पाया जाता है। जो उसे विज्ञान नहीं मानते, वे केवल इसी आधार पर ऐसा करते हैं कि इन विषयों के सम्बन्ध में प्राकृतिक विज्ञानों से उसकी समानता नहीं हो सकती। इसमें सन्देह नहीं कि राजनीति-विज्ञान और उसी प्रकार सभी सामाजिक विज्ञानों के नियम प्राकृतिक विज्ञानों के नियमों की भाँति ही सर्वमान्य नहीं हैं, इनमें पर्यवेक्षण एवं परीक्षण के ढंग प्राकृतिक नियमों की तरह नहीं तथा उनके निष्कर्ष एवं नियम उतने निश्चित एवं शाश्वत नहीं हैं, जितने प्राकृतिक विज्ञानों के, फिर भी केवल इसी आधार पर उसे विज्ञान न माना जाय यह उचित नहीं है। **गार्नर** के शब्दों में विज्ञान ''किसी विषय से सम्बन्धित उस ज्ञान-राशि को कह सकते हैं, जो विधिवत् पर्यवेक्षण, अनुभव एवं अध्ययन के द्वारा प्राप्त हुई हो और जिसके तथ्य परस्पर सम्बद्ध तथा वर्गीकृत किये हुए हों।''[1] यदि हम इस परिभाषा की कसौटी पर राजनीति-विज्ञान को कसें, तो हम देखते हैं कि चूँकि यह मानव के राज्य सम्बन्धी कार्य-कलापों से सम्बन्धित ऐसी ज्ञान-राशि है, जो विधिवत् पर्यवेक्षण, अनुभव एवं अध्ययन द्वारा प्राप्त हुई है और जिसके तथ्य परस्पर सम्बद्ध, क्रमबद्ध तथा वर्गीकृत किए हुए हैं, अतः वह विज्ञान है।

राजनीति-विज्ञान के अधिकतर विचारकों ने इसी मत का समर्थन किया है और राजनीति-विज्ञान को विज्ञान माना है। राजनीति के जनक **अरस्तू** ने तो इसे विज्ञान ही नहीं, सबसे प्रधान विज्ञान माना है, क्योंकि अन्य विज्ञान जहाँ मानव-हित के अलग-अलग विषयों

का अध्ययन करते हैं, राजनीति-विज्ञान समष्टि रूप में मानव हित में रत राज्य नामक संस्था का अध्ययन करता है। **प्रोफेसर हर्नशा** के अनुसार, ''पूर्णतः शुद्ध, पर्याप्त और सादा रूप में विज्ञान की परिभाषा क्रमबद्ध, संगठित सम्बद्ध ज्ञान के रूप में की जा सकती है।'' उसके मतानुसार ''किसी अध्ययन के विषय को विज्ञान का लक्षण दिया जा सकता है, यदि वह निष्पक्ष दृष्टि से सत्य का अनुसंधान करे, समस्त सम्बन्धित तथ्यों का अध्यवसाय पूर्ण अन्वेषण उसकी विशेषता हो, ऐसे तर्कपूर्ण निर्णय द्वारा उसका निर्माण किया गया हो, जिसमें व्यर्थ की कल्पनाओं एवं पक्षपातों के लिए कोई स्थान न हो, तथा जहाँ तक संभव हो वह साधारणतः एक रूप श्रेणीबद्ध तथा नियमबद्ध कर दिया गया हो। '' राजनीति-विज्ञान के अध्ययन से चूँकि मनुष्य के राजनीतिक कार्य-कलापों से सम्बन्धित सत्य का अनुसंधान निष्पक्ष दृष्टि से किया जाता है, उसमें सम्पूर्ण सम्बन्धित तथ्यों का अध्यवसायपूर्ण अन्वेषण किया जाता है, उसका निर्माण निष्पक्ष व तर्कपूर्ण निर्णयों द्वारा किया जाता है और जहाँ तक सम्भव होता है तत्सम्बन्धी ज्ञान को एक-रूप, श्रेणीबद्ध तथा नियमबद्ध किया जाता है, अतएव वह विज्ञान है। मध्यकालीन विद्वानों ने भी इसी मत का समर्थन किया है तथा आधुनिक विचारक बोदां, हॉब्स, सिजविक, सोले, ब्राइस, ब्लुंशली तथा गार्नर आदि ने भी इसे विज्ञान ही माना है। **सर फ्रेडरिक पोलक** ने कहा है, ''यदि उनका (अर्थात् राजनीति-विज्ञान को विज्ञान न मानने वालों का) यह अभिप्राय है कि इसमें ऐसे कोई नियम नहीं हैं, जिनसे एक प्रधान-मन्त्री बहुमत को अपनी ओर बनाए रखने के निश्चित उपाय जान सके, तो उनका यह कहना तो ठीक होगा, परन्तु इससे विज्ञान क्या है, इसके सम्बन्ध में वे अपनी अपर्याप्त जानकारी का ही परिचय ही देंगे। राजनीति के विज्ञान का अस्तित्व उसी अर्थ में और उसी अथवा लगभग उसी हद तक है जैसे नैतिक विज्ञान का अस्तित्व है।''

## राजनीति-विज्ञान की उपलब्धियाँ

राजनीति विज्ञान ने ऐसा कुछ प्राप्त किया है जिससे इसके वैज्ञानिक रूप की पुष्टि होती हो? पिनॉक एवं स्मिथ दोनों विद्वानों ने इन प्रश्नों का उत्तर देने का भी प्रयास किया है। उनके अनुसार विज्ञान के रूप में राजनीति विज्ञान की उपलब्धियाँ इस प्रकार हैं:- अभी तक चर्चा का विषय यह रहा है कि राजनीति विज्ञान को विज्ञान माने जाने में क्या कठिनाइयाँ हैं और ये कठिनाइयाँ कहाँ तक वास्तविक हैं। राजनीति विज्ञान विज्ञान है अथवा नहीं, इस प्रश्न पर हम एक अन्य दृष्टिकोण से भी विचार कर सकते हैं। पिनॉक और स्मिथ ने जैसा कहा है प्रश्न यह उठाया जाना चाहिए कि राजनीति विज्ञान यदि विज्ञान है तो विज्ञान के रूप में इसकी उपलब्धियाँ क्या हैं?

**सामान्यीकरण (Generalization)**- असामान्य को छोड़ देने तथा सामान्य को चुन लेने को ही, इस प्रकार सामान्यीकरण कहते हैं। राजनीति विज्ञान ने भी इस दिशा में काफी प्रगति की है। उदाहरण के लिए हम इस सामान्यीकृत प्रस्थापना को ले सकते हैं कि अन्य परिस्थितियों के समान होने पर प्रत्यक्ष चुनावों की तुलना में अप्रत्यक्ष चुनावों में, राजनीतिक मशीन का प्रभाव अधिक होता है। चुनावों में सरकारी मशीन के प्रयोग से सम्बन्धित

यह सामान्यीकरण, पुनरावृत्ति तत्त्व के पर्यवेक्षण के आधार पर ही सम्भव हो सका है। कुछ अन्य प्रकार के सामान्यीकरण मानव प्रकृति में सतत् स्थिर रहने वाली प्रवृत्तियों की खोज से भी सम्भव हो जाते हैं। किसी भी विज्ञान के लिए यह आवश्यक होता है कि वह ऐसे तत्त्व एवं प्रवृत्तियों की खोज करे जिनकी पुनरावृत्ति होती हो और उसके आधार पर वह सामान्य नियम बनाए। सामान्यीकरण की इस प्रक्रिया में जो तत्त्व विशिष्ट होते हैं और जिनकी पुनरावृत्ति कम या बिल्कुल नहीं होती, उन्हें छोड़ दिया जाता है तथा जो तत्त्व सामान्य होते हैं, और जिनकी पुरावृत्ति होती है उन्हें चुन लिया जाता है। उदाहरणार्थ उन परिस्थितियों के विषय में कुछ प्रस्थापनायें की जा सकती हैं, जिनमें सामान्यत: क्रान्तियाँ होती हैं तथा उनके आधार पर मनुष्य के राजनीतिक-व्यवहार को नियंत्रित किया जा सकता है। इन प्रस्थापनाओं व नियमों के खोज निकालने पर विचारशील राजनीतिक नेता ऐसे कदम भी उठा सकते हैं कि क्रांति को प्रोत्साहित करने वाली परिस्थितियाँ मौजूद रहें और फिर भी क्रांति न हो। मांटेस्क्यू की यह मान्यता कि अनियंत्रित राजनीतिक शक्ति का दुरुपयोग अधिक सरलता से सम्भव हो जाता है, सामान्यीकरण की इसी प्रणाली पर आधारित है। व्यक्ति के राजनीतिक व्यवहार के विषय में सामान्य निष्कर्ष व नियमों के निर्धारण से उसके नियंत्रण की भी संभावनाएँ बढ़ गई हैं, क्योंकि इनके आधार पर व्यक्ति के राजनीतिक व्यवहार के विषय में भविष्यवाणियाँ की जा सकती हैं।

**आदर्श निर्माण (Model Building)**-आधुनिक राजनीति विज्ञान में भी निगमात्मक पद्धति का प्रयोग कुछ मिलते-जुलते रूप में किया जाने लगा है, जिसे 'आदर्श निर्माण' (Model building) की संज्ञा दी जाती है। इसका "अभिप्राय एक ऐसे सिद्धान्त या परस्पर सम्बद्ध सिद्धान्तों के समूह से है, जिसका उपयोग विद्वानों द्वारा संस्थाओं की कार्य-प्रणाली को समझने तथा उससे सम्बन्धित आदर्शों के निर्माण के लिए किया जाता है।" उदाहरण के लिए एंथोनी डाउन्स (Anthony Downs) के उस सामान्य किन्तु प्रसिद्ध प्रतिपादन को ले सकते हैं, जिसमें जनतन्त्रीय सरकार के साधारण लक्षण गिनाते हुए चुनावों के समय राजनीतिक दलों व मतदाताओं के व्यवहार के आधार पर उसके विषय में कुछ आदर्श निर्मित किये हैं और परीक्षणीय प्रस्थापनाएँ विकसित की हैं। इसी प्रकार बुकानन व टुलोक (Buchanan and Tullock) ने भी खेल सिद्धान्त (Game Theory) के आधार पर मतदान व्यवहार सम्बन्धी कुछ प्रतिरूपण तैयार किए हैं। इन प्रयासों से अनुभववादी शोधों में काफी मदद मिलती है। एक सीमा तक सभी विज्ञानों में निगमनात्मक पद्धति (Deductive Method) का प्रयोग उपकल्पनाओं एवं प्रस्थापनाओं के निर्माण के लिए किया जाता है। राजनीति विज्ञान में 'रिपब्लिक' के रचयिता प्लेटो एवं लेवियेथन के रचयिता हॉब्स इसके सर्वोत्तम उदाहरण हैं, जिन्होंने व्यक्ति की प्रकृति तथा उसके आधार पर राज्य के उद्देश्यों एवं कार्यों से सम्बन्धित आदर्शों का निर्माण किया है, यद्यपि उनका वह निर्माण अतिशयोक्तिपूर्ण हो गया है।

**अनुभववादी अध्ययन (Empirical Studies)**- आधुनिक काल में राजनीति विज्ञान में तस्तु स्थिति एवं पर्यावरण के अध्ययन की परम्परा भी अधिक गहरी एवं व्यवस्थित

होती जा रही है। ऐसे अध्ययनों में चुनावों का अध्ययन काफी प्रिय विषय है। ऐसे अध्ययनों से व्यक्ति के मतदान सम्बन्धी व्यवहार के लिए उत्प्रेरक कारकों, प्रभावशील तत्त्वों- जैसे समस्याओं, व्यक्तित्वों, एवं परम्पराओं आदि के बारे में प्रचुर जानकारी मिली है। वर्तमान के साथ ही भूतकालीन इतिहास को भी सामग्री संकलन का आधार बनाया जाता है। ऐसे ऐतिहासिक अध्ययनों में ग्रेट ब्रिटेन में प्रकाशित "अनाटॉमी ऑफ रिवोल्यूशन" (The Anatomy of Revolution) अध्ययन बड़े महत्त्व का है, जिसमें वहाँ की तीन महान् क्रान्तियों के मानव व्यवहार के अध्ययन से अनेक राजनीतिक सिद्धान्तों की पुष्टि ही नहीं हुई है अपितु अनेक उपयोगी राजनीतिक भविष्यवाणियाँ करने में भी पर्यात मदद मिली है।

**समस्या समाधान (Problem solving)** - राजनीति विज्ञान में अब समस्याओं के समाधान सुझाने पर भी बल दिया जाने लगा है। राजनीति विज्ञानी कुछ समस्याओं को चुनते हैं, उनकी उत्पत्ति के कारणों की खोज करते हैं तथा उनके सम्भावित समाधानों को प्रस्तुत करते हैं। समस्याओं के समाधान प्रस्तुत करने के इस प्रयास में कभी-कभी वैज्ञानिक दृष्टि से मूल्यवान अनेक तथ्यों या प्रस्थापनाओं की खोज हो सकती है, क्योंकि जैसा कि पिनॉक व स्मिथ ने कहा है समस्या समाधान में भी राजनीति विज्ञानियों को अपने दृष्टिकोण को वैज्ञानिक बनाये रखना पड़ता है। उन्हीं के शब्दों में "समस्या समाधान के दृष्टिकोण का प्रयोग करने में राजनीति विज्ञानी अनुभववादी ऐतिहासिक एवं निगमनात्मक तीनों पद्धतियों को मिला देता है।"

**संस्थात्मक वर्णन एवं विश्लेषण-सिद्धान्त-निर्माण** (Institutional description and Analysis-Theory Building)-राजनीति विज्ञान में विज्ञान बन सकने की क्षमताएँ तो हैं ही, राजनीति विज्ञानी भी उसकी इन क्षमताओं का प्रयोग यथार्थ के धरातल पर करने एवं उन्हें सार्थक करने के लिये प्रयत्नशील हैं तथा उनके इन प्रयत्नों से ऐसी महत्त्वपूर्ण उपलब्धियाँ भी हुई हैं, जो भविष्य की आशाओं को और अधिक बलवती बनाती है। वस्तुतः अब मतभेद का विषय यह नहीं है कि राजनीति विज्ञान विज्ञान है अथवा नहीं, वरन् उसका विषय यह है कि वह किस सीमा तक विज्ञान है अथवा विज्ञान के रूप में उसे हम किस सीमा तक लाभान्वित हो सके हैं। राजनीति विज्ञानियों द्वारा सर्वाधिक कार्य सम्भवतः इसी क्षेत्र में किया गया है। संस्थाओं का विश्लेषण अपने आप में न तो वैज्ञानिक और न अवैज्ञानिक ही होता है। परन्तु उनके संगठनों के व्यवहार एवं कार्य प्रणाली से सम्बन्धित अध्ययनों का ढंग वैज्ञानिक अवश्य होता है एवं उसके द्वारा कुछ सामान्य प्रस्थापनाओं का विकास एवं सिद्धान्तों का निर्माण हो जाता है। इसके उदाहरण स्वरूप हम कर्मचारी तंत्र (Bureaucracy) द्वारा सामान्यतः एवं विभागीय परिधियों के भीतर किये जाने वाले व्यवहार के अध्ययन को ले सकते हैं। इस दिशा में लोक प्रशासन के अध्ययन के प्रयास बड़ें महत्वपूर्ण हैं, क्योंकि उसके संस्थात्मक वर्णन व विश्लेषण के आधार पर उनकी कार्यप्रणाली के सम्बन्ध में अनेक उपयोगी सिद्धान्तों का निर्माण हुआ है। पर संगठन सम्बन्धी सिद्धान्त कुछ सीमित रूप में ही उपयोगी होते हैं तथा इस कारण से इन्हें मध्यवर्ती सिद्धान्त (middle range theories) भी कहा जाता है। इस प्रकार के अध्ययनों में हर्बर्ट ए. साइमन की 'एडमिनिस्ट्रेटिव

विहेवियर' (Administrative Behaviour) नामक रचना का स्थान महत्त्वपूर्ण है।

## राजनीति-विज्ञान एक कला

साधारण भाषा में कला जीवन का चित्रण होता है। चूँकि राजनीति-विज्ञान में हम मानव के राजनीतिक जीवन का चित्रण करते हैं अतः हम उसे कला कह सकते हैं। कला में जीवन का चित्रण सर्वांङ्गीण होता है। जीवन कैसा रहा है, कैसा है तथा कैसा होना चाहिए, इसके चित्रण को ही कला की संज्ञा दी जाती है। अत: इस अर्थ में भी राजनीति-विज्ञान कला है क्योंकि इसके अन्तर्गत भी हम राजनीतिक जीवन का सर्वाङ्गीण चित्रण करते हैं। राजनीति-विज्ञान के स्वरूप के इस विवाद के सन्दर्भ में यह कहना भी अनुपयुक्त नहीं होगा कि अनेक राजनीतिक-विचारकों ने इसे कला भी माना है। उदाहरणार्थ, **गैटिल** ने राजनीति-विज्ञान, राजनीति-कला तथा राजनीति-दर्शन, तीनों में अन्तर दिखाते हुए लिखा है कि ''राजनीति की कला का उद्देश्य मनुष्य के क्रिया-कलापों से सम्बन्धित उन सिद्धान्तों एवं नियमों का निर्धारण करना है, जिन पर चलना राजनीतिक संस्थाओं के कुशल संचालन के लिए आवश्यक है।'' **ब्लुंशली** ने भी राजनीति की कला के अस्तित्व की ओर संकेत किया है। उसने लिखा है कि ''राजनीति से विज्ञान की अपेक्षा कला का अधिक बोध होता है। राज्य का संचालन किस ढंग से हो, क्रियात्मक दृष्टि से वह कैसा व्यवहार करे, राजनीति में इन सब बातों का प्रतिपादन होता है।'' इसी प्रकार **बक्ल** ने भी, चाहे सबसे पिछड़ी हुई कला रूप में ही सही, राजनीति-कला का अस्तित्व स्वीकार किया है। उसने कहा है कि ''ज्ञान की वर्तमान स्थिति में, राजनीति विज्ञान की परिभाषा से तो दूर है ही वह कलाओं में भी सबसे पिछड़ी हुई है''[3] वास्तव में राजनीति-विज्ञान के कलात्मक स्वरूप को समझने के लिए हमें कला का अर्थ समझना होगा। **बक्ल** का यह कथन कि यह सबसे पिछड़ी हुई कला है, वस्तुतः सत्य नहीं है। कला के रूप में राजनीति-विज्ञान का महत्त्व किन्हीं अर्थों में राजनीतिक विज्ञान से भी अधिक है , क्योंकि व्यावहारिक जीवन में मनुष्य को राजनीति-विज्ञान के कलात्मक रूप से ही अधिक काम पड़ता है।

वास्तव में **फ्रेडरिक पोलक** के विभाजन के अनुसार व्यावहारिक-राजनीति नामक भाग का सम्बन्ध शासन को उस कला से है, जिसके उचित ज्ञान के बिना आधुनिक जगत में अच्छा-जीवन सम्भव ही नहीं है। इस प्रकार हम देखते हैं कि कला के रूप में राजनीति-विज्ञान एक ऐसी उच्चस्तरीय कला है, जिसका कार्य मनुष्य को सर्वोत्तम नागरिक जीवन का उपभोग करने के योग्य बनाना होता है।

## राजनीति विज्ञान की अध्ययन पद्धत्तियाँ

राजनीति-शास्त्र के विज्ञान होने अथवा न होने सम्बन्धी विवाद से हम इस निष्कर्ष पर पहुँचते हैं कि यद्यपि राजनीति-विज्ञान एक विज्ञान है, तथापि वह प्राकृतिक विज्ञानों की तरह सुनिश्चित विज्ञान नहीं है। उनके वैज्ञानिक स्वरूप की यह अनिश्चितता उसकी अध्ययन-पद्धतियों में भी पाई जाती है। विज्ञान होने के नाते राजनीति-विज्ञान की अध्ययन-पद्धतियाँ भी वैज्ञानिक ढंग की हैं, तथापि उनमें उनका प्रयोग उसी प्रकार और उसी शुद्धता के साथ

नहीं किया जाता, जिस प्रकार और जिस शुद्धता के साथ वह प्राकृतिक विज्ञानों में किया जाता है। राजनीति-विज्ञान में विचारकों ने जिन प्रमुख पद्धतियों का प्रयोग किया है वे इस प्रकार हैं:-

(1) प्रयोगात्मक (Experimental)

(2) तुलनात्मक (Comparative)

(3) ऐतिहासिक (Historical)

(4) पर्यवेक्षणात्मक (Observational) एवं

(5) दार्शनिक (Philosophical)

**(1) प्रयोगात्मक पद्धति** - राजनीति-विज्ञान का विद्यार्थी अपने प्रयोग की वस्तु-मनुष्य (जिसके जीवन के राजनीतिक पहलू का वह अध्ययन करता है)- के साथ उस प्रकार से प्रयोग नहीं कर सकता, क्योंकि वह स्वयं विचारशील हैं, भावनाओं का पुतला है और साथ ही जिन विचारों, धारणाओं तथा भावनाओं के प्रभाव में उसका राजनीतिक जीवन चलता है, उसकी गहराई नापना भी कठिन ही नहीं असम्भव होता है। भौतिक विज्ञान सम्बन्धी प्रयोगों को निश्चित निष्कर्ष पर पहुँचने तक बार-बार दुहराया जा सकता है, परन्तु राजनीति-विज्ञान में प्रयोग दुहराए नहीं जा सकते क्योंकि एक ही प्रकार की परिस्थितियों की पुनरावृत्ति नहीं की जा सकती। इसी प्रकार प्राकृतिक विज्ञानों की तरह राजनीति के सम्बन्ध में भविष्यवाणी नहीं की सकती, उसमें तो केवल सम्भावनाओं का संकेतमात्र ही किया जा सकता है। राजनीतिक प्रयोगों के परिणामों में काल एवं स्थान के अन्तर के कारण विभिन्नता आ जाती है जो साधारणतया भौतिक विज्ञान में नहीं होती। इस प्रकार राजनीति-विज्ञान में प्रयोगात्मक पद्धति का प्रयोग उतनी सफलतापूर्वक एवं विशुद्ध रूप में नहीं किया जा सकता, जितना भौतिक-विज्ञानों के क्षेत्र में किया जा सकता है।

कॉम्टे (Comte) के मतानुसार राज्य में होने वाला प्रत्येक परिवर्तन एक राजनीतिक प्रयोग होता है।'' **गार्नर** का कथन है कि प्रत्येक नये कानून का निर्माण, प्रत्येक नई संस्था की स्थापना तथा प्रत्येक नई नीति का प्रारम्भ एक प्रकार से प्रयोग ही होता है क्योंकि उस समय तक वह केवल अस्थाई अथवा प्रस्ताव रूप में ही समझा जाता है, जब तक परिणाम उसके अस्थाई होने की योग्यता को सिद्ध न कर दें।'' वस्तुतः राजनीति-विज्ञान के विद्यार्थी के लिए सारा संसार ही एक प्रयोगशाला है, जहाँ वह अनेक राजनीतिक परिवर्तनों के रूप में सदैव प्रयोग करता रहता है। इसमें सन्देह नहीं कि इस प्रकार राजनीतिक प्रयोगों के आधार पर राजनीति-विज्ञानियों ने अनेक महत्वपूर्ण तथ्यों को इकट्ठा कर लिया है और इसलिए राजनीतिक अनुसंधान के लिए प्रयोगात्मक पद्धति की उपादेयता असंदिग्ध है। फिर भी, इस पद्धति के सम्बन्ध में यह स्मरणीय है कि राजनीति-विज्ञान में इसका प्रयोग उस प्रकार नहीं होता, जिस प्रकार भौतिक-विज्ञानों में होता है और न ही इसके प्रयोगों के परिणाम वैसे निश्चित होते हैं, जैसे भौतिक-विज्ञान के क्षेत्र में किए गए प्रयोगों के होते

हैं। इसका एक कारण है और वह कारण पद्धति का कोई दोष नहीं अपितु उस वस्तु की प्रकृति है, जिसके ऊपर राजनीति के विद्यार्थी को अपने प्रयोग करने पड़ते हैं। भौतिक-विज्ञान का विद्यार्थी प्रयोग की वस्तु को संसार की अन्य वस्तुओं से पृथक कर लेता है और उस पर अन्य वस्तुओं का प्रभाव न पड़ने देते हुए तब तक प्रयोग करता रहता है, जब तक कोई निश्चित परिणाम नहीं निकल आता।

फिर भी इसका यह अर्थ नहीं है कि प्रयोगात्मक पद्धति का प्रयोग राजनीति विज्ञान के अध्ययन में हो ही नहीं सकता। राज्य के क्षेत्र में सभी राजनीतिक परिवर्तन ही राजनीतिक-विज्ञान के विद्यार्थी के लिए प्रयोग हैं, जिनके आधार पर वे राजनीति-सम्बन्धी निष्कर्ष निकाल सकते हैं, जिनकी सफलताओं का अनुकरण कर सकते हैं और जिनसे वे शिक्षा ग्रहण कर सकते हैं।

(2) **तुलनात्मक पद्धति** - इस पद्धति का प्रयोग राजनीति-विज्ञान के अध्ययन में राजनीति-विज्ञान के जनक **अरस्तू** (Aristotle) के समय से होता आया है। फ्रांस के लेखक **मौन्टेस्क** तथा इंग्लैण्ड के **सर हैनरी मेन** ने भी इस प्रणाली का प्रयोग किया है। इसके अनुसार अध्ययनकर्त्ता विभिन्न राज्यों, उनके संगठन, उनकी नीतियों एवं कार्य-कलापों का तुलनात्मक अध्ययन करता है और इस प्रकार की तुलना द्वारा अनेक राजनीतिक सिद्धान्तों की खोज करता है। उदाहरणार्थ, राजनीति-विज्ञानियों अथवा विज्ञानियों ने समय-समय पर विभिन्न देशों में हुई क्रान्तियों के कारणों का विश्लेषण करके यह निर्धारण किया है कि अमुक परिस्थितियों के उत्पन्न होने पर क्रान्ति अवश्यम्भावी हो जाती है। उसी प्रकार विभिन्न देशों में प्रजातन्त्रात्मक शासनों का अध्ययन करके ऐसे साधारण तथ्यों का निश्चय किया गया है, जिनका अस्तित्व प्रजातन्त्रवाद की सफलता के लिए आवश्यक होता है। इस प्रकार तुलनात्मक पद्धति द्वारा राजनीति-विज्ञान के भंडार में अनेक उपयोगी सिद्धान्तों का समावेश हुआ है और उसकी उपादेयता असंदिगध है।

इस पद्धति के विषय में भी अध्ययनकर्त्ता के लिए यह आवश्यक है कि वह अपने अध्ययन के विषय-मनुष्य- की प्रकृति का ध्यान रखे क्योंकि परिवर्तनशील मनुष्य द्वारा निर्मित जिस राजनीतिक समाज का वह अध्ययन करता है, वह देशकाल के प्रभाव से परे नहीं होता और इसलिए इस पद्धति के उपयोग में भी सावधानी बरतने की अत्यधिक आवश्यकता रहती है। उसे यह ध्यान रखने की आवश्यकता रहती है कि कभी-कभी एकसी राजनीतिक परिस्थितियों में विभिन्न प्रकार की घटनाएँ घटित हो जाती हैं, तो कभी-कभी असमान परिस्थितियों में समान प्रकार की घटनाएँ घटती हैं। उदाहरणार्थ, भारतवर्ष, अमेरिका तथा ग्रेट ब्रिटेन तीनों ही देशों में प्रजातन्त्रात्मक शासन है, परन्तु तीनों देशों के निवासियों की प्रवृत्तियों की भिन्नता के कारण तीनों देशों में भी प्रजातन्त्रात्मक शासन के स्वरूपों में भिन्नता पाई जाती है। इंग्लैण्ड में यदि वंश-परम्परा पर आधारित राजा या रानी शासन का वैधानिक अध्यक्ष है, तो अमेरिका में निर्वाचित अध्यक्ष शासन का सर्वेसर्वा है और भारत में निर्वाचित शासनाध्यक्ष केवल वैधानिक अध्यक्ष है। ऊपर से शासन के स्वरूपों में इतनी भिन्नता होते

हुए भी इन सभी देशों में प्रजातन्त्रात्मक शासन है और इसलिए इस प्रकार के प्रजातन्त्रों की तुलना के आधार पर जब कोई राजनीतिक सामान्यीकरण किया जाएगा तो उसमें उक्त देशों के निवासियों की प्रवृत्तियों के लिए गुंजाइश रखनी ही होगी। तुलनात्मक अध्ययन के लिए यह अच्छा होगा कि केवल ऐसे राज्यों को चुना जाए, जिनकी ऐतिहासिक पृष्ठभूमि समान रही हो तथा काल का अन्तर अधिक न हो।

राजनीति विज्ञान में हाल ही में हुये परिवर्तनों से तुलनात्मक अध्ययन का महत्व और भी बढ़ गया है। इसका प्रयोग राष्ट्रीय एवं अन्तर्राष्ट्रीय राजनीति के अध्ययन में भी काफी हुआ है। तुलना का आधार अब स्थान (Space) ही नहीं, काल (Period) भी हो गया है तथा तुलना विविध स्थानों की ही न होकर विविध कालों की राजनीति की भी हुई है। इसकेपरिणामस्वरूप इस पद्धति के प्रयोग के लिए अब अधिक शुद्ध एवं स्पष्ट संकेतिकाएँ (Indices) व वैचारिक संधार (Conceptual framework) आदि विकसित हो गए हैं। तुलनात्मक पद्धति का प्रयोग पारम्परिक औपनिवेशिक व्यवस्था के विघटन, बड़ी संख्या में नव राष्ट्रों के उदय और उनकी संक्रमणकालीन विशिष्ट परिस्थतियों के कारण और अधिक हुआ है, क्योंकि विभिन्न विद्वानों ने जब अध्ययन के दौरान यह पाया कि पश्चिमी राष्ट्रों की राजनीतिक प्रक्रियाओं से नवोदित राष्ट्रों की राजनीतिक प्रक्रियाएँ भिन्न हैं तो उनके द्वारा अध्ययन के नए आधार खोजे गए। इस दिशा में **गिर्ट्ज** (Geertz) द्वारा सम्पादित 'ओल्ड सोसाइटीज एण्ड न्यू नेशन्स' (Old Societies and New Nations) तथा **आमंड एवं कोलमेन** द्वारा सम्पादित 'दी पोलिटिक्स ऑफ डेवलपिंग एरियाज' (The Politics of Developing areas) को इस दिशा में अग्रणी और सराहनीय प्रयास कहा जा सकता है।

**(3) ऐतिहासिक पद्धति** - राजनीति-विज्ञान में राज्य क्या था, वह क्या है और क्या होगा इसका विवेचन किया जाता है और इसके लिए हमें इतिहास की शरण लेनी पड़ती है। ऐतिहासिक पद्धति द्वारा हम राज्य एवं उसकी संस्थाओं के भूतकालीन स्वरूप का अध्ययन करते हैं और यह देखते हुए कि उसका वर्तमान स्वरूप किस प्रकार बना है, भविष्य में उसका क्या स्वरूप होगा, इसके सम्बन्ध में निष्कर्ष निकालते हैं। इस पद्धति का प्रयोग वस्तुतः तुलनात्मक पद्धति के ही एक रूप में होता है। इसके अनुकरण में हमें इन बातों का ध्यान रखना चाहिए :-

(क) ऐतिहासिक घटनाओं की साधारण या ऊपरी समानता को अधिक महत्त्व नहीं देना चाहिए।

(ख) ऐतिहासिक पद्धति के अनुसार ऐतिहासिक अध्ययन खुले मस्तिष्क से निष्पक्ष रूप में होना चाहिए, किसी निश्चित धारणा के आधार पर नहीं, क्योंकि तभी हम सही निष्कर्षो पर पहुँच पायेंगे।

(ग) यद्यपि यह कहा जाता है कि वर्तमान भूत का परिणाम है अथवा वर्तमान में भविष्य की प्रगति का बीज विद्यमान है, फिर भी हमें यह ध्यान रखना चाहिए कि यह

केवल एक सापेक्ष सत्य ही है। मानव विकास की प्रक्रिया कभी-कभी भूत को वर्तमान से एवं वर्तमान को भविष्य से ऐसा पृथक कर सकती है कि उनमें कोई तारतम्य ही न दिखाई दे। राजनीति-विज्ञान के अध्ययन के लिए उपयोगी होते हुए भी ऐतिहासिक पद्धति की अपनी कुछ सीमाएँ हैं:-

(क) ऐतिहासिक पद्धति के प्रयोग करने पर तत्कालीन परिस्थितियों एवं भावनाओं का प्रभाव पड़ सकता है जिसके कारण उस अध्ययन पर आधारित राजनीतिक निष्कर्ष अशुद्ध हो सकते हैं।

(ख) इस पद्धति द्वारा हम राजनीतिक तथ्यों का संकलन मात्र कर सकते हैं। जब तक उन्हें तर्क एवं बुद्धि की कसौटी पर न कसा जाय तब तक शुद्ध परिणाम नहीं निकाले जा सकते। इस कारण इस पद्धति का प्रयोग केवल तार्किक मस्तिष्कों द्वारा ही हो सकता है।

(ग) सम्पूर्ण भूत का अध्ययन असम्भव-सा होता है और फिर यदि यह संभव भी हो जाए, तो भी यह अधिक सम्भव है कि इस पद्धति का अनुसरणकर्त्ता भूत में ही खोकर उसका इतना पुजारी बन बैठे कि रूढ़िवादिता का प्रतिपादन करने लगे।

परन्तु इसका यह तात्पर्य नहीं है कि यह पद्धति राजनीति-विज्ञान के लिए सर्वथा अनुपयुक्त है। उक्त सीमाओं के होते हुए भी यह केवल इसी पद्धति द्वारा जाना जा सकता है कि राजनीतिक समाज का भूत में क्या रूप था, उसका वर्तमान स्वरूप किन-किन परिस्थितियों द्वारा बना है एवं भविष्य में उसके रूप में क्या परिवर्तन हो सकते हैं।

**(4) पर्यवेक्षणात्मक पद्धति** - राजनीति-विज्ञान के प्रसिद्ध लेखक **लॉर्ड ब्राइस** ने इस पद्धति का खूब प्रयोग किया है। जिस देश की राजनीति तथा उसके सिद्धान्तों का अध्ययन उन्होंने किया है, वहाँ स्वयं जाकर उन्होंने वहाँ के राजनीतिक समाज का पर्यवेक्षण किया है और निष्कर्ष निकाले हैं। व्यावहारिक रूप से यह पद्धति राजनीति-विज्ञान के अध्ययन के लिये अत्युत्तम है क्योंकि इसमें अध्ययनकर्त्ता स्वयं देखकर, स्वत: अनुभव प्राप्त करके तर्क द्वारा निष्कर्ष निकालते है लौवेल (Lowell) ने लिखा है कि ''राजनीति अवलोकन का विज्ञान है, प्रयोग अथवा परीक्षण का नहीं।......... राजनीतिक संस्थाओं की वास्तविक प्रक्रिया की मुख्य प्रयोगशाला पुस्तकालय नहीं अपितु राजनीतिक जीवन-सम्बन्धी बाह्य जगत है।'' ऐसा लिखकर नि:सन्देह उसने उस पर्यवेक्षण-पद्धति का समर्थन किया है, जिसमें अध्ययनकर्त्ता स्वयं अत्यन्त निकट से राज्य के संगठन, कार्य-कलापों, राजनीतिक घटनाचक्रों एवं संस्थाओं का पर्यवेक्षण करता है और उनके आधार पर राजनीतिक सिद्धान्तों की प्रतिष्ठा करता है।

परन्तु इसका अर्थ यह कदापि नहीं समझ लेना चाहिए कि राजनीति-विज्ञान के लिये इस पद्धति की कोई उपयोगिता नहीं है। **लॉर्ड ब्राइस** के 'अमरीकी कॉमनवेल्थ' (American Commonwealth) तथा 'मोडर्न डेमोक्रेसीज' (Modern Democracies) नामक ग्रन्थों की इतनी प्रसिद्धि इसकी उपयोगिता का परिचायक है। राजनीति-विज्ञान के

व्यवहारवादी अध्ययन के लिये भी पर्यवेक्षणात्मक पद्धति काफी उपयोगी सिद्ध हुई है, क्योंकि जो कुछ व्यवहार में देखने को मिलता है उसके वैज्ञानिक पर्यवेक्षण के आधार पर भी राजनीति विज्ञान के अनेक उपयोगी सिद्धान्तों का प्रतिपादन हुआ है। इस सब के बावजूद यह स्मरणीय है कि इस पद्धति का प्रयोग बहुत समझ-बूझ के साथ किया जाना चाहिये।

परन्तु अन्य पद्धतियों की तरह इसकी भी सीमाएँ हैं, और वे इस प्रकार हैं:

(क) स्वयं जाकर पर्यवेक्षण करने के अवसर सभी राजनीतिक अन्वेषणार्थियों को प्राप्त नहीं हो पाते हैं।

(ख) स्वयं पर्यवेक्षण करने के अवसर प्राप्त हो जाने पर भी यह आवश्यक नहीं है कि उस पर्यवेक्षण पर आधारित निष्कर्ष पूर्ण शुद्ध हों। उदाहरणार्थ, यह हम सभी जानते हैं कि भारतीय संस्कृति का अध्ययन अनेक पाश्चात्य विद्वानों ने भारत भूमि में आकर किया फिर भी उसके लिए भारतीय संस्कृति का स्वरूप अनेकता का स्वरूप ही रहा और वे उस मौलिक एकता के दर्शन नहीं कर सके, जो उस अनेकता के मूल में विद्यमान है। इसी प्रकार **मौण्टेस्क्यू** द्वारा इंग्लैण्ड जाकर वहाँ के शासन के विषय में इस असत्य का प्रतिपादन करना कि वहाँ के शासन विधान में शक्तियों का पृथक्करण (Separation of Powers) पाया जाता है, इस बात का प्रमाण है स्वयं पर्यवेक्षण पर आधारित निष्कर्ष भी कभी-कभी कितने मिथ्या एवं भ्रामक हो सकते हैं।

**(5) दार्शनिक पद्धति** - इस पद्धति में सर्वप्रथम मनुष्य की मूल प्रकृति के स्वरूप का निर्धारण किया जाता है और उसके आधार पर राज्य के उद्देश्यों एवं उसके स्वरूप की कल्पना की जाती है और यह निश्चय किया जाता है कि राज्य शक्ति किस प्रकार कार्य करती है। इसके अनन्तर उन आदर्शात्मक विचारों के अनुसार राजनीतिक समाज के व्यवहार का निरूपण किया जाता है। **प्लेटो, रूसो** तथा **सिजविक** ने इस पद्धति का अधिक अनुसरण किया है।

परन्तु इस पद्धति के प्रयोग की सबसे बड़ी सीमा यह है कि इस पर आधारित विचार व्यावहारिक राजनीति जीवन से बहुत दूर होते हैं। विचारक कल्पना की लम्बी उड़ान लेकर व्यावहारिकता से सर्वथा पृथक तथ्यों की कल्पना कर बैठते हैं और वे विचार कभी-कभी राजनीतिक घटनाओं से बिल्कुल मेल नहीं खाते। उदाहरणार्थ, हम **प्लेटो** के 'रिपब्लिक' (Republic) को अथवा **मोर** (More) के 'यूटोपिया' को ले सकते हैं, जिनमें ऐसे आदर्श राज्यों का प्रतिपादन किया गया है जो इतिहास तथा मानव स्वभाव के तथ्यों से बिल्कुल भिन्न है। जैसा सीले ने कहा है इस पद्धति द्वारा 'जो है' और 'जो होना चाहिए' अर्थात यथार्थ एवं आदर्श का भेद नहीं किया जा सकता।

❑❑❑

3

# व्यवहारिकवाद या व्यवहारवादी पद्धति

व्यवहारवादी वैज्ञानिक भविष्यवाणियाँ करने का प्रयास कर सकते हैं, पर वे भविष्यवाणियाँ यदि, किन्तु परन्तु आदि विशेषणों से जुड़ी हुई ही हो सकती हैं। व्यवहारवादी पद्धति से यह कभी नहीं कहा जा सकता कि अमुक घटना घटित होगी ही, क्योंकि किसी भी विषय वस्तु को उसकी समग्रता में देखा जाना सम्भव नहीं है। सिबली का मत है कि व्यवहारवाद मानव व्यवहार का अध्ययन विशिष्ट परिस्थितियों में करता है। उसका क्षेत्र मानव व्यवहार 'क्या और क्यों है' तक ही सीमित है। राजनीति विज्ञान का क्षेत्र मानव व्यवहार सामान्यत: 'क्या और क्यों' है, इसी तक ही सीमित नहीं है, वरन् वह पहले 'कैसा और क्यों' रहा है, भविष्य में 'कैसा और क्यों' हो सकता है और आदर्श रूप में 'कैसा और क्यों' होना चाहिए, इस तक फैला हुआ है। अत: राजनीति के अध्ययन में आदर्श के प्रति उदासीन व्यवहारवादियों के शुद्ध वैज्ञानिक प्रयास एक सीमा से अधिक सहायक नहीं हो सकते। इसके लिये हमें राजनीति दर्शन व इतिहास की मदद लेनी होती है।

व्यवहारवाद का स्वरूप इतना विस्तृत एवं उसकी उपयोगिता इतनी व्यापक होते हुए भी इसकी कुछ सीमायें हैं जिन्हें दृष्टि से ओझल नहीं किया जा सकता। व्यवहारवाद की सीमाओं को प्रो० सिबली ने गिनाया है चूँकि व्यवहारवादी यह नहीं कह सकते कि मानव व्यवहार कैसा होना चाहिए, अत: वे नीति-निर्धारण में सहायक नहीं हो सकते। नीति-

निर्धारण में सदैव विभिन्न विकल्पों में से एक को चुनना होता है और इस चयन प्रक्रिया में मूल्यों का प्रश्न अनिवार्य रूप से आता है। नीति-निर्धारण में व्यवहारवादियों के योगदान की नगण्यता को देखते हुए एक विद्वान ने तो यहाँ तक कहा है, कि ''यदि समाज विज्ञानिकों को स्वीकार्य भाषा में कहें, तो अध्ययन पद्धति की दृढ़ता तथ्यात्मक महत्त्व की प्रतिलोमानुपाती कही जाएगी। मेरी दृष्टि में बचकाना, गोलमालकर्त्ता तथा पिष्टपेषक वे विशेषण हैं, जिनका प्रयोग व्यवहारवादी वैज्ञानिक के लिये उचित रूप से किया जा सकता है।''

सभी पद्धतियों की अपनी अपनी सीमाएँ हैं। फिर भी उनकी अपनी-अपनी उपयोगिता है और ये सभी पद्धतियाँ पूरी तरह उपयोगी तभी हो सकती हैं, जब इनके प्रयोग में यथार्थ एवं आदर्श के सामंजस्य को कभी दृष्टि से ओझल न किया जाए। राजनीति विज्ञान से बहुत पहले मनोविज्ञान, समाज विज्ञान आदि ने इसे अपना लिया था। अन्य सामाजिक विज्ञानियों से आई हुई पद्धति होने के कारण व्यवहारवादी अध्ययन पद्धति ने अन्य सामाजिक विज्ञानों के साथ राजनीति विज्ञान के सम्बन्धों को एक नया रूप दे दिया है तथा ये सम्बन्ध और उनसे उत्पन्न समस्यायें इतनी व्यापक हैं कि उनको लेकर कुछ नए विज्ञान ही विकसित हो गए हैं, जिन्हें राजनीतिक समाज शास्त्र, राजनीतिक मनोविज्ञान, राजनीतिक मानव शास्त्र, राजनीतिक अर्थशास्त्र आदि के नामों से पुकारा जाता है। विकास एक प्राकृतिक क्रिया है जो प्रकृति के नियमों के अनुसार निरन्तर होता रहता है। 20वीं शताब्दी के आते-आते सभी विषयों ने अपनी विषय-वस्तु का काफी विकास किया। विभिन्न प्राकृतिक विज्ञानों ने वास्तव में अपेक्षा से भी अधिक विकास किया। ऐसा देखा जा सकता है। प्राकृतिक विज्ञानों के इस विकास को देखकर धीरे-धीरे सामाजिक विज्ञानों ने भी अपनी विषय-वस्तु और क्षेत्र की ओर ध्यान देना प्रारम्भ किया।

सामाजिक विज्ञानों के अध्ययन के लिए प्रारम्भ में परम्परागत अध्ययन पद्धतियाँ प्रयोग की जाती थीं लेकिन प्राकृतिक विज्ञानों के प्रभावों को देखकर तथा वैज्ञानिक दृष्टिकोण की उपयोगिता का आभास कर धीरे-धीरे राजनीति विज्ञान में वैज्ञानिक विधियों के प्रयोग की दिशा में विचार करना प्रारम्भ हुआ। राजनीतिविज्ञान के मुख्य रूप से एक नये उपागम का प्रयास किया जाने लगा ताकि राजनीति तथ्यों की विवेचना को अधिक व्यावहारिक उपयोगी एवं महत्त्वपूर्ण बनाया जा सके । इस सन्दर्भ में 1908 में प्रकाशित ग्राहम वालास की प्रमुख कृति Human Nature in Politics और आर्थर बैटले की प्रमुख कृति The Process of Government आदि ने राजनीति विज्ञानियों को एक नयी दिशा दिखायी। इन कृतियों में राजनीति विज्ञान के परम्परागत अध्ययन दृष्टिकोणों से अलग हटकर अध्ययन को श्रेयकर बनाने की चर्चा की गयी थी। बाद में 1925 में चार्ल्स मेरियम ने अपनी प्रमुख कृति New Aspects of Politics ने व्यवहारवाद के विकास में महत्त्वपूर्ण भूमिका निभाई। उन्होंने राजनीतिक घटनाओं के समझने के लिये मनोवैज्ञानिक तथा समाजवैज्ञानिक विधियों के प्रयोग पर बल दिया परिणामस्वरूप राजनीति विज्ञान के अध्ययन के एक नवीन मार्ग (अध्ययन विधि) का विकास हुआ जिसे व्यवहारवादी मार्ग अथवा व्यवहावादी उपागम कहा गया। इस दृष्टिकोण के पीछे मान्यता यह है कि मनुष्य भावनाओं का पुंज होता है, उसकी

अपनी मनोवृत्तियाँ, अभिलाषाएँ और रुझान होते हैं। उसका राजनीतिक व्यवहार काफी सीमा तक इन मानसिक प्रवृत्तियों द्वारा निर्देशित व नियन्त्रित होता है और उसके सामने वैधानिक प्रावधान एवं मूल्य-व्यवस्थाएँ बहुत कुछ सीमा तक अप्रभावी रहती हैं। इसलिए व्यवहारवादी राजनीति-विज्ञानी व्यक्ति या समूहों के राजनीतिक व्यवहार को अधिक महत्त्वपूर्ण व मुख्य मानते हैं तथा ऐतिहासिक महत्त्व को घटनाओं, संस्थाओं, संविधानों आदि के अध्ययन को कम महत्त्वपूर्ण व गौण मानते हैं,। अध्ययन पद्धति के रूप में व्यवहारवाद राजनीति विज्ञान की अपनी देन नहीं है। वस्तुतः व्यवहारवाद का प्रादुर्भाव एवं प्रसार इतना व्यापक एवं द्रुतगति से हुआ है कि उसने अनेक विचारकों का ध्यान अपनी ओर आकृष्ट किया है।

**डेविड ईस्टन** ने इसे पारम्परिक दृष्टिकोण के प्रति मात्र व्यवहारवादी विरोध न कहकर व्यवहारवादी क्रान्ति कहा है। रोबर्ट डाहल ने कहा है कि पारस्परिक पद्धतियों एवं अध्ययन की सामग्री के विरोध में यह आन्दोलन इतना सफल हुआ है और मुख्य धारा में वह इतना घुलमिल गया है कि उसका अलग अस्तित्व ही समाप्त हो गया है। इस सम्बन्ध में एक प्रश्न उठाते हुये और उसका उत्तर देते हुये उन्होंने कहा है कि ''विरोधी आन्दोलन के रूप में व्यवहारवादी रुझान आगे कहाँ जायेगा? मेरी समझ से यह धीरे-धीरे अदृष्ट हो जायेगा। इससे मेरा तात्पर्य यह है कि पृथक रुझान व दृष्टिकोण के रूप में यह धीरे-धीरे समाप्त हो जायेगा, क्योंकि वह धारा के मुख्य प्रवाह में मिल जायेगा और वस्तुतः मिलता जा रहा है। ऐसी दशा में व्यवहारवादी मार्ग असफल होने के कारण अदृष्ट नहीं होगा, वरन् वह सफल होने के कारण अदृष्ट होगा।'' **श्री डाहल** का आशय है कि यह आन्दोलन राजनीति-विज्ञान का अभिन्न अंग एवं सर्वग्राह्य तत्त्व हो गया है और इसके पृथक अस्तित्व या गुटपरक विशिष्ट स्वरूप का अब कोईं प्रश्न ही नहीं रह गया है। इसका प्रयोग राजनीतिविज्ञान के अध्ययन में एक पद्धति (Method) के रूप में भी किया गया है और एक मार्ग (Approach), दृष्टिकोण या शैली के रूप में भी किया गया है तथा इसकी सबसे अधिक महत्त्वपूर्ण उपयोगिता इस बात में है कि इससे राजनीति विज्ञान के अध्ययन को वैज्ञानिक रूप दिये जाने में बड़ी सहायता मिली है। एक लेखक ने तो वैज्ञानिकता को ही उसका लक्ष्य माना है और कहा है कि ''व्यवहारवादी मार्ग की प्रमुख पहचान उसके द्वारा सिद्ध किये जाने वाले उद्देश्य का स्वरूप है और वह वैज्ञानिकता है।' व्यवहारवाद का मूल आधार ही वैज्ञानिकता के प्रति उसका प्रबल आग्रह है तथा वैज्ञानिकता को उसके अनुयायी इतना महत्वपूर्ण समझते हैं कि वे उसे साधन ही नहीं लक्ष्य भी मानते हैं। व्यवहारवाद राजनीतिविज्ञान के अध्ययन को वैज्ञानिक रूप प्रदान करता है। दार्शनिक पद्धति द्वारा निष्पादित आभासों एवं अनुमानों पर आधारित ज्ञान व सिद्धान्त प्रायः यथार्थ से परे होते हैं। पर व्यवहारवादी पद्धति से निष्पादित ज्ञान व सिद्धान्त चूँकि मनुष्य के वास्तविक व्यवहार के अध्ययन पर आधारित होते हैं, अतः वे मनुष्य के वास्तविक जीवन के अधिक निकट तथा उसके लिये अधिक उपयोगी होते हैं तथा यही कारण है कि व्यवहारवादी मार्ग का अनुसरण अब अत्यधिक होने लगा है। व्यवहारवादी अध्ययन पद्धति का प्रयोग अब इतना व्यापक व उच्च स्तर पर होने लगा है कि व्यवहारवाद पद्धति से बढ़कर अब एक मार्ग (Approach) बन गया है

तथा व्यवहारवाद के अन्तर्गत नई अध्ययन पद्धतियाँ विकसित हो गई हैं जिनमें सर्वेक्षण शोध पद्धति (Survey Research Method), समस्या अध्ययन पद्धति (Case Study Method), पर्यवेक्षण (Observation) प्रमुख हैं। व्यवहारवादी वस्तुत: इस बात के लिए सदा सचेष्ट रहते हैं कि विषय सामग्री व्यवस्थित व क्रमबद्ध रूप में ही संगठित की जाये, उसका सुव्यवस्थित विश्लेषण हो, तथा उसके आधार पर कुछ ऐसी सामान्य प्रतिष्ठापनाएँ विकसित की जाएँ जिन्हें अन्त में मानव व्यवहार से सम्बन्धित सिद्धान्तों का रूप दिया जा सके। भविष्यवाणी करने की क्षमता विज्ञान का एक प्रमुख गुण होता है। ये प्रतिष्ठापनाएँ व सिद्धान्त चूँकि मानव व्यवहार को समझने व उनके आधार पर मानव व्यवहार विषयक भविष्यवाणी करने में राजनीति विज्ञान के लिये बड़े सहायक होते हैं,

वे वस्तुत: मानव भावनाओं को उसके व्यवहार का स्रोत मानकर उसकेराजनीतिक व्यवहार व कार्यकलाप का अध्ययन करते हैं और संस्थाओं के स्थान पर भावनाओं के पुंज मानव के व्यवहार को राजनीति विज्ञान की विषय वस्तु बनाने का प्रयास करते हैं। आज के युग में व्यवहारवाद का इतना महत्त्व होते हुए भी प्रारम्भ में इसे यदि बड़ी हेय दृष्टि से देखा जाता था, तो उसके पीछे मूल कारण इसका उद्‌गम स्रोत था। समाज विज्ञानों में व्यवहारवाद (Behavioural) वाटसन के व्यवहारवाद (Behaviourism) से विकसित हुआ है। वाटसन ने इसका प्रयोग मानव व्यवहार की भौतिक व्याख्या प्रस्तुत करने के लिए किया था। वाटसन की व्याख्या के अनुसार मानव-व्यवहार बाह्य प्रेरकों (Stimuli) की प्रतिक्रिया मात्र है। अत: मनुष्य की वैयक्तिक निष्ठा (Subjective) या मानव-भावनाओं का उसके अध्ययन में कोई स्थान नहीं हो सकता। इस प्रकार वाटसन द्वारा मानव व्यवहार के अध्ययन की दृष्टि से मानव भावनाओं को चूँकि अत्यन्त हीन माना गया है, अत: वाटसन व उसके द्वारा प्रतिपादित धारा की कटु आलोचना होती रही है। नये व्यवहारवादी (Behaviouralists) मानव भावनाओं के प्रति ऐसे पूर्वाग्रहों व हीन धारणाओं से मुक्त हैं।

**व्यवहारवाद के विकास में योगदान करने वाली प्रमुख कृतियाँ :-** व्यवहारवादी उपागम को आगे बढ़ाने में अनेक व्यवहारवादी विचारकों की कृतियों ने महत्त्वपूर्ण योगदान दिया इनमें प्रमुख कृतियाँ ये हैं :-

<u>ग्राहम वालास</u> -हयूमन नेचर इन पोलिटिक्स (Human Nature in Politics)।

<u>ए.एफ. बेण्टले</u> - दी प्रोसेस ऑफ गवर्नमेण्ट (The Process of Government)।

<u>चार्ल्स मेरियम</u> -न्यू आस्पेक्ट्स ऑफ पालिटिक्स (New Aspects of Politics)।

<u>हरबर्ट साइमन</u> - एडमिनिस्ट्रेटिव बिहेवियर (Administrative Behaviour)।

<u>लॉसवेल व कैप्लान</u>-पॉवर एण्ड सोसाइटी (Power and Society)।

<u>कैटलिन</u> -स्टडी ऑफ दी प्रिन्सीपल ऑफ पॉलिटिक्स (A Study of the Principles of Politics)।

डेविड ईस्टन - दी पॉलिटीकल सिस्टम (The Political System) - दा करेण्ट मीनिंग ऑफ बिहेवियरलिज्म (The current meaning of behaviouralism)।

आर.ए.डहल- दा बिहेवियर एप्रोच इन पॉलिटिक्स साइन्स (The Behavioural Approach in Political Science)।

फ्रेंक केण्ट - दी पॉलिटीकल बिहेवियर (The Political Behaviour)।

**व्यवहारवादी उपागम के संस्थापक एवं समर्थक :-** व्यवहावादी उपागम के संस्थापक एवं प्रमुख समर्थक ये राजनीतिक विचारक हैं:- मेरियम, ग्राहम वालास, एच.लासवेल, डेविड ईस्टन, राबर्ट ए. डहल, हरबर्ट साइमन, ल्युसियन पाई, जार्ज कैटलिन, जी.आमण्ड, डेविड टूमैन, पावेल, मलफईक्यू सिवली, किर्क पैट्रिक, कार्ल डापथ, वी.ओ.की. जूनियर, एडवर्ड शील्स, हींज यूलाऊ आदि।

## व्यवहारवादी उपागम का अर्थ
## (Meaning of Behavioural Approach)

यह व्यवहारवाद अनुभवात्मक एवं क्रियात्मक उपागम है। इसमें व्यक्तिनिष्ठ मूल्यों, मानवीय विवरणों, कल्पनाओं आदि को कोई स्थान नहीं दिया जाता है। इस आधार पर इस उपागम को परम्परावादियों का विरोधी उपागम कहा जा सकता है। राजनीति विज्ञान के अध्ययन के लिये अनेक दृष्टिकोण प्रचलित थे जिनमें परम्परावादी दृष्टिकोण प्रमुख थे, लेकिन परम्परावादी दृष्टिकोणों की कुछ सीमायें थीं जिनके कारण उनके आधार पर राजनीति विज्ञान के अध्ययन को उपयुक्त नहीं माना गया इसलिये राजनीतिक तथ्यों, घटनाओं आदि की निरपेक्ष व्याख्या एवं विश्लेषण करने के लिये मुख्य रूप से अमेरिकी राजनीति शास्त्रियों ने इस नये उपागम की स्थापना की जिसे व्यवहारवादी उपागम की संज्ञा दी गयी। इसके उपागम के विचारक राजनीति विज्ञान को राज्य को कानूनी एवं दार्शनिक सीमाओं में समेटना नहीं चाहते हैं इसी कारण **डेविड ईस्टन** ने कहा कि, ''व्यवहावाद पारम्परिक दृष्टिकोण के प्रति मात्र व्यवहारवादी विरोध नहीं है, अपितु यह एक व्यावहारिक क्रान्ति है।'' व्यवहारवाद को स्पष्ट करते हुये विभिन्न विद्वानों ने इस प्रकार की परिभाषायें दी हैं:-

**किर्क पैट्रिक** ने एक स्थान पर व्यवहार की परिभाषा देते हुये लिखा है कि,''व्यवहारवाद का अर्थ अब निश्चित हो रहा है क्योंकि पूर्व में इसके अनेक अर्थ निकाले गये थे। वे सभी अब नहीं निकाले जा सकते हैं। इसमें आने वाली धारणाओं, क्रियाओं, विधियों तकनीकों आदि को आसानी से समझा जा सकता है और अवलोकन किया जा सकता है।''

**डेविड टूमेन** के अनुसार,''व्यवहारवाद का अर्थ व्यवहारवादी प्रवृत्ति तथा वैज्ञानिक दृष्टि है। अर्थात् व्यवहारवाद का अन्तिम लक्ष्य राजनीतिक प्रक्रिया के विज्ञान का विकास करना है। यह दृष्टिकोण राजनीति विज्ञान के क्षेत्र का विस्तार तथा पुनर्निर्माण करने की कोशिश करता है।''

**किर्क पैट्रिक** ने व्यवहारवाद का अर्थ इस प्रकार बताया है- ''यह उपागम राजनीतिक संस्थाओं के अध्ययन के स्थान पर राजनीतिक स्थिति में व्यक्ति के व्यवहारवाद के विश्लेषण पर जोर देता है। अर्थात् व्यक्ति का राजनीतिक व्यवहार विश्लेषण की मूल इकाई है।''

**डॉ. एस.एल. वर्मा के शब्दों में,** ''व्यवहारवाद, मानव व्यवहार के अवलोकन का विचारधारात्मक आन्दोलन है जिसमें मनुष्य के व्यवहार को आन्दोलन के रूप में समझा जा सकता है।''

**सिबली के अनुसार,**''व्यवहारवाद वैज्ञानिक परीक्षणीय एवं सत्यापन प्रक्रियाओं में अन्वेषण के निर्माण पर जोर देता है।''

**जेम्स चार्ल्स बर्थ के शब्दों में,** ''व्यवहारवाद वस्तुपरक तथा आगमनात्मक अध्ययन पद्धति से व्यवहार करने के लिये मनुष्य का व्यापक अध्ययन करते हैं।''

**हींज युलाऊ** ने एक स्थान पर स्पष्ट करते हुये लिखा है कि,''व्यवहारवाद का सम्बन्ध मनुष्य के बाहरी कार्यों से ही नहीं है वरन् उसके भावनात्मक, तुलनात्मक, मूल्यांकनात्मक, रहस्यमय क्रिया तथा प्रक्रियाओं से भी सम्बन्धित है।''

**डेविड ईस्टन** के मतानुसार,''व्यवहारवादी उपागम, अध्ययन उपागम की वैज्ञानिकता और अनुभवजन्य सिद्धान्त निर्माण से सम्बन्धित, यह बौद्धिक मनोदशा का प्रतिबन्ध है। यह बौद्धिक प्रवृत्ति है तथा तथ्यात्मक शैक्षणिक आन्दोलन है।''

**हींज यूलाऊ** के मतानुसार,''राजनीतिक व्यवहार के अध्ययन का सम्बन्ध राजनीतिक सन्दर्भ में मानव के कार्यों, रुख, वरीयताओं एवं आकांक्षाओं से है।''

**ब्लेयर कोलासा** की मान्यता है कि,''व्यवहारवाद राजनीति दृष्टि में लोगों के समूहों के व्यवहार का अध्ययन है।''[1]

**प्रो. आर. ए. डहल** के मतानुसार,''व्यवहारवादी क्रान्ति परम्परागत राजनीति विज्ञान की असफलताओं के प्रति असन्तोष का परिणाम है। इस क्रान्ति का उद्देश्य राजनीति विज्ञान को अधिक वैज्ञानिक बनाना है।''

- यह उपागम व्यवस्थाबद्ध एवं अनुभवजन्य सिद्धान्त को मानता है।

- यह उपागम राजनीति विज्ञान तथा अन्य सामाजिक विज्ञानों की एकता की बात करता है।

- यह उपागम श्रेष्ठ तकनीकों के प्रयोगों द्वारा राजनीतिक व्यवहार के परीक्षण, मापन, पर्यवेक्षण एवं वर्गीकरण का समर्थन करता है।

इस प्रकार इन परिभाषाओं के आधार पर तथा विभिन्न अन्य विचारकों की परिभाषाओं के आधार पर यह कहा जा सकता है कि व्यवहारवाद सामाजिक शोध की ऐसी

पद्धति है जो समाज में रहने वाले मानवों का वैज्ञानिक अध्ययन करती है। यह लगभग वैज्ञानिक पद्धति है। यह पद्धति व्यावहारिकता पर बल देती है इसलिये राजनीतिविज्ञान तथा अन्य सामाजिक विज्ञानों में परस्पर अन्तः निर्भरता की स्थापना चाहती है। यह पद्धति राजनीतिक शोध के भविष्य को निश्चित करती है तथा मानव व्यवहार के राजनीतिक पक्ष की स्थिर इकाइयों की सैद्धान्तिक खोज पर बल देती है। अर्थात् व्यवहारवादी पद्धति अनुभववादी पद्धति है जो राजनीतिक घटनाओं, तथ्यों एवं समस्याओं आदि को वैज्ञानिक आधारों पर विश्लेषित करती है। इसी कारण व्यवहारवादियों की मान्यता है कि व्यक्ति के राजनीतिक कार्यों तथा व्यवहारों का वैज्ञानिक अध्ययन सम्भव है। इसके समर्थक व्यक्ति के बाह्य और आन्तरिक अर्थात् व्यक्ति की भावनाओं, मनोवृत्तियों उनके व्यवहार आदि का वैज्ञानिक अध्ययन करने पर बल देते हुए दृढ़ता के साथ इस उपागम का समर्थन करते हैं।

**व्यवहारवाद की मान्यताएँ :-** व्यवहारवाद की मान्यता इस प्रकार हैं :-

- यह उपागम सांख्यिकी प्रधान है।

- यह उपागम मतदान, सर्वेक्षण, साक्षात्कार, प्रश्नावली, आदि शुद्ध तकनीकों या विधियों के प्रयोग की चर्चा करता है।

- यह उपागम वैज्ञानिकता को मानता है।

- यह उपागम राजनीति विज्ञान को यथार्थवादी बनाना चाहता है।

- यह उपागम परम्परावादी राजनीति-विज्ञान का विरोधी है।

- यह उपागम दार्शनिक अध्ययन पद्धति का आलोचक है।

- यह उपागम कानूनी दृष्टिकोण का आलोचक है।

- व्यवहारवाद मूल्य निरपेक्ष अवधारणा है।

- व्यवहारवाद ज्ञान की पूर्णता का समर्थक है जिसकी पूर्ति हेतु सामाजिक विज्ञानों के अन्तःअनुशासनात्मक अध्ययन को स्वीकारता है।

- यह उपागम परम्परावादी उपागम का पूरक है तथा उनका विस्तार एवं पुनर्निर्माण करता है।

- यह उपागम बड़ी एवं छोटी दोनों इकाइयों के अध्ययन पर बल देता है।

- यह उपागम मानव तथा उसके समूहों के राजनीतिक व्यवहारों का अध्ययन करता है।

- यह उपागम निरपेक्षता लाने के लिये व्यक्तिनिष्ठ तथ्यों को महत्त्व नहीं देता है।

इस तरह व्यवहारवादी उपागम मानव के क्रियाकलापों के लिये उसकी भावनाओं को मुख्य प्रेरक तत्त्व मानते हुये व्यवहारवादी मानव-व्यवहार का अध्ययन राजनीतिक परिप्रेक्ष्य

में करते हैं तथा अपने उस अध्ययन के आधार पर मानव और मानव समूह के राजनीतिक व्यवहार के विषय में सामान्यीकरण एवं सिद्धान्तों का निर्धारण करता है। इस तरह इस उपागम की सहायता से राजनीति विज्ञान के विचारक यथार्थ के अधिक निकट पहुँचना चाहते हैं।

## व्यवहारवादी उपागम की विशेषतायें

## ( Charactristics of Behavioural )

व्यवहार वादी यह मानते हैं कि मानव व्यवहार में सामान्य तत्त्व ढूंढ़े जा सकते हैं, क्योंकि कुछ निश्चित प्रकार के कार्य कलापों व परिस्थितियों में मनुष्य कुछ निश्चित प्रकार के व्यवहार का ढंग अपनाता है। वैज्ञानिक अनुसंधान के लिए आवश्यक होता है कि इन सामान्य तत्त्वों तथा प्रायः दुहराये जाने वाले तत्त्वों को खोज कर उसके आधार पर किये गये सामान्यीकरण के आधार पर मनुष्य के व्यवहार का नियमन किया जाये। व्यवहारवादी उपागम के सन्दर्भ में विभिन्न विचारकों ने अपनी कृतियों में अपने मन्तव्य को स्पष्ट किया है। जिनमें राजनीति विज्ञान की मुख्य विशेषताओं एवं मन्तव्यों का श्रेष्ठ रूप में स्पष्टीकरण डेविड ईस्टन ने दिया है। डेविड ईस्टन ने व्यवहारवादी उपागम की विशेषताओं या लक्षणों का जो उल्लेख किया है जिनकी श्रेष्ठता के कारण इन्हें व्यवहारवाद की बौद्धिक आधारशिला माना जाता है, जो इस प्रकार हैं-

मानव व्यवहार सम्बन्धी नियमों की खोज में पुनरावृत्तियों (Frequencies) की गणना का आश्रय लिया जाता है और उनका परिणाम ढूँढा जाता है, जिसे परिमाणीकरण कहते हैं। परिमाणीकरण से दो या अधिक तत्त्वों व उनके रूपान्तरों (Variables) के बीच के सम्बन्धों को खोज निकालने में सहायता मिलती है। परिमाणीकरण में सांख्यकी का प्रयोग भी किया जाता है जिससे परिणामों में और अधिक शुद्धता लाई जा सके। व्यवहार वादी अध्ययन पद्धति की एक अन्य विशेषता यह है कि उसके अर्न्तगत संग्रहीत जानकारी का सत्यापन किया जाता है। व्यवहारवादी अध्ययन में यह आवश्यक होता है कि मानव व्यवहार के सम्बन्ध में एकत्रित सामग्री को अवसर आने पर दुबारा जाँचा जाये और उसकी पुष्टि की जाये। इस क्रिया को सत्यापन कहते हैं। विश्वसनीय जानकारी प्राप्त करने या सामग्री एकत्रित करने के लिए यह आवश्यक होता है कि कुछ विश्वसनीय तकनीकों का प्रयोग किया जाय। उन तकनीकों का सर्वमान्य होना आवश्यक है। इस सम्बन्ध में यह स्मरणीय है कि तकनीकों का विकास अभी अपूर्ण ही है तथा नई-नई प्रविधियों (तकनीकों) को परिपक्व किये जाने के प्रयास अभी जारी हैं। अब तक काम में लाई जाने वाली प्रविधियों में प्रश्नावली (Questionnaire), पर्यवेक्षण (Observation), सहभागी पर्यवेक्षण (Participant Observation), विषय-विचार विश्लेषण (Content-analysis) आदि प्रमुख हैं।

व्यवहारवादियों की एक प्रमुख मान्यता यह भी है कि मानव व्यवहार समष्टिमय है और उसका अध्ययन खण्ड़ों में नहीं होना चाहिए। मानव व्यवहार में उनके अनुसार एक मौलिक एकता पाई जाती है तथा इसी कारण विभिन्न समाज-विज्ञान परस्पर अत्यन्त निकट है। व्यवहारवादियों के अनुसार राजनीति विज्ञान भी जीवन की इस मौलिक एकता के अभीष्ट

लक्ष्य की उपेक्षा नहीं कर सकता। सामग्री के एकत्रीकरण में यह आवश्यक है कि व्यवस्थाबद्ध किया जाये, जिससे उसके आधार पर सामान्य सिद्धान्तों की सृष्टि की जाये और मानव व्यवहार में कार्य-कारण सम्बन्ध स्थापित किये जाएँ। व्यवहारवादी मूल्यों की दृष्टि से तटस्थ रहना चाहते हैं। फिर भी नैतिक मूल्यांकन के लिए मूल्यों व आदर्शों की प्रतिष्ठापना व प्रयोग आवश्यक हो जाता है। इस सम्बन्ध में यह ध्यान देने की बात है कि मूल्यों व आदर्शों को अध्ययनकर्त्ता के मूल्यों व आदर्शों से पृथक माना जाना चाहिए और यदि अध्ययन कर्त्ता के अपने कोई मूल्य हैं तो सामान्य मूल्य व आदर्श उनसे अप्रभावित रहने चाहिए। व्यवहारवादियों की प्रकृति इस ओर रही है कि मानव व्यवहार को निर्देशित करने वाले मौलिक सिद्धान्त पूर्णतः वैज्ञानिक रहें। परिणामस्वरूप व्यवहारवादी मानव व्यवहार के यथार्थ का अध्ययन करते हैं, उससे सम्बन्धित समस्याओं की ओर से वे उदासीन रहते हैं और उनका निदान व उपचार वे अपना अभिष्ट नहीं मानते। परन्तु यह विचार व्यवहारवादियों के एक वर्ग का ही है। लासवेल आदि विज्ञान के प्रयोगिक (Applied) पहलू पर अधिक बल देते हैं जिससे नीति-निर्माण में मदद मिल सके।

**व्यवहारवाद का अध्ययन क्षेत्रः**- व्यवहारवाद का अध्ययन क्षेत्र इस प्रकार है-

- निर्णय प्रक्रिया में आन्तरिक एवं बाह्य क्रियायें, प्रति क्रियायें, मनोदशाएँ।
- व्यक्ति का स्वतन्त्र, सामूहिक अध्ययन।
- शक्ति, सत्ता, नियन्त्रण, वैधता आदि का अध्ययन।
- राजनीतिक दल, दबाव समूह एवं संसद का अध्ययन
- अन्तः अनुशासनात्मक सम्बन्धों का अध्ययन आदि।
- मतदान-व्यवहार।
- राजनीतिक व्यवस्थाओं का अध्ययन।
- व्यक्ति का सूक्ष्म एवं व्यापक अध्ययन।
- व्यक्तिगत एवं सार्वजनिक मूल्य।
- चुनाव-व्यवस्था।

## व्यवहारवादी उपागम के उद्देश्य
## ( Aims of Behavioural Approach )

व्यवहारवाद का उद्देश्य राजनीति विज्ञान तथा अन्य सामाजिक विज्ञानों में अन्तर अनुशासनात्मक दृष्टिकोण की स्थापना करना है। इसके साथ ही व्यवहारवादी यह भी मानते हैं कि मानव के राजनीतिक व्यवहार को राजनीतिक तत्त्वों के साथ-साथ अन्य तत्त्व भी प्रभावित करते हैं। अन्य तत्त्वों को गैर राजनीतिक तत्त्व कहा जाता है। वास्तविकता तो यह

है कि ये गैर-राजनीतिक तत्त्व ही मानव व्यवहार को अधिक प्रभावित करते हैं। वास्तव में बिना मानव व्यवहार को समझे उसके राजनीतिक व्यवहार को भी नहीं समझा जा सकता है। इसलिये मानव व्यवहार को समझने के लिये विभिन्न विज्ञानों के ज्ञान का परस्पर अन्तर्विषयक होना जरूरी है। प्रारम्भ में राजनीति विज्ञान के अध्ययन की विभिन्न विधियों में परम्परागत विधियाँ सबसे अधिक प्रयोग की जाती थी जिनकी अपनी अनेक सीमायें थीं। द्वितीय विश्व युद्ध के बाद जब विज्ञान ने चमत्कार किया तो सभी विज्ञानों या विषयों ने अपने ज्ञान को वैज्ञानिक बनाने का प्रयास शुरू किया। इसी शुरूआत के लिये राजनीति विज्ञान में इस नये उपागम का प्रादुर्भाव हुआ। जिसके मुख्य उद्देश्य ये थे –

**मानव व्यवहार का वैज्ञानिक अध्ययन करना :**– व्यवहारवादी उपागम का लक्ष्य मानव व्यवहार का निष्पक्ष, निरपेक्ष, एवं यथार्थवादी अध्ययन करना था। ताकि इसे विज्ञान कहने में किसी को कोई समस्या नहीं आये और सभी इसे एक स्वस्थ विज्ञान के रूप में स्वीकार करलें।

**राजनीति विज्ञान को नया स्वरूप प्रदान करना :**– इस उपागम का एक प्रमुख उद्देश्य परम्परागत राजनीति विज्ञान के अध्ययन के उपागम के स्थान पर नवीन उपागमों की स्थापना करना है। इस उपागम के विचारकों का लक्ष्य, राजनीति विज्ञान के अध्ययन के लिये प्रचलित परम्परागत अध्ययन पद्धतियों को छोड़कर नवीन वैज्ञानिक अध्ययन पद्धतियों का प्रयोग कर राजनीति विज्ञान को एक नये व्यावहारिक राजनीति विज्ञान का नया स्वरूप दिलाना था।

**राजनीति विज्ञान का विकास करना :**– व्यवहारवादी उपागम के विचारकों का लक्ष्य है कि राजनीति विज्ञान के तथ्यों और घटनाओं आदि का अध्ययन वैज्ञानिक विधियों से किया जाय। क्योंकि वैज्ञानिक विधियों से अध्ययन करने पर इस विज्ञान का पूरा अध्ययन यथार्थवादी, वस्तुनिष्ठ, तर्कसम्मत, व्यावहारिक एवं निरपेक्ष किया जा सकेगा। इससे इसका आनुभाविक अध्ययन सम्भव हो सकेगा। परिणामस्वरूप इस विज्ञान का विकास व विस्तार भी हो सकेगा।

**वैज्ञानिक अध्ययन करना :**– यह उपागम राजनीति विज्ञान की विषय वस्तु के अध्ययन की वैज्ञानिकता पर बल देने, परिणामवादी एवं आनुभाविक, प्रत्यक्षवाद, आगमन पर आधारित अध्ययन करने तथा परीक्षण, तर्क, प्रयोग, कल्पना रहित, सामान्यीकरण करने, निश्चित सिद्धान्तों एवं नियमों की स्थापना करने, सत्य भविष्यवाणी करने और अन्ततः राजनीति विज्ञान को मूल्य निरपेक्ष बनाने के उद्देश्य को ध्यान में रखकर अध्ययन करने की बात करता है। इसलिये इस उपागम का लक्ष्य वैज्ञानिक अध्ययन करना है।

अर्थात् समाजिक विज्ञानों ( समाजविज्ञान, अर्थशास्त्र, लोक प्रशासन, इतिहास, विधि शास्त्र, मनोविज्ञान, दर्शन शास्त्र आदि ) को राजनीति विज्ञान के साथ अन्तः अनुशासनात्मक सम्बन्ध स्थापित करना चाहिये। इससे सभी सामाजिक विज्ञानों का विकास भी हो सकेगा।

इस प्रकार व्यवहारवादी विचारकों ने इस उपागम के इन लक्ष्यों और उद्देश्यों की चर्चा की है।

## व्यवहारवादी उपागम की राजनीति विज्ञान में उपलब्धियाँ एवं उपयोगिता

## ( Achievements and Utility of Behavioural Approach in Political Science )

व्यवहारवादी उपागम वास्तव में एक ऐसी अध्ययन पद्धति है जिसने राजनीति विज्ञान के अध्ययन में अपनी उपयोगिता को स्पष्ट कर दिया है। इस उपागम ने राजनीति विज्ञान के क्षेत्र में महत्त्वपूर्ण उपलब्धियाँ हासिल की हैं। व्यवहारवाद ने राजनीति विज्ञान के अन्तर्गत नवीन अवधारणाओं, नवीन पद्धतियों, तकनीकों और भाषा-शैली का विकास किया है। इसके साथ ही वैज्ञानिक सोच को विकसित कर राजीनति विज्ञान को अनुसन्धान की राह भी दिखाई है तथा राजनीति विज्ञान के क्षेत्र में नये क्षेत्रों को भी जोड़ा है।

व्यवहारवादी उपागम ने राजनीति विज्ञान के अध्ययन के परम्परागत उपागमों के दोषों का निवारण कर इसे एक नये विज्ञान के रूप में स्थापित किया हैं अर्थात् व्यवहारवादी उपागम ने परम्परागत राजनीति विज्ञान का पूर्ण कायाकल्प कर दिया है, क्योंकि परम्परागत रूप में इस विज्ञान में मूल्य सापेक्षता का, आदर्शवादिता का, व्यक्ति निष्ठता का बोलबाला था और वस्तुनिष्ठता, मूल्य निरपेक्षता की इसमें कमी थी जिसे अब व्यवहारवादी उपागम ने दूर कर इसे निरपेक्ष एवं यथार्थवादी तथा वस्तुनिष्ठ बनाया है।

व्यवहारवादी उपागम ने राजनीति विज्ञान के अध्ययन में वैज्ञानिक पद्धति को बढ़ावा दिया है। इस उपागम के समर्थकों ने राजनीति विज्ञान की विषय-वस्तु को व्यवस्थित करने तथा उसे वैज्ञानकि ढ़ंग से प्रस्तुत करने का प्रयास किया है तथा इसकी विषय वस्तु को वस्तुनिष्ठ बनाने की भी कोशिश की है। इस विषय की विषय वस्तु को वैज्ञानिक बनाने के लिये व्यवहारवादी उपागम ने सर्वेक्षण, प्रश्नावली, साक्षात्कार एवं ऐसी ही अन्य प्रणालियों को राजनीति विज्ञान के अर्न्तगत स्वीकार किया है। इस तरह राजनीति विज्ञान के वैज्ञानिकीकरण को इसी व्यवहारवादी उपागम ने सम्भव बनाया है।

राजनीति विज्ञान को व्यवहारवादी उपागम ने अध्ययन के लिये विभिन्न श्रेष्ठ विकल्प भी दिये हैं, जो राजनीतिक व्यवहार की दृष्टि से महत्त्वपूर्ण हैं। शक्ति, मतदान-व्यवहार, इच्छा-शक्ति, समूह, व्यवस्था आदि की अवधारणाएँ राजनीतिक विश्लेषण हेतु व्यवहारवादी उपागम ने प्रस्तुत की हैं। इस सन्दर्भ में कैटलिन ने इच्छा शक्ति, एच. साइमन ने निर्णय देने, रिचर्ड स्नाईडर ने गेम थ्योरी, लासवेल तथा कैप्लान ने शक्ति तथा समूह, लेजर्स फेल्ड एवं वेरेलसन ने मतदान व्यवहार तथा डेविड ईस्टन ने व्यवस्था आदि महत्त्वपूर्ण नवीन अवधारणाओं को राजनीति विज्ञान में व्यवहारवादी उपागम के माध्यम से प्रस्तुत किया है। इसलिये यह भी उपलब्धि व्यवहारवादियों द्वारा राजनीति विज्ञान ने की है।

व्यवहारवाद स्पष्टता एवं आनुभाविक परिकल्पनाओं पर जोर देता है। जिसके कारण राजनीति विज्ञान में व्यवस्था विश्लेषण दृष्टिकोण शुरू हुआ है। इसमें सामाजिक एवं राजनीतिक जीवन की व्यवस्था का निर्माण भी व्यवहारवाद ने ही किया है। वर्तमान में इस दृष्टिकोण में आनुभाविक तथ्यों पर बल दिया जाता हैं जिससे राजनीति विज्ञान आनुभविक परक विज्ञान बन गया है।

व्यवहारवादी उपागम ने राजनीति विज्ञान की केन्द्रीय अध्ययन विषय वस्तु में भी परिवर्तन किया है। व्यवहारवाद ने संस्थाओं के अध्ययन की अपेक्षा राजनीतिक व्यवहार पर बल दिया है। अर्थात् अब मानव के राजनीतिक व्यवहार को राजनीति विज्ञान की केन्द्रीय अध्ययन विषय वस्तु माना जा रहा है।

संक्षेप में यह स्पष्टत: कहा जा सकता है कि व्यवहारवादी उपागम ने राजनीति विज्ञान के क्षेत्र में महत्त्वपूर्ण उपलब्धियाँ अर्जित की हैं। जिनके कारण राजनीति विज्ञान विज्ञान कहला रहा है। इसलिये व्यवहारवाद की उपलब्धियों और उपयोगिता से राजीनति विज्ञान के क्षेत्र में इन्कार नहीं किया जा सकता है।

## व्यवहारवाद की सीमाएँ

## ( Limitation of Behaviouralism )

परम्परागत अध्ययन पद्धतियों में सभी वर्गों के स्वतन्त्र अध्ययन को महत्त्व दिया जाता था लेकिन व्यवहारवाद ने सभी सामाजिक विज्ञानों में घनिष्ठ सम्बन्ध पर बल दिया है। व्यवहारवादी उपागम मानता है कि किसी भी एक विषय के ज्ञान, पद्धतियों एवं उपलब्धियों आदि को अन्य सामाजिक विज्ञानों में अपनाया जाना चाहिये। इसी के परिणामस्वरूप अन्त: अनुशासनात्मक दृष्टिकोण का विकास हुआ है। अत: यह कहा जा सकता है कि व्यवहारवादी उपागम की यह एक महत्त्वपूर्ण उपलब्धि है। व्यवहारवादी उपागम वास्तव में राजीनति विज्ञान के लिये एक वरदान साबित हुआ है। इसका स्वरूप इतना विस्तृत एवं उसकी उपयोगिता इतनी व्यापक है जिसके आधार पर इसे राजनीति विज्ञान के लिये श्रेष्ठ उपागम कहा जा सकता है। इस उपागम ने राजनीति विज्ञान के क्षेत्र में और इसकी प्रकृति में व्यापक परिवर्तन किये हैं। जिन्हें ओझल नहीं किया जा सकता है, लेकिन फिर भी इसकी कुछ सीमायें हैं, जिसके कारण इस उपागम की आलोचना की जाती है। इस उपागम की आलोचना इसकी मान्यताओं और निष्कर्षों के आधार पर सबसे पहले परम्परावादियों ने की थी लेकिन बाद में धीरे-धीरे अनेक व्यवहारवादियों ने भी इसकी आलोचना शुरु की। व्यवहारवाद की आलोचना सिवली, किर्क पैट्रिक, राबर्ट ए.डहाल, लियो स्ट्रास, ए. ब्रैश्ट एत्रं कार्ल डायश आदि•प्रमुख राजनीति विज्ञान के विचारकों ने की है। व्यवहारवाद की सीमाओं को प्रो. सिवली ने इस प्रकार प्रस्तुत किया है-

प्रो० सिबली का मत है कि व्यवहारवाद मानव व्यवहार का अध्ययन विशिष्ट परिस्थितियों में करता है। उसका क्षेत्र मानव व्यवहार 'क्या और क्यों है' तक ही सीमित

है। राजनीति विज्ञान का क्षेत्र मानव व्यवहार में सामान्यतः 'कैसा और क्यों' है, तक सीमित नहीं है, वरन् वह पहले 'कैसा और क्यों' रहा है, भविष्य में 'कैसा और क्यों' हो सकता है और आदर्श रूप में 'कैसा और क्यों' होना चाहिए, तक फैला हुआ है। अतः राजनीति के अध्ययन में आदर्श के प्रति उदासीन व्यवहारवादियों के शुद्ध वैज्ञानिक प्रयास एक सीमा से अधिक सहायक नहीं हो सकते। इसके लिये हमें राजनीति दर्शन व इतिहास की मदद लेनी होती है। व्यवहारवादी वैज्ञानिक भविष्यवाणियाँ करने का प्रयास कर सकते हैं, पर वे भविष्यवाणियाँ यदि, किन्तु, परन्तु आदि विशेषणों से जुड़ी हुई ही हो सकती है। व्यवहारवादी पद्धति से यह कभी नहीं कहा जा सकता कि अमुक घटना घटित होगी ही, क्योंकि किसी भी विषय वस्तु को उसकी समग्रता में देखा जाना सम्भव नहीं है।

चूँकि व्यवहारवादी यह नहीं कह सकते कि मानव व्यवहार कैसा होना चाहिए, अतः वे नीति-निर्धारण में सहायक नहीं हो सकते। नीति-निर्धारण में सदैव विभिन्न विकल्पों में से एक को चुनना होता है और इस चयन प्रक्रिया में मूल्यों का प्रश्न अनिवार्य रूप से आता है। नीति -निर्धारण में व्यवहारवादियों के योगदान की नगण्यता को देखते हुए एक विद्वान ने तो यहाँ तक कहा है, कि ''यदि समाजशास्त्रियों को स्वीकार्य भाषा में कहें, तो अध्ययन पद्धति की दृढ़ता तथ्यात्मक महत्त्व की प्रतिलोमानुपाती कही जाएगी। मेरी दृष्टि में बचकाना, गोलमालकर्त्ता तथा पिष्टपेषक वे विशेषण हैं, जिनका प्रयोग व्यवहारवादी वैज्ञानिक के लिये उचित रूप से किया जा सकता है।''

व्यवहारवादी पद्धति से राजीनति विज्ञान की विषय वस्तु को अप्रत्यक्ष रूप से नुकसान हुआ है क्योंकि इस उपागम के समर्थकों ने पद्धतियों की जरूरत पर अत्यधिक जोर दिया है। इससे राजनीति विज्ञान की विषय वस्तु पिछड़ गयी है। इसलिये इस उपागम की आलोचना की जाती है। व्यवहारवादी उपागम के आधार पर वैज्ञानिक दृष्टिकोण का उपयोग राजनीति विज्ञान में सीमित ही है। जे.आर.रॉयस का विचार है कि ........... किसी भी समस्या पर वैज्ञानिक दृष्टिकोण को प्रयोग करने के लिये चाहे हम कितने ही इच्छुक क्यों न हों, जीवन के समस्त खण्डों को एकत्रित कर अन्तिम कार्य अत्यधिक व्यक्तिनिष्ठ एवं व्यक्तिगत कार्य होगा जिसका वैज्ञानिकीकरण संभव नहीं है। वैसे भी यह पद्धति पर्याप्त खर्चीली भी है क्योंकि व्यवहारवादी अध्ययन की शुद्धता और पूर्णता के नाम पर बार-बार सर्वेक्षण करते हैं, आँकड़े एकत्रित कर उनका विश्लेषण करते हैं। इस व्यवस्था में काफी समय और धन खर्च होता है इसलिये भी इस उपागम की आलोचना की जाती है।

सभी पद्धतियों की अपनी-अपनी सीमायें या आलोचनाएँ होती हैं फिर भी उनकी अपनी-अपनी उपयोगितायें भी होती हैं। लेकिन ये सभी पद्धतियाँ पूरी तरह उपयोगी तभी हो सकती हैं, जब इनके प्रयोग में यथार्थ एवं आदर्श के सामंजस्य को कभी भी दृष्टि से ओझल न किया जाय। अतः व्यवहारवाद आलोचना और उपयोगिता से परे नहीं हैं।

मानव व्यवहार का उचित, निरपेक्ष एवं पूर्ण अध्ययन करना एक जटिल कार्य है। मानव के राजनीतिक व्यवहार का अध्ययन जरूरी भी है। लेकिन मानव व्यवहार की गहनता

और सूक्ष्मता को किस प्रकार पता किया जाय यह समस्या है साथ ही इसे मापना भी सम्भव नहीं होता है। व्यवहारवादी उपागम विज्ञान की नीतियों के निर्धारण में भी सफल नहीं रहा है। क्योंकि इसमें नैतिक, व्यावहारिक, आनुभविक एवं विधायी तथ्यों की जरूरत होती है। लेकिन व्यवहारवादी उपागम इन तथ्यों का विश्लेषण नहीं करता है। वैसे भी वैज्ञानिकता के कृत्रिम वातावरण में इस उपागम का अधिक लाभ राजनीति विज्ञान को नहीं मिल सकता है।

व्यवहारवाद की आलोचना यह कहकर की जाती है कि ये प्राकृतिक विज्ञान और राजनीतिक विज्ञान में काफी समानता मानते हैं। इसलिये वे राजनीति विज्ञान के अध्ययन के लिये प्राकृतिक विज्ञानों की पद्धतियों के प्रयोग पर जोर देते हैं। लेकिन वस्तु-स्थिति इन दोनों में अन्तर बताती है। राजनीति विज्ञान के तथ्य जटिल, परिवर्तनशील, परीक्षण के कम योग्य, अस्पष्ट तथा मूल्य निरपेक्ष भी होते हैं जो प्राकृतिक विज्ञानों में नहीं होता इसलिये भी इस उपागम की आलोचना की जाती है व्यवहारवादी राजनीति विज्ञान के मूल्य निरपेक्ष अध्ययन पर बल देते हैं। यद्यपि आलोचक इसी कारण आलोचना करते हैं कि राजनीति-विज्ञान मूल्य निरपेक्ष तो हो ही नहीं सकता है। क्योंकि प्रत्येक स्तर पर राजनीति वैज्ञानिक अपने सामाजिक एवं स्वयं के मूल्यों से प्रभावित रहता है। इसलिये निरपेक्ष अध्ययन सम्भव नहीं है। कुछ विचारकों ने मूल्य निरपेक्षता की ही आलोचना की है जैसे स्ट्रास ने लिखा है कि मूल्य निरपेक्षता तो गटर की विजय के समान है अर्थात् मूल्य निरपेक्षता के कारण उचित और अनुचित में स्पष्ट अन्तर नहीं करना अर्थात् निरपेक्षता पर बल देने का अर्थ होता है भेद न करना यह कहाँ तक उचित है इसलिये इस उपागम की आलोचना की जाती है।

## व्यवहारवाद का मूल्यांकन

## ( Evaluation of Behaviouralism )

व्यवहारवाद के सम्बन्ध में क्या विचार किया जाय यह समस्या आज भी हमारे सामने बनी हुई है। राजनीति विज्ञान के अध्ययन के लिये केवल व्यवहारवादी पद्धति ही नहीं है। वरन् इसके अध्ययन के लिये ऐतिहासिक, दार्शनिक आदि पद्धतियाँ भी हैं। प्रो० सिबली ने लिखा है कि केवल ये ही एक मात्र पद्धति नहीं है। नीति सम्बन्धी ज्ञान के लिये अन्य पद्धतियों एवं तकनीकों का सहारा लेना चाहिये। इस तरह से इस विवेचन के आधार पर व्यवहारवाद की अनेकों कमियों के बारे में पता चलता है जो व्यवहारवाद को श्रेष्ठ उपागम सिद्ध नहीं होने देती हैं। लेकिन इस विवेचना के आधार पर यह मान्यता शत प्रतिशत उचित नहीं है कि व्यवहारवाद एक निकृष्ट उपागम है। क्योंकि व्यवहारवादी उपागम में अनेक ऐसी अच्छाइयाँ और गुण हैं जिनके कारण इसकी उपयोगिता और महत्त्व से इन्कार नहीं किया जा सकता है। वास्तव में राजनीति विज्ञान को विज्ञान का स्वरूप देने में इस उपागम की अहम भूमिका रही है। इस उपागम में यथार्थवादी अध्ययन तथा मूल्य निरपेक्षता पर बल दिया गया है। साथ ही अन्य सामाजिक विज्ञानों के साथ अन्तर अनुशासनात्मक सम्बन्धों की भी विवेचना व्यहारवाद ने की है। किसी उपागम को जब एक ही दृष्टि से देखते हैं तो वह श्रेष्ठ या अनुपयुक्त, एक ही प्रतीत होता है। इसलिये किसी भी तथ्य का

बिना सही मूल्यांकन किये उसे अधूरा ही समझा जाता है। इस दृष्टि से देखें तो राजनीति विज्ञान में एक उपागम के रूप में इस उपागम का मूल्यांकन करने के लिये इस उपागम की विशेषताओं, गुणों एवं अवगुणों, सीमाओं का बारीकी से विश्लेषण करना होगा। वास्तविक रूप में व्यवहारवाद उन्नीस सौ साठ के दशक के पूर्व प्रभावी हुआ लेवि न इसके बाद धीरे-धीरे इसकी आलोचना होने लगी। यद्यपि आलोचनाओं से पूर्व इस उपागम ने राजनीति विज्ञान के विकास में महत्त्वपूर्ण भूमिका का निर्वाह किया। व्यवहारवाद ने राजनीति विज्ञान को मूल्य निरपेक्ष बनाने का प्रयास किया। लेकिन परम्परावादियों और अन्य आलोचकों ने यह सिद्ध किया कि राजनीति विज्ञान का मूल्य निरपेक्ष होना कोई बुरा तो नहीं है लेकिन सामाजिक विज्ञान होने के नाते राजनीति-विज्ञान, को शत प्रतिशत मूल्य निरपेक्ष नहीं बनाया जा सकता है। क्योंकि किसी भी विज्ञान जिसकी विषयवस्तु मानव हो, को शतप्रतिशत मूल्य निरपेक्ष नहीं बनाया जा सकता है, वैसे भी सामाजिक विज्ञानों में मूल्य सापेक्षता भी हमेशा शत प्रतिशत बुरी बात नहीं मानी जाती है, क्योंकि मूल्य निरपेक्षता मूल्यहीनता की स्थिति को जन्म देती है। ऐसा अनेक विचारक मानते हैं। इसलिये परम्परावादियों ने व्यवहारवाद के मूल्यनिरपेक्ष अध्ययन पर बल देने को मूल्यहीन अध्ययन कहा। इसी तरह राजनीति वैज्ञानिक लियो स्ट्रास ने इसे गटर की विजय कहा है। अर्नाल्ड ब्रैश्ट ने तो बीसवीं शताब्दी की व्यवहारवाद को एक दुखान्त घटना बताया है। आज भी व्यवहारवाद को दिखावटी अधिक माना जाता है। इसलिये व्यवहारवाद से लोगों को अलगाव सा हो गया है। व्यवहारवाद विरोधी तत्त्वों के बीच फँसी हुयी अवधारणा है। यह अवधारणा राजनीति विज्ञान को मूल्य निरपेक्ष बनाने पर बल देती है लेकिन इसके बावजूद भी व्यवहारवाद राजनीति विज्ञान को विज्ञान के रूप में स्थापित करने में सफल नहीं हो सका।

व्यवहारवादी उपागम राजनीति विज्ञान को तथ्यात्मक, मूल्य निरपेक्ष के साथ-साथ मूल्य सापेक्ष भी मानते हैं इसे स्वीकार करते हुये बाद में व्यवहारवादियों ने ही उत्तर व्यवहारवाद की स्थापना की। व्यवहारवादियों ने अपने अध्ययन में मूल्यों को स्थान देकर इस उपागम की वास्तविक मूल अवधारणा का अन्त कर दिया। लेकिन उसका सुधरा रूप उत्तर व्यवहारवाद को अस्तित्व में ला दिया, जिसमें तथ्यात्मक तथा मूल्यों को महत्त्व देकर दो विरोधी तत्त्वों को साथ लेकर राजनीति विज्ञान के विकासक्रम को आगे बढ़ाया है। इस आधार पर स्पष्ट होता है कि व्यवहारवाद आज हमें अपने नये रूप उत्तर व्यवहारवाद के रूप में प्रभावित कर रहा है। वास्तव में राजनीति विज्ञान का सम्यक् अध्ययन, तथ्यों तथा मूल्यों दोनों पर आधारित होना चाहिये। इन दोनों में से किसी भी एक को छोड़ा नहीं जा सकता है क्योंकि ऐसा करना राजनीति विज्ञान के हित में नहीं होगा। इसलिये दोनों को साथ लेकर चलना चाहिये इससे मानव मस्तिष्क को संतोष प्राप्त होगा। मूल्यपरकता तथा व्यवहारपरक ता का मिश्रण किसी भी विषय को सभी तरह से समृद्ध बनाता है।

डब्ल्यू. टी. ब्लहम ने लिखा है कि, ''आध्यात्मवाद तथा प्रकृतिवाद के मेल से उत्पन्न राजनीति विज्ञान में राजनीतिक सिद्धान्त न तो वर्णनात्मक विज्ञान को निगल जायेंगे। न सैद्धान्तिक प्रश्न व्यवहारपरक मात्र बना दिये जायेगें और विषय का प्रत्येक अंग स्वायत्त

रूप में परन्तु दूसरों के साथ सहयोग करता हुआ आगे बढ़ेगा। गुण और स्वतन्त्रता का नैतिक अनुमान प्रक्रिया के तथ्यों के प्रति उस जागरूकता पर आधारित होगा जो नैतिकता की धारणा द्वारा पूर्व कल्पित स्वतन्त्रता की सीमायें तय करता है, वे सीमाएँ जो ऐसे नियम हैं जिनके माध्यम से लक्ष्यों की प्राप्ति सम्भव होती है। नैतिक परीक्षण का तर्क मानव की स्वतन्त्रता एवं गुण के तर्क के समान किसी न किसी अर्थ में वैज्ञानिक परीक्षण से भिन्न विषय बना रहेगा।''[1] इस विवेचन के आधार पर कहा जा सकता है कि व्यवहारवादी उपागम की आलोचनाओं एवं सीमाओं के बावजूद भी इस उपागम ने राजनीति विज्ञान के विकास का कार्य किया और बाद में नये उपागम की भी स्थापना की जिसे उत्तर-व्यवहारवाद की संज्ञा दी गयी जो व्यवहारवाद का ही परिष्कृत रूप है। जिसके आधार पर राजनीति विज्ञान की विषय वस्तु को लोहे से पारस रूपी इस उपागम द्वारा वर्तमान स्वरूप तक पहुँचाया गया है।

## उत्तर-व्यवहारवाद

## ( Post-Behaviouralism )

**-डेविड ईस्टन** के अनुसार-''उत्तर व्यवहारवाद भविष्य परक है जो राजनीति विज्ञान को नवीन दिशाओं में बढ़ाना चाहता है। यह भूत की विरासतों से इन्कार नहीं करता है, वरन् यह, इसमें कुछ और जोड़ना चाहता है। यह एक यथार्थ क्रान्ति है प्रतिक्रिया नहीं, यह औचित्यपूर्णता की स्थिति में है यथार्थ स्थिति में नहीं, यह सुधार है प्रतिसुधार आन्दोलन नहीं।'' 20 वीं शताब्दी में राजनीति विज्ञान के क्षेत्र में एक महत्त्वपूर्ण उपागम अस्तित्व में आया, जिसे व्यवहारवादी उपागम के नाम से जाना जाता है। द्वितीय विश्वयुद्ध के बाद यह उपागम पर्याप्त तेजी से विकसित हुआ जिसने राजनीति विज्ञान के क्षेत्र में अभूतपूर्व क्रान्ति ला दी। इस उपागम से पूर्व राजनीति विज्ञान के क्षेत्र में परम्परागत अध्ययन दृष्टिकोण का प्रचलन था, जिसकी अनेक सीमाएँ थीं। 1945 के बाद विज्ञान ने सभी विषयों को प्रभावित किया। इसकी पूर्ति हेतु राजनीति विज्ञान में व्यवहारवाद एक नये अध्ययन दृष्टिकोण के रूप में उभरा। यह उपागम एक क्रान्तिकारी आन्दोलन और एक तथ्यात्मक शैक्षणिक आन्दोलन के रूप में प्रगति के पथ पर अग्रसर हुआ। लेकिन यह उपागम जितनी तेजी से विकसित हुआ उससे कही अधिक तीव्र गति से आलोचनाओं का शिकार भी हुआ। इस सम्बन्ध में **प्रो. डेविड ईस्टन** ने लिखा है कि, '' ................ उत्तर-व्यवहारवादी क्रान्ति व्यवहारवाद के प्रति एक और प्रतिक्रिया जैसी प्रतीत हो सकती है लेकिन वास्तव में यह उल्लेखनीय मात्रा में उससे भिन्न है। व्यवहारवाद को परम्परावाद के विरुद्ध एक खतरे के रूप में देखा गया था किन्तु उत्तर-व्यवहारवादी क्रान्ति भविष्योन्मुखी है। यह राजनीति विज्ञान को एक नयी दिशा में आगे की ओर बढ़ाना चाहती है।''

1960 के दशक तक पहुँचते-पहुँचते इसकी आलोचना परम्परावादियों के साथ-साथ स्वयं अनेक व्यवहारवादियों द्वारा भी की जाने लगी। क्योंकि विभिन्न व्यवहारवादियों ने अनुभव किया कि यह उपागम राजनीति विज्ञान को राजनीति विज्ञान का स्वरूप देने में

असफल रहा है जिसका पहले वे दावा कर रहे थे। साथ ही उनकी मान्यता थी कि व्यवहारवाद तत्कालीन समय की समस्याओं पर भी कोई सामयिक एवं निश्चित दृष्टिकोण देने में भी असमर्थ रहा है। इस तरह व्यवहारवाद सैद्धान्तिक एवं व्यावहारिक दोनों दृष्टियों से अपने उद्देश्य को प्राप्त नहीं कर सका। इसी दशक में व्यवहारवादी यह भी अनुभव करने लगे थे कि राजनीति विज्ञान में अनुसन्धानों पर लगने वाला समय भी उपयोगी नहीं सिद्ध हो रहा है। व्यवहारवादी जिन प्रतिमानों, मान्यताओं, संरचनाओं, एवं सिद्धान्तों को लेकर अनुसन्धान कार्य में संलग्न थे वे सभी विज्ञान एवं तकनीकी के बढ़ते हुये प्रभाव, के संघर्ष से जूझ रहे थे। साथ ही राजनीति विज्ञान की समस्याओं का हल खोजने में भी संलग्न थे लेकिन कही भी सफल नहीं हो पाये। परिणामस्वरूप परम्परावादियों की तरह ही व्यवहारवादी भी असन्तोष के शिकार हो गये। ऐसी स्थिति में व्यवहारवादियों ने स्वयं ही व्यवहारवाद के स्थान पर नवीन उपागम की चर्चा प्रारम्भ कर दी और नये उपागम को उत्तर-व्यवहारवाद की संज्ञा दी। उत्तर-व्यवहारवाद का जन्म कुछ विचारक व्यवहारवाद के विरुद्ध एक प्रतिक्रिया के रूप में मानते हैं लेकिन यह वास्तव में पूर्ण सत्य नहीं है।

राजनीति विज्ञान के सन्दर्भ में यदि उत्तर-व्यवहारवाद पर विचार करें तो यह एक समन्वित बौद्धिक प्रयास लगता है जिसमें राजनीति विज्ञान के परम्परागत दृष्टिकोण अर्थात् मूल्य प्रधान तथा व्यवहारवादी दृष्टिकोण अर्थात् तथ्य प्रधान एवं मूल्यनिरपेक्ष दृष्टिकोण के बीच उचित तालमेल को समन्वित करने का प्रयास किया है। इसी कारण एस.एल. वेस्बी (S.L.Wasby) ने उत्तर व्यवहारवाद के रूप में विकसित राजनीतिक विज्ञान के दृष्टिकोण के महत्त्व को स्पष्ट करते हुये कहा है कि, ''अब परम्परावादियों और व्यवहारवादियों दोनों ने ही एक-दूसरे के दृष्टिकोणों में विद्यमान गुणों को स्वीकार कर लिया है।''

उत्तर-व्यवहारवादी उपागम के समर्थकों की मान्यता थी कि जो उपागम गम्भीर समस्याओं का समाधान खोजने में असमर्थ हैं उसका क्या लाभ है? इनकी आगे मान्यता थी जब अणुबम के भय, आन्तरिक फूट, संघर्ष और अघोषित युद्धों ने विश्व में नैतिकता और मर्यादा का उपहास उड़ाया है तो उस शोध से क्या फायदा जो शुद्ध वैज्ञानिक स्थिरता की प्राप्ति में संलग्न है। इसलिये अब पुनः एक बार अलग तरीके से विचार करना होगा। उत्तर-व्यवहारवाद के समर्थक राजनीति विज्ञान में पुनः आदर्श, निष्ठा एवं मूल्य प्रधानता की भावना को जाग्रत करना चाहते हैं, उद्देश्यों के महत्त्व पर जोर देना चाहते हैं तथा मूल्यों एवं बुद्धिजीवियों की महत्त्वपूर्ण भूमिका को स्वीकार करना चाहते हैं। संक्षेप में कह सकते हैं कि यह उपागम काम पर जोर देता है तथा सृजनात्मकता पर भी बल देता और ध्वंसात्मक की आलोचना करता है। उत्तर-व्यवहारवाद के समर्थक विचारकों ने इसके सन्दर्भ में अलग-अलग तरह की टिप्पणियाँ की हैं जैसे माइकल हैस (Michael Hass) एवं थियोडर एल. बेकर (Theodore L. Becker) ने उत्तर-व्यवहारवाद के जन्म एवं विकास की व्याख्या एक द्वन्द्वात्मक प्रतिक्रिया के रूप में की है। इस द्वन्द्वात्मक प्रक्रिया के अनुसार राजनीति विज्ञान का परम्परागत दृष्टिकोण एकवाद (Thesis) है जबकि व्यवहारवादी उपागम एक प्रतिवाद (Anti-Thesis) है तथा इन दोनों वाद एवं प्रतिवाद के अन्तर्विरोधों एवं संघर्षों से

इस नये उपागम उत्तर-व्यवहारवाद की स्थापना हुयी है, जो वास्तव में एक संश्लेषण (संवाद) है।

**उत्तर-व्यवहारवाद के उदय के कारण** (The causes of the origin of Post-behaviouralism) - उत्तर-व्यवहारवाद के समर्थक एवं जनक प्रो.डेविड ईस्टन को माना जाता है। प्रो० डेविड ईस्टन ने 1969 में अमेरिकन पोलिटीकल साइन्स ऐसोसियेशन के 65वें अधिवेशन के अपने अध्यक्षीय भाषण में व्यवहावाद की आलोचना करते हुये कहा कि, ''व्यवहारवाद के नाम पर निम्नस्तरीय तथा प्राय: पूर्ण अप्रासंगिक अनुसन्धान पर बहुत अधिक समय नष्ट कर दिया गया है।''[2] इसलिये अब व्यवहारवाद में सुधार की अति आवश्यकता है। वास्तव में व्यवहारवादी क्रान्ति अभी पूरी नहीं हुयी थी कि हमारे सामने समय के साथ चारों ओर फैले हुए सामाजिक एवं राजनीतिक संकटों ने हमें घेर लिया। इस संकट का बोझ हमारे राजनीति विज्ञान पर भी पड़ा। इन नयी चुनौतियों को स्वीकार करने के कारण नई विचारधारा को उत्तर-व्यवहारवादी क्रान्ति कहा जाने लगा। वाद-प्रतिवाद-संश्लेषण (संवाद) की प्रक्रिया के रूप में संचालित रहकर उत्तर-व्यवहारवाद का जन्म होता है। इसी कारण उत्तर व्यवहारवादमें परम्परावादी तथा व्यवहारवादी दोनों ही उपागमों के लक्षण पाये जाते हैं। अर्थात् दोनों उपागमों के लक्षण क्रमश: मूल्य तथा वैज्ञानिक लक्षण एवं तथ्य इसमें दिखायी देते हैं। लेकिन फिर भी उत्तर व्यवहारवाद इन दोनों से भिन्न है। इसी कारण डेविड ईस्टन ने कहा कि, ''यह स्वाभाविक क्रान्ति है कोई प्रतिक्रिया नहीं है। सुधार है प्रतिसुधार नहीं है। उत्तर-व्यवहारवाद एक आन्दोलन भी है और बौद्धिक प्रवृत्ति भी है।''

व्यवहारवादियों ने जिस राजनीति विज्ञान को प्राकृतिक विज्ञान बनाने की कोशिश की वास्तव में ऐसे प्राकृतिक विज्ञान के रूप में वे इसे स्थापित नहीं कर सके। फलस्वरूप उत्तर-व्यवहारवाद का जन्म हुआ। उत्तर-व्यवहारवाद के उदय के मूल कारणों पर विचार करें तो स्पष्ट होता है कि इसका मूल कारण व्यवहारवादी उपागम की कमजोरियों तथा कमियों ने एक बार पुन: परम्परावादियों तथा स्वयं पुराने व्यवहारवादियों को इसके दोषों के निवारण के लिये प्रयास करने के लिये मजबूर कर दिया। अर्थात् व्यवहारवाद के विरुद्ध उत्पन्न असंतोष ने उत्तर-व्यवहारवाद को उत्पन्न किया। व्यवहारवाद अपने उद्देश्यों तथा वैज्ञानिक अनुसन्धान खोजों पर कार्य करने के बावजूद भी तत्कालीन समस्याओं का उचित समाधान नहीं निकाल सका था। इसी कारण परम्परावादियों तथा व्यवहारवादियों ने समयानुकूल उत्तर व्यवहारवाद की चर्चा की। इस प्रकार अन्ततः संक्षेप में कह सकते हैं कि उत्तर-व्यवहारवाद को उदय के प्रमुख कारण निम्नलिखित रहे हैं-

राजनीति विज्ञान के पूर्व प्रचलित परम्परागत उपागम तथा 20वीं शताब्दी के नये व्यवहारवादी उपागम की कमियों, सीमाओं और उनके दोषों ने राजनीति विज्ञान के लिये एक नवीन दोष मुक्त तथा एक समन्वित उपागम की आवश्यकता की चर्चा की। इसकी पूर्ति के लिये व्यवहारवादियों ने उत्तर-व्यवहारवाद की नींव रखी। वास्तव में कुछ विचारक

तो इसी तथ्य को इस उपागम की उत्पत्ति का मूल और भावात्मक कारण बताते हैं। इनकी मान्यता है कि वास्तव में राजनीति विज्ञान को एक कला के साथ ही सामाजिक विज्ञान का भी स्थान प्रदान किया है। इसमें मूल्यों एवं तथ्यों दोनों को ही बराबर महत्त्व दिया गया है। इसने आधुनिक युग की महत्वपूर्ण राजनीतिक-सामाजिक समस्याओं के समाधान का प्रयास किया है।

व्यवहारवाद ने राजनीति विज्ञान को मूल्य निरपेक्ष बनाने का प्रयास किया। इसलिये राजनीति विज्ञान को पूर्ण विज्ञान बनाने के लिये मात्र तथ्यों के अध्ययन पर बल दिया तथा मूल्यों की पूरी उपेक्षा की। अपने मूल्य निरपेक्ष अध्ययन के कारण व्यवहारवाद को 20वीं सदी की दुखान्त घटना (अर्नाल्ड ब्रैश्ट) तथा गटर की विजय (लियो स्टॉस) ने कहा। यद्यपि वस्तुस्थिति यह है कि इस विज्ञान के सन्तुलित अध्ययन के लिये तथ्य एवं मूल्य दोनों का ही महत्त्व है वैसे भी मूल्यों और तथ्यों को अलग-अलग रखना अनुपयुक्त प्रतीत होता है। इसी कारण उत्तर-व्यवहारवाद का उदय हुआ। तत्कालीन समय में बौद्धिक रूप से नियन्त्रण करने की सम्भावनाएँ बढ़ती जा रही थी। एकीकरण के रूप में विरोधाभाषी आन्दोलन का संचालन किया जा रहा था। इसलिये भी उत्तर-व्यवहारवाद का उदय हुआ। व्यवहारवादियों ने राजनीति विज्ञान में वैज्ञानिक शब्दावली के प्रयोग पर बल दिया लेकिन केवल वैज्ञानिक शब्दावली से राजनीति विज्ञान की विवेचना सम्भव नहीं होती है इसलिये भी व्यवहारवाद की आलोचना हुयी और उत्तर-व्यवहारवाद का जन्म हुआ।

व्यवहारवादी उपागम मानव व्यवहार के निश्चित नियम प्रदान करने या खोजने में भी सफल नहीं हुआ था जबकि व्यवहारवादी मानव व्यवहार के अध्ययन के वस्तुनिष्ठ एवं वैज्ञानिक आधार पर अध्ययन करने के दावे कर रहे थे। वे इन्हीं के आधार पर भावी मानव व्यवहार के सम्बन्ध में निश्चित भविष्यवाणी भी करने में सफल हो सकते थे लेकिन वास्तविकता यह थी कि मानव व्यवहार के बारे में न तो निश्चित नियमों का निर्माण सम्भव था और न ही सत्य भविष्यवाणी ही। इस कारण भी उत्तर-व्यवहारवाद उदय हुआ जो कुछ सीमाओं में उचित तथ्य एवं मूल्यों का विकास सामन्जस्यपूर्ण कर सकता था।

व्यवहारवादियों ने तत्कालीन समय की ज्वलन्त समस्याओं के प्रति तटस्थता एवं उदासीनता बनाये रखी लेकिन तत्कालीन समय में सम्पूर्ण विश्व समुदाय की मान्यता थी कि व्यवहारवादियों की बौद्धिक जिम्मेदारी इन समस्याओं को नजर अन्दाज करने की नहीं थी वरन् उन्हें इन समस्याओं के प्रभावी समाधान खोजने चाहिये थे लेकिन व्यवहारवादी उचित समाधान खोजने में असफल रहे इस कारण तत्कालीन विचारकों ने व्यवहारवाद को अप्रासंगिक बताया और इसी पूर्ति हेतु उत्तर-व्यवहारवाद को जन्म दिया। व्यवहारवादियों की अनुसन्धानों के पीछे पागलपन की लत ने शोधकर्त्ताओं को समाज और व्यक्ति के प्रति अपने दायित्वों एवं अपने कर्त्तव्यों को भुला दिया था। जबकि इनकी तब जरूरत अत्यधिक महसूस की जा रही थी। इसलिये उत्तर-व्यवहारवाद का जन्म हुआ। व्यवहारवाद वैज्ञानिकों और समाज के बीच सन्तुलन बनाने के नवीन प्रयास करने में असफल साबित हो रहा था। जबकि इस

समय इन तथ्यों की सख्त आवश्यकता थी। व्यवहारवादियों द्वारा राजनीति विज्ञान में व्यावहारिकता के सिद्धान्त को समाहित करने का प्रयास किया जा रहा था। लेकिन उन्हें पर्याप्त सफलता नहीं मिल पा रही थी। इसलिये इसके विरुद्ध उत्तर-व्यवहारवाद का जन्म हुआ।

व्यवहारवादियों ने पर्याप्त समय और धन बर्बाद किया था लेकिन फिर भी सकारात्मक परिणाम प्राप्त नहीं हुये और जनता तथा स्वयं व्यवहारवादियों में नकारात्मक भाव पैदा हो गये। इसलिये व्यवहारवाद के विरुद्ध क्रान्ति का माहौल बना और उत्तर-व्यवहारवाद का जन्म हुआ। राजनीति विज्ञान के वैज्ञानिक एवं तथ्यात्मक अध्ययन पर व्यवहारवादियों ने अत्यधिक बल दिया लेकिन इसी तथ्यात्मकता के कारण व्यवहारवादियों ने तत्कालीन सामाजिक-राजनीतिक समस्याओं की उपेक्षा की।

## उत्तर-व्यवहारवाद
## ( Post-Behaviouralism )

व्यवहारवाद की उपलब्धियों को स्वीकार करते हुये उसमें कुछ नया जोड़ने का प्रयास करता है। यह एक यथार्थ क्रान्ति है प्रतिक्रिया नहीं, यह औचित्यपूर्णता की स्थिति में है यथास्थिति में नहीं, यह सुधार है प्रतिसुधार आन्दोलन नहीं। ''इस उत्तर-व्यवहारवाद में आन्दोलन और बौद्धिक प्रवृत्ति दोनों ही पायी जाती हैं जबकि इससे पूर्व व्यवहारवादी उपागम परिस्थतियों, समस्याओं, चुनौतियों आदि के समाधान प्रस्तुत करने में असफल सिद्ध हो रहा था इस स्थिति में इन तथ्यों की पूर्ति हेतु पुराने व्यवहारवादियों ने ही उत्तर-व्यवहारवाद की स्थापना की।'' व्यवहारवाद के बाद उत्तर-व्यवहारवादी उपागम अस्तित्व में आया। उत्तर-व्यवहारवाद शब्द स्वयं स्पष्ट करता है कि यह व्यवहारवाद से सम्बन्धित है। व्यवहारवाद के बाद अर्थात् उत्तर-व्यवहारवाद 1960 के दशक के बाद आये राजनीतिक (राजनीति विज्ञान के अध्ययन दृष्टिकोण में आये) बदलावों और विकास की अवस्था से सम्बन्ध रखता है। वास्तव में आधुनिक राजनीतिक विज्ञान परम्परावादी दृष्टिकोण का विरोध करते हुये व्यवहारवाद से उत्तर-व्यवहारवाद तक आ पहुँचा है। इस कारण यह राजनीति विज्ञान के विकास की आधुनिक अवस्था का नाम है। **प्रो. डेविड ईस्टन** ने लिखा है कि उत्तर-व्यवहारवाद भविष्योन्मुखी है, जो राजनीति विज्ञान को विकास की नयी दिशाओं में ले जाना चाहता है।

### उत्तर व्यवहारवाद की परिभाषा -

उत्तर-व्यवहारवाद को विभिन्न विचारकों ने निम्न प्रकार से परिभाषित किया है-

**प्रो. डेविड ईस्टन** के शब्दों में,''यह स्वाभाविक क्रान्ति है कोई प्रतिक्रिया नहीं है। सुधार है, प्रतिसुधार नहीं है। यह एक आन्दोलन भी है और बौद्धिक प्रवृत्ति भी है।'' एक अन्य स्थान पर उन्होंने लिखा है कि, ''जानने का अर्थ है कार्य करने का दायित्व अपने हाथों में लेना और कार्यरत होने का अर्थ है समाज के पुनः निर्माण में अपने आपको लगा देना।''

**डॉ. डी.के. बिल्लौरे** के शब्दों में, ''उत्तर-व्यवहारवाद वास्तव में व्यवहारवाद के प्रति गहरे असन्तोष का परिणाम मात्र था।''

**डॉ. एस.पी.वर्मा** के शब्दों में, ''व्यवहारवादी एक तरफ प्रतिमानों, अवधारणाओं, विचार-धाराओं तथा सिद्धान्तों की स्थापनाओं में लगे हुये थे। पूरा संसार सामाजिक, आर्थिक, राजनीतिक, सांस्कृतिक संकटों की चपेट में लगा हुआ था जिससे वे सभी अनजान थे। व्यवहारवादी विश्व-विद्यालयों के इन्द्र भवनों में शोधकार्यों में व्यस्त थे जबकि संसार ज्वलन्त समस्याओं की विभीषिका में तप रहा था।''[2]

**व्यवहारवाद में सुधार** - संक्षेप में उत्तर-व्यवहारवाद के सन्दर्भ में यह कहा जा सकता है कि उत्तर-व्यवहारवाद व्यवहारवाद में सुधार का एक आन्दोलन है। उत्तर-व्यवहारवादियों ने व्यवहारवाद की आलोचना भी की है जो रचनात्मक प्रकृति की है। इसलिये इसे व्यवहार के प्रति केवल प्रतिक्रिया नहीं मानना चाहिये। उत्तर व्यवहारवाद के समर्थकों ने तो तत्कालीन व्यवहारवादियों की कमियों की ओर इशारा किया है। इन्होंने बताया है कि व्यवहारवादियों ने तो अपनी पूरी शक्ति तथ्यात्मक शोधों पर तथा राजनीति विज्ञान को मूल्य निरपेक्ष बनाने में लगा दी है तथा अपने युग की राजनीतिक-सामाजिक समस्याओं के समाधान की ओर उन्होंने कोई ध्यान नहीं दिया था। इसी तथ्य से आहत होकर पुराने व्यवहारवादियों ने ही उत्तर व्यवहारवाद की स्थापना की तथा उसे अत्यधिक प्रासंगिक एवं कार्योन्मुख बनाने का प्रयास किया। इसलिये उत्तर व्यवहारवाद को व्यवहारवाद में सुधारकारी आन्दोलन कहा जा सकता है।

**वैज्ञानिकता का समर्थकः**- उत्तर-व्यवहारवादियों ने राजनीति विज्ञान में वैज्ञानिकता के महत्त्व को माना है। लेकिन इनकी मान्यता थी कि वैज्ञानिक अध्ययन (शोध) का उद्देश्य तत्कालीन समस्याओं का समाधान करना हो अर्थात् शोध की उपयोगिता तत्कालीन समस्याओं के सन्दर्भ में ही हो। इसी को प्रो. डेविड ईस्टन ने प्रासंगिता का सिद्धान्त (Credo of relevance) नाम दिया है। अर्थात् इन्होंने प्रासंगिक बनाने वाली वैज्ञानिक विधियों एवं शोधों को स्वीकार किया है। इसी को एक अन्य स्थान पर प्रतिबद्धता एवं क्रियाशीलता (Asense of commitment and Action) का नाम दिया है।

**समन्वयवादी उपागम :**- उत्तर-व्यवहारवाद को एक समन्वयकारी उपागम के रूप में स्वीकार किया जाता है। यह परम्परागत तथा व्यवहारवादी उपागम के बीच समन्वय करने वाला उपागम है। परम्परागत और व्यवहारवाद तो परस्पर विरोधी उपागम थे वे क्रमशः मूल्यों तथा तथ्यों पर बल देते थे। लेकिन उत्तर व्यवहारवादी विचारकों ने दोनों के बीच समन्वय कर दोनों की उपयोगिता की चर्चा की तथा उन्होंने अपने उपागम में दोनों के महत्त्व को स्वीकार किया। व्यवहारवादियों ने पहले परम्परागत दृष्टिकोण की आलोचना की लेकिन वे स्वयं कोई खास महत्त्वपूर्ण सिद्धान्त नहीं दे पाये। परिणामों तथा उपलब्धियों की दृष्टि से देखें तो यह स्पष्ट होता है कि यह एक नकारात्मक आन्दोलन था। जबकि इसे रचनात्मक कार्य करने चाहिये थे। उत्तर-व्यवहारवादियों ने ज्ञान के लिये ज्ञान अर्थात

व्यवहारवादियों के मतानुसार शोध का उद्देश्य शोध ही होता है। यदि किसी उद्देश्य को ध्यान में रखकर शोध कार्य की शुरूआत और समापन किया जाये तो समस्त शोध वस्तुनिष्ठ एवं मूल्य निरपेक्ष नहीं होगा। ऐसी स्थिति में वह वैज्ञानिक शोध ही नहीं होगा। वरन् यह पूर्वाग्रह से युक्त शोध होगा अर्थात् यह परम्परागत दृष्टिकोण के ही अनुरूप शोध माना जायेगा, की बात को महत्त्व नहीं दिया वरन् तो जीवन के लिये ज्ञान की बात को ही स्वीकार करते थे। उत्तर-व्यवहारवादियों का मन्तव्य है कि राजनीति विज्ञान के अध्ययन का वास्तविक उद्देश्य मानव-मूल्यों की रक्षा करते हुये समाज की समस्याओं का हल ढूँढ़ना तथा समाज के पुनर्गठन में मदद देना है ताकि मानव समाज की रक्षा की जा सके। इस आधार पर इस उपागम को एक रचनात्मक प्रवृत्ति वाला उपागम माना जाता है।

**परम्परावाद की पुनरावृत्तिः**-व्यवहारवाद की उपलब्धियों को स्वीकार करते हुये उसमें कुछ नया जोड़ने का प्रयास करता है। यह एक यथार्थ क्रान्ति है प्रतिक्रिया नहीं, यह औचित्यपूर्णता की स्थिति में है यथास्थिति में नहीं, यह सुधार है प्रतिसुधार आन्दोलन नहीं। ऐसा प्रो. डेविड ईस्टन ने बताया है। अतः यह कहा जाता है कि यह परम्परावाद की पुनरावृत्ति नहीं है उत्तर-व्यवहारवाद ने राजनीति विज्ञान में मानव-मूल्यों को महत्त्व दिया है, साथ ही व्यवहारवाद की आलोचना की है इसलिये कु छ विचारक इसे परम्परावाद की पुनरावृत्ति भी मानते हैं। लेकिन यह कहना उपयुक्त नहीं है। क्योंकि व्यवहारवाद की आलोचना उसकी वास्तविक कमियों के कारण हुई है। साथ ही उसकी वैज्ञानिकता को स्वीकार किया है। अर्थात वैज्ञानिक अध्ययन की तकनीकी उपयोगिता को स्वीकार किया गया है। उत्तर व्यवहारवाद लोकतान्त्रिक मूल्यों के प्रति प्रतिबद्ध है। सामाजिक पुनर्निर्माण के प्रति अधिक उत्साही हैं। उत्तर-व्यवहारवाद भविष्योन्मुखी है जो राजनीति विज्ञान को विकास की नयी दिशाओं में बढ़ाने की कोशिश करता है।

## व्यवहारवाद की विशेषतायें

## ( Characteristics and Postulates )

उत्तर-व्यवहारवाद की एक विशेषता है कि सभी संस्थाओं एवं संघों को अपने सामाजिक उत्तरदायित्वों की पूर्ति हेतु अत्यधिक सक्रियता दिखानी चाहिये। इसी तरह सभी राजनीति विज्ञानियों तथा बुद्धिजीवियों को वैयक्तिक स्तर पर अपने दायित्वों का पालन करते हुये उन्हें सामाजिक पुनर्निर्माण में सक्रिय सहयोग देना चाहिये। इस तरह उत्तर-व्यवहारवादियों ने व्यवसायों के राजनीतिकरण की अनिवार्यता पर भी बल दिया है। इनकी मान्यता है कि उन्हें शुद्ध वैज्ञानिक शोध के नाम पर इन दायित्वों के प्रति तटस्थता का ढोंग नहीं करना चाहिये। डेविड ईस्टन ने कहा है कि, ''यदि व्यक्ति का यह नैतिक दायित्व है कि वह ज्ञान को प्रयोग में लाये तो बुद्धिजीवियों से बने वे संगठन अर्थात् विभिन्न व्यावसायिक समुदाय और विश्वविद्यालय भी स्वयं को वर्तमान संघर्षों से स्वयं को अलग नहीं रख सकते हैं। व्यवसाय के राजनीतिकरण से न तो बच सकते हैं और न ही यह वांछनीय हैं।''

उत्तर-व्यवहारवादियों ने उत्तर-व्यवहारवाद की अपनी-अपनी तरह से विभिन्न विशेषताओं की विवेचना की है। ऐसे विचारकों में प्रो. डेविड ईस्टन प्रमुख हैं जिन्होंने संगति (Relevance) और कर्म (Action) दो मुख्य उत्तरदायित्वों की चर्चा की है। डेविड ईस्टन ने उत्तर-व्यवहारवाद की निम्नलिखित विशेषतायें बताई हैं :-उत्तर-व्यवहारवादी लोग सामाजिक परिवर्तन पर बल देते हैं, जिन्हें व्यवहारवादियों ने कोई महत्त्व नहीं दिया था। इसलिये वे सामाजिक परिवर्तन के विरोधी भी कहलाते हैं लेकिन उत्तर-व्यवहारवादी ऐसा नहीं मानते। इनकी मान्यता है कि राजनीति विज्ञान के अध्ययन का उद्देश्य उन मूल्यों का अध्ययन होना चाहिये जो उचित दिशा में सामाजिक परिवर्तन लाने वाले हैं। इस आधार पर इनकी सामाजिक परिवर्तन में अहम् भूमिका हो जाती है। उत्तर-व्यवहारवादी वैज्ञानिक तकनीकों और अध्ययन के उद्देश्यों पर महत्त्व देते हैं। उनकी सोच में क्रम की दृष्टि से तकनीक से पहले उद्देश्य या सार का स्थान माना जाना चाहिये। इनकी मान्यता है कि पहले अध्ययन का उद्देश्य तय करें तत्पश्चात् इसकी प्राप्ति हेतु वैज्ञानिक तकनीकों का प्रयोग करना चाहिये। इस उपागम के समर्थक अध्ययन का उद्देश्यों या सार समस्याओं का समाधान खोजना मानते हैं। इसलिये के लिये तकनीक का प्रयोग करना चाहिये। शोध के लिये तकनीक की आवश्यकता होती है लेकिन इससे ज्यादा जरूरी सार होता है इसी के लिये तकनीकों का इस्तेमाल किया जाता है ।

उत्तर-व्यवहारवादी तकनीक और सार में से सार पर ज्यादा बल देते हैं। अर्थात् व्यवहारवादी जहाँ अस्पष्ट होने से गलत होना अच्छा मानते हैं वही उत्तर-व्यवहारवादी, अप्रासंगिक रूप से निश्चित होने के स्थान पर अस्पष्ट होने को अच्छा मानते हैं अर्थात् यह कह सकते हैं कि उत्तर-व्यवहारवादी तकनीक से उद्देश्य या सार को अधिक महत्वपूर्ण मानते हैं। उत्तर-व्यवहारवादी राजनीतिक वैज्ञानिकों के साथ-साथ बुद्धिजीवियों की भी अहम् भूमिका मानते हैं। ये सभी लोगों को मानव मूल्यों की रक्षा के प्रति पूर्ण प्रतिबद्ध करना चाहते हैं। उत्तर-व्यवहारवादी केवल समाजोपयोगी शोधों पर ही समय एवं धन के व्यय की बात को स्वीकार करते हैं इसमें सहयोग न करने वाले शोधों को ये बेकार घोषित करते हैं। उत्तर-व्यवहारवादी बुद्धिजीवियों से अपेक्षा करते हैं कि वे अपने विशिष्ट स्थान पर रहते हुये समाज को अपनी विशिष्ट सेवायें दें। ये वस्तुनिष्ठ शोधों की आड़ में मानव-समाज के वर्तमान एवं भविष्य के साथ खिलवाड़ नहीं करें। उत्तर-व्यवहारवादी मूल्यों के प्रति तटस्थता एवं उदासीनता के रुख की आलोचना करते हैं। इस प्रकार उत्तर-व्यवहारवादियों की यह विशेषता है कि वे मानव मूल्यों की रक्षार्थ बुद्धिजीवियों की अहम् भूमिका को स्वीकार करते हैं। उत्तर-व्यवहारवादी मूल्यों को राजनीति विज्ञान में अधिक महत्त्वपूर्ण मानते हैं अर्थात् मूल्यों को राजनीति विज्ञान के अध्ययन का अभिन्न अंग बताते हैं। ये विचारक मूल्य आधारित ज्ञान को महत्त्व देते हैं। इनकी मान्यता है कि विज्ञान कभी भी मूल्यनिरपेक्ष न तो है, न रहा है और न ही होगा। इसलिये ज्ञान प्राप्ति में मूल्यों की उपेक्षा नहीं करनी चाहिये। ऐसे ज्ञान का प्रयोग मानव समाज के हितार्थ ही करना चाहिये। ये विचारक मूल्यनिरपेक्ष ज्ञान को मानव समाज के लिये विरोधी मानते हैं। वैसे भी मानव समाजों का उद्देश्य मानव समाज का

हित करना होता है। इसलिये मूल्य सापेक्ष ज्ञान उपयुक्त होता है। इसी कारण यह उपागम मूल्यों को राजनीतिक विज्ञान के अध्ययन का अभिन्न अंग समझता है। उत्तर-व्यवहारवाद की एक विशेषता तत्कालीन समस्याओं के प्रभावी समाधानों की खोज करना है। ये विचारक केवल वैज्ञानिकीकरण को बहुत श्रेष्ठ नहीं मानते हैं। वरन् ये तो उसका पूर्ण विकास और उसकी सार्थकता विश्व समाज की समस्याओं के समाधान खोजने में देखते हैं। इसलिये राजनीति विज्ञान को राजनीतिक एवं सामाजिक समस्याओं के समाधान खोजने में सहयोग करना चाहिये। विश्व के समस्याओं से घिरे होने के कारण उत्तर-व्यवहारवादी मुख्य रूप से अपना पूरा ध्यान समस्याओं के समाधान पर केन्द्रित करना चाहते हैं। इस तरह ये विचारक मानव-समाज की रक्षा के लिये प्रयास करते हैं।

उत्तर व्यवहारवादियों की मान्यता है कि यदि व्यवहारवाद की मान्यताओं पर चला जाय तो राजनीति विज्ञान निश्चित ही वास्तविकता से अलग हो जायेगा। राजनीति की वास्तविक समस्याओं का अध्ययन न करके निरर्थक अध्ययन जिसकी कोई उपयोगिता ही नहीं होगी, उसका अध्ययन करने से सच्चाई से, व्यवहारवादी अलग हो गये हैं। विज्ञान एवं तकनीकी के प्रभाव के बढ़ने के साथ ही उत्तर-व्यवहारवादी अपने दायित्वों की भी पूर्ति करना चाहते हैं। चाहे समस्यायें कभी पूर्णतः हल नहीं हो फिर् भी उत्तर-व्यवहारवादी उपयोगी एवं लाभदायक कार्य करना चाहते हैं।

उत्तर-व्यवहारवादियों की मान्यता में राजनीति विज्ञान, कार्य-विज्ञान तथा मनन विज्ञान दोनों है। इनके विचार से व्यवहारवादियों ने राजनीति विज्ञान के क्रियात्मक पक्ष की उपेक्षा की है तथा मनन पक्ष पर बल दिया है। जबकि उत्तर-व्यवहारवादी मनन विज्ञान तथा कार्य विज्ञान (Contemplative Science and Action Science) दोनों के बीच प्रभावी समन्वय की चर्चा करते हैं। डेविड ईस्टन ने लिखा है कि, "जानने का अर्थ है प्राप्त ज्ञान को कार्य रूप में लागू करना। इस प्रकार कार्य करने का अर्थ है समाज के पुनर्निर्माण एवं पुनर्गठन में व्यस्त होना।"[1] इस प्रकार उत्तर-व्यवहारवादी कर्महीन ज्ञान (अनुपयोगी) को बाँझ कहते हैं और ज्ञान के फल को कर्म कहते हैं। इसी कारण ये विचारक राजनीति विज्ञान का उद्देश्य ऐसे ज्ञान की प्राप्ति को श्रेष्ठ मानते हैं जो समाज का पुनर्निर्माण करे। इस प्रकार उत्तर-व्यवहारवादियों की नजर में राजनीति विज्ञान मनन विज्ञान एवं कार्य विज्ञान दोनों हैं।

इस प्रकार उत्तर व्यवहारवादियों ने राजनीति विज्ञान में रचनात्मक, मानवीय, उद्देश्यगत, राष्ट्रीयकरण, सामाजिक पुनः निर्माण को सम्मिलित करके राजनीति विज्ञान को सामाजिक विज्ञान बनाने का प्रयास है। इस उपागम की नजर में ऐसा हो जाना काफी सार्थक है। इसी तथ्य को ध्यान में रखकर **डॉ. एस.पी. वर्मा** ने लिखा है कि,"अनुसन्धान महत्त्वपूर्ण सामाजिक समस्याओं से सम्बन्धित होना चाहिये। राजनीति वैज्ञानिकों का काम समाधानों का सुझाव देने के अलावा सामाजिक परिवर्तन के आन्दोलन को क्रियाशील नेतृत्व प्रदान करते हुये अपने हाथों में लेने का दायित्व भी है।" इस तरह उत्तर-व्यवहारवादियों की उपर्युक्त मान्यता और विशेषताओं के आधार पर हम यह कह सकते हैं कि राजनीति विज्ञान के

अध्ययन में वैज्ञानिक तकनीकों को अपनाकर उन्हें सामाजिक आवश्यकताओं और समस्याओं की दृष्टि से प्रासंगिक एवं कार्योन्मुखी बनाने का प्रयास किया जा सकता है।

## उत्तर-व्यवहारवाद की आलोचना

## ( Criticism of Post-behaviouralism )

उत्तर-व्यवहारवाद वास्तव में अनेक गुणों और विशेषताओं से युक्त है। वास्तव में व्यवहारवाद के अन्तर्गत जो कमियाँ भी उन्हें दूर करने का दृढ़ संकल्प लेकर यह उपागम आगे बढ़ा, जिसमें यह काफी सफल भी रहा है। उत्तर-व्यवहारवाद ने परम्परागत राजनीतिक दृष्टिकोण और व्यवहारवादी दृष्टिकोण के दोषों को समाप्त करके राजनीति विज्ञान को एक नया रूप दिया है इसी कारण यह पर्याप्त उपयुक्त उपागम माना जाता है लेकिन इतना होने के बावजूद भी इस उपागम की भी अपनी कुछ सीमायें हैं जिनके आधार पर इस उपागम की निम्नलिखित बिन्दुओं के आधार पर आलोचनायें की जा सकती हैं-

**बहु-पद्धति सिद्धान्त-** यह उपागम बहु-पद्धति सिद्धान्त पर बल देता है। ऐसी स्थिति में यह अनुसन्धान के मूल उद्देश्य से हट जाता हैं। एक तथ्य के अध्ययन के साथ-साथ अन्य तथ्यों से जुड़ना अध्ययन को व्यापक बनाता है। लेकिन उत्तर व्यवहारवादियों ने अनेक पद्धतियों (बहु-पद्धतियों) का प्रयोग कर स्वयं ही जटिलता एवं समस्याओं को बढ़ावा दिया है। ऐसी स्थिति में मूल उद्देश्य से भटकने की सम्भावना उत्पन्न हो जाती है।

**अवैज्ञानिक दृष्टिकोण**- उत्तर-व्यवहारवाद एक अवैज्ञानिक दृष्टिकोण है। यह उपागम तकनीक को कम तथा उद्देश्य सार को अधिक महत्त्व देता है अथवा तकनीक से पहले सार को स्वीकारता है अर्थात् उत्तर-व्यवहारवादी पहले शोध का उद्देश्य तय करने की चर्चा करते हैं और फिर तकनीक की। ऐसी स्थिति में शोध के पूर्वाग्रहों से ग्रसित होने की सम्भावना बढ़ जाती है जिससे यह उपागम अवैज्ञानिक हो जाता है।

उत्तर-व्यवहारवादियों की आलोचना का एक आधार यह है कि वे मानव को निर्जीव मानकर अध्ययन करते हैं जबकि मानव एक सजीव एवं सामाजिक प्राणी है। उसमें भावनायें, संवेग, मनोवेग, इच्छा आदि पाये जाते हैं। इस तरह राजनीति विज्ञान को मनुष्य से जोड़ने में उत्तर-व्यवहारवाद सफल नहीं रहा है।

**आदर्शवादिता**- उत्तर-व्यवहारवादियों ने बौद्धिक विचारधारा के विकास के लिये आदर्शों की मदद ली है इससे आदर्शवादिता तो आयेगी पर वैज्ञानिकता कम हो जायेगी। इसी कारण यह माना जाता है कि राजनीति विज्ञान एक बौद्धिक सिद्धान्त का निर्माण करने में सफल रहा है लेकिन विश्वास करने में नहीं। इसी आधार पर उत्तर व्यवहारवादियों पर संकीर्णता का आरोप लगाया जाता है।

**अन्तर्विरोध**- उत्तर-व्यवहारवाद ने मूल्यों तथा तथ्यों दोनों को स्वीकार किया है। सैद्धान्तिक दृष्टि से ये दोनों अन्तर्विरोधी हैं। जब व्यवहार में कार्य करते हैं तो भी यही स्थिति

उभर कर सामने आती है। यह उपागम मूल्यों और तथ्यों पर बल देकर एक साथ मूल्य-प्रधान, आदर्शवादी, व्यक्तिनिष्ठ तथा मूल्य निरपेक्ष, यथार्थवादी एवं वस्तुनिष्ठतापूर्ण बनाने की कोशिश करता है जो एक असम्भव कार्य है। इसलिये इसकी आलोचना की जाती है।

**मानव मूल्य लोक तांत्रिक व्यवस्था के मुख्य मूल्य** - उत्तर-व्यवहारवादियों ने मानव-मूल्यों को लोकतान्त्रिक व्यवस्था के मुख्य मूल्य माना है। लेकिन पिछड़े राष्ट्रों खासकर आर्थिक रूप से पिछड़े राष्ट्रों में इन मूल्यों का सीमित महत्त्व है। लोकतान्त्रिक व्यवस्था के लिये आर्थिक विकास के साथ-साथ राजनीतिक स्थिरता भी जरूरी होती है इसलिये ये व्यवस्थायें विकास के प्रसंग में मूल्यों को महत्त्व देती है जबकि उत्तर व्यवहारवादी मूल्यों पर आधारित विकास पर जोर देते हैं। इस तरह मानव मूल्य सीमित हो जाते हैं जबकि मानव के जीवन में मूल्य ही वे आदर्श होते है जो उसे समाज में जिन्दा रखते हैं तथा ये ही उसे जीने की राह दिखाते हैं।

**निष्पक्षता का अभाव**- यह उपागम अमेरिका से प्रभावित है इसलिये कई दृष्टियों से यह उपागम अप्रासंगिक एवं निष्क्रिय प्रतीत होता है तथा अर्थहीन शोध में राष्ट्रीय समय और धन की बर्बादी भी होती नजर आती है उत्तर-व्यवहारवादियों ने व्यवसायों के राजनीतिकरण की जिस जरूरत पर जोर दिया है वह विश्व स्तर पर अमेरिकी हितों की रक्षा के प्रति प्रतिबद्धता दिखाता है। इसलिये इसे निष्पक्ष नहीं माना जाता है।

**उदारवादी मूल्यों का प्रतिनिधित्व** - उत्तर-व्यवहारवाद की एक आलोचना यह कहकर की जाती है कि यह मानव मूल्यों की रक्षार्थ ज्यादा ही जोर देता है। वास्तव में ये मूल्य केवल उदारवादी विचारधारा से सम्बन्धित हैं। ये मूल्य समाज और समुदाय पर व्यक्ति की स्वतन्त्रता को ज्यादा महत्व देते हैं। लेकिन समाजवादी धारणायें इसे स्वीकार नहीं करती है। उत्तर-व्यवहारवादी उदारवादी मूल्यों को ही मानव मूल्य मानते हैं लेकिन ये मूल्य, सापेक्षिक महत्त्व के हैं।

❑❑❑

# 4

# राजनीति विज्ञान का अन्य विषयों से सम्बन्ध

परम्परावादी दृष्टिकोण के अनुसार विभिन्न सामाजिक विज्ञानों का अलग-अलग विकास नहीं हुआ है। वरन् सभी सामाजिक विज्ञानों के ज्ञान का एक संगठित इकाई के रूप में विकास हुआ है। इसी कारण अन्तः अनुशासनात्मक सम्बन्ध विभिन्न सामाजिक विज्ञानों में देखे जा सकते हैं। इसी कारण **गुन्नार हैक्सर** ने लिखा है कि "विज्ञान को हमें एक विस्तृत अध्ययन क्षेत्र के रूप में मानना चाहिये जिसका विभाजन व्यावहारिक उद्देश्यों से किया जाता है, किन्तु सिद्धान्त में सम्पूर्ण ज्ञान स्वयं में एक इकाई होता है, विभिन्न खण्डों का समूह मात्र नहीं।" वर्तमान में भी इन तथ्यों के कुछ उदाहरण देखे जा सकते हैं जैसे - संस्कृति, भूमिका, आधुनिकीकरण, विकास आदि अवधारणायें समाजविज्ञान से राजनीतिक सिद्धान्तों में प्रयोग की गयी है। इसी तरह राजनीतिक सौदेबाजी का विचार अर्थशास्त्र की अवधारणाओं से लिया गया है। ज्ञान का जैसे-जैसे विकास हुआ धीरे-धीरे नई-नई ज्ञान की शाखायें एक ही ज्ञान पुन्ज से फूटती चली गयी। लेकिन एक लम्बे काल के गुजर जाने पर एक बार पुनः ऐसा प्रतीत होने लगा कि ज्ञान को खण्डों में विभाजित कर प्राप्त करने से, ज्ञान का विकास तो हो रहा है लेकिन इस बीच उपचार न किये जा सकने वाली व्यवस्था

भी जन्म ले रही है। जो किसी भी दृष्टि से हमारे ज्ञान पुन्ज के लिये उपयोगी नहीं है। इसलिये राजनीति विज्ञान तथा अन्य विज्ञानों में अन्तः अनुशासनात्मक अध्ययन की आवश्यकता को समझा जाने लगा। यदि राजनीति विज्ञान में इस उपागम की चर्चा करे तो यह कहा जा सकता है कि इस उपागम से सम्बन्धित तीन दृष्टिकोण राजनीति विज्ञान में देखे जा सकते हैं, ये तीन दृष्टिकोण हैं-

- **परम्परावादी दृष्टिकोण**
- **अनुभववादी दृष्टिकोण एवं**
- **मार्क्सवादी दृष्टिकोण**

**परम्परावादी दृष्टिकोण :-** राजनीति विज्ञान में अन्तः अनुशासनात्मक उपागम यद्यपि प्राचीन काल से चला आ रहा है। इस दृष्टिकोण के अनुसार किसी विषय को अन्य विषयों के तथ्यों, तर्कों, पद्धतियों, उपलब्धियों एवं परिणामों आदि की सहायता से समृद्ध करने का प्रयास करना है। अर्थात् ऐसा प्रयास जिसमें एक विषय को दूसरी विषय की सहायता से समृद्ध किया जाता है। यही अन्तर्विषयी पद्धति कही जाती है। अरस्तू ने तत्कालीन समय में राजनीति विज्ञान के अध्ययन में तर्कशास्त्र, नीतिशास्त्र, अर्थशास्त्र एवं जीव विज्ञान, नीति विज्ञान के तथ्यों और उपलब्धियों की सहायता लेकर इसे एक विज्ञान सिद्ध किया था, जिसके कारण प्लेटो के स्थान पर अरस्तू को राजनीति विज्ञान का जनक कहा गया। मध्यकाल में भी राजनीति विज्ञान के विचारकों ने धर्मशास्त्र एवं नीतिशास्त्र की विषय वस्तु से इस विषय के विकास के लिये मदद ली। बाद में हीगल एवं जॉन आस्टिन ने क्रमशः दर्शनशास्त्र व विधिशास्त्र की विषय वस्तु की मदद से इस विषय को समृद्ध किया। इसी प्रकार अन्य विचारकों ने भी राजनीतिविज्ञान को समृद्ध करने के लिये अन्य शास्त्रों एवं विज्ञानों की विषय वस्तु की मदद लेकर इसे समृद्ध किया है, जैसे- सेन्ट ऑगस्टाइन ने धर्म से, सेन्ट टॉमस ने नैतिकता से, मार्क्स ने अर्थशास्त्र से एवं मरियम ने इसे मनोविज्ञान एवं सामाजिक मनोविज्ञान से सम्बद्ध कर इसकी विषय वस्तु का विकास किया है। परम्परावादी दृष्टिकोण में राजनीति विज्ञान के अध्ययन में विभिन्न सामाजिक विज्ञानों से सहायता ली गयी लेकिन इस विषय के विकास में दर्शन शास्त्र और इतिहास की मदद सबसे ज्यादा ली गयी है। बाद में अर्थशास्त्र तथा विधि विषयों से भी मदद ली गयी। इस प्रकार अन्ततः कहा जा सकता है कि अन्तर्विषयक दृष्टिकोण का सार अपने ज्ञान के क्षेत्र को खुला रखकर अन्य विषयों की उपलब्धियों का उपयोग अपने क्षेत्र में करना भी अन्तः अनुशासन की बात को सिद्ध करता है।

## राजनीति-विज्ञान और नीति-शास्त्र

## ( Political Science and Ethics )

राजनीति में राज्य के आदर्शों, राजनीतिक आचार, अधिकार, कर्त्तव्य तथा कानून आदि का अध्ययन किया जाता है। इससे यह स्पष्ट होता है कि नीति-शास्त्र और राजनीति विज्ञान अति निकट तथा परस्पर सम्बद्ध हैं। दोनों के सम्बन्धों को इन रूपों में देखा जा

सकता है। राजनीति का नीति-शास्त्र से भी घनिष्ठ सम्बन्ध है। नीति-शास्त्र मानव के आचरण के सत्-असत् और शुभ-अशुभ का ज्ञान है। वह अच्छाई-बुराई, पाप-पुण्य तथा धर्म-अधर्म के मापदण्डों तथा आदर्शों का अध्ययन है। **मैकेंजी** के शब्दों में, "नीति-शास्त्र मानव-आचरण में निहित आदर्श का अध्ययन है।" दूसरे शब्दों में वह उन मान्यताओं का अध्ययन है, जो आचरण से सम्बन्धित है। वह हमें यह बताता है कि हमारा आचरण कैसा होना चाहिए और वे आदर्श कौन से हैं जो किसी कर्म की अच्छाई या बुराई बताने में निर्णायक होते हैं।

**राजनीति-विज्ञान नीति-शास्त्र के भाग के रूप में-** राजनीति-विज्ञान नैतिक दृष्टिकोण अपनाते हुए यह बताता है कि राज्य का स्वरूप कैसा होना चाहिए, राज्य के कर्त्तव्य क्या होने चाहिए, राज्य का आदर्श क्या होना चाहिए, तथा राज्य को नागरिकों के हितार्थ क्या करना चाहिए। फौय का कथन है कि "जो बात नैतिक दृष्टि से गलत है, वह राजनीतिक दृष्टि से सही नहीं हो सकती।" **आइवर ब्राउन** के मत में, "राजनीतिक नीति-शास्त्र के बिना अपूर्ण है।" **लार्ड एक्टन** ने लिखा है कि "समस्या यह नहीं है कि सरकारें क्या करती हैं, बल्कि यह है कि उन्हें क्या करना चाहिए।" **गैटल** ने भी यही लिखा है कि "जब नैतिक विचार स्थायी और प्रचलित हो जाते हैं, तो वे कानून का रूप ले लेते हैं।" प्लेटो के अनुसार राजनीति नीति-शास्त्र की एक शाखा है। उसने कहा है कि "राज्य का सर्वोपरि कर्त्तव्य नागरिकों को सदाचारी एवं सच्चरित्र बनाना है।"[1] अत: राजनीतिक समस्याओं का अध्ययन नैतिक दृष्टिकोण से होना चाहिए। नीति-शास्त्र राजनीतिक व्यवहार के स्तर तथा उद्देश्य को निर्धारित करता है और यह बताता है कि राज्य को क्या करना चाहिए। दूसरे शब्दों में, वह राज्य के समक्ष एक आदर्श रखता है। अरस्तु ने नीति-शास्त्र को यद्यपि राजनीति से पृथक माना है, किन्तु उसने यह भी स्वीकार किया है कि राज्य का मुख्य उद्देश्य जीवन को सुन्दर एवं शुभ बनाता है। **रौस** का कथन है कि "अरस्तू के विचार से अच्छे जीवन में मुख्यत: दो बातें सम्मिलित है, प्रथम बौद्धिक विकास तथा द्वितीय नैतिक विकास।"[2] **लॉर्ड एक्टन** के शब्दों में "नीति-शास्त्र के अध्ययन के बिना राजनीति का अध्ययन व्यर्थ है।"[3] दूसरी ओर मैक्यावली तथा हॉब्स के राजनीति को नीति-शास्त्र से अलग करने के प्रयत्नों को लोकप्रियता न मिल सकी। इससे यह सिद्ध है कि दोनों का सम्बन्ध अविच्छेद है। आधुनिक विद्वानों के मतानुसार भी राजनीति नीति-शास्त्र पर आधारित है। भारत में भी नैतिकता को राजनीति का आधार माना गया है। चाणक्य के मत में राजनीतिज्ञों को भी सभी कार्य नीति तथा अनीति और उचित तथा अनुचित का ध्यान रखकर करने चाहिए। अशोक ने राज-पद से जन-कल्याण के कार्य किये। महात्मा गाँधी ने आधुनिक भारत में नीति-शास्त्र और राजनीति का समन्वय किया। अत: स्पष्ट है कि राजनीति पर नैतिक आदर्शों, निर्णयों, मूल्यों तथा मापदण्डों का अत्यन्त महत्त्वपूर्ण प्रभाव पड़ता है। नीति-शास्त्र से सहायता लेकर राजनीति नैतिकता को राज्य में व्यावहारिक रूप देती है। राजनीतिक संस्थाएँ अच्छी हैं या बुरी- यह नीति-शास्त्र के अध्ययन के आधार पर ही बताया जाता है।

**नीति-शास्त्र की राजनीति पर निर्भरता-** आइवर ब्राउन के शब्दों में राजनीतिक सिद्धान्तों के अभाव में नैतिक सिद्धान्तवाद अपूर्ण रह जाता है क्योंकि उनको मनवाने के पीछे दबाव नहीं रह जाता है। नीति-शास्त्र की राजनीति पर निर्भर रहता है। राजनीतिक कार्यों का प्रभाव नैतिक आदर्शों पर पड़ता है। नैतिक आदर्शों को राजनीति ही कानून का रूप प्रदान करती है। कानून नैतिक स्तर को परिमार्जित कर सकते हैं। अधिकार, कर्त्तव्य, न्याय तथा दण्ड के सिद्धान्त आदि जो नैतिक प्रत्यय हैं, राजनीति के क्षेत्र में सुनिश्चित रूप ले लेते हैं। कानून नैतिकता को साकार रूप देता है।

**राजनीति और नीति-शास्त्र में भेद-** राजनीति तथा नीतिशास्त्र परस्पर सहयोगी होते हुए भी दोनों शास्त्र भिन्न-भिन्न हैं। दोनों में भेद ये हैं:

राजनीति का क्षेत्र संकुचित पर नीति-शास्त्र का क्षेत्र विस्तृत है। नीति-शास्त्र आचरण की अच्छाई-बुराई का अध्ययन करता है- चाहे वह आचरण राजनीतिक हो अथवा सामाजिक। राजनीति विज्ञान केवल राजनीतिक कार्यों का ही अध्ययन करता है राजनीति उन बातों से से सम्बन्ध रखती है जो साकार, मूर्त और प्रत्यक्ष हैं। नीति-शास्त्र उससे सम्बन्धित है जो निराकार, अमूर्त और अप्रत्यक्ष हैं।राजनीति राजनीतिक क्षेत्र से सम्बन्धित है। वह राज्य का अध्ययन है। नीति-शास्त्र आचरण से सम्बन्धित है। वह अच्छाई, बुराई तथा उनके आदर्शों का अध्ययन है। राजनीति एक वर्णनात्मक विज्ञान है तथा साथ में व्यावहारिक भी है। नीति-शास्त्र केवल आदर्शात्मक तथा सैद्धान्तिक शास्त्र है।

## राजनीति-विज्ञान और मनोविज्ञान

## ( Political Science and Psychology )

मानव-व्यवहार राजनीतिक, सामाजिक, धार्मिक और आर्थिक अनेक प्रकार का हो सकता है। अत: राजनीति और मनोविज्ञान का सम्बन्ध निश्चित है। इस सम्बन्ध को इन रूपों में देखा जा सकता है। राजनीति-विज्ञान मनोविज्ञान से भी सम्बन्धित है। मनोविज्ञान व्यक्ति के मन की क्रियाओं तथा उसके बाह्य व्यवहार का अध्ययन है। **मैग्डूगल** की परिभाषा के अनुसार "मनोविज्ञान मानव-मन का सकारात्मक तथा अनुभवमूलक विज्ञान है।"[1] **वार्ड** के शब्दों में, "मनोविज्ञान व्यक्ति के अनुभव का विज्ञान है।"[2] **एंजिल** का कथन है कि "मनोविज्ञान चेतना का विज्ञान है"[1] **वाटसन** की परिभाषा है कि "मनोविज्ञान व्यवहार का सकारात्मक अध्ययन है।"[2] **वुडवर्थ** की परिभाषानुसार, "मनोविज्ञान व्यक्ति की परिस्थितियों से सम्बन्धित क्रियाओं का विज्ञान है।"[3] इन सब परिभाषाओं से यही निष्कर्ष निकलता है कि मनोविज्ञान मनुष्य के मानसिक कार्यों तथा बाह्य व्यवहारों और क्रियाओं का ज्ञान है। परिस्थियाँ मानसिक क्रियाओं पर क्या प्रभाव डालती हैं तथा मनुष्य के कार्यों के प्रेरक और प्रयोजन क्या होते है, यही मनोविज्ञान का विषय है।

**मनोविज्ञान राजनीति की आधारशिला के रूप में** - राजनीति के निर्वाचन, मतदान, शिक्षा, युद्ध तथा शान्ति आदि मुख्य प्रश्नों का हल भी मनोवैज्ञानिक ही होता है।

अतः राजनीतिज्ञ को मनोविज्ञान का ज्ञाता होना चाहिए। बैजहोट, टार्डे, ली, बॉन मैग्डूगल, बालेस आदि मनोवैज्ञानिकों ने राजनीति एवं सामाजिक घटनाओं को मनोवैज्ञानिक ढंग से समझने का प्रयास किया है। अतः यह सिद्ध है कि मनोविज्ञान का अध्ययन राजनीति पर प्रभाव डालता है। ब्राइस ने तो यहाँ तक कहा है कि "मनोविज्ञान ही राजनीति का आधार है।"[3] सभी सामाजिक-विज्ञानों का आधार मनोवैज्ञानिक हुआ करता है। राजनीतिक क्षेत्रों में जो कुछ मनुष्य करता है, वह विशेष मनोवृत्ति, विशेष प्रयोजनों तथा विशेष उद्देश्यों से करता है। अतः इन सबका ज्ञान होना राजनीति-विज्ञान के लिये परमावश्यक है। मनुष्य की आदतें क्या हैं और क्यों बन जाती हैं- यह जानने के लिये मनोविज्ञान की सहायता चाहिए। **बार्कर** के शब्दों में, "मानवीय क्रियाओं की पहेली सुलझाने के लिये मनोवैज्ञानिक कुंजी का प्रयोग आजकल एक रिवाज बन गया है। यदि हमारे पूर्वज जीव वैज्ञानिक ढंग से विचार करते थे, तो हम मनोवैज्ञानिक ढंग से विचार करते हैं।"

**गार्नर** का कथन है कि "सरकार को स्थिर और यथार्थ में लोकप्रिय होने के लिये अपने अधीन व्यक्तियों के मानसिक विचारों और नैतिक भावनाओं को अभिव्यक्त तथा प्रतिबिम्बित करना चाहिये।" लोकप्रिय आन्दोलनों, दंगों तथा युद्धों आदि में दूसरों की मनोवृत्ति जानने के लिये मनोविज्ञान का आशय लेना पड़ता है। देशवासियों की मनोदशा से परिचित होने के बाद ही देश के नेता शासन करने और नीति के निर्धारण में सफल होते हैं। विश्व में राज-क्रान्तियों के पीछे उन देशों के नागरिकों की प्रबल मनोवैज्ञानिक क्रियायें काम करती रही थीं। फ्रान्स की राज्य क्रान्ति (1789) तथा रूस की राज्य क्रान्ति (1917) की पृष्ठभूमि में मनोविज्ञान के सिद्धान्त काम कर रहे थे। प्रथम विश्वयुद्ध के बाद जर्मन लोगों के असन्तोष एवं निराशा से लाभ उठाकर हिटलर ने उनमें सैनिक शक्ति का संचार किया और इसलिये जनता ने उसे अपना नेता मान लिया। इसी प्रकार महात्मा गाँधी ने देशवासियों की मनोवृत्ति पहिचान कर उसके अनुरूप ही कार्य किया और इसीलिए वे सफल रहे। राजनीतिक संस्थाओं, विधियों और कानूनों की रचना अथवा स्थापना भी मनोवैज्ञानिक आधार पर ही होती है। रूस में पाश्चात्य सभ्यता लाने में कैथरीन द्वितीय इसीलिये असफल रही कि उसने जनता की इच्छा के विरुद्ध और उनकी मनोवृत्ति को न पहचान कर उन पर सुधार लादने चाहे।

**राजनीति-विज्ञान मनोविज्ञान के आधार रूप में**- यदि मनोविज्ञान राजनीति को आधार प्रदान करता है, तो राजनीति भी मनोविज्ञान के लिये अध्ययन-सामग्री उपलब्ध कराती है। मनोविज्ञान व्यवहार का ज्ञान है। व्यवहार राजनीतिक अथवा सामाजिक दोनों ही प्रकार का हो सकता है। राजनीतिक व्यवहार के अध्ययन के लिये राज्य में रहने वाले व्यक्तियों का अध्ययन करना पड़ता है। राज्य को जानने के लिये राजनीति की आवश्यकता होती है। अतः मनोविज्ञान को तथ्य-संग्रह करने के लिये विशेषतः राज्य के व्यक्तियों की मनोवृत्ति जानने के लिये, राजनीति के अध्ययन की आवश्यकता होती है। कोई भी मनोवैज्ञानिक इसकी उपेक्षा नहीं कर सकता।

**राजनीतिक मनोविज्ञान का विकास**-राजनीति-विज्ञान तथा मनोविज्ञान के सम्बन्ध की घनिष्ठता इतनी अधिक है कि उन दोनों के मिले-जुले शास्त्र के रूप में एक नवीन शास्त्र-राजनीतिक मनोविज्ञान (Political Psychology) का विकास हो गया है। व्यक्ति के अनेक क्रियाकलाप वस्तुत: ऐसे होते हैं कि उन्हें राजनीतिक व मनोवैज्ञानिक के रूप में पृथक नहीं किया जा सकता तथा उनका अध्ययन एक समष्टि के रूप में ही किया जा सकता है। राजनीतिक मनोविज्ञान का अध्ययन ऐसा ही अध्ययन है।

इस सम्बन्ध में कोई सामान्यीकरण भी नहीं किया जा सकता। इसके अतिरिक्त मनोविज्ञान की परीक्षा पद्धतियों को हम राजनीति विज्ञान में उनके मूल रूप में प्रयुक्त नहीं कर सकते इन कारणों से राजनीतिक मनोविज्ञान का विकास राजनीतिक समाज विज्ञान से कम हुआ है। इसके विपरीत समाज शास्त्र की अध्ययन पद्धतियों व उसकी उपलब्धियों को राजनीति-विज्ञान के अध्ययन में सरलता से अपनाया जा सकता है, क्योंकि दोनों के अध्ययन के विषय व्यक्ति, उसके समुदाय, उसके संगठन तथा उसकी संस्थायें हैं तथा यही कारण है कि राजनीतिक समाज विज्ञान को राजनीतिक मनोविज्ञान से हम अधिक विकसित पाते हैं। राजनीतिक मनोविज्ञान के विषय में हमें यह ध्यान में रखना चाहिये कि मनुष्य के कार्यों पर उसकी मन:स्थिति किस प्रकार प्रभाव डालती है, इसका जानना प्राय: कठिन होता है। इस कारण मनोवैज्ञानिक प्रभावों का विश्लेषण व उनके सम्बन्ध में किसी प्रकार का सामान्यीकरण करना सरलता से सम्भव नहीं होता। उदाहरणार्थ, निर्वाचन के समय लोग अपने मत का समर्थन किसी प्रत्याशी को राजनीतिक व मनोवैज्ञानिक दोनों प्रकार के कारणों से प्रदान करते हैं और इस सम्बन्ध में यह विश्लेषण नहीं किया जा सकता कि मतदान में कौनसा कारण किस सीमा तक प्रभावी रहा।

**राजनीति-विज्ञान और मनोविज्ञान में भेद**- परस्पर सम्बन्धित होते हुये भी दोनों शास्त्र भिन्न-भिन्न हैं। इनमें पाये जाने वाले भेद इस प्रकार हैं:

(1) मनोविज्ञान मूल्यों और आदर्शों से सम्बन्ध नहीं रखता। वह केवल यह बताता है कि व्यवहार क्या है और उसका आधार क्या है। राजनीति--विज्ञान इसके आगे यह भी बताता है कि ''क्या होना चाहिए?'' अत: राजनीति-विज्ञान में नीति-शास्त्र और दर्शन-शास्त्र का पुट अधिक है। आदर्शों के निर्माण में मनोविज्ञान कुछ भी सहायता नहीं दे सकता।

मनोविज्ञान मूल-प्रवृत्तियों के आधार पर मानव-जीवन का अध्ययन करता है। पर यह तरीका गलत है। राजनीति में हम इस तथ्य को मानकर चलते हैं कि मनुष्य सभ्य है। हमारा समूचा व्यवहार मूल प्रवृत्ति पर आधारभूत नहीं होता। उसमें प्रयोजन, विवेक, बुद्धि और अनुभव का भी समावेश होता है। राजनीति-विज्ञान में राज्य का अध्ययन किया जाता है और मनोविज्ञान इस सम्बध में अधिक सहायक नहीं होता है। राजनीतिक मनोविज्ञान के विषय में हमें यह ध्यान में रखना चाहिये कि मनुष्य के कार्यों पर उसकी मन:स्थिति किस प्रकार प्रभाव डालती है, इसका जानना प्राय: कठिन होता है। इस कारण मनोवैज्ञानिक प्रभावों का विश्लेषण व उनके सम्बन्ध में किसी प्रकार का सामान्यीकरण करना सरलता से

सम्भव नहीं होता। उदाहरणार्थ, निर्वाचन के समय लोग अपने मत का समर्थन किसी प्रत्याशी को राजनीतिक व मनोवैज्ञानिक दोनों प्रकार के कारणों से प्रदान करते हैं और इस सम्बन्ध में यह विश्लेषण नहीं किया जा सकता कि मतदान में कौनसा कारण किस सीमा तक प्रभावी रहा। मनोविज्ञान हमें यह बतलाता है कि मनुष्य की मूल-प्रवृत्तियाँ क्या हैं, परन्तु वह यह नहीं बताता है कि उन्हें कैसे उपयोगी बनाया जाय और वे किस प्रकार समाज में प्रकट होती हैं। राजनीति-विज्ञान में व्यावहारिक कार्यों का ही अध्ययन किया जाता है। केटलिन के कथनानुसार मनोविज्ञान मानसिक क्रियाओं का अध्ययन है जबकि राजनीति, संकल्प-पूर्वक किये गए कार्यों का अध्ययन है। जो कुछ भी हो, राजनीति-विज्ञान के क्षेत्र में मनोविज्ञान ने पर्याप्त सहायता प्रदान की है और बिना मनोविज्ञान के ज्ञान के राजनीति-विज्ञान अधूरा रहता है।

## राजनीति विज्ञान तथा भूगोल

## ( Political Science and Geography )

मानव का राज्य-नामक संगठन राजनीति-विज्ञान के अध्ययन का विषय है। राज्य के निर्माण तत्त्वों में से भूखण्ड (जिसमें पृथ्वी, जल और वायु सभी सम्मिलित हैं)भी एक महत्त्वपूर्ण तत्त्व है। चूँकि भूगोल के अध्ययन के विषय भी पृथ्वी, जल तथा वायु होते हैं अतः भूगोल एवं राजनीति-विज्ञान परस्पर घनिष्ठतया सम्बन्धित है। अनेक लेखकों ने राजनीतिक जीवन पर भौगोलिक परिस्थितियों तथा भौतिक वातावरण से प्रभाव के विषय में विचार किया है और यह प्रतिपादित किया है कि भौगोलिक परिस्थितियों तथा भौतिक वातावरण का प्रभाव किसी देश के निवासियों के चरित्र तथा राष्ट्रीय जीवन तक ही सीमित नहीं होता, अपितु उनका प्रभाव वहाँ की सरकारी नीतियों तथा सरकार के कार्यों पर भी पड़ता है। रूसो ने लिखा है कि जलवायु के प्रकार तथा सरकार के प्रकार में घनिष्ठ सम्बन्ध रहता है। उसने तो यहाँ तक प्रतिपादित किया है कि उष्ण जलवायु में निरकुंश राजतन्त्र (Despotism), शीत जलवायु में बर्बर-तन्त्र (Barbarism) तथा सम जलवायु में सुराज्य की स्थापना होती है। मोन्टेस्क्यू के मतानुसार, पर्वतीय प्रदेशों तथा शीत जलवायु में दासता तथा निरंकुश राजतन्त्र को प्रोत्साहन मिलता है।[2] . इस प्रकार बर्कले के कथनानुसार मनुष्य की स्वाधीन इच्छा नहीं अपितु उसका भौतिक वातावरण, विशेषतः जलवायु, भोजन तथा प्रकृति की साधारण बातें व्यक्ति तथा समाज के व्यवहार का निर्धारण करती है। ब्लुंशली, ट्रेटैस्को, रिटर, रेट्जिल और मैकाइवर आदि अनेक अधिक आधुनिक लेखकों ने भी राजनीतिक जीवन पर भौगोलिक परिस्थितियों के प्रभाव का महत्त्व स्वीकार किया है। जर्मन में तो राजनीतिक तथा भौगोलिक जीवन के सम्बन्ध का महत्त्व इतना माना गया है कि वहाँ 'जिओ-पोलिटिक्स' नाम के एक अलग विज्ञान के अस्तित्व को स्वीकार किया गया है।

अफ्रीका के अनेक देश राजनीतिक दृष्टि से इतने पिछड़े हुए हैं। इसका कारण भी उनकी भौगोलिक एवं प्राकृतिक स्थिति है, जिसके कारण इन देशों में अब भी ऐसे अनेक स्थान हैं, जहाँ मनुष्य आसानी से पहुँच भी नहीं सकता। हमारा व्यावहारिक जीवन

हमें यह बताता है कि प्राकृतिक सीमाओं से रहित देश को अपनी सैनिक शक्ति की ओर सदा अधिक ध्यान देना पड़ता है तथा इसके विपरीत सीमाओं से सुरक्षित देश को सैन्यशक्ति की ओर सदा इतना ध्यान नहीं देना पड़ता है। इसमें सन्देह नहीं कि भौगोलिक तथा प्राकृतिक परिस्थितियों का प्रभाव मनुष्य के वैयक्तिक तथा सामुदायिक जीवन पर पड़ता है, तथापि यह स्वीकार करना पड़ेगा कि कुछ लेखकों ने इस प्रकार के प्रतिपादन में अतिशयोक्ति की है। उदाहरणार्थ, रूसों का यह प्रतिपादन कि जलवायु शासन के स्वरूप का निर्धारण करती है, जलवायु के प्रभाव के विषय में अतिशयोक्ति ही कही जा सकती है। इंगलैण्ड के शासन का स्वरूप पहिले के राजतन्त्र से बदलकर अब वैधानिक राजतन्त्र हो गया है किन्तु यह वहाँ की जलवायु में हुए किसी अन्तर के कारण हुआ हो, ऐसी बात नहीं है। शासन का स्वरूप वस्तुत: किसी देश-विदेश के निवासियों की विचारधारा के अनुसार बनता है, वहाँ की जलवायु की दशा के अनुसार नहीं। हाँ, इतना अवश्य है कि देश-विशेष के दैनिक राजनीतिक जीवन पर वहाँ की भौगोलिक तथा प्राकृतिक परिस्थितियों का प्रभाव अवश्य पड़ता है। समुद्र से घिरे हुए देश की नौ-शक्ति तथा एक विस्तृत देश की वायु-शक्ति अधिक श्रेष्ठ होती है, यह हम सभी जानते हैं। अमेरिका और रूस जैसे राज्य यदि आज संसार की राजनीति में इतना महत्त्व रखते हैं, तो इसका कारण उनका विशालकाय होना भी है। अफगानिस्तान ओर नेपाल जैसे देश यदि राजनीतिक दृष्टि से इतने पीछे हैं, तो इसका भी कारण उनका छोटा होना तथा प्राकृतिक साधनों की दृष्टि में असम्पन्न होना है। राजनीति-विज्ञान तथा अन्य सामाजिक विज्ञानों के सम्बन्धों के इस विवेचन से यह स्पष्ट है कि अन्य सामाजिक विज्ञानों से पृथक करके उसका उचित अध्ययन नहीं किया जा सकता है। जैसा विचारवादियों का मत है, मनुष्य के ज्ञान की राशि समष्टि रूप है और विभिन्न विज्ञान उसकी शाखाएँ हैं, अत: उनमें से किसी एक भी ज्ञान तब तक पूर्ण नहीं हो सकता, जब तक ज्ञान की अन्य शाखाओं को भी अच्छी तरह से न जान लिया जाये। इस प्रकार हम देखते हैं कि राजनीति-विज्ञान के उचित अध्ययन के लिए अन्य सामाजिक विज्ञानों की सहायता अनिवार्यत: अपेक्षित है। भौगोलिक तथा प्राकृतिक परिस्थितियों तथा मनुष्य के राजनीतिक जीवन के सम्बन्ध की अविच्छेद्यता वस्तुत: उस समय थी, जब मनुष्य प्रकृति के पूर्णत: अधीन था। अब जब मनुष्य ने प्रकृति के अनेक पहलुओं पर विजय प्राप्त कर ली है, भूगोल ही राजनीतिक जीवन का निर्धारण करता हो, ऐसी बात नहीं रह गई है। वास्तविकता इस सम्बन्ध में यह है कि आविष्कारों ने भौगोलिक परिस्थितियों को बदल दिया है। हम देखते हैं कि यदि वायुयान ने प्राकृतिक सीमाओं के महत्त्व को समाप्त कर दिया है, तो नदियों से उत्पन्न बिजली ने कोयले को महत्त्वहीन कर दिया है। संक्षेप में, मनुष्य ने विभिन्न राज्यों की प्राकृतिक असमानताओं पर विजय पा ली है और पारस्परिक विनिमय के माध्यम द्वारा सम्पूर्ण जगत के प्राकृतिक साधन सभी राज्यों के लिए प्राप्त हो गये हैं। इस प्रकार केवल भौगोलिक तथा प्राकृतिक परिस्थितियाँ ही राजनीतिक जीवन का निर्धारण करती हों, ऐसी बात नहीं है, तथापि इसमें सन्देह नहीं है कि भौगोलिक परिस्थितियों का भी राज्य के जीवन, उसकी शक्ति एवं उन्नति के साथ सम्बन्ध है व राजनीति-विज्ञान के अध्ययन में भूगोल का भी महत्त्वपूर्ण स्थान है।

**अनुभववादी दृष्टिकोण :-** यदि अन्तः अनुशासनात्मक उपागम के अनुभववादी दृष्टिकोण को देखे तो पता चलता है कि यह दृष्टिकोण अमेरिकी विचारधाराओं से प्रभावित है। इस दृष्टिकोण का प्रभाव लासवैल, सारटोरी, मरियम, आस्लोंव, ग्रीनस्टीव एवं ग्रीयर जैसे विचारकों की विभिन्न कृतियों के आधार पर अनुभव किया जा सकता है। अधिकांशतः विचारक राजनीति विज्ञान को समृद्ध करने में इस दृष्टिकोण को उपयोगी मानते हैं। इस दृष्टिकोण की मान्यता है कि मानव का सम्पूर्ण सामाजिक जीवन एक संगठित इकाई है जिसके विभिन्न पक्षों को अलग-अलग नहीं कर सकते हैं। सामाजिक विज्ञानों के अलग-अलग होने का अर्थ इनकी प्रकृति का अलगाव नहीं है वरन् विशिष्ट ज्ञान को विशिष्ट रूप में अध्ययन करना है। अर्थात् अध्ययन की सुविधा के लिये ऐसा किया गया। वास्तविक स्थिति तो यह है कि विभिन्न सामाजिक विज्ञानों में परस्पर अन्तः निर्भरता होती है जो इन सभी विज्ञानों में पायी जाने वाली मूल एकता की भावना स्पष्ट करती है।

उत्तर-व्यवहारवादियों की इस मान्यता को आधार मानें तो राजनीति विज्ञान के अध्ययन में सामाजिक विज्ञानों की वैज्ञानिक तकनीकों, विधियों एवं पद्धतियों का प्रयोग करना चाहिये। इन दोनों विचारों या दृष्टिकोणों में टकराहट का बिन्दु मूल्यों की मान्यता है। अर्थात् व्यवहारवादी मूल्यों की दृष्टि से निरपेक्षता के प्रबल समर्थक हैं जबकि उत्तर-व्यवहारवादी मूल्य सापेक्षता को स्वीकार करते हैं। अर्थात् इसी कारण व्यवहारवादी तो राजनीति विज्ञान का अध्ययन मूल्य निरपेक्ष बताते हैं और उत्तर व्यवहारवादी राजनीति विज्ञान के अध्ययन को मूल्य-सापेक्ष बताते हैं। इसी तरह व्यवहावादी अपने दृष्टिकोण के स्थिर और यान्त्रिक तथ्य को स्वीकार करते है वहीं दूसरे दृष्टिकोण गतिशीलता और विकासात्मकता को स्वीकार करते हैं। यह दृष्टिकोण एक श्रेणीकृत रूप में संचालित होता है और धीरे-धीरे जटिलता की ओर जाता है। जटिलता के स्तरों की व्याख्या हेतु भिन्न-भिन्न व्याख्यायें जरूरी होती हैं। इन व्याख्याओं के अन्तर्गत रूपावली सामान्य रूप में देखी जा सकती है जो प्रणाली की रूपावली होती है। एक प्रणाली परस्पर सम्बद्ध तत्त्वों का समुच्चय होती है अर्थात् प्रत्येक प्रणाली एक विशेष परिवेश का अंग होती है। प्रत्येक प्रणाली में समस्थापन तथा समानता देखी जा सकती हैं अर्थात् किसी भी प्रणाली की पूर्ववर्ती स्थितियों के आधार पर परवर्ती स्थिति को स्पष्ट किया जा सकता है। इस तरह अन्तर अनुशासनात्मक सम्बन्ध राजनीति विज्ञान तथा अन्य सामाजिक विज्ञानों में देखे जा सकते हैं।

यह मूल एकता समाजविज्ञान, अर्थशास्त्र, राजनीति विज्ञान, इतिहास, मनोविज्ञान, दर्शन, विधिशास्त्र आदि में स्पष्ट दिखाई देती है। इन समस्त विषयों के निरपेक्ष अध्ययन के लिये तर्क , प्रतिमानों एवं अध्ययन विधियों की समानता को देखा जा सकता है। कुछ विचारक तो आज भी सभी सामाजिक विज्ञान की जगह एक ही सामाजिक विज्ञान की स्थापना की आवश्यकता पर बल दे रहे हैं। इस धारणा के समर्थकों की दृष्टि में विभिन्न सामाजिक विज्ञान केवल कुछ केन्द्रीय तत्त्वों के कारण अलग हैं अन्यथा नहीं। जैसे समाजविज्ञान की केन्द्रीय विषय वस्तु समाज, परिवार, समूह आदि, मनोविज्ञान की केन्द्रीय विषय वस्तु मन का व्यवहार, राजनीति विज्ञान की केन्द्रीय विषय वस्तु राजनीति, व्यवस्था, शक्ति, सत्ता आदि

हैं अर्थशास्त्र की केन्द्रीय विषयवस्तु धन, आर्थिक क्रियायें आदि हैं। इस तरह सभी सामाजिक विज्ञानों की केन्द्रीय विषयवस्तु में तो भिन्नता है लेकिन उनकी अध्ययन विधियों में सदृश्यता है। जिसे वैज्ञानिक विधि कह सकते हैं। तर्क, प्रतिमान, परिमापन आदि की समानता से भी सभी सामाजिक विज्ञानों में इन्कार नहीं किया जा सकता है। इसलिये सामाजिक मानवीय अस्तित्व, एक सांतत्मक (Continum) है, एक अनसिला जाल है, विभिन्न विषय केवल सुविधा, श्रम विभाजन, विशेषीकरण एवं निपुणता के लिये अलग-अलग किये गये हैं, अत: यदि सभी सामाजिक विज्ञान समाज के अध्ययन के लिये समान विधियों एवं प्रतिमानों का प्रयोग करते हैं तो निश्चित रूप से उनके ज्ञान में वृद्धि हो सकेगी तथा आसानी से ही हस्तान्तरित करके अधिक लाभ भी उठाया जा सकेगा। लेकिन यह कैसे कह सकते हैं कि एक समान विधि अपनाने से सभी सामाजिक विज्ञान अपना श्रेष्ठ विकास कर सकेंगे। इसलिये विभिन्न विषयों को अलग-अलग विधियाँ अपनाकर अपना विकास करना चाहिये तथा उनके अनुभवों का लाभ अन्य विज्ञानों में लेना चाहिये। पिछले दशकों में व्यवहारवादी एवं उत्तरव्यवहारवादी दृष्टिकोण की मान्यतायें प्रकाश में आयी हैं। व्यवहारवादी उपागम और उत्तरव्यवहारवादी उपागम पर राजनीति विज्ञान में विचार करने वाले प्रमुख विचारक डेविड ईस्टन हैं। व्यवहारवादी उपागम राजनीति विज्ञान के अध्ययन में प्राकृतिक एवं सामाजिक विज्ञानों की वैज्ञानिक अध्ययन विधियों और तकनीकों का प्रयोग कर अध्ययन को मूल्यनिरपेक्ष बनाने पर बल देता है। लेकिन यदि उत्तर-व्यवहारवादियों के मत को स्पष्ट करे तो राजनीति विज्ञान प्राकृतिक विज्ञान नहीं है। वरन् यह तो सामाजिक विज्ञान है।

**मार्क्सवादी दृष्टिकोण**:- अन्त: अनुशासनात्मक उपागम के सन्दर्भ में, परम्परावादी दृष्टिकोण, मार्क्सवादी दृष्टिकोण एवं आनुभविक दृष्टिकोण प्रचलित हैं जो राजनीति विज्ञान के अन्य सामाजिक विज्ञानों से अन्त:विषयक सम्बन्ध को अपनी तरह से स्पष्ट करते हैं। तुलनात्मक दृष्टिकोण से देखे तो इन तीनों दृष्टिकोणों में आनुभविक दृष्टिकोण अधिक श्रेष्ठ, विकसित और औचित्यपूर्ण प्रतीत होता है। यद्यपि तीनों ही दृष्टिकोणों के कुछ सीमायें या दोष देखे जा सकते हैं। आनुभविक दृष्टिकोण ने विभिन्न सामाजिक विज्ञानों के स्थान पर एक ही सामाजिक विज्ञान की स्थापना के विचार को व्यावहारिक नहीं बताया है। क्योंकि सभी सामाजिक विज्ञानों की अपनी कुछ विशिष्टतायें होती हैं जो उन्हें दूसरों से अलग करती है। यद्यपि वे एक सामाजिक विज्ञान की बजाय सभी सामाजिक विज्ञानों के लिये अध्ययन की एक या वैज्ञानिक पद्धतियों, तकनीकों, तर्कों, प्रतिमानों की बात करते हैं जो अन्ततः अन्त: अनुशासनात्मकता को दर्शाता है।

अन्त: अनुशासनात्मक उपागम का एक दृष्टिकोण मार्क्सवादी दृष्टिकोण है। मार्क्सवाद में ऐतिहासिक भौतिकवाद की अवधारणा इसी दृष्टिकोण का आधार मानी जाती है। मार्क्सवादी दृष्टिकोण परम्परात्मक भौतिकवाद, द्वन्द्वात्मक, ऐतिहासिक एवं प्रगतिशील कहा जा सकता है। इस वाद का केन्द्र बिन्दु इतिहास सम्बन्धी दर्शन है जो इतिहास की द्वन्द्वात्मक भौतिकवादी व्याख्या करता है। इसमें आर्थिक उत्पादन की प्रणाली को आधार माना जाता है। इस वाद की मान्यता है कि आर्थिक उत्पादन की प्रणाली ही किसी युग की

राजनीतिक, आर्थिक, दार्शनिक, कानूनी, नैतिकता, स्वीकृति, स्थिति एवं समाज आदि की स्थिति को बदलती है। कार्ल मार्क्स तो मानते हैं कि जब भी आर्थिक उत्पादन प्रणाली में आधारभूत परिवर्तन होता है तो निश्चित रूप से सामाजिक एवं राजनीतिक व्यवस्था में परिवर्तन आता है। अब तक तो सभी समाजों तथा में मानव इतिहास में इसी कारण परिवर्तन आये हैं और इसी कारण अब तक आदिम साम्यवादी अवस्था, दास अवस्था, सामन्ती अवस्था, पूँजीवादी अवस्था और समाजवादी अवस्था आई है या आयेगी। मार्क्स ने अन्तिम अवस्था को साम्यवादी समाज की अवस्था माना है। निष्कर्ष रूप में कार्ल मार्क्स ने बताया, कि किसी विशेष ऐतिहासिक अवस्था में कोई विशेष उत्पादन प्रणाली प्रधान होती है। इस तरह कहा जा सकता है कि मार्क्सवादी दृष्टिकोण आर्थिक-इतिहास को केन्द्रीय विषय वस्तु या आधार मानता है जो अर्थशास्त्र, कानून, नीतिशास्त्र, समाजविज्ञान, दर्शन शास्त्र एवं राजनीति विज्ञान को परस्पर जोड़ता है तथा परस्पर निर्भरता भी स्पष्ट करता है। इसी पारस्परिक निर्भरता के कारण राजनीतिविज्ञान का अन्य सामाजिक विज्ञानों से अन्त: अनुशासनात्मक सम्बन्ध माना जा सकता है। इस दृष्टिकोण की आलोचना का कारण आर्थिक तत्त्व की अत्यधिक प्रधानता मानी जाती है। यह वाद राजनीतिक एवं समस्त सामाजिक अध्ययनों में के वल भौतिकवादी अर्थशास्त्र या उत्पादन प्रणाली की भूमिका को ही निर्णायक मानता है। इसकी आलोचना करते हुये अनुभववादी कहते हैं कि मार्क्सवादी दृष्टिकोण यथार्थवादी है लेकिन कुछ सन्दर्भों में यह मूल्यों को अधिक महत्त्व देता है। इसी कारण मार्क्सवाद ने सामाजिक विकास की अन्तिम अवस्था को साम्यवादी समाज की अवस्था माना है जो कर्मविहीन, राज्यविहीन, न्याययुक्त अवस्था होगी तथा जिसमें प्रत्येक व्यक्ति अपनी योग्यता अनुरूप कार्य करेगा और आवश्यक उपभोग की वस्तुएँ प्राप्त करेगा। ऐसी मान्यता मूल्य निरपेक्ष कम और मूल्य सापेक्ष अधिक प्रतीत होती हैं।

## अन्त: अनुशासनात्मक उपागम
## (Inter-disciplinary Approach)

अन्त: अनुशासनात्मक उपागम शब्द अंग्रेजी भाषा के Inter-disciplinary Approach का हिन्दी रूपान्तरण है। शब्द विन्यास करे तो इसे अन्तर + अनुशासन + आत्मक + उपागम के रूप में लिखा जा सकता है जिसका क्रमश: शाब्दिक अर्थ है आन्तरिक सम्बन्ध + विषय या ज्ञान + लक्षण + दृष्टिकोण अर्थात् इस पूरे शब्द का शाब्दिक अर्थ अध्ययन का वह दृष्टिकोण जो विभिन्न विषयों में आन्तरिक सम्बन्ध के लक्षण पर बल दे अर्थात यह वह उपागम है जो परस्पर विभिन्न विज्ञानों में पारस्परिक निर्भरता की ओर संके त करता है। वर्तमान युग में अनुभववादियों ने इस उपागम की चर्चा अधिक की है यद्यपि इस उपागम के सम्बन्ध में प्राचीन काल में भी विचार किया जाता रहा है। वास्तव में किसी भी प्रकार के सामाजिक अध्ययन का नौसिखिया भी शीघ्र ही यह अनुभव कर लेता है कि विज्ञानों के बीच कोई दीवारें नही होती हैं और किसी भी एक विज्ञान के अर्न्तगत की गयी अति लघुशोधें भी अन्य सभी सामाजिक विज्ञानों की प्रगति में महत्त्वपूर्ण योगदान कर सकती

है। यह मन्तव्य जैकसन एवं लिपमैन का है ऐसा ही विचार करते हुये सुजविक ने लिखा है कि,"यदि हमें किसी विषय या विज्ञान का अन्वेषण करना हो तो यह अत्यधिक लाभदायक होगा कि हम उस विषय या विज्ञान का अन्य विज्ञानों से सम्बन्ध पता करे तथा फिर यह जानने की कोशिश करे कि उस विषय या विज्ञान ने अन्य विषयों से क्या लिया है और उसने स्वयं अन्य विषयों को क्या दिया है।" सिजविक का यह कथन एक विज्ञान के दूसरे विज्ञान से सम्बन्ध को स्पष्ट करता है। यही सम्बन्ध सामाजिक विज्ञानों के अन्त: अनुशासनात्मक सम्बन्ध को स्पष्ट करता है।

द्वितीय विश्वयुद्ध के बाद राजनीति विज्ञान ने भी अन्य सामाजिक विज्ञानों की तरह अन्त: अनुशासनात्मक उपागम को स्वीकार करते हुये अन्य विषयों के साथ अध्ययन पर बल देना शुरू किया। राजनीति विज्ञान के अन्त: अनुशासनात्मक उपागम के बारे में माना जाता है कि,"अन्त: अनुशासनात्मक उपागम राजनीति विज्ञान के अध्ययन का ऐसा दृष्टिकोण है जो अन्य सामाजिक विज्ञानों के साथ राजनीति विज्ञान के घनिष्ठ सम्बन्धों के लक्षण पर बल देता है साथ ही अन्य विज्ञानों की उपयोगिता को भी राजनीति विज्ञान के अध्ययन के सम्बन्धों में स्वीकार करता है।"

इस प्रकार अन्त: अनुशासनात्मक उपागम का अस्तित्व प्राचीन काल से रहा है। यद्यपि इसका इतना महत्त्व एवं विकास उस समय इतना नहीं था जितना कि आज है। इस उपागम का वर्तमान में काफी महत्त्व है इसका वर्तमान स्वरूप, महत्त्व एवं विकास विभिन्न चरणों से होता हुआ वर्तमान को प्राप्त हुआ है। यह उपागम उतना ही प्राचीन है जितना कि एक विषय के रूप में राजनीति विज्ञान, क्योंकि मुख्य रूप से प्लेटो और अरस्तू ने राजनीति विज्ञान के सिद्धान्तों के विकास में दूसरे विज्ञानों के तथ्यों, अवधारणाओं, पद्धतियों, तर्कों, निष्कर्षों एवं परिणामों को स्वीकार किया था। निष्कर्षत: अन्त: अनुशासनात्मक उपागम वह उपागम माना जा सकता है जो सभी सामाजिक विज्ञानों के ज्ञान, विधियों, तर्कों, पद्धतियों, उपलब्धियों, निष्कर्षों, आदि को एक दूसरे के लिये उपयोगी मानकर स्वीकार करता है जिसका उपयोग स्वयं भी करता है और दूसरों को भी करने देता है जिससे विभिन्न विषयों में आन्तरिक सम्बन्ध घनिष्ठ रूप में विकसित होते हैं।

### अन्त: अनुशासनात्मक उपागम की मान्यताएँ

### ( Assumptions of Inter-disciplinary Approach )

राजनीति विज्ञान के अध्ययन में अन्त: अनुशासनात्मक उपागम को स्वीकार किया जा रहा है इसकी मान्यता के ये आधार हैं :-

सभी सामाजिक विज्ञानों में परस्पर आन्तरिक एकता एवं घनिष्ठता पायी जाती है। इसलिये परस्पर एक दूसरे की तकनीकों, विधियों, पद्धतियों एवं प्रतिमानों को खुले दिमाग से स्वीकार कर मुख्य रूप से राजनीतिविज्ञान में प्रयोग करना चाहिये।

व्यक्ति के सामाजिक जीवन के विभिन्न पक्षों के अध्ययन के लिये स्थापित विभिन्न सागाजिक विज्ञानों में भी एक आन्तरिक एकता होती है, जो परस्पर एक–दूसरे को प्रभावित करती है इसलिये भी परस्पर विज्ञानों को एक दूसरे का सहयोग लेना व देना चाहिए। इस प्रकार की मान्यतायें व्यवहारवादियों एवं कुछ अन्य राजनीतिक विचारकों की हैं जो इन्हीं मान्यताओं के आधार पर राजनीति विज्ञान तथा अन्य विज्ञानों में अन्तः अनुशासनात्मक उपागम को स्वीकार करते हैं यद्यपि उत्तर व्यवहारवादी विचारकों ने इन मान्यताओं को स्वीकार करते हुये मूल्य सापेक्षता की आवश्यकता पर भी बल दिया है ताकि यह उपागम सभी दृष्टिकोणों से उपयोगी, महत्त्वपूर्ण एवं प्रासंगिक साबित हो सके। संक्षेप में इस विवरण से स्पष्ट है कि राजनीति विज्ञान अन्य सामाजिक विज्ञानों से घनिष्ठ रूप से सम्बन्धित है। इस कारण इस विषय के अध्ययन में प्राचीन काल से ही अन्तः अनुशासनात्मक उपागम के अध्ययन का प्रचलन किसी न किसी रूप में हो रहा है जिसे वर्तमान में अपेक्षित महत्त्व दिया जा रहा है क्योंकि रोगर एच. सोल्टाऊ कहते हैं कि, "राजनीतिविज्ञान के उचित अध्ययन के लिये अन्य विज्ञानों या ज्ञान की अन्य शाखाओं की सहायता आवश्यक है।" अतः स्पष्ट होता है कि राजनीति विज्ञान की अन्य सामाजिक विज्ञानों पर अन्तः निर्भरता है। "राजनीति–विज्ञान के उचित अध्ययन के लिये अन्य विज्ञानों अथवा ज्ञान की अन्य शाखाओं की सहायता आवश्यक है। सर्वप्रथम उसके लिए इतिहास की आवश्यकता है, जिसके साथ उसका सम्बन्ध उतना घनिष्ठ है कि कुछ लेखकों के लिये इतिहास केवल उस विषय का अतीत है, जिसका वर्तमान राजनीति–विज्ञान है ..... मानव स्वभाव विश्लेषण के हेतु उसके लिए मनोविज्ञान की आवश्यकता है ..... दर्शन, नीतिशास्त्र तथा धर्म की सहायता भी उसके लिए आवश्यक है जिससे उनके मापदण्डों के अनुसार राजनीतिक कार्य हो सकें ...... आर्थिक क्षेत्र में राज्य के हस्तक्षेप तथा सामूहिक समृद्धि की व्यवस्थाओं को समझने के हेतु उसके लिए अर्थशास्त्र की भी आवश्यकता है।"

राजनीति विज्ञान मानव से सम्बन्धित विज्ञान है जो मानव के राजनीतिक पक्ष या व्यवहार का अध्ययन करता है। मानव का राजनीतिक व्यवहार, राजनीतिक वातावरण, परिस्थितियों, सामाजिक वातावरण (धार्मिक, आर्थिक, सांस्कृतिक, पारिवारिक, राजनीतिक पक्ष) आदि से प्रभावित होता है। मानव के सामाजिक जीवन (जटिल एवं बहुआयामी) का यथार्थ एवं गहन अध्ययन किसी एक विषय विज्ञान द्वारा सम्भव नहीं है। इसलिये समस्त सामाजिक विज्ञानों का अन्तर्विषक अध्ययन जरूरी है। मानव के सम्बन्ध में यथार्थवादी अध्ययन अर्थात् मूल्यनिरपेक्ष अध्ययन करने के लिये सामाजिक विज्ञानों को परस्पर वैज्ञानिक पद्धतियों, तकनीकों एवं तर्कों आदि का अध्ययन करना चाहिये। सभी सामाजिक विज्ञानों की केन्द्रीय विषय वस्तु मानव है इसलिये सम्पूर्ण मानव का एकीकृत रूप में सम्पूर्ण अध्ययन करने के लिये यह उपागम जरूरी और महत्वपूर्ण है। सभी सामाजिक शास्त्रों के अध्ययन का विषय किसी न किसी रूप में सामाजिक मनुष्य है और वे सभी मानव जीवन के किसी न किसी पहलू का अध्ययन करते हैं। राजनीति–विज्ञान मनुष्य के उस क्रिया–कलाप का अध्ययन करता है, जिसका सम्बन्ध उसके राजनीतिक जीवन से होता है। सभी सामाजिक

विज्ञान मनुष्य के जीवन के किसी न किसी पहलू का अध्ययन करते हैं, और चूँकि मानव-जीवन के सभी पहलू एक दूसरे से सम्बन्धित होते हैं, अतः उनसे सम्बन्धित समाज-विज्ञानों में परस्पर घनिष्ठ सम्बन्ध रहता है। यहां हम राजनीति-विज्ञान तथा कुछ प्रमुख समाज-विज्ञानों के पारस्परिक सम्बन्ध का अध्ययन करेंगे।

## राजनीति विज्ञान और इतिहास
## ( Political Science and History )

इतिहास से सामग्री लेकर राजनीति का विद्यार्थी उन तथ्यों को चुन लेता है, जो उसके अध्ययन के लिए उपयोगी होते हैं। इन्हीं तथ्यों के आधार पर वह तुलना तथा सामान्य-निर्धारण करता है। अतः बिना इतिहास के राजनीति पंगु रहती है। इतिहास भूतकालीन घटनाओं, आन्दोलनों, उनके कारणों तथा पारस्परिक सम्बन्धों का वर्णन है। उसमें आर्थिक, धार्मिक, सांस्कृतिक और सामाजिक समस्याओं एवं घटनाओं तथा राजनीतिक संगठनों और उसके पारस्परिक सम्बन्धों आदि का अध्ययन होता है। अतः राजनीतिक संस्थाओं के विकास की प्रक्रिया के अध्ययन के लिए राजनीति विज्ञान को इतिहास की शरण लेनी पड़ती है। वस्तुतः इतिहास राजनीति-विज्ञान को अध्ययन की सामग्री प्रदान करता है। इसके अतिरिक्त भविष्य की राजनीतिक-व्यवस्था के लिए इतिहास का अध्ययन आवश्यक है। राजनीतिक जगत में होने वाले परिवर्तनों एवं जन प्रवृत्तियों को सही परिपेक्ष्य में देखने में इतिहास राजनीति विज्ञानिकों का बड़ा सहायक होता है। उदाहरण के लिए अमेरिका में डेमोक्रेटिक दल को आजकल वृद्ध व युवक सभी औद्योगिक श्रमिकों का समर्थन प्राप्त है और इतिहास इस सम्बन्ध में जो कुछ कहता है यदि उसकी उपेक्षा करके राजनीति विज्ञानी इस प्रवृत्ति पर विचार करें तो वे यह कह सकते हैं कि औद्योगिक श्रमिक अमेरिका में डेमोक्रेटिक दल के समर्थक होते हैं। पर वे यदि इतिहास द्वारा प्रदत्त ज्ञान को ध्यान में रखकर इस पर विचार करें तो वे ऐसा सामान्यीकरण नहीं कर सकते, क्योंकि इतिहास से उन्हें ज्ञात हो जायेगा कि डेमोक्रेटिक दल के लिए औद्योगिक श्रमिकों का समर्थन केवल आजकल की बात है और कुछ समय पूर्व तक औद्योगिक श्रमिक रिपब्लिकन दल के समर्थक थे।

राजनीति विज्ञान तथा इतिहास का सम्बन्ध अत्यन्त घनिष्ठ है। राजनीति-विज्ञान चूँकि मनुष्य के राजनीतिक जीवन का अध्ययन है और चूँकि इतिहास मनुष्य के कार्यों का ऐसा लेखा है, जिसमें राजनीतिक कार्य भी सम्मिलित होते हैं, अतः दोनों एक दूसरे से अनिवार्यतः सम्बन्धित हैं। दोनों के इस सम्बन्ध को विद्वानों ने भिन्न-भिन्न शब्दों में प्रकट किया है। प्रसिद्ध राजनीति-विज्ञानी **विलोबी** का कथन है कि ''इतिहास राजनीति-विज्ञान की तीसरी सीमा को दर्शाता है।'' **फ्रीमैन** के मतानुसार इतिहास भूतकालीन राजनीति है, और राजनीति वर्तमानकालीन इतिहास है।'' **लार्ड ब्राइस** के शब्दों में ''राजनीति विज्ञान इतिहास एवं राजनीति और अतीत एवं वर्तमान का मध्यस्थ है। उसने एक से सामग्री ली है और उसका प्रयोग उसे दूसरे में करना पड़ता है।'' अन्य अनेक विचारकों ने भी इतिहास तथा राजनीति के महत्त्व को अपने-अपने शब्दों में दर्शाता है और यह सभी मानते हैं कि

उनका पारस्परिक सम्बन्ध अविच्छिन्न है। दोनों का यह सम्बन्ध हम इस प्रकार देख सकते हैं। भारतीय राजनीति की एक यह सामान्यतः मान्य बात है कि भारतीय मुसलमान अंग्रेजों के प्रिय तथा भारतीय हिन्दू उनके अप्रिय रहे। पर इस प्रकार का सामान्यीकरण यदि हम भारत में सम्पूर्ण अंग्रेजी शासनकाल के विषय में करें, तो वह गलत होगा। अंग्रेजों के प्रति भारतीय हिन्दू व मुसलमानों की प्रवृत्ति व व्यवहार के विषय में सही सामान्यीकरण तभी किया जा सकता है जब इतिहास की सहायता लें, क्योंकि इस सम्बन्ध में ऐतिहासिक तथ्य यह है कि 1757 के प्लासी के युद्ध से ले कर 1857 में मुगल साम्राज्य की औपचारिक समाप्ति तक और उसके काफी बाद तक हिन्दू अंग्रेजों के निकट और मुसलमान उनसे बहुत दूर रहे। यह स्थिति वस्तुतः उस समय पूर्णतः विपरीत हो गई जब जन प्रवृत्ति अंग्रेज साम्राज्यशाही के विरुद्ध हुई और आजादी की लड़ाई लड़ी गई। इस प्रकार राजनीति को जब तक दृढ़ ऐतिहासिक आधार नहीं मिलता, तब तक वह कोरी कल्पना ही हो सकती है। इस सम्बन्ध में लार्ड एक्टन के ये शब्द उल्लेखनीय हैं कि ''इतिहास की धारा में राजनीति उसी भाँति संचित है, जिस प्रकार नदी के रेते में सोने के कण''।[1]

**इतिहास राजनीति की प्रयोगशाला है**– वर्तमान राजनीतिक समस्याओं को सुलझाने के लिए भी इतिहास में संगृहीत अनुभवों को जानना आवश्यक है। इतिहास हमें मार्ग ही नहीं दिखाता बल्कि सावधान भी करता है। इतिहास एक प्रयोगशाला है और मनुष्य प्रयोगकर्त्ता। मनुष्य के सफल और विफल प्रयोगों का संग्रह ही इतिहास है। ऐतिहासिक प्रयोगों की सफलता और विफलता राजनीति पर प्रभाव डालती है। राजनीतिज्ञ इन प्रयोगों से लाभ उठा कर सतर्क हो जाता है और त्रुटियों को संशोधित कर लेता है। इतिहास से राजनीतिज्ञ यह शिक्षा लेता है कि दूध के जले को छाछ भी फूँक-फूँक कर पीनी चाहिए। उदाहरणार्थ, भारतीय इतिहास में अकबर की सफलता एवं औरंगजेब की विफलता के प्रयोग राजनीतिज्ञों के लिए संकेत-चिन्ह हैं। भारतीय इतिहास ही हमें यह सिखाता है कि उन्नत होने के लिए राज्य को धर्म निरपेक्ष होना चाहिए, धर्म पक्षपाती नहीं।

**इतिहास भी राजनीति पर निर्भर है** – राजनीति बहुत कुछ सीमा तक इतिहास को निर्धारित करती है। राजनीतिक समस्याएँ, राजनीतिक विचारधाराएँ तथा राजनीतिक आन्दोलन इतिहास को बनाते हैं। राजनीतिक क्षेत्र में जो होता है वही इतिहास का विषय बन जाता है। यदि गत घटनाओं, आन्दोलनों एवं विचारधाराओं का सही मूल्यांकन नहीं किया जाता, तो इतिहास का ज्ञान सारहीन हो जाता है। यह मान्यता इस तथ्य के बावजूद सही है कि हम इतिहास में केवल बीती हुई राजनीति एवं उसकी संस्थाओं का ही अध्ययन नहीं करते, वरन् सामाजिक, आर्थिक, सांस्कृतिक, धार्मिक, कलात्मक, वैज्ञानिक, भाषा सम्बन्धी तथा रीति-रिवाजों से सम्बन्धित बातों का भी अध्ययन करते हैं। उदाहरणार्थ, यदि 19 वीं शताब्दी के योरूप में प्रचलित राष्ट्रीयता, साम्राज्यवाद, व्यक्तिवाद, प्रजातन्त्रवाद, समाजवाद तथा ऐसी ही अन्य विचारधाराओं का अध्ययन न करें, तो इतिहास का ज्ञान अपूर्ण रह जाता है। 1917 की रूसी क्रान्ति ने रूस के इतिहास पर जो प्रभाव डाला वह सर्वविदित है। यदि राजनीति इतिहास पर निर्भर है, तो इतिहास भी राजनीति पर आधारित है। राजनीति की सहायता लेकर

इतिहास कुछ सिद्धान्तों को बनाता है। ''यदि इतिहास अनुभव द्वारा शिक्षा देता हुआ राजनीति-विज्ञान है, तो जिस दर्शन की वह शिक्षा देता है, वह बहुत कुछ अंश में राजनीति-दर्शन है।'' जार-युग की तानाशाही के नष्ट हो जाने पर रूस में श्रमिक वर्ग की सरकार का एवं साम्यवाद का युग प्रारम्भ हुआ और उसने एक नए इतिहास का निर्माण किया। इसी प्रकार 1789 की फ्रांस की राज्यक्रान्ति ने आने वाले इतिहास का निर्माण किया। अतः रूस या फ्रांस के इतिहास का अध्ययन यदि बिना इन क्रान्तियों के अध्ययन के किया जाय, तो वह अधूरा और सारहीन होगा। जर्मनी में भी बिस्मार्क के राजनीतिक कार्यों ने भविष्य के इतिहास की रचना की तथा आगे चलकर कैसर विलियम की नीति ने विश्व-युद्ध की रूपरेखा तैयार की जिसका प्रभाव आगे आने वाले इतिहास पर पर्याप्त रूप में पड़ा। इसी प्रकार यदि हम भारत के इतिहास का अध्ययन करना चाहें तो, जहाँ हम अन्य बातों का अध्ययन करेंगे, वहाँ हमें राष्ट्रीय कांग्रेस का उदय, मुस्लिम लीग का जन्म तथा पृथक निर्वाचन की माँग, 1919 का द्वैध शासन, साइमन कमीशन केसुझाव, साम्प्रदायिक निर्णय, गोलमेज सम्मेलन, 1935 के एक्ट के राजनीतिक आधार, कांग्रेस मन्त्रियों के स्तीफे, अटलाण्टिक चॉर्टर, गाँधी-जिन्ना वार्तालाप, कैबिनेट-मिशन-घोषणा, नेहरू द्वारा अन्तरिम सरकार का निर्माण, कांग्रेस, लीग एवं सिक्खों के प्रतिनिधियों की लन्दन यात्रा तथा अंग्रेजी प्रधानमंत्री की घोषणा आदि बातों का भी भली-भाँति अध्ययन करना पड़ेगा। इसी भाँति यह जानने के लिए कि गाँधी-युग का इतिहास क्या है, हमें सत्याग्रह, अहिंसा, सविनय अवज्ञा आन्दोलन आदि राजनीतिक बातों का इतिहास जानना होगा, क्योंकि इनसे सम्बन्धित विचारधाराएँ ही उस काल के इतिहास को बनाती हैं। इस प्रकार यह स्पष्ट होता है कि इतिहास और राजनीति एक दूसरे के पूरक हैं। एक के बिना दूसरा अधूरा है। इस सम्बन्ध में प्रो. सीले का कथन उल्लेखनीय है कि ''यदि इतिहास राजनीति को उदार न बनाए तो वह उच्छृंखल हो जाती है और यदि इतिहास राजनीति से सम्बन्ध-विच्छेद कर ले, तो वह कोरा साहित्य रह जाता है।''[1] दोनों की परस्पराश्रितता दिखाते हुए ही सील ने कहा है कि ''राजनीति के बिना इतिहास निष्फल तथा इतिहास के बिना राजनीति निर्मूल है।''[2] बर्गेस के इस कथन में कि ''यदि राजनीति-विज्ञान और इतिहास का सम्बन्ध-विच्छेद कर दिया जाय, तो उनमें से एक मृत नहीं तो पंगु अवश्य हो जायेगा और दूसरा केवल आकाश-कुसुम बन कर रह जाएगा''[3], दोनों के पारस्परिक सम्बन्ध की घनिष्ठता की ओर ही संकेत मिलता है।

इतिहास एवं राजनीति के उद्देश्य भी भिन्न-भिन्न होते हैं। इतिहास में दार्शनिकता नहीं होती, जबकि राजनीति का बहुत कुछ अंश अमूर्त और दार्शनिक होता है। इतिहास आदर्शात्मक भी नहीं होता। वह घटनाओं का वैसा ही वर्णन कर देता है जैसी वह घटित हुई हों। इसके विपरीत राजनीति-विज्ञान केवल यह अध्ययन ही नहीं करता कि राज्य कैसा था अथवा कैसा हो गया है, वरन् इस पर भी विचार करता है कि राज्य कैसा होगा या कैसा होना चाहिए। ऐसा करने में राजनीति-विज्ञान नैतिक हो जाता है, क्योंकि वह उन आदर्शों की खोज करता है जो राज्य का मार्ग-निर्देशन कर सकें।

**इतिहास तथा राजनीति विज्ञान में भेद-** फ्रीमैन का यह कथन कि, ''इतिहास भूतकाल की राजनीति है और राजनीति वर्तमान का इतिहास है '' वस्तुतः भ्रमोत्पादक है। एक ओर यदि राजनीति का आधार केवल इतिहास ही नहीं होता, अपितु मनोविज्ञान एवं दर्शन-शास्त्र भी होते हैं, तो दूसरी ओर इतिहास केवल राजनीति ही नहीं होता है वरन् उसका क्षेत्र उतना ही विस्तृत होता है, जिनता मानव के क्रिया-कलाप का। वस्तुतः उनके सम्बन्धों में घनिष्ठता होते हुए भी इतिहास एवं राजनीति में आधारभूत भिन्नता है। इतिहास तथा राजनीति-विज्ञान के सम्बन्धों की घनिष्ठता के कारण कुछ लेखकों ने उन दोनों विषयों को केवल भूत एवं वर्तमान के अन्तर के साथ एक ही वस्तु मान लिया है। किन्तु सम्बन्ध के सामीप्य का यह अर्थ कदापि नहीं है कि राजनीति , एवं इतिहास एक वस्तु है। इतिहास से पृथक राजनीति का अथवा राजनीति से पृथक इतिहास का कोई अस्तित्व न हो, ऐसी बात नहीं है।

सर्वप्रथम, दोनों के क्षेत्र भिन्न-भिन्न होते हैं। इतिहास का क्षेत्र विस्तृत एवं व्यापक होता है, राजनीति का क्षेत्र संकुचित और सीमित। इतिहास समाज के धार्मिक, आर्थिक, सांस्कृतिक, सैनिक तथा राजनीतिक सभी पहलुओं का अध्ययन करता है। इसके अतिरिक्त वह भूकम्प, बाढ़, महामारी, कला, साहित्य, भाषा का विकास तथा जातीय रीति-रिवाजों का भी अध्ययन करता है। यह सब बातें राजनीति के अन्तर्गत नहीं आतीं। राजनीति-विज्ञान केवल उन बातों का अध्ययन करता है जो राज्य, उसकी उत्पत्ति, उनके विकास आदि से सम्बन्धित है। राजनीति-विज्ञान केवल उन्हीं घटनाओं को लेता है, जिनका कुछ प्रभाव राज्य के अध्ययन पर पड़ता है। उदाहरणार्थ, इंगलैंड के इतिहास में घटित 1688 की वैभवशाली क्रान्ति राजनीति-शास्त्र के लिए उतनी महत्वपूर्ण नहीं, जितना वैधानिक राजतन्त्र के सूत्रपात और उत्तरदायी शासन के प्रारम्भ की दृष्टि से इतिहास के लिए है। उसी प्रकार द्वितीय विश्व-युद्ध का होना या न होना राजनीति-विज्ञान के लिए उतनी महत्ता नहीं रखता, जितनी यह बात कि वह युद्ध प्रजातंत्रवादी और तानाशाही विचारधाराओं की टक्कर का परिणाम था। इसी प्रकार आर्थिक दृष्टि से किसको लाभ या हानि हुई, इससे राजनीति-विज्ञान अधिक सम्बन्धित नहीं है, अपितु वह इससे सम्बन्धित अवश्य है कि उसके पश्चात् विश्व में कौनसी राजनीतिक व्यवस्था स्थापित हुई।

इसके अतिरिक्त इतिहास और राजनीति-शास्त्र की अध्ययन-पद्धतियों में भी भेद है। इतिहास वर्णनात्मक है। उसमें घटनाओं का ज्यों का त्यों वर्णन और उनका क्रमबद्ध अध्ययन होता है, किन्तु राजनीति केवल उन तथ्यों को चुन लेती है जिनका सम्बन्ध राजनीतिक विकास के साथ होता है। राजनीति की अध्ययन-पद्धति विचारात्मक और पर्यवेक्षणात्मक होती है और उसमें सामग्री का चयन करना पड़ता है जबकि इतिहास की अध्ययन पद्धति साधारणतः वर्णनात्मक होती है। व्यवहारवादी इसी कारण यह मानते हैं कि इतिहास मनुष्य के सम्पूर्ण राजनीतिक व्यवहार को समझने में सहायक नहीं हो सकता, क्योंकि उनके मतानुसार भी वह घटनाओं का विवरण मात्र होता है। इस प्रकार व्यवहारवाद के प्रादुर्भाव के कारण और उसके विकास के बाद से इतिहास व राजनीतिविज्ञान के बीच की दूरी वस्तुतः और बढ़

गई है। पर दोनों की शैलियों से सम्बन्धित अन्तर के प्रसंग में हमें यह ध्यान में रखना चाहिये कि इस अन्तर के कारण दोनों को एक दूसरे के लिये अजनबी नहीं कहा जा सकता। रिचार्ड जेक्सन ने मत व्यक्त किया है। इतिहास घटनाओं का वर्णन मात्र ही नहीं है, और इस कारण उसे राजनीतिविज्ञान के लिये अजनबी नहीं कहा जा सकता। उनके मतानुसार इतिहास ''समाज के महत्त्वपूर्ण ढ़ाँचों का विश्लेषण होता है....... या इसका निरूपण होता है कि किन महत्त्वपूर्ण कारणों से सत्तारूढ़ व्यक्तियों ने निर्णय लिये जो महत्त्वपूर्ण घटनाओं के निमित्त बने।'' इतिहास के इस रूप की उपेक्षा राजनीतिविज्ञानी वस्तुतः नहीं कर सकते। इसके अतिरिक्त सामान्यतः वर्णनात्मक होते हुये भी इतिहास में भी एक जो विश्लेषणात्मक धारा चली है, वह विश्लेषणात्मक राजनीति-विज्ञान के अत्यधिक निकट है। इतिहास व राजनीति विज्ञान वस्तुतः सदा से परस्पर अति घनिष्ठ रूप से सम्बद्ध रहे हैं और भविष्य में उन्हें परस्पर और निकट आना है। निष्कर्ष रूप से हम यह कह सकते हैं कि यदि इन दोनों को परस्पर ओर निकट आना है जिसके लिये पुनः कुछ विद्वान सचेष्ट दिखाई देते हैं, तो इतिहास को कुछ सीमा तक विषय-विचार-विश्लेषण (Content analysis) एवं परिमाणीकरण (Quantification) आदि पद्धतियों को स्वीकार करना पड़ेगा और राजनीति विज्ञान को भी इतिहास को अपने अध्ययन के लिये उपयोगी विषय-सामग्री का भण्डार मानना होगा।

## राजनीति विज्ञान और अर्थशास्त्र

## (Political Science and Economics)

राजनीति का अर्थशास्त्र से भी घनिष्ठ सम्बन्ध है क्योंकि मनुष्य के राजनीतिक तथा आर्थिक क्रिया-कलाप परस्पर गुँथे हुए हैं। इस सम्बन्ध को इन रूपों में देखा जा सकता है :

**अर्थशास्त्र स्वतन्त्र विज्ञान के रूप में**-परन्तु राजनीति और अर्थशास्त्र अपने अध्ययन-क्षेत्रों के विस्तृत हो जाने से अब पृथक हो गए हैं और अर्थशास्त्र स्वतन्त्र विज्ञान हो गया है। मार्शल की परिभाषानुसार,''अर्थशास्त्र जीवन के साधारण व्यापार में रत मनुष्य का अध्ययन है। वह व्यक्तिगत एवं सामाजिक क्रियाओं के उस भाग का परीक्षण करता है जो सुख-समृद्धि की भौतिक आवश्यकताओं (भौतिक साधनों) की प्राप्ति तथा उनके प्रयोग के साथ अत्यन्त घनिष्ठ रूप से सम्बन्ध है।'' दूसरे शब्दों में वह व्यक्तिगत एवं सामाजिक जीवन के उस क्षेत्र का परीक्षण करता है, जो अच्छे जीवन की आवश्यकताओं (साधनों) को जुटाने और उसके सदुपयोग से सम्बन्धित है। यह धन अथवा अर्थ का स्वतन्त्र शास्त्र है। इसके अर्न्तगत उत्पादन, विनिमय तथा वितरण का अध्ययन होता है। वस्तुतः राजनीति-विज्ञान में जहाँ हम के वल राजकीय-वित्त सम्बन्धी समस्याओं से ही थोड़े बहुत सम्बन्धित होते हैं, वहाँ अर्थशास्त्र में हम व्यक्तिगत, सामाजिक तथा राजकीय सभी प्रकार के आर्थिक व्यापारों का सांगोपांग अध्ययन करते हैं। इस प्रकार अर्थशास्त्र अब एक पूर्णतः स्वतन्त्र विषय कहलाने का अधिकारी है।

**राजनीति तथा अर्थशास्त्र की पारस्परिक-निर्भरता :-** दोनों विषयों में मनुष्य अध्ययन की सामान्य इकाई है। उसके हितों की साधना दोनों का उद्देश्य है। यह हम सभी जानते हैं कि आर्थिक समृद्धि के लिए राजनीतिक दृढ़ता की आवश्यकता अनिवार्य होती है, क्योंकि आर्थिक योजनाओं की सफलता के लिए समाज में राजनीतिक शान्ति एवं सुव्यवस्था का होना आवश्यक होता है।

**अर्थशास्त्र राजनीति के अंग के रूप में-** कुछ समय पहले अर्थशास्त्र को राजनीति का ही अंग माना जाता था। अरस्तू ने भी अर्थशास्त्र को राजनीति की शाखा माना है। ग्रीक उसे ''राजनीतिक अर्थशास्त्र (Political Economy) कहते थे। उसे ''राजकीय आय-संग्रह कला'' का नाम भी दिया गया था। आदम स्मिथ के मतानुसार राजनीतिक अर्थशास्त्र के दो उद्देश्य हैं-(1) जनता के लिए पर्याप्त निर्वाह-साधन जुटाना और (2)जन सेवा के लिए राज्य को आय प्रदान करना जैसा उसने कहा है, ''राजनीतिक अर्थशास्त्र जनता तथा सर्वोच्च शासन को समृद्ध बनाने का प्रयत्न करता है।'' तात्पर्य यह है कि राजनीतिक अर्थशास्त्र उन साधनों को ढूँढ़ता है जिनसे राज्य को समृद्ध बनाया जा सकता है और उसको आय मिलती है। भारतीय अर्थशास्त्री कौटिल्य ने अर्थशास्त्र के अन्तर्गत व्यापार, वाणिज्य, कृषि, मुद्रा, कर, न्याय, युद्ध तथा शान्ति सभी को माना है।

प्रत्येक देश की आर्थिक स्थिति का राजनीति पर बहुत अधिक प्रभाव पड़ता है। देश की राजनीतिक परिस्थिति का आर्थिक स्थिति पर भी प्रभाव पड़ता है। बहुधा आर्थिक असंतोष राजनीतिक असंतोष का कारण बन जाता है। फ्रांस की राज्य-क्रान्ति का एक कारण आर्थिक असंतोष भी था। साम्यवाद की उत्पत्ति का कारण भी आर्थिक विषमता तथा पूँजी का असमान वितरण था। औद्योगिक क्रांति ने, जो मुख्यत: आर्थिक थी, समाजवाद को जन्म दिया। इसी प्रकार योरोपीय साम्राज्यवाद के विकास का उद्देश्य आर्थिक दृष्टि से शक्तिशाली होना था क्योंकि औद्योगिक क्रान्ति के फैलते ही शक्तिशाली राज्यों को ऐसे प्रदेशों की आवश्यकता पड़ी, जहाँ वे अपना माल बेच सकें तथा उन पर अपना आर्थिक नियन्त्रण रख सकें। इसलिए वह उन प्रदेशों पर राजनीतिक अधिकार रखने की चेष्टा करने लगे। जोजेफ चेम्बरलेन का कथन था कि ''हम नये देशों में वस्तुओं का बाजार बनायेंगे तथा पुराने बाजारों का विकास करेंगे, अतएव अपने वर्तमान साम्राज्य की रक्षा करना हमारा कर्त्तव्य भी है और आवश्यकता भी।'' इसी प्रकार बिस्मार्क ने घोषणा की थी कि ''हमें नये प्रान्तों की नहीं वरन् व्यापारिक केन्द्रों की आवश्यकता है।'' कार्ल मार्क्स ने तो स्पष्ट रूप में कहा है कि ''किसी युग के सम्पूर्ण सामाजिक जीवन के स्वरूप का निश्चय आर्थिक परिस्थितियाँ ही करती है।'' हिटलर यूरोप पर आर्थिक प्रभुत्व स्थापित रखना चाहता था, अतएव विश्व युद्ध हुआ। बजट-निर्माण सार्वजनिक ऋण, विदेशी सहायता, उद्योगों की रक्षा, श्रमिकों को ठीक वेतन मिलना तथा कर्मचारियों का सरकारी बीमा इत्यादि अनेक ऐसी आर्थिक समस्याएँ हैं, जिन पर राजकीय नियन्त्रण रहता है। तानाशाही, समाजवाद, साम्यवाद और जनतन्त्रवाद आदि शासन के वर्तमान सिद्धान्त और रूप आर्थिक तथा राजनीतिक दोनों हैं। साथ ही राज्य के सिद्धान्त आर्थिक जीवन पर प्रभाव डालते हैं। उदाहरणार्थ, व्यक्तिवाद के अनुसार आर्थिक

दृष्टिकोण से राज्य एक बुराई है। समष्टिवाद द्वारा भूमि के राष्ट्रीकरण तथा सार्वजनिक सेवाओं के स्थानीयकरण का समर्थन किया गया है। इसी प्रकार मार्क्सवादी समाजवाद ने आर्थिक क्षेत्र में राज्य को सर्व-शक्तिमान बनाने और उत्पादन के साधनों को उसी में केन्द्रित करने का समर्थन किया है। हमारे देश में 1935 में काँग्रेस मन्त्रिमण्डलों की स्थापना से देश का आर्थिक ढाँचा ही बदल गया था। आज की सरकार के मुख्य प्रश्न-उद्योगों पर सरकार का नियन्त्रण, राज्य का उद्योग से सम्बन्ध, पूँजी और श्रम के प्रति उसका दृष्टिकोण सब आर्थिक है। यह बिल्कुल सत्य है कि राजनीतिक प्रजातन्त्र के लिए आर्थिक प्रजातन्त्र आवश्यक होता है। अतः राजनीति और अर्थशास्त्र एक दूसरे के सहायक हैं।

जर्मनी में नाजीवाद का उदय आर्थिक दुर्दशा के कारण ही हुआ। लीग ऑफ नेशन्स की विफलता आर्थिक राष्ट्रीयता के कारण हुई। इंग्लैण्ड भारत को स्वतंत्र इसलिए नहीं करना चाहता था, क्योंकि भारत से उसे आर्थिक लाभ था। युद्ध के बाद भी विश्व की अधिकतर समस्यायें आर्थिक हैं। इन उदाहरणों से स्पष्ट है कि आर्थिक दशायें राजनीति पर कितना गहरा असर डालती हैं। ठीक इस तरह राजनीतिक अवस्थाएँ भी आर्थिक जीवन को प्रभावित करतीं हैं। युद्ध एक राजनीतिक दशा है, जिसका प्रभाव वस्तुओं के मूल्य तथा जीवन के स्तर पर पड़ता है। पूँजी का उत्पादन एवं वितरण शासन के स्वरूप पर निर्भर होता है। उदाहरणार्थ, साम्यवादी एवं समाजवादी राज्यों में आर्थिक व्यवस्था पूँजीवादी राज्यों से भिन्न होती हैं। चुंगी-दर, आयात-निर्यात कर, आवश्यक वस्तुओं का मूल्य तथा मुद्रा पद्धति आदि को राज्य ही नियंत्रित करता है। कर-व्यवस्था, रैल, बिजली, तार, उद्योगों का राष्ट्रीकरण और कृषि आदि पर सरकार की नीति का प्रभाव पड़ता है। उत्पादन की विधि तथा परिस्थितियों पर और संकटकालीन परिस्थितियों में राशन एवं मूल्य नियन्त्रण आदि पर शासन का अधिकार रहता है। राज्य का अधिकार है कि वह देश को स्वतन्त्र अथवा रक्षित व्यापार की नीति पर चलाये। राजकीय-मुद्रा निर्माण तथा बैंकों के नियन्त्रण पर तो प्रायः राज्य का एकाधिकार ही होता है।

राजनीति विज्ञान और अर्थशास्त्र की पारस्परिक निर्भरता के प्रसंग में मतभेद पर विचार किया जाना भी आवश्यक है जो इस बात पर पाया जाता है कि राजनीति व अर्थ-दोनों में कौन एक दूसरे पर अधिक प्रभाव डालता है। इस विषय में दो परस्पर विरोधी धारणाएँ देखने को मिलती हैं। एक धारणा के अनुसार राजनीतिक प्रक्रियाओं का निर्धारण मुख्यतः आर्थिक कारकों के अधीन होता है। कार्ल मार्क्स इस विचार के समर्थकों में प्रमुख हैं। मार्क्स के अनुसार उत्पादन के साधनों पर जिस वर्ग का नियंत्रण होता है वही वर्ग शासन पर भी हावी रहता है। उत्पादन के साधनों के स्वामित्व में परिवर्तन के साथ-साथ शासन की प्रकृति भी बदल जाती है। उसके अनुसार इस प्रकार अर्थ राजनीति का मूलाधार एवं नियन्त्रक है। आर्थिक नियन्त्रणवाद का प्रतिपादन एक अन्य रूप में जॉन ड्यूई और थोर्सटान वेजलीन ने भी किया है। उनके मतानुसार विज्ञान और तकनीकी विकास के साथ-साथ उत्पादन एवं वितरण की व्यवस्था में भी परिवर्तन आता है और उसके परिणामस्वरूप राज्य के कार्य भी बदल जाते हैं। उदाहरणार्थ, कृषि प्रधान व्यवस्था में राज्य का कार्य केवल

शान्ति और व्यवस्था बनाए रखना होता था, परन्तु अब लोक-कल्याणकारी या समाजवादी राज्य की घोषणा के अनुसार राज्य के कार्य अत्यधिक बढ़ गए हैं।

आर्थिक नियन्त्रणवाद के विपरीत दूसरा मत यह है कि राज्य या शासन सभी क्षेत्रों में और इसलिए आर्थिक क्षेत्र में भी जो चाहे परिवर्तन ला सकते हैं। इस विचारधारा के अनुसार जिसे हम राजनीतिक नियन्त्रण या निर्धारणवाद (Political determinism) का नाम दे सकते हैं, शासकीय नेतृत्व का स्वरूप राज्य में होने वाले परिवर्तनों के लिए उत्तरदायी होता है। प्रसिद्ध विचारक मैक्यावली का ऐसा ही मत था। यद्यपि प्लेटो एवं अरस्तू आर्थिक पक्ष पर मैक्यावली से अधिक बल देते हैं, परन्तु नेतृत्व कुशलता को वे भी अत्यधिक महत्वपूर्ण मानते हैं। सत्यता यह है कि शासकीय नेतृत्व अनेक ऐसे निर्णय ले सकता है, जिनसे पूरी अर्थव्यवस्था को नया रूप दिया जा सकता है। ये निर्णय वैयक्तिक सम्पत्ति की सीमा, देश की अर्थव्यवस्था में व्यक्तिगत और सार्वजनिक उद्योगों के स्थान का निर्धारण, कर-व्यवस्था (Tax-Structure) आदि से सम्बन्धित होते हैं। समूची अर्थ-व्यवस्था को बदल देने वाले ये राजनीतिक निर्णय समाज के लिये महत्त्वपूर्ण होते हैं और बाजार के नियमों से बिल्कुल भिन्न व स्वतन्त्र होते हैं। पर ये दोनों ही दृष्टिकोण एकांगी हैं और वास्तविकता इस सम्बन्ध में यह है कि राजनीति व अर्थ एक सीमा तक ही एक दूसरे को नियन्त्रित या प्रभावित कर सकते हैं। राजनीतिक निर्णयों को आर्थिक शक्तियाँ एक सीमा तक ही प्रभावित कर सकती है और राजनीतिक या शासकीय नेतृत्व भी एक सीमा तक ही अर्थ-व्यवस्था में परिवर्तन ला सकते हैं। दोनों को परस्पर निर्भर कहा जा सकता है, एक दूसरे का नियन्ता नहीं। निष्कर्ष के रूप में हम कह सकते है कि राजनीति विज्ञान व अर्थशास्त्र परस्पर प्रतिद्वन्द्वी न होकर एक दूसरे के पूरक व सहायक हैं।

**राजनीतिक अर्थशास्त्र का विकास**-विलियम सी. मिचिल के अनुसार इसके पीछे धारणा यह है कि व्यक्ति व संगठन अपने हितों की साधना के लिये विवेकपूर्ण ढ़ंग से विविध विकल्पों में से उपयुक्त विकल्प का चयन करते हैं। विकल्पों के चयन की इस प्रक्रिया में अनिश्चितता अवश्य होती है, क्योंकि चयनकर्त्ताओं को अन्य व्यक्तियों व संगठनों के लक्ष्यों, उनकी प्राप्ति के ढंगों और उनके पारस्परिक आदान-प्रदान के नियमों का भी ध्यान रखना पड़ता है । प्रत्येक इकाई अपना-अपना विकल्प स्वयं चुनती है, पर ऐसा करते हुये उसे औरों से सहयोग भी मिलता है और उनके साथ प्रतियोगिता भी करनी पड़ती है। दोनों शास्त्रों में तत्त्वों की सामान्यता तथा पारस्परिक अनुपूरकता इतनी अधिक है कि शास्त्रकारों के लिए उनके पारस्परिक प्रभावों को ध्यान में रखकर स्वतन्त्र रूप से उनका अध्ययन करना कठिन हो गया है तथा राजनीति व अर्थ दोनों को लेकर राजनीतिक अर्थशास्त्र के (Political Economy or Economics) नाम से एक नया शास्त्र विकसित हो गया है। विकल्प चयन की यह प्रक्रिया इस प्रकार एक अन्योन्याश्रित प्रक्रिया हैं। विकल्पों के रूप के विषय में धारणा यह है कि वे न तो पृथकतः राजनीतिक होते हैं और न आर्थिक, वरन् उनका रूप मिला-जुला होता है। अतः इस धारणा के आधार पर यह माना जाने लगा है कि राजनीतिक प्रक्रियाओं एवं आर्थिक प्रक्रियाओं का अध्ययन पूर्णतः पृथक रूप में नहीं

किया जा सकता, वरन् उनका अध्ययन राजनीतिक अर्थशास्त्र के मिले-जुले रूप में अधिक अच्छी तरह किया जा सकता है तथा आर्थिक विश्लेषण की पद्धतियों व तकनीकों को राजनीति विज्ञान व राजनीतिक अर्थशास्त्र के अन्तर्गत किये गये विश्लेषणों के लिये भी सरलता से प्रयुक्त किया जा सकता है। मनुष्य के क्रियाकलाप का अध्ययन इस नये रूप में करने की दिशा में पहल अर्थशास्त्रियों की ओर से रही है तथा उन्होंने शासन की उन नीतियों और उन पर पड़ने वाले प्रभावों का अध्ययन किया है, जिनका सम्बन्ध मनुष्य के आर्थिक क्रिया-कलाप व समाज के आर्थिक ढाँचे से बड़ा घनिष्ठ होता है।

आधुनिक युग में जब उत्पादन के साधनों के राष्ट्रीयकरण, वितरण के राजकीय नियन्त्रण तथा राज्य द्वारा विनियोग के नियमन जैसी बातें अनिवार्य समझी जाने लगी हैं और राज्य का रूप राजनीतिक होने के साथ-साथ व्यावसायिक हो गया है, यह अत्यन्त आवश्यक हो गया है कि राजनीति का अध्ययन अर्थ के प्रभावों के परिपेक्ष्य में और अर्थ का अध्ययन राजनीति के प्रभावों के परिपेक्ष्य में किया जाय, अन्यथा दोनों का अध्ययन अपूर्ण व अनुपयोगी रहेगा। राजनीतिक अर्थशास्त्र का विकास हम इसे सरलता से सम्भव बनाने के उद्देश्य से हुआ मान सकते हैं। पूर्ववर्ती अर्थशास्त्री आर्थिक व राजनीतिक प्रक्रियाओं को पृथक-पृथक मानते थे, पर आधुनिक अर्थशास्त्री उन्हें परस्पर अत्यन्त सम्बद्ध मानते हैं और अपने अध्ययन के माध्यम से यह देखने का प्रयास करते हैं कि उत्पादन, विनिमय व वितरण सम्बन्धी आर्थिक प्रक्रियायें किस प्रकार और किस सीमा तक राजनीतिक विनिश्चयों व शासकीय नीतियों द्वारा प्रभावित होती हैं तथा साधनों के आवंटन, उनके स्वामित्व, करों की व्यवस्था, व्यवसाय के नियंत्रण आदि सम्बन्धी शासकीय निर्णयों के लिये राजनीतिक जगत को किस प्रकार और किस हद तक आर्थिक परिस्थितियों पर निर्भर होना पड़ता है। इस प्रकार इस अध्ययन का रूप चूँकि ऐसा बन जाता है कि उसे न तो शुद्ध रूप से राजनीतिक कहा जा सकता है और न आर्थिक, इस अध्ययन को विचारक राजनीतिक अर्थशास्त्र के नाम से पुकारते हैं।

**राजनीति और अर्थशास्त्र में भेद**- राजनीति विज्ञान मूल्य अथवा मापदण्ड निर्धारित करता है और इसीलिए वह आदर्शवादी भी है।परस्पर सम्बन्धित होते हुए भी दोनों विज्ञानों की समस्याएँ भिन्न-भिन्न हैं। आइवर ब्राउनिंग के शब्दों में अर्थशास्त्र वस्तुओं से सम्बन्धित है और राजनीति-विज्ञान व्यक्तियों से। अर्थशास्त्र में व्यक्ति लक्ष्य नहीं है। व्यक्ति का महत्त्व केवल उसके द्वारा निर्मित बेची गई, अथवा प्रयोग में लाई गई वस्तुओं तक सीमित है। परन्तु राजनीति विज्ञान व्यक्ति को केन्द्र अथवा साध्य मानता है। अर्थशास्त्र क्रियात्मक है। यह वस्तुओं के यथार्थ रूप का अध्ययन है।

## राजनीति-विज्ञान तथा समाजशास्त्र

## (Political Science and Sociology)

राजनीतिक संस्कृति एवं परम्परा का विचार भी ऐसी ही धारणाओं पर आधारित है। अन्त में यह भी कहा जा सकता है कि राजनीतिक प्रक्रियाओं व व्यवहार को समझने में

प्रयोग की जाने वाली अध्ययन पद्धतियाँ व तकनीकें भी बहुत कुछ समाज-शास्त्र से ली हुई हैं। इनमें शोध, सर्वेक्षण, समाजमिति, सहभाग आदि प्रमुख हैं। राजनीति-विज्ञान और समाज-शास्त्र के बीच बहुत ही घनिष्ठ सम्बन्ध है क्योंकि समाज-शास्त्र सब सामाजिक विज्ञानों का मूल है। समाज-शास्त्र सामाजिक समुदायों तथा सामाजिक जीवन के नियमों एवं सिद्धान्तों का शास्त्र है। राजनीति-विज्ञान उसका एक विशेष अंग है क्योंकि वह सामाजिक जीवन के राजनीतिक पहलू से सम्बन्धित है। राज्य, समाज का ही एक रूप है। अतः समाज-विज्ञान और राजनीति-शास्त्र एक दूसरे के अति निकट है। इन दोनों के सम्बन्धों को इन रूपों में देखा जा सकता है

**समाजशास्त्र राजनीति के जन्मदाता के रूप में**-समाज शास्त्र राजनीति का पूर्वगामी और जन्मदाता है और बिना समाज-शास्त्र के राजनीति-विज्ञान के राजनीति अपूर्ण है। विज्ञानों में व्यवहारवाद के विकास के साथ-साथ यह मान्यता काफी बढ़ गई है कि राजनीतिक प्रक्रियाएँ सामाजिक परिस्थितियों तथा प्रभावों का परिणाम होती हैं। इसी मान्यता के आधार पर मतदान-व्यवहार, दलीय-व्यवहार, विभिन्न संस्थाओं व संगठनों में निर्णय प्रक्रिया आदि के अध्ययन में वर्ग, स्थिति (status) आदि के प्रभाव को खोजने की कोशिश की जाती है। इसी प्रकार राजनीतिक व्यवहार को समझने के लिए नागरिकों के प्रारम्भिक समाजीकरण में योगदान देने वाले कारकों का अध्ययन किया जाता है। समाज-शास्त्र समाज के संगठन, स्वरूप तथा जीवन का क्रमबद्ध अध्ययन है। समाज के राजनीतिक, धार्मिक, आर्थिक तथा सांस्कृतिक आदि विभिन्न पहलू होते हैं। समाज-शास्त्र सामाजिक जीवन के मूल तत्त्वों का अध्ययन करता है। इस दृष्टिकोण से देखने पर तो राजनीति-विज्ञान समाज-शास्त्र का ही एक अंग हो जाता है। क्योंकि समाज के विभिन्न पहलुओं में राजनीतिक पहलू भी एक है। राज्य, जिससे राजनीति सम्बन्धित है, समाज का ही एक रूप है। अतः राजनीति-विज्ञान के उचित अध्ययन के लिए समाज-शास्त्र का ज्ञान अत्यन्त आवश्यक है। इस सम्बन्ध में गिडिंग्स (Giddings) का यह कथन उल्लेखनीय है कि "समाज के मूल सिद्धान्तों से अनभिज्ञ व्यक्ति को राज्य-विज्ञान पढ़ाना उसी प्रकार है जैसे न्यूटन के गुरुत्वाकर्षण सिद्धान्त से अपरिचित व्यक्ति को ज्योतिष विद्या अथवा उष्णता तथा यन्त्र-क्रिया-सम्बन्धी विद्या पढ़ाना।"[1] बोर्नेस का कहना है कि, "मनुष्य अपने जीवन का निन्यानवे प्रतिशत भाग तो राज्य संस्था के उदय होने से पूर्व ही व्यतीत कर चुका था।"

**समाजशास्त्र की राजनीति पर निर्भरता**- परन्तु केवल समाज-शास्त्र ही राजनीति का सहायक नहीं है, वरन् राजनीति भी समाज-शास्त्र की सहायता करती है। समाज-शास्त्र अपने अध्ययन की सामग्री राजनीति से लेता है। ऐसी जानकारियाँ जैसे राज्य क्या है, उसका संगठन कैसे होता है , उसका क्या ध्येय है और उसकी उत्पत्ति कैसे हुई- समाज-शास्त्र के लिए अत्यन्त आवश्यक है। राज्य में मनुष्य किस प्रकार रहते हैं, राज्य इस सम्बन्ध में क्या-क्या कार्य करता है- ये सब भी समाज-शास्त्र के विषय हैं। इस प्रकार समाज-शास्त्र को भी मानव-जीवन के राजनीतिक पहलू तथा राजननीतिक संगठनों का अध्ययन करना पड़ता है।

**राजनीतिक समाजशास्त्र का विकास**- हम ऐसे विश्व में रहे हैं, जिसका अधिकाधिक राजनीतिकरण हो रहा है, तथा उसके परिणामस्वरूप समाज का रूप ही राजनीतिक हो गया है। यह प्रक्रिया वस्तुत: द्विपक्षीय है और एक ओर यदि समाज का राजनीतिकरण हुआ है तो दूसरी और राजनीति का समाजीकरण भी हुआ है। दोनों ही पक्ष एक दूसरे से वस्तुत: इतने अधिक मिल गये हैं, कि उन्हें पूरी तरह से अलग करके उनका अध्ययन नहीं किया जा सकता तथा यही कारण है कि उन दोनों के मिले-जुले रूप का अध्ययन राजनीतिक समाज-शास्त्र के अन्तर्गत किया जाने लगा है। समाज-शास्त्र व राजनीति-विज्ञान का सम्बन्ध इतना घनिष्ट है कि उन दोनों का वह एक मिला-जुला रूप भी विकसित हो गया है, जिसे राजनीतिक समाज-शास्त्र (Political sociology) कहा जाता है। सामाजिक स्थिति एक और यदि राज्य व शासन के रूप उसके क्रियाकलाप को प्रभावित करती है, तो राजनीतिक स्थिति व राज्य व शासन के क्रिया-कलाप भी दूसरी ओर समाज, उसकी संस्थाओं व उनके पारस्परिक सम्बन्धों को बहुत कुछ प्रभावित करते हैं। संवैधानिक व्यवस्थाओं एवं समाज कल्याण की राजकीय योजनाओं द्वारा भारत में जाति व्यवस्था की स्थिति में परिवर्तन लाने का जो प्रयास किया गया है, उसे हम राज्य द्वारा सामाजिक संस्थाओं की स्थिति को प्रभावित करने के उदाहरण स्वरूप ले सकते हैं श्री जिओवानी सारटोरी (Giovanni sartori) ने अपने रचना 'फ्रॉम दी सोशोलोजी ऑफ पोलिटिक्स टू पौलिटिकल सोशोलोजी' में जैसा कहा है,

**राजनीति और समाजशास्त्र में भेद**- परन्तु समाज-शास्त्र और राजनीति में इस प्रकार के भेद भी हैं :-

समाज-शास्त्र कानून, प्रथा, आचार, धर्म और संस्कृति आदि का अध्ययन है। उसमें अवैध संगठनों का भी अध्ययन होता है। परन्तु राजनीति-विज्ञान में कानून पर आधारित राजनीतिक संगठनों का ही अध्ययन होता है समाज-शास्त्र राजनीतिक, आर्थिक, धार्मिक और सांस्कृतिक आदि सभी मानवीय व्यापारों का अध्ययन करता है क्योंकि अध्ययन की इकाई मानव उसके अपने समग्र रूप में है। वह राज्य, परिवार, चर्च, ट्रेड यूनियन तथा शिक्षालय आदि सभी से सम्बन्धित है। राजनीति-विज्ञान राज्य व राजनीतिक संस्थाओं से सम्बन्धित है। वह यह अध्ययन करता है कि मनुष्य के राजनीतिक सम्बन्ध क्या हैं। समाज-शास्त्र सभी मानव-समुदायों से सम्बन्धित है। पर राजनीति केवल राजनीतिक संगठन का ही अध्ययन है। समाज-शास्त्र संगठित अथवा असंगठित सभी प्रकार के समूहों का अध्ययन है। राजनीति-विज्ञान केवल राजनीतिक रूप से संगठित समूह का ही अध्ययन करता है। समाज-शास्त्र यह बताता है कि क्या हुआ तथा कैसे हुआ। यह अपनी विधि में ऐतिहासिक है। पर राजनीतिक-विज्ञान यह और बताता है कि क्या होना चाहिए। यह आदर्श बताता है और भविष्य की ओर संकेत करता है।

□□□

5

# राज्य के लक्षण तथा तत्व

समाज के क्रिया-कलापों को गतिशील बनाये रखने और सामाजिक सुख-सुविधाओं की व्यवस्था करने का सम्पूर्ण उत्तरदायित्व सरकार के कंधों पर होता है। समाज और उसके अंग मानव जीवन के प्रत्येक कार्य पर सरकार की छाप देखने को मिलती है। मानव को स्वयं भी अपने विकास एवं दैनिक कार्यों को सम्पन्न करने के लिए सरकार का सहारा लेना पड़ता है। सरकार अपना दायित्व प्रशासन द्वारा वहन करती है। यदि यों कहा जाए कि सरकार और प्रशासन एक-दूसरे के पर्याय होकर रह गये हैं तो अतिशयोक्ति न होगी। अधिकांशत: सफल सरकार भी वही मानी जाती है जिसका प्रत्येक नागरिक सहज ी सरकार के प्रत्येक क्रिया-कलाप को सहर्ष स्वीकार कर ले एवं सभी नागरिकों की उनके अपने विश्वासों और आकांक्षाओं के अनुकूल जीवन व्यतीत करने में समर्थ बनाये जिसके लिए यह आवश्यक है कि जनता सरकार के सभी प्रकार के क्रिया-कलापों में अपनी पूर्ण रूप से रुचि प्रदर्शित करे एवं सहयोग दे। समाज अपने कल्याण और हितों के लिए जिन कार्यों की सरकार से अपेक्षा रखता है उन्हें केवल सरकार के माध्यम से ही मूर्त रूप दिया जा सकता है। दक्ष, कुशल, सक्षम और अनुभवी प्रशासन तन्त्र के अभाव में सरकार के उच्च से उच्च आदर्शों एवं सिद्धान्तों को मूर्त रूप देकर सफल नहीं बनाया जा सकता। परिणामत: प्रत्येक देश की सरकार की सफलता और लोक प्रियता वहाँ के प्रशासन पर ही निर्भर करती है क्योंकि जनता का कल्याण करनां ही प्रशासन का मुख्य उद्देश्य रहता है।

प्रशासन एक इकाई मात्र है जो एक विशालतम यन्त्र के समान है। लोकतन्त्रात्मक सरकार में यह तथ्य एक विशेष महत्त्व रखता है कि प्रशासन को जनता के विभिन्न विचारों, दृष्टिकोणों, आवश्यकताओं एवं महत्त्वाकांक्षाओं आदि जैसी प्रवृत्तियों की भली-प्रकार जानकारी हो। इसके अभाव में प्रशासन अपने लक्ष्य और उद्देश्य की प्राप्ति में कभी सफल नहीं हो सकता।

साधारणत: किसी संस्था के कार्य-क्षेत्र की देखभाल को ही प्रशासन कहा जाता है। जब प्रशासन का कार्य-क्षेत्र किसी परिवार अथवा संगठन आदि की कार्यविधि तक ही सीमित नहीं रहता बल्कि वह राज्य, राष्ट्र, नगर-पालिका, नगर-परिषद अथवा इसी प्रकार की अन्य सरकारी और सार्वजनिक संगठनों को अपनी सीमाओं में आबद्ध कर लेता है तो उसी को सरकारी प्रशासन के नाम से सम्बोधित किया जाता है और जब सरकार का प्रत्येक प्राणी अथवा कर्मचारी अपनी सीमाओं में कोई कार्य सम्पन्न करता है तो उसे लोक प्रशासन का अंग अथवा इकाई माना जाता है। मनुष्य समाज के एक सदस्य के रूप में जब कोई ऐसा कार्य करता है जिसका सम्बन्ध अन्य व्यक्तियों से हो अथवा अन्य व्यक्तियों पर उसका प्रभाव पड़े तभी उसे प्रशासन के नाम से सम्बोधित किया जाता है। सार्वजनिक नीति को पूरा करना और उसे व्यवहारिक रूप देना ही प्रशासन का मुख्य उद्देश्य है। इस प्रकार इस दिाा में की जाने वाली समस्त कार्यवाही को प्रशासन माना जा सकता है। संसद या धारा-सभा द्वारा स्वीकृत कानूनों को अमल में लाने की दिशा में सरकार जो कार्य करती है उसी को प्रशासन का नाम दिया जा सकता है।

## प्रशासन का क्षेत्र

## (Scope of Administration)

कार्यपालिका दो प्रकार की होती है—अस्थायी और स्थायी कार्यपालिका। अस्थायी कार्यपालिका में प्रशासन का राजनैतिक स्रूप ही आता है जबकि स्थायी प्रशासन के अन्तर्गत सरकार के प्रशासनिक ढाँचे को समाविष्ट किया जाता है। राजनैतिक कार्यपालिका में राज्य के मुखिया अथवा प्रधान, मन्त्रिगण एवं नीति निर्धारक अधिकारी होते हैं। प्रशासनिक विभाग में उच्च कोटि के सरकारी अधिकारी होते हैं जिन पर अस्थायी कार्यपालिका द्वारा निर्धारित नीतियों को मूर्त रूप देने एवं कार्यान्वित करने का उत्तरदायित्व रहता है। प्रशासनिक विभाग को भी आन्तरिक प्रशासन और बाह्य प्रशासन दो भागों में विभाजित किया जा सकता है। बाह्य प्रशासन को भी अन्य दो उप-खण्डों में बाँट सकते हैं—**एक**, नियन्त्रण का कार्य, **दो**—जनता की प्रत्यक्ष सेवा का कार्य। आन्तरिक प्रशासन का कार्य प्रशासन की अपनी माँगों एवं आवश्यकताओं की पूर्ति करना होता है जबकि बाहय प्रशासन का उद्देश्य जनता को वे सुख-सुविधाएँ सुलभ कराना है जिनके लिए विभाग की स्थापना की जाती है। बाह्य प्रशासन का निन्त्रण प्रधान कार्यालय करता है जबकि जनता की सेवा का र्का अधीन कार्यालयों की देखरेख में सम्पन्न किा जाता है। आन्तरिक प्रशासन का कार्य करने वाले अधिकारी बाह्य प्रशासन को संचालित नहीं कर सकते। इसी प्रकार बाह्य प्रशासन को

गतिशील बनाये रखने वाले अधिकारी आन्तरिक प्रशासन में सदैव असफल ही होते देखे गये हैं।

## ( ख ) प्रशासन के आधारभूत सिद्धान्त

## (BASIC PRINCIPLES OF ADMINISTRATION)

सरकार के कार्य-क्षेत्र और उत्तरदायित्व को दृष्टि में रखकर प्रशासन की विभिन्न शाखाओं और उप-शाखाओं का स्वरूप निर्धारित किया जाता है। इन्हीं शाखाओं और उप-शाखाओं को प्रशासन विज्ञान में विभाग और उप-विभागों के नाम से सम्बोधित किया जाता है। ज्ञान-विज्ञान के दैनिक विकास के कुछ कायदे-कानून, नियम-विनियम होते हैं। इसी प्रकार प्रशासन के भी कुछ अपने विधि-विधान एवं सिद्धान्त होते हैं जिनके आधार र प्रशासन का दैनिक कार्य चलता है। देश की शासन व्यवस्था चाहे किसी भी आधार पर क्यों न टिकी हो, प्रशासन का संचालन निर्धारित विधि-विधान और सिद्धान्तों के अनुसार ही चलाया जाता है। प्रशासन के विधि-विधान और सिद्धान्तों की उपेक्षा करके यदि कोई सरकार अपना स्वार्थ सिद्ध करने में तल्लीन रहती है तो देश में अराजकता फैल जाएगी और चारों ओर हा-ाकार मच जाएगा। प्रशासन को सुचारु रूप से चलाने के लिए निम्नलिखित सिद्धान्तों को सदैव ध्यान में कराना होगा। यथा-

**1. कर्त्तव्य की भावना एवं कार्य में रुचि**—यदि सरकार महान् लक्ष्य को दृष्टि में राकर अपना कार्य करती है तो उसे पूरी लगन और निष्ठा के साथ कार्य करना पडेगा। जब अधिकारी और कर्मचारी कर्त्तव्य की भावना के साथ कार्य करेंगे तभी प्रशासन के क्षेत्र में उच्च-कोटि का कार्य हो सकता है क्योंकि प्रशासन पर सारे देश का प्रबन्ध व्यवस्था को सक्रिय बनाये रखने का उत्तरदायित्व होता है।

**2. उत्तरदायित्व की अनुभूति**—प्रत्येक कार्य के परिणाम की जिम्मेदारी प्रशासक को अपने ऊपर लेनी पड़ती है। इसलिए प्रशासन को सुव्यवस्थित रूप में चलाने के लिए यह आवश्यक है कि उत्तरदायित्व का समस्त भार एक ह प्रशासक के कन्धों पर न हो। उत्तरदायित्व को जब तक समान रूप से अपने सहयोगियों में विभाजित नहीं किया जाएगा तब तक एक अच्छे प्रशासन की आशा रखना एकदम निरर्थक हैं। इसलिए प्रशासक को संकुचित विचारधारा एवं निजी स्वार्थ को तिलांजलि देकर व्यापक दृष्टिकोण अपनाना होगा।

**3. अधिकारों का उपयोग**—प्रशासन का कार्य चलाने वाले अधिकारी को इतनी स्वतन्त्रता एवं कार्य करने की इतनी छूट रहनी चाहिए कि वह अपनी इच्छानुसार कार्य कर सके और अपने अधिकारों का उपयोग करते हुए अपने अधीनस्थ कर्मचारियों से अपनी इच्छानुसार प्रशासन के कार्य को संचालित करा सके।

**4. श्रम विभाजन**—अच्छे प्रशासन के लिए एवं अपने उद्देश्यों की प्राप्ति के लिए सरकार को अनेकों विभागों, अनुभागों और कार्यालयों की स्थापना करनी पड़ती है जिससे

श्रम का समान रूप से विभाजन हो सके। यदि ऐसा नहीं होगा तो विभाग कार्यभार से दब जाएगा और सरकार जितना कार्य विभाग से कराना चाहती है उतना करा नहीं पाएगी।

**5. अनुशासन एवं आदेश**—अधिकारों का उपयोग तभी सफल माना जाएगा जबकि विभाग में अनुशासन और कर्मचारी आदेश का पूर तरह पालन करें। अनुशासन बनाये रखने का कार्य एवं उत्तरदायित्व पूर्ण रूप से अधिकारी पर होता है। आदेशों को पूरी तरह पालन कराने के लिए यह भी आवश्यक है क सभी कर्मचारी अनुशासन में रहें और अनुशासन के नियमों का पूरी तरह से पालन करें।

**6. विभागों में समन्वय**—प्रशासन के सभी विभागों में परस्पर सहयोग एवं परामर्श होते रहना चाहिए ताकि विभिन्न विभागों में समन्वय बना रहे। प्रशासन के प्रत्येक विभाग मं एक मुख्य प्रशासक होता है जो अपने विभाग के सभी उप-विभागों के सभी प्रशासकों से सम्पर्क बनाये रखता है जिससे सभी प्रशासकों के कार्य में तालमेल और समन्वय स्थापित हो पाता है।

## (ग) प्रशासन का संचालन
## (TRANSACTION OF ADMINISTRATION)

देश के दैनिक क्रिया-कलापों के संचालन को ही प्रशासन कहा जाता है किन्तु सफल और सुव्यवस्थित प्रशासन के संचालन के लिए प्रशासक को अनेकानेक साधन एवं श्रोतों की आवश्यकता पड़ती है जिनमें से निम्न का स्थान सर्वोपरि है। यथा

(क) **कार्यक्रम (Programme)**—प्रशासक का दूरदर्शी ोना परमावश्यक है ताकि वह अपने प्रत्येक कार्य एवं आदेश के दूरगामी परिणाम का जायजा ले सके और उसके परिणाम का अनुमान लगा सके। विभाग के सफल प्रशासन के संचालन हेतु कार्यक्रम तैयार करने के निमित्त विशद अनुभव, जानकारी, व्यावहारिक बुद्धि, कौशल एवं चातुर्य, सूझ-बूझ, सहयोग, समन्वय शक्ति, दूरदर्शिता एवं प्रशासनिक क्षमता की आवश्यकता होती है।

(ख) **पहल एवं निर्देशन (Initiation & Direction)**—प्रशासन को गतिशील बनाये रखने के लिए अधिकारियों में कार्य को मूर्ता देने मं पहल करने की भावना होनी चाहिए। अगर अधिकारी को कार्यक्रम को आरम्भ करने के लिये पहल करने में किसी प्रकार की हिचकिचाहट होगी तो प्रशासन लड़खड़ा जाएगा।

निर्देशन के बिना उचित दिशा में पग बढ़ाना कठिन कार्य होता है। कार्यक्रम को मूर्त देने के लिए पहल किस प्रकार की जाए, कब और किस प्रकार कार्यक्रम को लागू किया जाए, मार्ग में आने वाली कठिनाइयों का भान तथा उन पर अधिकार पाने के उपायों पर विचार करना, आदेश जारी

करना एवं उनका पालन कराना आदि जैसी अन्य बातों का समावेश निर्देशन में निहित रहता है।

(ग) **क्रियात्मक पहलू (Execution of Powers)**—तैयार किये गये कार्यक्रम को मूर्त रूप देने के लिए उसके क्रियात्मक पक्ष को भी ध्यान में रखना पड़ता है। प्रत्येक कार्यवाही पर सावधानी बरतना, निर्देशन की उत्तम व्यवस्था, कुशल और योग्य प्रशासक, अधिकारी एवं कर्मचारियों के कार्य में तालमेल, अधीनस्थ कर्मचारियों के उत्तरदायित्वपूर्ण कार्य करने की भावना, निजी स्वार्थ एवं व्यक्तिगत हितों की उपेक्षा तथा भूल सुधार का आभास क्रियात्मक पहलू के मूल मन्त्र हैं।

(घ) **नियन्त्रण (Control)**—प्रशासन के कर्मचारियों पर नियन्त्रण रखना परमावश्यक होता है। प्रशासन के किसी भी विभाग पर नियन्त्रण रखने वाले अधिकारी पर उच्च अधिकारियों का अनावश्यक दबाव नहीं होना चाहिए ताकि वह अपने उद्देश्य एवं कार्य में सफल हो सके। साथ ही अधिकारी को अपने अधीनस्थ कर्मचारियों के कार्यों में अनावश्क हस्तक्षेप भी नहीं करना चाहिए।

## (घ) प्रशासन एवं विभाग में समन्वय
## (CO-RELATION BETWEEN ADMINISTRATION & DEPARTMENTS)

प्रशासन की आधारशिला विभिन्न विभागों और उनके कार्यक्षेत्र पर निर्भर रहती है। इसके अनेक अंग होते हैं जैसे विभाग, प्रभाग, शाखा, अनुभाग तथा अन्य कार्यालय। अधिकारियों एवं अधीनस्थ कर्मचारियों की अनेकानेक श्रेणियाँ होती हैं। पद की गरिमा के आधार र विभाग के अधिकारियों के अधिकारों का एक समान अनुपात में विभाजन किया जाता है। इस प्रकार कह सकते हैं कि प्रशासन एक पूर्ण इकाई न होकर एक जटिल यन्त्र के समान होता है। अतः प्रशासन के विभिन्न विभागों की एकता को भी प्रशासन एवं विभाग का समन्वय कहा जाता है।

❑❑❑

# 6

# राजनीति में शक्ति

प्रत्येक व्यक्ति की अपनी सीमाएँ एवं क्षमताएँ होती हैं और अपनी सीमाओं एवं क्षमताओं के भीतर ही कार्य कर सकता है। जब व्यक्ति का कार्यभार बढ़ने लगता है अथवा कार्यों का तकनीकी पहलू जटिल होने लगता है तो वह अपने कार्यभार को कम करने के लिए अन्य व्यक्तियों को अपने कार्यों का कुछ भाग आवश्यक अधिकारों सहित सौंपता है। उसका इसप्रकार का अधिकारों सहित कार्यभार सौंपना ही 'प्रत्यायोजन' कहलाता है। वस्तुतः प्रत्यायोजन उच्च अधिकारी द्वारा अधनस्थों को शक्ति, उत्तरदायित्व एवं अधिकारों को देकर कार्य कराने की प्रक्रिया है। यह अधीनस्थों तथा प्रवरों के मध्य एक आवश्यकता है, क्योंकि कोई भी व्यक्ति स्वयं ही अपने सम्पूर्ण कार्यों को नहीं कर सकता है, अतएव वह कुछ कार्यों को अपने अधीनस्थों को सौंप देता है जिससे कार्य का निष्पादन समय पर तथा विशिष्टीकरण के साथ सम्पन्न हो जाता है।

## शक्ति का अर्थ एवं परिभाषाएँ
## (Meaning and Definition of Power)

राजनीति विज्ञान के अध्ययन में शक्ति का अस्तित्व प्राचीन काल से चला आ रहा है। शक्ति का राजनीति से चोली-दामन का साथ है, इसके अभाव में राजनीति की कल्पना करना व्यर्थ ही है। अरस्तू, हॉब्स तथा मैकियावली इत्यादि विद्वानों ने राज्य का आधार शक्ति को माना

था। अरस्तू से लेकन वर्तमान तक के राजनीतिक लेखों की विषयवस्तु के विश्लेषणोपरान्त स्पष्ट हो जाता है कि शक्ति एक ऐसी केन्द्रीय धारणा रही है जिससे राजनीतिशास्त्र को स्पष्ट करने का प्रयत्न किया जाता है।

कैटलिन ने राजनीति को शक्ति के विज्ञान की उपमा दी है। मैकाइवर का भी यह मानना था कि समस्त गति, सम्बन्ध, प्रक्रियाएँ, व्यवस्था तथा प्रकृति में घटित प्रत्येक घटना शक्ति की ही अभिव्यक्ति है। असल में देखा जाए तो वर्तमान विश्व की राजनीति शक्ति की ही राजनीति है। शक्ति प्रत्येक संगठन के पीछे है जो हर संरचना को बनाए रखती है। शक्ति के अभाव में कोई संगठन एवं सुव्यवस्था नहीं हो सकती।

**हार्टमन** ने शक्ति को परिभाषित करते हुए कहा है कि, "शक्ति वह बल अथवा क्षमता है जिसे एक प्रभुता सम्पन्न राज्य अपने राष्ट्रीय हितों की प्राप्ति हेतु प्रयोग कर सकता है।"

"Power is the Strength and capacity that a sovereign state can use to achieve its national interests."

**Hartmann** **फ्रैड्रिक शूमैन** ने तो शक्तियहाँ तक कहा है कि, "शक्ति लोगों की जीतने तथा उन्हें प्रभावित करने की योग्यता है।"

"Power is ability to win and influence people."

**-Friedrick**

**Schuman**

**ए. एच. डॉक्टर** शक्ति को परिभाषित करते हुए कहते हैं कि, "अपने लक्ष्यों के अनुरूप दूसरों के व्यवहार को प्रभावित करने की योग्यता शक्ति कहलाती है।"

Power is the ability to influence the behaviour of other in accordance with one's owns ends."

**-A.H.**

**Doctor** **फ्रैड्रिक** के शब्दों में "शक्ति काआशय उस शक्ति से है जो दूसरे व्यक्तियों पर लागू की जाती है।"

"Power is always power over other men.."

**-Friedrick**

**लासवेल तथा कैपलान** ने शक्ति को परिभाषित करते हुए लिखा है कि, "शक्ति एक योग्यता के रूप में अन्य लोागें का प्रत्यक्ष प्रभाव को कहते हैं।"

"Power as the ability to produce intended effects as directly involve other persons."

**-Laswell and**

**Kalpan** उपरोक्त परिभाषाओं के अध्ययनोपरान्त कहा जा सकता है कि शक्ति वह तत्त्व है जिसके आधार पर एक व्यक्ति को दूसरे के मन, कर्म एवं विचार पर अंकुश लगाने का अवसर प्राप्त होता है।

## शक्ति की विशेषताएँ अथवा लक्षण
## (Characteristics of Power)

शक्ति की प्रमुख विशेषताओं को इस प्रकार स्पष्ट किया जा सकता है-

**1. शक्ति स्थिति परक है**-यहाँ स्थिति का आशय व्यक्तिगत स्थिति अथवा प्रतिष्ठा से है। जहाँ एक ओर ढुलमुल व्यक्तित्व शक्तिशाली पद को फीका बनाता है वहीं तेजस्वी व्यक्तित्व कम शक्तिशाली पद को प्रभावशाली बनाता है। उदाहरणार्थ-संविधान ने सभी अमेरिकी राष्ट्रपतियों को समान अधिकार दिए हैं लेकिन राष्ट्रपति की वास्तविक शक्ति एवं प्रभाव उसके व्यक्तिव के अनुसार घटता अथवा बढ़ता है।

**2. शक्ति के प्रयोग का लक्ष्य अनिवार्य**-शक्ति का प्रयोग किसी विशेष लक्ष्य को दृष्टिगत रखकर होता है। उद्देश्य अथवा लक्ष्य के अभाव में प्रयोग की गई शक्ति एवं महत्त्वहीन होती है।

**3. शक्ति एक द्विपक्षी धारणा**-शासक एवं शासित का यह आशय नहीं है कि जिस पर शासन किया जाता है वह शासन में भागीदारी का निर्वहन नहीं करता। शासकों को लोगों की जरूरतों, इच्छओं तथा माँगों को दृष्टिगत रखकर ही शासन करना पड़ता है। अन्य शब्दों में कहा जा सकता है कि जिसे हम शासित कहते हैं वे शासकीय नीतियों के निर्धारण में महत्त्वपूर्ण भूमिका का निर्वहन करते हैं। अत: शक्ति का प्रयोग शासक एवं शासित दोनों ही करते हैं।

**4. वास्तविक शक्ति का प्रयोग करने वाले लोगों की पहचान सरल नहीं**-समाज में ऐसे शक्ति सम्पन्न लोग भी हैं जो पर्दे के पीछे रहकर राजनीति करते हैं। उनकी शक्ति का स्रोत पैसा, धर्म, जातिगत निष्ठाएँ अथवा सेना में उच्च पद कुछ भी हो सकता है। अनेक पूँजीवादी देशों में धनिक वर्ग शासन तन्त्र पर हानी होने का प्रयास करता है। कुछ देशों में सेवा राजनीतिक प्रक्रिया में महत्त्वपूर्ण भूमिका का निर्वहन करती है।

**5. शक्ति एक सम्बन्ध सूचक विचार**-शक्ति से शासक तथा शासितों के पारस्परिक सम्बन्धों का आभास होता है। जिस प्रकार एक नेता के लिए यह परमावश्यक है कि उसके कुछ अनुयायी हों ठीक इसी प्रकार जब हम शासकों की चर्चा करते हैं तो उसके लिण यह जरूरी है कि कुछ ऐसे लोग हों जिन पर कि वे शासन कर सकें।

**6. शक्ति के पीछे अनुशक्ति है**-अनुशक्ति का आशय दण्ड एवं पुरस्कार देने की शक्ति से है। जो लोग शक्ति का प्रयोग करते हैं वे जन-साधारण से अपने आदेशों का पालन करा सकेत हैं, क्योंकि वे दण्ड एवं पुरस्कार देने की स्थिति में होते हैं। पुलिस, न्यायालय, कारागार तथा सेना

इत्यादि दमनकारी संस्थाएँ हैं जो राजनीतिक शक्ति से जुड़ी होती हैं। उक्त दमनकारी संस्थाओं के अतिरिक्त अनेक ऐसे उपकरण भी हैं जो आज्ञाओं का पालन कराने में सहायक हैं।

## शक्ति के स्रोत
## (Sources of Power)

शक्ति के स्रोतों के सम्बन्ध में विद्वान एक मत नहीं हैं। नेपोलियन, हिटलर, लेनिन तथा गाँधी इत्यादि के शक्ति सम्पन्न होने के बावजूद इनकी शक्ति के स्रोतों में मूलभूत रूप से काफी अन्तर था। हालांकि शक्ति के स्रोतों को सूचीबद्ध करना सरल कार्य नहीं है फिर भी उनमें से कुछ प्रमुख स्रोतों का उल्लेख निम्न प्रकार किया जा सकता है–

**1. ज्ञान**–यह शक्ति का प्रथम एवं महत्त्वपूर्ण स्रोत माना जाता है। ज्ञान को शक्ति का आन्तरिक स्रोत भी कह सकते हैं। ज्ञान व्यक्ति को अपने लक्ष्यों को पुन: प्रबन्धित करने एवं मिलाने की योग्यता प्रदान करता है। यह व्यक्ति की अन्य विशेषताओं को इस प्रकार संचालित करता है कि वे शक्ति का साधन बन जाती हैं। व्यक्ति में नेतृत्व, इच्छाशक्ति, सहनशक्ति तथा स्वयं को अभिव्यक्त करने की शक्ति इत्यादि गुण शक्ति के महत्त्वपूर्ण चरण हैं। उक्त सभी में से किसी भी एक के अभाव में शक्ति का सम्पूर्ण रूप अकार्यकुशल हो सकता है तथा उसे पूर्णरूपेण समाप्त भी कर सकता है।

**2. प्राप्तियाँ अथवा सम्पत्ति**–यह शक्ति का ब्रह्य तत्त्व हैं। साधारणतया प्राप्तियों को आर्थिक शक्ति की उपमा दी जा सकती है। इसके अन्तर्गत भौतिक सामग्री, स्वामित्व एवं सामाजिक सामग्री की शक्ति तथा एक व्यक्ति की समाज में स्थिति एवं स्तर इत्यादि को शामिल किया जा सकता है। हालांकि प्राप्तियाँ अथवा सम्पत्ति शक्ति का एक स्रोत तो है लेकिन न तो यह एक मात्र स्रोत है और न ही आवश्यक रूप से प्रभाव डालने वाला स्रोत है। सम्पत्ति के अभाव में भी एक व्यक्ति दूसरे अन्य व्यक्तियों के कार्यों को प्रभावित कर सकता है तथा इसी प्रकार सम्पत्ति होने पर भी यह जरूरी नहीं है कि वह किसी अन्य के कार्यों को प्रभावित कर पायेगा।

**3. संगठन**–यह शक्ति का एक महत्त्वपूर्ण स्रोत है। संगठन के सम्बन्ध में तो यहाँ तक कहा जा सकता है कि संगठन की शक्ति है। अनेक प्रतिद्वन्द्वितापूर्ण इकाइयाँ परस्पर मिलकर संघ का निर्माण करती हैं तो उनकी शक्ति में कई गुणा बढ़ोत्तरी हो जाती है। आधुनिक समय के श्रमिक संघ एवं व्यापारिक संघ इसके श्रेष्ठ उदाहरण कहे जा सकते हैं। शक्ति के दृष्टिकोण से सर्वाधिक बड़ा संघ राज्य है तथा राजय का सबसे अधिक संगठित स्वरूप ही इसकी मुख्य वजह है।

**4. आकार**–अनेक अवसरों पर आकार को शक्ति का परिचायक माना जाता है तथा यह भी कहा जाता है कि एक संगठन का आकार जितना बड़ा होगा, वह उतनी ही अधिक शक्ति का परिचायक भी होगा। यदि आकार के साथ संगठन मिल जाये तो ऐसा होता भी है लेकिन समस्त परिस्थितियों में सदैव ऐसा नहीं होता। कई बार ऐसा भी होता है कि बड़ा आकार जटिलता प्रदान करके, उसे असन्तुलित कर परिस्थितियों को अनूकूल नहीं रहने देता। इसी वजह से अनेक बार

कुछ राजनीतिक दलों द्वारा अपने आकार को छोटा करने हेतु वृद्धि आन्दोलनों की मदद ली जाती है।

**5. विश्वास तथा सत्ता**-शक्ति के स्रोत एवं आधार के रूप में विश्वास की भी महत्त्वपूर्ण उपयोगिता है। तलवार की शक्ति भी अन्तिम रूप से विश्वास पर ही आधारित होती है। इसी प्रकार शक्ति का एक अन्य महत्त्वपूर्ण स्रोत सत्ता भी होती है। शक्ति की महानता इस बात से निर्धारित की जाती है कि वह मनुष्य के दिमाग पर प्रभाव डालने में कितनी सक्षम है। शक्ति के विभिनन तत्त्वों के वर्णनोपरान्त **प्रो. मैकाइवर** ने कहा था कि, "शक्ति की कार्यकुशलता उन विभिन्न परिस्थितियों द्वारा बढ़ती अथवा घटती रहती है, जिसके अधीन उसे कार्य करना है।"

## शक्ति का वर्गीकरण अथवा प्रकार
## (Classification of Power)

विभिन्न विद्वान शक्ति के प्रकारों पर एकमत नहीं हैं। शक्ति के वर्गीकरण को निम्न प्रकार स्पष्ट किया जा सकता है-

**1. धर्मग्रन्थों के अनुसार शक्ति का वर्गीरण**-प्राचीन धर्मग्रन्थों में पाशविक शक्ति तथा दैवीय शक्ति का उल्लेख किया गया है। जब शक्ति का प्रयोग मानव हित में न करके अधर्म के लिए किया जाए तो वह पाशविक शक्ति कहलाती है। इसके विपरीत जब शक्ति का प्रयोग मानव के कल्याणार्थ धर्म के सिद्धान्त के अनुरूप किया जाए तो वह दैवीय शक्ति की श्रेणी में आती है।

**2. सैमुअल एच. बीयर का वर्गीकरण**-बीयर के मतानुसार शक्ति के निम्न सात रूप होते हैं-

(i) सम्पत्ति,

(ii) नैतिक चरित्र,

(iii) व्यक्तित्व का अकर्षण,

(iv) शारीरिक बल,

(v) सामाजिक स्तर,

(vi) शिक्षा, तथा

(vii) प्रबन्ध कला।

**3. रॉबर्ट ए. डहल का वर्गीकरण**-धर्मगन्थों तथा बीयर महोदय का वर्गीकरण राजनीतिशास्त्र की दृष्टि से उपयुक्त नहीं है। जहाँ पहला वर्गीकरण राजनीतिक न होकर धार्मिक है वहीं दूसरे वर्गीकरण की प्रमुख त्रुटि यह है कि बीयर ने शक्ति के भेद न देकर सिर्फ माध्यमों का वर्णन किया है। अत: उक्त दोनों वर्गीकरण असन्तोषजनक हैं।

डहल ने निम्न दो प्रकार की शक्तियों का उल्लेख किया है=

**(i) उत्पीड़न**–डहल के मतानुसर जो औचित्यपूर्ण न हो उसे दमन कहा जाता है।

**(ii) सत्ता**–जो शक्ति औचित्यपूर्ण हो, वह सत्ता कहलाती है।

**4. मिल्स का वर्गीकरण**–मिल्स ने शक्ति के निम्न दो रूपों का उल्लेख किया है–

(i) व्यवहार परिवर्तन के आधार पर शक्ति–इसके अन्तर्गत बल, प्रभुत्व तथा छल योजना आते हैं।

(ii) औचित्यपूर्णता के आधार पर शक्ति।

**5. मैक्स वेबर का वर्गीकरण**–मैक्स वेबर ने शक्ति को निम्न तीन रूपों में वर्गीकृत किया–

(i) कानूनी अथवा वैधानिक शक्ति,

(ii) परम्परागत शक्ति, तथा

(iii) चमत्कारवादी शक्ति

**6. बियरस्टीड का वर्गीकरण**–बियरस्टीड ने शक्ति का वर्गीकरण निम्न प्रकार किया है–

**(i) दृश्यता के आधार पर ज्ञात एवं अज्ञात शक्ति**–अदृश्य शक्ति को प्रच्छन्न शक्ति कहते हैं। शक्ति के प्रकट होने पर सत्ता एवं बल इत्यादि रूपों का प्रादुर्भाव होता है।

**(ii) दमन की दृष्टि के आधार पर**–इस आधार पर शक्ति के दो रूप दमनात्मक तथा अदमनात्मक हैं। जहाँ अदमनात्मक शक्ति दमन के बिना अन्य विधियों से प्राप्त प्रभाव को कहते हैं वहीं दमनात्मक शक्ति में बल सम्मिलित है।

**(iii) औपचारिकता के आधार पर**–इस आधार पर शक्ति के दो रूप औपचारिक तथा अनौपचारिक हैं। औपचारिक शक्ति कानून अथवा संविधान के आधार पर अधिकारियों के पास होती है तथा अनौपचारिक शक्ति वास्तविक शक्ति होती हे जो विभिन्न व्यक्तियों अथवा समूहों में होती है। जिसका कानूनी आधार नहीं होता है।

**(iv) क्षेत्रीयता के आधार पर अन्तर्राष्ट्रीय राष्ट्रीय तथा स्थानीय शक्ति**–सम्पूर्ण विश्व से सम्बन्धित शक्ति को अन्तर्राष्ट्रीय शक्ति, एक राष्ट्र से सम्बन्धित शक्ति को राष्ट्रीय शक्ति तथा एक क्षेत्र अथवा स्थान से सम्बन्धित शक्ति को स्थानीय शक्ति के नाम से सम्बोधित किया जाता है।

**(v) शक्ति प्रवाह के आधार पर एकपक्षीय, द्विपक्षीय तथा बहुपक्षीय शक्ति**–एकपक्षीय शक्ति में उच्च अधिकारियों द्वारा अपने अधीन अधिकारियों को आदेश दिए जाते हैं, जैसे–सेना

अथवा पुलिस में उच्चाधिकारियों द्वारा दिए गए आदेश। द्विपक्षीय तथा बहुपक्षीय शक्तियों को सौदागरी शक्तियाँ कहकर भी सम्बोधित किया जाता है। इस प्रकार की शक्तियों में दोनों पक्ष परस्पर एक-दूसरे पर प्रभाव डालते हैं।

**(vi) मात्रा तथा प्रभाव के आधार पर शक्ति**-इस आधार पर राष्ट्र को महान्, मध्यम तथा निम्न शक्ति के नाम से सम्बोधित किया जाता है।

**(vii) केन्द्रीयकरण के आधार पर केन्द्रित एवं विकेन्द्रित शक्ति**-संकेन्द्रित शक्ति में सम्पूर्ण शक्तियाँ केन्द्र में निहित होती हैं तथा अधीनस्थ संस्थाएँ केन्द्रीय शक्ति पर निर्भर रहती हैं। इसके ठीक विपरीत विकेन्द्रित शक्तियाँ विभिन्न संस्थाओं एवं निकायों में विभक्त होती हैं। ये अस्पष्ट होती हैं, जैसे-जनशक्ति।

**(viii) प्रयोग एवं परिणाम के आधार पर इच्छित एवं अनिश्चित शक्ति**-शक्ति के यह दोनों प्रकार उसके परिणाम पर आधारित होते हैं।

## शक्ति के प्रयोग की विधियाँ (तरीके)
## (Experiment of Theories of Power)

शक्ति को प्रयोग करने के लिए निम्नलिखित तरीकों अथवा विधियों को अपनाया जाता है-

**1. अनुनय**-राज्यों द्वारा अन्तर्राष्ट्रीय क्षेत्र में इस विधि का प्रयोग किया जाता है। शक्ति प्रयोग की इस विधि द्वारा एक राज्य दूसरे राज्यों एवं लोगों से अपना हित पूर्ण करता है तथा अन्य राज्यों के ऐसे कार्यों को प्रतिबन्धित करता है जो उसके अपने हित में न हो। शक्ति की यह विधि तर्क एवं विचारों के आधार पर अन्य राज्यों को समझाती है। जिस भी राज्य पर इस तरीके को अजमाया जाता है वह दबाव में आकर अपने विचारों को परिवर्तित करके पहले राज्य की बात को स्वीकार कर लेता है।

**2. पुरस्कार अथवा सम्मान**-राज्यों द्वारा अन्तर्राष्ट्रीय राजनीति में अपनी शक्ति का प्रयोग पुरस्कार एवं सम्मान देकर भी किया जाता है। यह पुरस्कार मनोवैज्ञानिक, भौतिक, आर्थिक तथा राजनीतिक होते हैं। एक राष्ट्र दूसरे राष्ट्र को ऐसे पुरस्कार प्रदान करता है जिससे वह अन्तर्राष्ट्रीय सम्मेलनों एवं संगठनों में उसके दृष्टिकोण का पुरजोर समर्थन अथवा प्रचार करने लग जाता है।

**3. दण्ड**-शक्ति के प्रयोग की एक विधि दण्ड देना भी है। पुरस्कार एवं दण्ड का परस्पर घनिष्ठ सम्बन्ध है। एक राज्य द्वारा दूसरे राज्य को दण्डित करने का सर्वश्रेष्ठ तरीका यह है कि वह राज्य उस राज्य को वे पुरस्कार देना बन्द कर दे जो वह विरोधी राज्य का दे रहा था, यदि दूसरा राजय पहले राज्य की इच्छाओं के प्रतिकूल कार्य करे तो यह दण्ड का ही एक नमूना है। अनेक अवसरों पर शक्ति सम्पन्न राज्य आश्रित तथा निर्बल राज्यों से अपनी बात मनवाने हेतु उनकों पहले दण्ड की ही धमकी देते हैं। कभी-कभी सिर्फ धमकी से ही शक्ति सम्पन्न राज्यों का कार्य पूर्ण हो जाता है तथा दण्ड देने की जरूरत ही नहीं पड़ती हैं। यदि दण्ड की आवश्यकता पड़ भी जाए तो भी इसी प्रकार से दण्ड दिया जा सकता है।

**4. बल प्रयोग**–शक्ति के प्रयोग का एक तरीका यह भी है कि यदि कोई शक्ति सम्पन्न राज्य किसी कमजोर राज्य से अपनी कोई बात मनवाना चाहता है और वह राज्य न माने तो उसके खिलाफ बल का प्रयोग किया जा सकता है। बल प्रयोग का आशय उस राज्य के विरुद्ध सैनिक कार्यवाही से है।

## प्रत्यायोजन

## (Delegation)

**प्रत्यायोजन का अर्थ (Meaning of Delegation)**–प्रत्येक व्यक्ति की कार्य करने की योग्यता की एक सीमा होती है। एक बड़े संगठन का प्रबन्धक स्वयं अकेला सारे कार्य नहीं कर सकता। अनेक कार्य वह अपने अधीनस्थों से करवाता है और उन कार्यों को सम्पन्न करवाने के लिए कुछ अधिकार अपने अधीनस्थों को सौंप देता है। उच्चाधिकारी द्वारा इस इस प्रकार अधनीस्थ को अधिकारों का सोपान ही प्रत्यायोजन कहलाता है। प्रत्यायोजन एक अधिकारी द्वारा अपने अधिकारों का स्वयं अपने और अधीनस्थों में वितरण है। प्रत्यायोजन की समस्या वास्तव में अधिकार सत्ता के केन्द्रीकरण व उसे विकेन्द्रीकरण की ही समस्या है।

**प्रत्यायोजन की परिभाषाएँ (Definition of Delegation)**–प्रत्यायोजन की कुछ प्रमुख परिभाषाएँ निम्नलिखित हैं–

1. **लुईस ए. ऐलन** के अनुसार, "प्रत्यायोजन एक प्रक्रिया है जिसके द्वारा एक उच्चाधिकारी अपने कुल कार्य को स्वयं के तथा अपने अधीनस्थों के मध्य वितरित करता है जिससे कि क्रियात्मक एवं प्रबन्धकीय विशिष्टीकरण की प्राप्ति की जा सके।"

2. **थियो हैमेन** के अनुसार, "अधिकार सत्ता के प्रत्यायोजन का अर्थ अधीनस्थों को निर्धारित सीमाओं के कार्य करने हेतु अधिकार प्रदान करने से है।"

3. **मिलेट** के अनुसार, "सत्ता के प्रत्यायोजन का अर्थ दूसरे को कर्त्तव्य सौंप देने से कुछ अधिक है। प्रत्यायोजन का सार है दूसरों को स्वविवेक सौंपना ताकि वे अपने कर्त्तव्यों से सम्बन्धित विशिष्ट समस्याओं को सुलझानें में अपने निर्णयों का प्रयोग कर सकें।"

4. **एफ. जी. मूरे** के अनुसार, "प्रत्यायोजन का अर्थ अन्य व्यक्तियों को कार्य का वितरण करना है और उसे करने हेतु अधिकार प्रदान करना है।"

5. **डगलस सी. बसिल** के अनुसार, "प्रत्यायोजन में अधिकार प्रदान करना या कुछ परिभाषित क्षेत्रों में निर्णयन का अधिकार तथा सौंपे गये कार्यों की निष्पत्ति के लिए अधीनस्थ को उत्तरदायी बनाना सम्मिलित है।"

6. **मैक्फारलैण्ड** के अनुसार, "अधिकार प्रत्यायोजन संगठन प्रक्रिया का वह भाग है जिसके द्वारा एक अधिकारी, प्रशासक अथवा प्रबन्धक अन्य व्यक्तियों के कम्पनी के कार्यों को पूरा करने में भाग लेने को सम्भव बनाता है। इसमें कर्त्तव्यों, उत्तरदायित्वों और सत्ता के हस्तान्तरण की प्रक्रिया भी सम्मिलित है, जिनसे कि वह अपने कार्य में सहायता की आशा करता है।"

**7. जॉर्ज आर. टेरी** के अनुसार, "प्रत्यायोजन का अभिप्राय किसी विशिष्ट उद्देश्य की प्राप्ति के लिए एक अधिकारी अथवा संगठन की किसी एक इकाई से दूसरी इकाई अथवा अधिकारी को सत्ता सौंपने से है।"

**8. मूने** के अनसुार, "प्रत्यायोजन से अभिप्राय एक उच्च सत्ताधिकारी द्वारा निर्धारित सत्ता का सौंपना। एक ऐसी सत्ता का हस्तान्तरण है जिसमें किसी व्यक्ति द्वारा अपने अधनस्थ या एजेण्ट को सौंपा जाता है लेकिन उस पर नियन्त्रण और पर्यवेक्षण का अधिकार मौलिक सत्ताधिकारी का बना रहता है। साथ ही साथ ऐसे हस्तान्तरण में सत्ताधारी अपनी जिम्मेदारी से मुक्त नहीं होता है।"

**9. विक्सवर्ग** के अनुसार, "अधीनस्थों को संगठन के निर्दिष्ट कार्यों को सौंपना तथा सौंपे हुए कार्यों एवं कर्त्तव्यों को पूरा करने के उद्देश्य से सत्ता प्रदान करना, प्रत्यायोजन कहलाता है।"

उपरोक्त परिभाषाओं का अध्ययन करने के पश्चात् निष्कर्ष के रूप में यह कहा जा सकता है कि प्रत्यायोजन उच्च अधिकारी द्वारा अपने अधीनस्थों को कार्यभार सौंपने, उन्हें करने के लिए आवश्यक अधिकार देने तथा उन्हें जवाबदेय बनाने की प्रक्रिया है।

## प्रत्यायोजन के तत्त्व

## (Elements of Delegation)

प्रत्यायोजन के प्रमुख तत्त्व निम्नलिखित हैं–

**1. कार्यभार सौंपना**–कार्यभार सौंपना प्रत्यायोजन प्रक्रिया का प्रमुख तत्त्व है। प्रत्यायोजन के अन्तर्गत प्रत्यायोजनकर्त्ता यह निश्चित करता है कि वह कौन से कार्य स्वयं करेगा और कौन से कार्य वह अन्य व्यक्तियों अर्थात् अपने अधीनस्थों को सौंपेगा। कार्यभार सौंपते समय वह उसके उत्तरदायित्व एवं अधीनस्थों की योग्यताओं आदि को ध्यान में रखता है। यहाँ उच्च अधिकारी द्वारा अपवने अधीनस्थों को केवल कार्यकारी प्रकृति के कार्य ही सौंपने चाहिए जिससे कि वह स्वयं प्रबन्धक विषयक कार्यों पर अपना ध्यान केन्द्रित कर सके। कार्यों एवं कर्त्तव्यों का भी स्पष्ट बँटवार किया जाना चाहिए।

**2. अधिकार प्रदान करना**–अधीनस्थों को कार्यभार सौंपने के पश्चात् उस कार्य को करने के लिए उनको आवश्यक अधिकार भी प्रदान किये जाते हैं। कार्य को व्यवस्थित तरीके से सम्पन्न करने के लिए अधीनस्थों को वे सभी अधिकार दिए जाने चाहिए जिनकी आवश्यकता उनको होती है। विभागीय अधिकारियों को इस प्रकार के अधिकार दिये जाने चाहिए जिससे वे अपने कार्य को करते समय किसी प्रकार की कठिनाई अनुीाव न करें तथा कर्मचारियों पर पूर्ण नियन्त्रण रखना चाहिए। अधिकार उतने ही दिये जाने चाहिए जितने उस कार्य के लिए आवश्यक होते हैं। आवश्यकता से कम अधिकार देने से कार्य निष्पादन में कठिनाई होती है तथा आवश्यकता से अधिक अधिकार देने से दुरुपयोग होने की सम्भावना रहती है।

**3. उत्तरदायित्व निर्धारित करना**–कार्य एवं अधिकार के प्रत्यायोजन से ही श्रेष्ठ निष्पादन की आशा नहीं की जा सकती है। अधिकार के साथ-साथ व्यक्तिगत उत्तरदायित्वों का निर्धारण करना भी आवश्यक है। जो भी कार्य भार सौंपा जाता है, उसे उचित प्रकार से पूर्ण करना ही उत्तरदायित्व है। कार्यों के सम्बन्ध में अन्तिम उत्तरदायित्व तो उच्च अधिकारी का होता है। यद्यपि अधिकार एवं उत्तरदायित्व का प्रत्यायोजन करना उच्चाधिकारी एवं अधीनस्थ दोनों के ही हित में है, तथापि प्राय: उच्चाधिकारी प्रत्यायोजन करते समय निम्नलिखित तीन कारणों से हिचकते हैं–

**4. उत्तरदायित्व निर्धारित करना**–कार्य एवं अधिकार के प्रत्यायोजन से ही श्रेष्ठ निष्पादन की आशा नहीं की जा सकती है। अधिकार के साथ-साथ व्यक्तिगत उत्तरदायित्वों का निर्धारण करना भी आवश्यक है। जो भी कार्य भार सौंपा जाता है, उसे उचित प्रकार से पूर्ण करना ही उत्तरदायित्व है। कार्यों के सम्बन्ध में अन्तिम उत्तरदायित्व तो उच्च अधिकारी का होता है। यद्यपि अधिकार एवं उत्तरदायित्व का प्रत्यायोजन करना उच्चाधिकारी एवं अधीनस्थ दोनों के ही हित में है, तथापित प्राय: उच्चाधिकारी प्रत्यायोजन करते समय निम्नलिखित तीन कारणों से हिचकते हैं–

(i) कुछ अधिकारी इस कारण से प्रत्ययोजन नहीं करते हैं कि वे स्वयं समस्त क्रियाओं पर नियन्त्रण करने की अभिलाषा करते हैं।

(ii) अधिकारी अपने को ही सभी निर्णय लेने के योग्य मानते हैं, तथा

(iii) अधिकारी प्राय: यह अनुभव करने लगते हैं कि यदि अधीनस्थों को अधिकार दे दिया गया तो उनकी उपेक्षा करेंगे।

यह सब होते हुए भी व्यक्तिगत उत्तरदायित्व के साथ प्रत्यायोजन किया जाता है।

**4. नियन्त्रण**–प्रत्यायोजन में नियन्त्रण भी सम्मिलित है, नियन्त्रण के अन्तर्गत पर्यवेक्षण, परिवर्तन, जाँच, शक्तियों का पुन: अधिग्रहण तथा प्रतिवेदन आदि सम्मिलित हो जाते हैं।

## प्रत्यायोजन के प्रकार

## (Types of Delegation)

प्रत्यायोजन के प्रमुख प्रकार निम्नलिखित हैं–

**1. सामान्य अथवा विशिष्ट प्रत्यायोजन**–जब किसी विभाग की समस्त क्रियाओं का कार्यभार एक व्यक्ति को सौंप दिया जाता है तो ऐसी सुपुर्दगी सामान्य प्रत्यायोजन कहलाती है। इसके विपरीत, जब किसी व्यक्ति को पूरा कार्य न सौंपकर कोई विशिष्ट क्रिया सौंपी जाती हे तो यह सुपुर्दगी विशिष्ट प्रत्यायोजन कहलाती है।

**2. लिखित तथा मौखिक प्रत्यायोजन**–लिखित प्रत्यायोजन में आदेश अथवा निर्देश लिखिता एवं निश्चित होते हैं। मौखिक प्रत्यायोजन में आदेश अथवा निर्देश मौखिक होते हैं तथा परम्परा पर आधारित होते हैं।

**3. औपचारिक तथा अनौपचारिक प्रत्यायोजन**-जो प्रत्यायोजन संगठन की अधिकार सीमाओं के अनुसार किया जाता है उसे औपचारिक प्रत्यायोजन कहते हैं। यह प्रत्यायोजन विभाजित या बिखरा हुआ हो सकता है। जब अधिकार सत्ता दो या अधिक व्यक्तियों में आदेश शृंखला के अनुपालन भाव में प्रत्यायोजित की जाती है तो इसे विभाजित प्रत्यायोजन कहते हैं। किन्तु जहाँ कोई भी निर्णयन या समस्या का हल दो या अधिक व्यक्तियों की अधिकार सत्ता को संयुक्त किये बिना नहीं हो सकता, वहाँ अधिकार सत्ता के प्रत्यायोजन को बिखरा हुआ माना जाता है। जो प्रत्यायोजन संगठन के अनुसार नहीं होता है अर्थात् अधीनस्थ अपनी स्वत:प्रेरणा से ही कार्य कर बैठते हैं, उसे औपचारिक प्रत्यायोजन कहते हैं। यह प्रत्यायोजन समय और धन की बचत करता है किन्तु अधिक अच्छा नहीं समझा जाता है।

**4. पूर्णतया आंशिक प्रत्यायोजन**-पूर्ण प्रत्यायोजन का तात्पर्य है संगठन के सत्ताधारी अधिकारी द्वारा अपनी शक्तियों को ऐजेण्ट के हाथ में सौंप देने से है। उदाहरणार्थ, जब एक देश दूसरे देश में अपना राजनयिक प्रतिनिधि भेजता है तो वह उसे अपनी पूरी शक्तियाँ प्रत्यायोजित कर देता है। प्रत्यायोजन का यह रूप प्रशासकनीय संगठनों से अधिक प्रचलित नहीं है। इन संगठनों में जिए प्रकार का प्रत्यायोजन पाया जाता है वह प्राय: आंशिक होता है और उनमें अध्यक्ष अपनी कुछ शक्तियाँ अधीनस्थों को सौंप देता है तथा शेष का प्रयोग वह स्वयं करता है।

**5. सशर्त तथा अशर्त प्रत्यायोजन**-सशर्त प्रत्यायोजन वह प्रत्यायोजन होता है जिसमें प्रत्यायोजन के साथ कुछ शर्त लगा दी जाती है। इस प्रत्यायोजन में सत्ता प्रदान करने वाले को यह अधिकार रहता है कि वह सत्ता पाने वाले कार्य्रो को समय-समय पर देखता रहे, उसमें परिवर्तन के लिए सुझाव देता रहे। अशर्त प्रत्यायोजन में उच्च अधिकारी के पास यह शक्ति नहीं होती कि वह अधीनस्थों के कार्यो को प्रत्येक स्तर पर देखता रहे।

**6. प्रत्यक्ष तथा अप्रत्यक्ष प्रत्यायोजन**-प्रत्यक्ष प्रत्यायोजन वह होता है कि जिसमें उच्च अधिकारी अपनी सत्ता के कुछ भाग सीधे रूप में अपने अधीनस्थ को सौंप देता है। अप्रत्यक्ष प्रत्यायोजन में सत्ता देने वाले और लेने वाले के बीच एक अथवा एक से अधिक मध्यस्थ आ जाते हैं और उच्च अधिकारी अपनी सत्ता को उन मध्यस्थों के माध्यम से ही सत्ता पाने वाले तक पहुँचाता है।

## प्रत्यायोजन के सिद्धान्त
## (Principles of Delegation)

प्रभावशाली प्रत्यायोजन के प्रमुख सिद्धान्त निम्नलिखित हैं-

**1. निश्चित दायित्व एवं अधिकार का सिद्धान्त**-किसी भी संगठन या संस्था में प्रत्यायोजन हेतु यह आवश्यक है कि दायित्व एवं अधिकार निश्चित होने चाहिए। उच्चस्तरीय प्रबन्ध, मध्यम एवं निम्नस्तरीय प्रबन्ध में कार्यरत अधिकासरी एवं उनके अधीनस्थों के बीच कार्य, अधिकार एवं दायित्व निश्चित होने चाहिए। किसी भी निर्णय अथवा स्पष्टीकरण हेतु अधीनस्थ को अपने उच्च अधिकारी से बार-बार सलाह और विचार-विमर्श करने की प्रक्रिया प्रत्यायोजन के मूल

उद्देश्यों को समाप्त कर देती है। यही कारण है कि बड़े-बड़े संगठनों में कार्यों, दायित्वों, शक्तियों, अधिकार एवं प्रत्येक प्रबन्धक के सम्बन्धों पर लिखित में संगठन विवरण पुस्तिकार रखी जाती है।

**2. अधिकार एवं उत्तरदायित्व में समानता का सिद्धान्त**-इस सिद्धान्त के अनुसार अधिकार एवं उत्तरदायित्व दोनों में समानता होनी चाहिए। यह इस मान्यता पर आधारित है कि यदि अधीनस्थों को कार्य सौंपा जाता है और उसकों पूरा करने हेतु अधिकार भी प्रदान किए जाते हैं तो उनका यह दायित्व हो जाता है कि वे इनका उपयोग करने हेतु उत्तरदायी हैं। बिना पर्याप्त अधिकारों के किसी भी कार्य को पूरा करने का दायित्व पूर्ण रूप से नहीं निभाया जा सकता है। यह सिद्धान्त यह मानकर चलता है कि अधिकार एवं उत्तरदायित्व साथ-साथ चलते हैं, सहविस्तृत होत हैं।

**3. अपेक्षित परिणामों के आधार पर कार्यों का निष्पादन**-अधिकार प्रत्यायोजन का एक महत्त्वपूर्ण सिद्धान्त यह भी है कि अधिकारों का प्रत्यायोजन अपेक्षित परिणामों को ध्यान में रखकर करना चाहिए। अधिकार उतने ही दिए जाने चाहिए जितने परिणाम प्राप्त करने के लिए आवश्यक होते हैं। अधिकार प्रत्यायोजन करने से पूर्व अधीनस्थों को यह भी जानकारी होनी चाहिए कि उनको क्या कार्य सम्पन्न करने हैं।

**4. आदेशों की एकता का सिद्धान्त**- अधिकार प्रत्यायोजन के लिए यह भी आवश्यक है कि एक अधीनस्थ को एक समय में एक कार्य के लिए एक ही अधिकारी से आदेश प्राप्त होने चाहिए। अलग-अलग अधिकारियों से आदेश एवं निर्देश प्राप्त होने से अधनीस्थ कठिनाई में पड़ जाता है कि वह किस अधिकारी के आदेशों को माने।

**5. प्रभावशाली नियन्त्रण का सिद्धान्त**-अधिकार प्रत्यायोजन तभी लाभदायक एवं उपयोगी हो सकता है, जब अधीनस्थ व्यक्तियों के कार्यों पर प्रभावशाली ढंग से नियन्त्रण रखा जायेगा। **ऐलन** के शब्दों में, "प्रत्यायोजन तभी सफल हो पाता है जबकि प्रभावशाली नियन्त्रण हो।" प्रभावशाली नियन्त्रण के अभाव में अधिकारों का दुरुपयोग होने की सम्भावना रहती है।

**6. अपवाद का सिद्धान्त**-अधिकारियों को अधिकार प्रत्यायोजन करते समय अपवार को अवश्य ही ध्यान में रखना चाहिए। इसका आशय यह है कि प्रत्यायोजित अधिकारों से सम्बन्धित कार्यों को करने का अधिकार अधीनस्थों का होता है किन्तु कभी-कभी इन अधिकारों में रहकर कार्य करने में कठिनाई आती है और कार्य ऐसा होता है कि उसको पूरा किये बिना आगे कार्य करना कठिन हो जाता है। ऐसी स्थिति में प्रतयायोजित अधिकारों के क्षेत्र में भी उच्च अधिकारियों को उचित निर्णय लेने चाहिए।

**7. औपचारिकता का सिद्धान्त**-अधिकार प्रत्यायोजन का यह सिद्धान्त बतलाता है कि अधिकारों का प्रत्यायोजन संस्था के नियमों, कानूनों एवं आदेशों के अनुरूप ही होना चाहिए। अधिकारों का प्रत्यायोजन संगठनात्मक ढाँचे के अनुरूप ही ऊपर से नीचे की ओर होना चाहिए।

**8. अधिकारों की स्वीकृति का सिद्धान्त**-यह सिद्धान्त बतलाता है कि अधिकारियों को वास्तविक रूप से अधिकार तभी प्राप्त होते हैं जबकि अधीनस्थ अधिकारी उनको मान्यता दें। उच्च अधिकारी द्वारा भी अधिकार प्रत्यायोजन तभी करना चाहिए जब अधनीस्थ अधिकारी उन्हें स्वीकृत करने को तैयार हों। तभी अधिकार प्रत्यायोजन प्रभावशाली हो सकता है।

**9. स्पष्टीकरण सिद्धान्त**-अधिकार प्रत्यायोजन करते समय अधिकारियों को यह बात भी स्वीकार करनी चाहिए कि अधीनस्थों को उनकी अधिकार सीमा अवश्य बतला दी जानी चाहिए। अधिकारों की सीमा स्प्ष्ट हो जाने से अधीनस्थ सोच समझकर, अधिकारों की सीमा में रहकर ही कार्य करेंगे।

**10. क्रियाशील परिभाषा का सिद्धान्त**-इस सिद्धान्त के अनुसार संस्था में विभागीय प्रवृत्तिा को बढ़ावा देने के लिए अधिकारों का प्रत्यायोजन क्रियाशील परिभाषाा के आधार पर किया जाना चाहिए।

**11. पूर्ण उत्तरदायित्व का सिद्धान्त**-इस सिद्धान्त की मान्यता है कि केवल अधिकारों का ही प्रत्यायोजन किया जाता है, उत्तरदायित्वों का नहीं। अत: अधिकारों का प्रत्यायोजन करने वाला अधिकारी अथवा प्रबन्धक अपने उत्तरदायित्व से मुक्त नहीं होता है। प्रत्यायोजन के पश्चात् भी उसको अधीनस्थों पर नियन्त्रण रखना चाहिए और देखना चाहिए कि कहीं पर अधिकारों का दुरुपयों तो नहीं हो रहा है।

## सत्ता का प्रत्यायोजन

## (Delegation of Authority)

**1. आज्ञा-क्रम का पालन**-सत्ता का प्रत्यायोजन करते समय सदैव ध्यान रखना चाहिए कि आज्ञा-क्रम का उल्लंघन न हो जाए अर्थात् एक व्यक्ति जिसको सत्ता प्रत्यायोजित की गई है वह सत्ता देने वाले अधिकारी का तुरन्त का अधीनस्थ (Immediate Subordinate) हो। यदि ऐसा नहीं किया गया तो इसे सत्ता की श्रेणी के सिद्धान्त (Principle of Line Authority) के विपरीत माना जाएगा। जब एक उच्च अधिकारी अपने तुरन्त के अधीनस्थ की अवहेलना कर संगठन के किसी अन्य अधिकारी को अथवा बाहरी किसी व्यक्ति को अपनी सत्ता देता है तो संगठन के कर्मचारियों में मनमुटाव उत्पन्न हो जाता है। इसे रोकने का उपाय यही है कि यदि सत्ता किसी वरिष्ठ अधिकारी को नहीं सौंपी जा सकती है तो वह किसी को भी न सौंपी जाए। कुछ विशेष परिस्थितियों में सत्ताधारी व्यक्ति वरिष्ठ अधिकारी के अतिरिक्त व्यक्तियों को अपनी सत्ता सौंपना अधिक उपयुक्त समझता है, साथ ही वरिष्ठ अधिकारी को भी इसमें अधिक आपत्ति नहीं होती। किन्तु ऐसा करने के पूर्व उसकी स्वीकृति लिया जाना आवश्यक है। जब कभी समान स्तर के अधिकारियों में सत्ता का प्रत्यायोजन किया जाए तो शक्ति के वितरण में एकरूपता बरती जानी चाहिए।

**2. पद के लिए**-सत्ताा का प्रत्यायोजन पद के लिए किया जानाचाहिए न कि किस व्यक्ति के लिए। **हैमेन** (Haimann) का कथन है कि एक उद्यम में व्यक्तियों की अपेक्षा पदों को

कर्त्तव्य सौंपे जाते हैं तथा सत्ता प्रत्यायोजित की जाती है। संगठन के विभिन्न पदों पर व्यक्तियों का रहना जरूरी होता है। इसके अभाव में सौंपी गई सत्ता और कर्त्तव्यों का पालन नहीं किया जा सकता। सम्भवत: यही कारण है कि जग हम सत्ता के प्रत्यायोजन की बात करते हैं तो पदों की अपेक्षा व्यक्तियों का उल्लेख किया जाता है।

**3. सामर्थ्य के अनुसार सौंपी जाए**–सत्ता के प्रत्यायोजन का एक अन्य सिद्धान्त यह है कि एक अधिकारी को केवल इतनी ही सत्ता सौंपी जाए जिसे वह निभा सके। दूसरे शब्दों में, ऐसी स्थिति उत्पन्न न हो जाए कि अधीनस्थ अधिकारी प्रत्यायोजित सत्ता को आगे प्रत्यायोजित कर दे। यदि संगठन में सत्ता का उप-प्रत्यायोजित जरूरी हो तो इसके लिए संगठन का प्रक्रिया की नियमावली में उल्लेख किया जाना चाहिए।

**4. कर्त्ता सत्तावान हो**–प्रत्यायोजन एक ऐसे अधिकारी द्वारा होना चाहिए जो समर्थ है तथा सत्ताधारी है जिस व्यक्ति के पास स्वयं की सत्ता नहीं है वह अन्य को कैसे प्रत्यायोजित कर सकता है।

**5. प्राप्तिकर्त्ता योग्य हो**–सत्ता प्राप्त करने वाले व्यक्तियों का योग्य होना भी आवश्यक है। जिन अधिकारियों को सत्ता सौंपी जा रही है वे इतने योग्य हों कि सत्ता के उत्तरदायित्वों को पूरा कर सकें।

**6. संक्षिप्त, स्पष्ट तथा लिखित**–संगठन में जब भी सत्ता का प्रत्यायोजन किया जाए तो वह संक्षिप्त, स्पष्ट तथा लिखित होना चाहिए ताकि संगठन के अन्य सभी सदस्य ाी उससे परिचत हो सकें।

## प्रत्यायोजन के लाभ

## (Advantage of Delegation)

संगठन में प्रत्यायोजन द्वारा प्राप्त लाभ निम्नलिखित हो सकते हैं–

**1. अधिकारियों के कार्यभार में कमी**–अधिकार प्रत्यायोजन का सबसे बड़ा लाभ यह है कि उच्च अधिकारियों का कार्यभार कम हो जाता है। उच्च अधिकारी छोटे-छोटे कार्यों के बारे में निर्णय लेने के लिए अधिकारी अधनीस्थ अधिकारियों को सौंप देते हैं जिससे उनके स्वयं का कार्य कम हो जाता है। इससे छोटे-छोटे कार्यों में उच्च अधिकारियों को अपना समय नष्ट नहीं करना पड़ता है और वे अपना समय एवं शक्ति महत्त्वपूर्ण कार्यों में लगाते हैं।

**2. संगठन की कार्यकुशलता में वृद्धि**–अधिकार प्रत्यायोजन के कारण कार्य छोटे-छोटे भागों में बँट जाता है तथा अलग-अलग व्यक्तियों को अपनी योग्यतानुसार कार्य सौंपा जाता है तथा आवश्यक अधिकार भी सौंपे जाते हैं। इससे कार्य निष्पादन अधिक तत्परता से सम्पन्न किया जाता है। इस प्रकार संगठन की कुशलता में वृद्धि होती है।

**3. अधीनस्थों के लिए अभिप्रेरण**–अधिकार प्रत्यायोजन के कारण अधीनस्थ व्यक्तियों की सामाजिक एवं मनोवैज्ञानिक आवश्यकताएँ पूरी होती हैं। अधीनस्थ व्यक्तियों को जब

निर्णयन का कार्य सौंपा जाता है तो उससे अपनत्व बढ़ता है। अत: कर्मचारियों को कार्य के प्रति अभिप्रेरणा प्राप्त होती है। **बेसिल** के अनुसार, "प्रबन्धकों के पास अच्छी कार्यक्षमता के लिए आवश्यकताओं को सन्तुष्ट करने एवं उत्प्रेरणा देने के लिए प्रत्यायोजन ही एक विधि है।"

**4. प्रबन्धकीय विकास**–अधिकार प्रत्यायोजन की प्रक्रिया से निम्नस्तरीय प्रबन्धकों को विभिन्न प्रबन्धकीय कार्यों तथा नियोजन, संगठन, निर्देशन एवं नियन्त्रण सम्बन्धी कार्य का ज्ञान होत है तथा विभिन्न निर्णय लेने से उनके विकास का मार्ग खुलता है। दायित्व और अधिकारों के प्रत्यायोजन में विभिन्न समस्याओं के सम्बन्ध में निर्णय लेने से उनके प्रबन्धकीय गुणों का विकास सम्भव होता है।

**5. मनोबल में वृद्धि**–प्रत्यायोजन के कारण संस्था के अधीनस्थों की स्थिति में सुधार होता है तथा उनके कार्यों को भी महत्त्व मिलने लगता है। इससे अधीनस्थों को कार्य के प्रति सन्तुष्टि प्राप्त होती है। इससे उनमें अधिक कार्य करने की भावना विकसित होती है और उनका मनोबल ऊँचा उठता है।

**6. प्रभावपूर्ण निरीक्षण**–अधिकार प्रत्यायोजन करने के बाद भी अन्तिम उत्तरदायित्व अधिकारी का होता है। अत: वह अपने अधीनस्थ कर्मचारियों के कार्यों का प्रभावशाली ढंग से निरीक्षण करता है।

**7. शीघ्रता**–अधिकार प्रत्यायोजन कर देने से कार्यों को शीघ्रतापूर्वक किया जा सकता है। प्रत्येक कार्य के लिए दिन-प्रतिदिन के निर्णय यथास्थान लिए जा सकते हैं, इससे कार्य करने में विशेष देरी नहीं होती है।

**8. अधिकार प्रत्यायोजन संगठन के कार्यों की कुँजी है**–अधिकारों का प्रत्यायोजन करने से किसी भी संगठन में सम्पन्न किये जाने वाले विभिन्न कार्यों को आसानी से पूरा किया जा सकता है। **मैक्फारलैण्ड** के अनुसार, "अधिकार प्रत्यायोजन संगठन प्रक्रिया का एक भाग होता है जिसके द्वारा एक अधिकारी अथवा प्रबन्धक अन्य व्यक्तियों द्वारा कम्पनी के कार्यों को पूरा करने को सम्भव बनाता है।"

**9. प्रभावशाली नियन्त्रण**–अधिकार प्रत्यायोजन के पश्चात् भी अन्तिम उत्तरदायित्व प्रत्यायोजन करने वाले अधिकारी के पास ही होता है। वह अपने अधीनस्थों से आवश्यक सूचनाएँ समय-समय पर माँगता रहता है। इससे नियन्त्रण स्थापित करने में आसानी रहती है। इसी प्रकार से निम्नस्तरीय प्रबन्धक भी अपने अधनीस्थों पर नियन्त्रण रखा पाते हैं।

**10. मानवीय सीमाओं का पूरक**–मानव असीमित मात्रा में कार्य व निरीक्षण नहीं कर सकता है। अत: प्रत्यायोजन का सहारा लेकर संगठन के सभी कार्यों को सम्पन्न किया जा सकता है।

## अधिकार प्रत्यायोजन की मात्रा

## (Quantity of Authority Delegation)

एक संगठन में उच्च अधिकारियों द्वारा अपने अधीनस्थों को किस मात्रा में अधिकारों का प्रत्यायोजन किया जाये, यह एक महत्त्वपूर्ण बात है। अधिकारों का प्रत्यायोजन कार्य को समय पर कार्यान्वित कराने के लिए किया जाता है, ताकि अधीनसी अधिकारी आवश्यकता पड़ने पर उचित निर्णय ले सकें। अधिकारों का प्रत्यायोजन किसी मात्रा में किया जाये, ये उच्च अधिकारियों की भावनाओं पर निर्भर करता है। इसके अतिरिक्त अनेक अन्य तथ्य भी प्रत्यायोजन की मात्रा अथवा सीमा को प्रभावित करते हैं। अधिकारों का प्रयायोजन उतना ही करना चाहिए कि संस्था के मूल लक्ष्यों की प्राप्ति आसानी से होती रहे और संस्था के सभी कार्यों में समन्वय स्थापित करने में किसी प्रकार की कठिनाई नहीं आये। अधिकार प्रत्यायोजन की मात्रा को निम्न घटक प्रभावित करते हैं–

1. निर्णयन प्रक्रिया में आने वाली लागत
2. संस्था की नीतियों में एकरूपता बनाये रखने की भावना।
3. निर्णयों एवं संस्था का आर्थिक आकार तथा निर्णयों में समन्वय स्थापित करने की मात्रा।
4. संस्था का पूर्व इतिहास, जिसमें अधिकारों का प्रत्यायेजन किस मात्रा में किया गया था।
5. संस्था के उच्च प्रबन्धकों का प्रबन्धकीय दृष्टिकोण तथा उनका प्रत्यायोजन की मात्रा में विश्वास।
6. संगठन का आकार तथा प्रबन्धकों की स्वतन्त्रता देने की इच्छा।
7. योग्य एवं अनुभवी प्रबन्धकों की उपलब्धि।
8. संस्था में काम में ली जाने वाली नियन्त्रण एवं समन्वय की तकनीकें।
9. संस्था के निर्णयन वातावरण को प्रभावित करने वाले तत्त्व।

## प्रत्यायोजन की सीमाएँ

## (Limitations of Delegation)

प्रत्यायोजन की प्रमुख सीमाएँ निम्नलिखित हैं-

**1. निर्धारित सीमा में प्रत्यायोजन**–अधिकांश संगठनों में उकने निर्माण के समय ही अधिकारों के प्रत्यायोजन की विस्तृत रूपरेखा निर्धारित कर दी जाती है, जिसके अन्तर्गत ही भविष्य में प्रत्यायोजन किया जा सकता है। अत: अधिकारों के प्रत्यायोजन पर यह सीमा लगी रहती है।

**2. कुछ अधिकारों का प्रत्यायोजन असम्भव**–कुछ अधिकार ऐसे होते हैं जिनका प्रत्यायोजन किसी भी स्थिति में नहीं किया जा सकता है, जैसे संगठन में समन्वय व इसके नियन्त्रण सम्बन्धी कार्य।

**3. अधीनस्थों की क्षमता**–प्रत्यायोजन अधनीस्थों की योग्यता, अनुभव और कार्य करने की शक्ति से भी सीमित होता है।

**4. नवीन संगठन**–नये संगठनों में प्राय: सीमित अधिकारों में ही अधिकारों का प्रत्यायोजन किया जा सकता है, क्योंकि अधीनस्थों की कार्यकुशलता, अनुभव और योग्यता के बारे में निश्चित रूप से पता नहीं होता।

**5. भौगोलिक परिस्थितियाँ एवं संचार साधन**–यदि संगठन एक ही स्थान पर स्थित है, तो उसकी संचार व्यवस्था भी कुशल होगी। ऐसी स्थिति में निरीक्षण व नियन्त्रण भी प्रभावी होगा। अत: अधिकारों का प्रत्यायोजन भी अधिक होगा। इसके विपरीत दशाओं में प्रत्यायोजन सीमित रहेगा।

**6. संगठन का आकार**–प्रत्यायोजन की मात्रा संगठन के आधार पर भी निर्भर करती है। छोटे संगठनों में प्रत्यायोजन की मात्रा कम होती है तथा बड़े संगठनों में अधिक।

**7. संगठन की प्रक्रिया**–संगठन में प्रत्यायोजन उस सीमा तक किया जा सकता है, जहाँ तक कि संगठन की प्रक्रिया पर प्रतिकूल प्रभाव नहीं पड़े।

**8. उच्चाधिकारियों का दृष्टिकोण**–यदि संगठन में उच्च अधिकारी अपने अधनीस्थों में विश्वास नहीं रखते हैं, प्रत्यायोजन के महत्त्व एवं उसकी कला से परिचित नहीं हैं, निर्देशन योग्यता में प्रवीण नहीं हैं तथा प्रजातांत्रिक दृष्टिकोण नहीं रखते हैं, तो प्रत्यायोजन कम मात्रा में होगा।

## प्रभावी प्रत्यायोजन की आवश्यक बातें

## (Essentials for Effective Delegation)

प्रत्यायोजन को प्रभावी एवं सफल बनाने के लिए निम्नलिखित बातों को ध्यान में रखना चाहिए–

1. अधिकारी को अपने अधिकारों एवं उत्तरदायित्वों को भली-भाँति समझ लेना चाहिए।
2. कार्य संचालन सम्बन्धी अभिलेखों तथा कागजात और प्रतिवेदन देने की समीक्षा करने की एक व्यवस्थित योजना से प्रत्यायोजन को सुगम बनाया जा सकता है।
3. प्रत्यायोजन करते समय उच्च अधिकारी को उदार दृष्टिकोण अपनाकर चलना चाहिए।
4. जहाँ तक समीव हो प्रत्यायोजन लिखित एवं औपचारिक होना चाहिए।
5. आदेश की एकता के सिद्धान्त का अनुपालन किया जाना चाहिए।

6. संगठन में पारस्परिक सहयोग, सद्‌भाव एवं विश्वस का वातावरण तैयार किया जाना चाहिए।
7. प्रत्यायोजन के लक्ष्यों एवं उद्देश्यों का स्पष्ट निर्धारण कर लिया जाना चाहिए।
8. प्रत्यायोजन के लिए यदि आवश्यक हो तो समुचित प्रशिक्षण की व्यवस्था की जानी चाहिए।
9. उच्च अधिकारियों द्वारा अधीनस्थों को सौंपे गये कार्य, शक्ति एवं उत्तरदायित्व में सन्तुलन स्थापित किया जाना चाहिए।
10. प्रत्यायोजन करते समय प्रत्यायोजन की सीमाओं का भी ध्यान रखा जाना चाहिए।
11. प्रत्यायोजन योजनाबद्ध होना चाहिए।
12. प्रत्यायोजन करते समय अधीनस्थों की योग्यता का पूर्ण ध्यान रखा जाना चाहिए।

## एक अच्छा प्रत्यायोजक
## (A Good Delegator)

प्रश्न है-एक अच्छा प्रत्यायोजन कौन-सा होता है और एक अच्छे प्रत्यायोजन में कौन-कौन से गुण पाए जाने चाहिए? प्रत्यायोजन के सिद्धान्तों के अध्ययन के अन्तर्गत उन विशेषज्ञताओं पर विचार किया गया था जो एक अच्छे प्रत्यायोजक के लिए अनिवार्य होती हैं। अच्छा प्रत्यायोजक प्राय: वह है जो प्रत्यायोजन के सिद्धान्तों को अपनी प्रक्रिया का आधार बनाता है तथा प्रत्यायोजन के मार्ग की बाधाओं को कम करने का प्रयास करता है। उसमें मुख्य रूप से ये गुण पाए जाने चाहिएँ-

**1. उदारता**-उसे प्रत्यायोजन करते समय उदार दृष्टिकोण अपनाकर चलना चाहिए अर्थात् वह सारी सत्ता का प्रयोग स्वयं ही करने में रुचि न ले तथा अधीनस्थ अधिकारियों को भी कुछ अवसर प्रदान करे ताकि वे अपनी योग्यताओं का विकास कर सकें।

**2. सीमाओं का ध्यान**-एक अच्छे प्रत्यायोजक को इतना अधिक उदार भी नहीं होा चाहिए कि वह प्रत्यायोजन की सीमाओं का ध्यान न रखे और अपना प्रत्येक अधिकार अधीनस्थों को सौंपने की प्रवृत्ति अपना ले। जिस प्रकार उदार दृष्टिकोण न अपनाने पर एक उच्च अधिकार कर्त्तव्य-भार से दब सकता है, उसी प्रकार अधिक उदार दृष्टिकोण अपनाने पर वह प्रभावहीन भी बन सकता है।

**3. स्पष्टता**-प्रत्यायोजन करते समय उच्च अधिकारी को चाहि कि वह स्पष्ट रूप से अपने अधीनस्थों को बता दे कि क्या करना है। प्रत्येक अधीनस्थ को यह ज्ञात होना जरूरी है कि उनको किन विषयों में निर्णय लेने की शक्ति सौंपी गई है तथा उनके निर्णय लेने की शक्तियों पर क्या सीमाएँ लगाई गई हैं।

**4. पर्यवेक्षण**-एक अच्छा प्रत्यायोजक शक्ति प्रदान करने के बाद उनकी ओर से निश्चिन्त नहीं हो जाता, बल्कि समय-समय पर इस बात की जाँच करता रहता है कि प्रत्यायोजित की गई शक्तियों को सही प्रकार से तथा उचित सीमाओं में प्रयोग किया जा रहा है अथवा नहीं। एक अच्छे प्रत्यायोजक का अधीनस्थों को सौंपे गए कार्य, शक्ति एवं उत्तरदायित्व में सन्तुलन स्थापित करना चाहिए। उसे यह देखते रहना चाहिए कि नवीन परिस्थितियों के कारण अधीनस्थों की सत्ता, कर्त्तव्य या उत्तरदायित्व में क्या परिवर्तन किया जाए।

**5. सीमित हस्तक्षेप**-प्रत्यायोजन करते समय अधीनस्थ अधिकारियों को जो सत्ता सौंपी जाती है उस पर लगी सीमाओं के कारण एक ऐसा क्षेत्र बच जाता है जिसमें इसे निर्णय लेने का अधिकार नहीं होता।

## एक सफल प्रत्यायोजन के उपाय

## (Devices of Successful Delegation)

1. उच्च अधिकारियों को कर्मचारी-वर्ग के साथ नियमित रूप से सम्बन्ध स्थापित रखना चाहिए कि सत्ता का प्रयोग किस प्रकार किया जा रहा है। प्रत्यायोजन के सम्बन्ध में समय-समय पर अनेक समस्याएँ उठती रहती हैं। उच्च अधिकारी का यह कर्त्तव्य है कि वह सम्बन्धित व्यक्तियों से समस्याओं पर विचार-विमर्श करे और यदि उनके मस्तिष्क में संगठन की प्रक्रिया से सम्बन्धित कोई सन्देह हो तो उसे दूर कर दे।

2. प्रत्यायोजित सत्ता की सीमाओं को स्पष्ट रूप से परिभाषित किया जाना चाहिए। यह उचित है कि सत्ता के क्षेत्र को लिखित रूप में निर्धारित कर दिया जाए ताकि अधीनस्थ अधिकारियों को मार्गदर्शन प्राप्त होता रहे। प्रत्येक पदाधिकारी के सत्ता-क्षेत्र को स्पष्ट करने के लिए व्याख्याएँ, लेखे तथा चार्ट तैयार किए जाने चाहिए है। **हैमेन** (Haimann) का विचार है कि यद्यपि प्रत्यायोजन करने वाले प्रबन्धक द्वारा सत्ता के क्षेत्र को स्पष्ट रूप से लिखित रूप दे देने के पश्चात् भी उसका कर्त्तव्य है कि समय-समय पर वह देखता रहे कि अधीनस्थ अधिकारी प्रत्यायोजित सीमाओं में कार्य कर रहा है अथवा नहीं। जब कार्य के संचालन से सम्बन्धित अभिलेखों और कागजातों का व्यवस्थित योजनानुसार अवलोकन किया जाता है तो संगठन में नियन्त्रण रखना सुविधाजनक बन जाता है। 3. अधीनस्थ अधिकारियों को, जिन्हें सत्ता प्रत्यायोजित की जाती है, कर्त्तव्य है कि वे अपने कार्यों की प्रगति, परिणाम और समस्याओं के सम्बन्ध में उच्च अधिकारियों को सूचित करते रहें। उच्च अधिकारी का भी यह कर्त्तव्य है कि वह इन सूचनाओं की समीक्षा करता रहे ताकि संगठन की प्रवृत्ति एवं समस्याओं का एक स्पष्ट चित्र उसके सामने प्रस्तुत रहे। अधनीस्थ अधिकारियों द्वारा भेजे जाने वाले प्रतिवेदन सरल और संक्षिप्त होने चाहिए।

4. सत्ता प्रत्यायोजन संगठन के अध्यक्ष ओर अधीनस्थों के बीच स्थिति एक विशेष प्रकार का सम्बन्ध है। कुछ व्यक्तिगत दृष्टिकोण प्रत्यायोजन की कला में महत्त्वपूर्ण योग देते हैं। कई अधिकारी दूसरों द्वारा की गई गलतियों को सामान्य नियम अथवा रूटीन (Routine) मानते हैं।

कभी-कभी गलकितयों को वे अधिक गम्भरता से नहीं देखते ओर यदि गलतियाँ बार-बार की जाती हैं तो वे अधीनस्थ अधिकारियों को मार्गदर्शन करते हैं। प्रत्यायोजन की सफलता के लिए आवश्यक है कि उच्च अधिकारी अधनीस्थों की गलतियों के प्रति एक विशेष दृष्टिकोण अपनाएँ और यह मानकर चलें कि प्रत्येक व्यक्ति भूलें करके ही सीखता है।

5. एक अच्छे प्रत्यायोजन के लिए अधीनस्थ अधिकारियों के प्रति अध्यक्ष के मन में विश्वास होना अत्यन्त आवश्यक है। कई संगठनों में यह देखने में आता है कि उच्च अधिकारी सम्भावित विकास के प्रति भयभीत रहते हैं। वे यह सोचते हैं कि प्रत्यायोजन द्वारा अधीनस्थ इतने योग्य बन जाएँगे कि उनका स्वयं का काई महत्त्व नहीं रहेगा। एक अच्छे प्रत्यायोजन में इस प्रकार का भय नहीं होना चाहिए।

6. एक संगठन में प्रत्यायोजन को सुलभ और प्रभावी बनाने के लिए जरूरी है कि अध्यक्ष की सहायतार्थ कुछ कर्मचारी नियुक्त किए जाएँ जिनका यह दायित्व हो कि प्रत्यायोजित की गई शक्तियों के व्यवहार का निरीक्षण कर यह देखें कि कहा क्या हो रहा है। इस प्रकार के निरीक्षण एवं सर्वेक्षण से अनेक प्रक्रिया सम्बन्धी दोष सामने आते हैं। इन दोषों को दूर करने के लिए उपाय ढूँढना संगठन की प्रगति के लिए आवश्यक है।

❑❑❑

## 7

# राजनीति का केन्द्रीकरण

कुछ विचारकों का मत है कि संगठन की अनेक समस्याओं में एक यह समस्या भी महत्त्वपूर्ण है कि प्रशासन की पूर्ण नियन्त्रण एकता एवं निश्चिन्तता की स्वाभाविक इच्छा का जनता की इस माँग से किस प्रकार सामंजस्य बैठाया जाए कि सरकारी प्रशासन को स्थानीय भावनाओं के अनुरूप होना चाहिए। दूसरे शब्दों में, संगठन के सम्बन्ध में एक मुख्य समस्या यह उठती है कि सरकारी प्रशासन को केन्द्रीकृत रखा जाए अथवा उसका विकेन्द्रीकरण किया जाए। यहाँ नियोजित अर्थव्यवस्था, सशक्त एवं प्रभावशाली प्रतिरक्षा तथा राष्ट्रीय एकता की आवश्यकता केन्द्रीकरण पर बल देती है वहाँ सामान्य जनसहयोग से लोकतन्त्र की स्थापना का आश्वासन और क्षेत्रीय स्वायत्तता की बढ़ती हुई माँग विकेन्द्रीकरण का समर्थन करती है। भारत में योजना आयोग केन्द्रीकरण का प्रतीक है तो पंचायत राज्य विकेन्द्रीकरण की प्रवृत्ति का।

### केन्द्रीकरण का अर्थ एवं परिभाषाएँ

### (Meaning and Definitions of Centralisation)

जब उच्च अधिकारियों द्वारा अधीनस्थों को अधिकारों का हस्तान्तरण नहीं किया जाता है तो वह केन्द्रीकरण कहलाता है। दूसरे शब्दों में, जब संगठन में नीति निर्धारण और निर्णय लेने की शक्तियाँ एक स्थान पर प्राय: संगठन के सर्वोच्च शिखर पर निहित होती हैं तो उस स्थिति को केन्द्रीकरण की अवस्था कहा जाता है। यह संगठन में प्रत्यायोजन के पूर्णत: विपरीत व्यवस्था है।

प्रबन्धन और प्रशासन का लगभग पूर्ण दायित्व उच्च अधिकारियों के हाथ में होने पर उसे केन्द्रीकरण कहा जाता है। इसमें अधीनस्थ अधिकारियों एवं कर्मचारियों को निर्णय लेने व स्वविवेक का प्रयोग का अधिकार नहीं होता है। इन्हें सभी कार्यों को करने के लिए उच्च अधिकारियों से आदेश प्राप्त करने होते हैं।

**परिभाषाएँ**–केन्द्रीकरण की कुछ प्रमुख परिभाषाएँ निम्नलिखित हैं–

1. **हेनरी फेयोल** के अनुसार, "अधीनस्थों की भूमिका को कम करने के लिए जो भी कदम उठाये जाते हैं, वे सब केन्द्रीकरण के अन्तर्गत आते हैं।"

2. **ऐलन** के अनुसार, "किसी संगठन के केन्द्रीय बिन्दुओं पर व्यवस्थित एवं स्थायी ढंग से अधिकार सुरक्षित करने को केन्द्रीकरण कहा जाता है।"

3. **एल. डी. ह्वाईट** के अनुसार, "प्रशासन के निम्न तल से उच्च तर की ओर प्रशसकीय सत्ता के हस्तान्तरण की प्रक्रिया को केन्द्रीकरण कहते हैं।"

4. **विलोबी** के अनुसार, "अत्यधिक केन्द्रीकृत व्यवस्था में स्थानीय इकाइयाँ केवल कार्यवाहक अभिकरण के रूप में कार्य करती हैं, उन्हें अपनी पहल से कार्य करने की कोई शक्ति प्राप्त नहीं होती है। प्रत्येक कार्य केन्द्रीय कार्यालय की ओर से किया जाता है, यहाँ तक कि आन्तरिक प्रबन्ध के मामलों में जैसे कि कर्मचारियों की पदोन्नति, प्रशासन के साधनों को जुटाना इत्यादि में भी क्षेत्रीय कार्यालय की मुख्य कार्यालय की पूर्व अनुमति लेनी पड़ती है।"

5. **एम. पी. शर्मा** के अनुसार, "यदि निर्णय करने की अधिकांश शक्ति उच्चतम स्तरों पर इस प्रकार से एकत्रित हो जाए कि निम्नतर स्तरों के अधिकारी लगभग प्रत्येक प्रश्न पर निर्णय लेने के लिए अपने से ऊँचे अधिकारी के अथवा उच्चतम अधिकारी के पास दौड़ते रहें तो यह माना जायेगा कि संगठन का स्वरूप केन्द्रित है।"

निष्कर्ष के रूप में यह कहा जा सकता है कि केन्द्रीकरण तब कहलाता है जबकि संगठन से सम्बन्धित अधिकांश निर्णय मुख्य कार्यकारी या सर्वोच्च अधिकारी द्वारा लिए जाते हों तथा उसके हाथों में ही अत्यधिक शक्ति निहित हो तथा कार्य करने वाले अधिकारियों एवं कर्मचारियों द्वारा निर्णय नहीं लिए जाते हों।

## केन्द्रीकरण की विशेषताएँ
## (Characteristics of Centralisation)

केन्द्रीकरण की कुछ प्रमुख विशेषताएँ निम्नलिखित हैं–

1. संगठन में सभी प्रकार के निर्णय उच्च अधिकारियों द्वारा लिए जाते हैं।
2. केन्द्रीकरण की स्थिति में अधिकारों का प्रत्यायोजन नहीं किया जाता है।
3. केन्द्रीकरण की व्यवस्था में अधीनस्थ निर्णय लेने का कार्य नहीं करते हैं वरन् वे तो केवल कार्य निष्पादन का कार्य ही करते हैं।

4. सर्वोच्च अधिकारी के हाथ में सम्पूर्ण शक्ति केन्द्रित होती है।
5. अधीनस्थ अधिकारियों को उच्च अधिकारियों से आदेश प्राप्त करने होते हैं।
6. अधीनस्थों को अपने स्वविवेक के प्रयोग करने का अधीकार नहीं होता है।

## केन्द्रीकरण की आवश्यकता
## (Need of Centralisation)

निम्नलिखित दशाओं में केन्द्रीकरण की आवश्यकता होती है-

1. संस्था या संगठन में लिए जाने वाले निर्णयों में एकरूपता लाने के लिए केन्द्रीकरण उपयुक्त रहता है।
2. जिन संस्थाओं में किस्म नियन्त्रण आवश्यक है, वहाँ केन्द्रीकरण की आवश्यकता अधिक होती है।
3. संस्था के कार्यों में उचित समन्वय बनाये रखने के लिए।
4. केन्द्रीकरण संस्था में इसलिए भी आवश्यक है, क्योंकि यह आपातकालीन स्थिति का सामना करने में सक्षम रहता है।
5. अत्यधिक विकेन्द्रीकरण करने से कार्य मं आने वाली शिथिलता को कम करने के लिए विकेन्द्रीकरण उपयोगी होता है।

## केन्द्रीकरण के गुण या लाभ
## (Merits or Advantages of Centralisation)

केन्द्रीकरण के प्रमुख गुण या लाभ निम्नलिखित हैं जो इसके महत्त्व को भी स्पष्ट करते हैं-

**1. व्यक्तिगत नेतृत्व को अधिक समर्थ बनाना**-केन्द्रीकरण व्यक्तिगत नेतृत्व को अधिक समर्थ बनाता है। यदि संगठन विशेष बड़ा न हो तो उसमें व्यक्तिगत नेतृत्व का विशेष महत्त्व होता है। एक व्यक्ति का नियन्त्रण अपनी कुशलता, अनुभव ओर प्रतिभा के कारण संगठन की कार्यकुशलता में वृद्धि कर सकता है।

**2. राष्ट्रीय हित सर्वोपरि**-केन्द्रीकृत शासन में राष्ट्रीय हित सर्वोपरि होते हैं। अतः इस व्यवस्था में स्थानीय राजनीति शासन पर हावी होने से प्रशासन में पक्षपात व भाई-भतीजावाद आदि के दोष उत्पन्न नहीं पाते हैं।

**3. नागरिकों के लिए सुविधाजनक**-केन्द्रीकरण का अर्थ है कि नागरिकों को केवल एक ही प्रशासन पर ध्यान देना होता है जो अधिक सुविधाजनक है।

शिक्षा प्रबन्ध मूलतः व्यक्तियों के साथ सौहार्दपूर्ण वातावरण में मानवीय दृष्टि से ओत-प्रोत कार्य निष्पादन की कला है। शिक्षा प्रबन्धक सदैव अपने साथी अध्यापकों के कार्यों का निर्धारित

लक्ष्यों और उद्देश्यों की प्राप्ति हेतु निर्धारित दिशाओं में मार्ग प्रशस्त करता है7 प्रबन्धक विद्यालय के विभिन्न नियुक्त व्यक्तियों को यह बताता है कि उन्हें क्या करना है, कैसे करना है तथा यह भी देखना कि वे व्यक्ति अपना कार्य उसी भाँति कर रहे हैं या नहीं। निर्देशन से गति मिलती है और संस्था के समस्त परिवार को प्रेरणात्मक शक्ति प्राप्त होती है। निर्देश लिखित रूप से दिए जाने चाहिए, जिससे उनकी अनुपालन व अवहेलना पर आवश्यक नियन्त्रण रखा जा सके।

भारत में स्वतन्त्रता के बाद विद्यार्थियों की बढ़ती जनसंख्या, पाठ्यक्रम की विविधता व जटिलता, समाज की आकांक्षाओं तथा बढ़ते तकनीकी वैज्ञानिक विकास ने छात्र निर्देशन को एक विशिष्ट अनिवार्य सेवा के रूप में प्रतिष्ठित कर दिया है। यह निर्देशन सेवा आम शिक्षकों से हट कर प्रशिक्षित निर्देशक के हाथों आ गई है। यह बात अलग है कि संसाधनों के अभाव के कारण ही हम आज भी आम शिक्षक से ही यह कार्य करा रहे हैं, परन्तु इसके महत्त्व को नकारा नहीं जा सकता। यही कारण है कि माध्यमिक शिक्षा आयोग की रिपोर्ट में कहा गया है कि शिक्षा अधिकृतियों को शैक्षिक निर्देशन पर अब अधिक ध्यान देना चाहिए। शिक्षा का एक प्रमुख उद्देश्य विद्यार्थियों की क्षमता का अधिकतम उपयोग करते हुए उसके व्यक्ति का विकास करना है। निर्देशन शिक्षा के इसी कार्य की पूर्ति करता है। इस कार्यक्रम के माध्यम से, छात्र की दक्षताओं तथा उसकी कमजोरियों को समझकर उसके सर्वतोन्मुखी विकास के लिए उसे मार्गदर्शन दिया जाता है। छात्र का उसके परिवेश में उचित समायोजन भी इस कार्यक्रम का महत्त्वपूर्ण अंग है। वस्तुत: प्रत्येक शिक्षक को अपनी कक्षा के प्रत्येक विद्यार्थी की क्षमताओं, रुचियों तथा अभिरुचियों का ज्ञान होना आवश्यक है। इसी ज्ञान के आधार पर ही निर्देशन काय्रक्रम की आधारशिला होगी। यदि सावधानी और निष्ठा से यह मार्गदर्शन दिया गया तो वह न केवल विद्यार्थी वरन् समाज और राष्ट्र के विकासमान भविष्य की आधारशिला होगी। इस कार्यक्रम के आधार पर ही जनतन्त्रीय विकासमान भारतीय समाज के सृजनशील व चरित्रवान नागरिकों की नींव रखी जा सकेगी।

**ट्रैक्सलर** ने निर्देशन को परिभाषित करते हुए लिखा है कि निर्देशन "प्रत्येक व्यक्ति को उसकी योग्यता व रुचियों को समझकर उनका जितना विकास सम्भव है उतना विकास करे व उन्हें जीवन के लक्ष्यों से सम्बद्ध करें। अत: वह एक ऐसी स्थिति पर पहुँचे जब वह पूर्ण परिपक्व व निर्दिष्ट होता हुआ समाज व्यवस्था का एक उपयोगी सदस्य बन सके।"

**1. चाईशोल्म** के अनुसार, "निर्देशन द्वारा व्यक्ति को इस बात में सहायता प्राप्त होती है कि वह अपनी विशेषताओं को पहचान सके, प्राप्त अवसरों को जान सके, और समाज के हित को ध्यान में रखते हुए एक समायोजित जीवन व्यतीत कर सके।"

**2. ट्रैक्सलर** के अनुसार–"निर्देशन का प्रधान उद्देश्य है–प्रत्येक व्यक्ति को इस बात की सहायता प्रदान करना कि वह अपनी क्षमताओं और रुचियों को समझ सके और उनका विकास करते हुए उनका सम्बन्ध जीवन के मूल्यों तथा उद्देश्यों से जोड़ सके। निर्देशन की चरम सीमा इसी में है कि प्रत्येक व्यक्ति अपना निर्देशन आप करते हुए, समाज का एक उपयोगी सदस्य बन सके।"

**3. विल्ली तथा एण्ड्रयू** के अनुसार, "निर्देशन द्वारा व्यक्ति को इस बात की सहायता दी जाती है कि वह जिस समाज या वातावरण में रहता है, उसके साथ सुचारु रूप से समायोजन स्थापित कर सके। विशेष रूप से व्यक्ति को यह सहायता देनी है कि वह जीवन की योजना बनाते समय समुचित साधनों और मूल्यों को अपने सामने रखे ताकि जीवन में आने वाले नाजुक मोड़ों और समस्याओं का निराकरण करते हुए, निर्धारित लक्ष्यों तक कुशलतापूर्वक पहुँच सके।"

**4. जॉन ब्रूअर**–(i) जिस व्यक्ति को निर्देशन दिया जा रहा है, वह

(अ) कोई न कोई समस्या हल कर रहा है,

(ब) किसी न किसी कार्य को पूरा कर रहा है, अथवा

(स) किसी उद्देश्य की ओर गतिशील है।

(ii) जिस व्यक्ति को निर्देशन दिया जा रहा है, वही इस सम्बन्ध में पहल करता है तथा निर्देशन के लिए प्रार्थना करता है।

(iii) निर्देशक सहानुभूतिपूर्वक तथा मित्रतापूर्वक समस्या को समझता है।

(iv) निर्देशक इसलिए निर्देशक है कि उसका अनुभव, उसका ज्ञान तथा उसकी योग्यता अधिक होती है।

(v) निर्देशन की पद्धति है–नए अनुभवों तथा ज्ञानोद्दीप्ति के अवसर प्रदान करना।

अध्यापकगण तथा निर्देशन से सम्बन्धित अन्य व्यक्ति इसका सम्बन्ध निम्नलिखित तथ्यों से स्थापित करते हैं–

1. शैक्षिक अभिलेख (Scholastic Records) तैयार करना।
2. अनुत्तीर्ण छात्रों के उपचारात्मक (Remedial) शिक्षण।
3. एक पाठचर्या (Curriculum) से दूसरी पाठ्यचर्या में स्थानान्तरित होने वाले छात्र-छात्राओं को सहायता देना
4. पाठ्यक्रम सहगामी क्रियाओं में सन्तुलन स्थापित करना।
5. छात्रों की शैक्षिक निपुणता सम्बन्धी अन्य कार्य।

## निर्देशन के प्रकार
## (Type of Direction)

केन्द्रीकरण की कुछ प्रमुख विशेषताएँ निम्नलिखित हैं–

### 1. विद्यालय निर्देशन (School Direction)

इसे शैक्षिक निर्देशन (Education Direction) भी कहा जाता है। इसका सम्बन्ध निम्न

तथ्यों से है-

(i) छात्रों के लिए उपयुक्त विद्यालयों का चयन।

(ii) पाठ्चार्याओं का चयन।

(iii) विद्यालय के कार्यक्रम के साथ समायोजन।

आज शैथ्क्षक निर्देशन को ही विद्यालय निर्देशन का प्रमुख आधार माना जाता है। इस निर्देशन के अन्तर्गत छात्र के विद्यालय में प्रवेश के बाद विद्यालय के पाठ्यक्रम, यथा-विषयों के चयन, विविध संकायों में से चुनाव, पाठ्य सहगामी प्रवृत्तियों की जानकारी तथा चुनाव में योग, प्रवेश प्रक्रिया, मूल्यांकन आदि क्षेत्रों में परामर्श या मार्गदर्शन देना आता है।

**2. व्यावसायिक निर्देशन (Vocational Direction)**

इसका सम्बन्ध नीचे लिखी बातों से है-

(i) वृत्ति (Occupation) के चयन में सहायता।

(ii) वृत्ति के लिए तैयार करना।

(iii) वृत्ति दिलवाना।

(iv) वृत्ति में प्रगति करना।

बेकारी की समस्या के कारण आजकल इस निर्देशन की बड़ी आवश्यकता है।

यह निर्देशन सेवा उस समय प्रारम्भ होती है, जब छात्र अध्ययन के साथ किसी व्यवसाय का चुनाव करता है। वर्तमान में 10वीं कक्षा उत्तीर्ण होने के बाद ऐसे मार्गदर्शन व परामर्श की आवश्यकता छात्रों को है। मार्गदर्शन के अन्तर्गत निर्देशक विभिन्न व्यवस्थाओं में प्रवेश की योग्यता तथा व्यावसायिक प्रशिक्षण की अवधि के बाद नियोजन स्थिति का परामर्श छात्र योग्यता, रुचि व अभिवृत्तियों का पता लगाकर देता है।

इस तरह के मार्गदर्शन की आवश्यकता निरन्तर अनुभव की जा रही है। इसका एक कारण शिक्षितों में निरन्तर बढ़ती बेरोजगारी है। मार्गदर्शक, ऐसे व्यवसाय के चुनाव को परामर्श दे सकता है, जिसमें रोजगार के अवसर अधिक हों। वह छात्रों को ऐसे रोजगारों के लिए उचित योग्यता बढ़ाने तथा प्रशिक्षण आदि केन्द्रों की जानकारी प्रदान कर सकता है।

**3. अवकाश निर्देशन (Leisure Type Direction)**

आजकल भिन्न-भिन्न व्यवसायों के कार्य के घण्टे कम किए जा रहे हैं। इसलिए यह आवश्यक है कि कार्यकर्त्तागण अपने अवकाश के समय का सदुपयोग कर सकें।

अध्ययन के बाद अथवा अवकाश के दिनों में छात्र के सयम का सदुपयोग हो और यह समय वैयक्तिक व सामाजिक विकास में श्रेयस्कर प्रवृत्तियों में लगे, इसके लिए इस प्रकार के

निर्देशन की आवश्यकता है। निर्देशन विभिन्न सामाजिक, सांस्कृतिक, अनुरंजनात्मक, सद्साहित्य, पठन-पाठन आदि कार्यों में उनके खाली समय को लगा सकता है। वस्तुत: अवकाश निर्देशन शैक्षिक निर्देशन का ही पूरक है।

विद्यार्थियों का समय पठन के बाद सद्प्रवृत्तियों में लगाना चाहिए अन्यथा किशोर और युवा पथभ्रमित होते देखे गये हैं। अनेक व्यसनों, कुसंगतियों से बचाव के लिए इस प्रकार का मार्गदर्शन वैयक्तिक ही नहीं सामाजिक व राष्ट्रीय दृष्टि से आवश्यक प्रतीत होता है।

**4. स्वास्थ्य निर्देशन (Health Direction)**

स्वास्थ्य निर्देशन का लक्ष्य है-व्यक्ति के शारीरिक तथा मानसिक स्वास्थ्य को विकसित करना। अध्यापक, मनोवैज्ञानिक, वैद्य या डॉक्टर तथा परिचारिकाएँ (Nurses) अवरानुकूल ठीक-ठीक स्वास्थ्य निर्देशन का कार्य कर सकते हैं।

अत: प्रारम्भ से ही स्वस्थ आदतों, घूमना, व्यायाम, सन्तुलित भोजन, सामान्य बीमारियों की पहचान व उनकी रोकथाम, प्राथमिक चिकित्सा आदि का ज्ञान प्रत्येक विद्यार्थी को होना चाहिए। अत: इस प्रकार का मार्गदर्शन व परामर्श विद्यालय कार्यक्रम का अभिन्न अंग होना चाहिए। सम्भव हो तो निकटस्थ औषधालय अथवा अस्पताल के डॉक्टरों की सेवाएँ भी इसके लिए ली जानी चाहिए।

**5. चरित्र निर्देशन (Character Direction)**

इस प्रकार के निर्देशन का प्रयोजन है, व्यक्ति के नैतिक चरित्र को समुन्नत करना। आज के विद्यालयों में इस कार्य की उपेक्षा की जा रही है, इसलिए यक्ति का नैतिक स्तर गिर रहा है। अध्यापक तथा अन्य विद्यालय अधिकारी इस सम्बन्ध में महत्त्वपूर्ण कार्य कर सकते हैं। किसी भी समाज अथवा राष्ट्र के विकास का सुदृढ़ आधार उसके युवाओं व नागरिकों का चरित्र है। भ्झारत में चारित्रिक संकट की स्थिति है। ऐसी स्थिति में इस प्रकार का परामर्श व मार्गदर्शन मिलना जिसके द्वारा नैतिक वृत्तियों का विकास हो, दिया जाना अत्यावश्यक प्रतीत होता है।

**6. नागरिक निर्देशन (Civic Direction)**

नागरिक निर्देशन के द्वारा व्यक्ति में ऐसे गुण विकसित किए जाते हैं जिनके आधार पर वह एक सुयोग्य नागरिक बन सके तथा आवश्यकता पड़ने पर देश के प्रशासन में उत्तरदायित्व का पद ग्रहण कर सके।

किसी भी जनतन्त्रीय समाज का विकास उसके नागरिकों की गुणवत्ता पर निर्भर करता है7 नागरिक अपने कर्त्तव्यों का पालन किस प्रकार करता है, इसी पर विकास सम्भव होता है। अत: छात्र के सामाजिक व राष्ट्रीय दायित्वों के प्रति निर्देशन आज हर विद्यालय एवं महाविद्यालय की अपरिहार्य आवश्यकता बन गयी है।

## निर्देशन प्रकिया
## (Direction Process)

निर्देशन कार्य के लिए विद्यालय अधिकृतियों द्वारा प्रक्रिया निश्चित करना आवश्यक है। प्रक्रिया की समझ शिक्षक व परामर्शदाता को होना आवश्यक है। निर्देशन प्रक्रिया में निम्न चरणों को समाविष्ट किया जाता है-

1. व्यक्ति के सम्बन्ध में समस्त सूचनाएँ।
2. तत्सम्बन्धी पर्यावरण-भौतिक व सामाजिक वातावरण सम्बन्धी तथ्य-
3. दत्तों का वर्गीकरण व व्यवस्थापन।
4. विचार-विमर्श व मन्त्रणा।
5. सलाह निर्देशन सम्बन्धित व्यक्तियों के लिए आकलन।
6. प्रभाव आकलन।

व्यक्ति निद्रेशन प्रक्रिया का मूल आधार है। अतः व्यक्ति के सम्बन्ध में आवश्यक दत्त जानना निर्देश के लिए पूर्ण आवश्यक है। व्यक्ति सम्बन्धी दत्तों के संग्रह करने से पूर्व निम्नलिखित प्रश्न करना आवश्यक है-

1. किस प्रकार का प्रयोजन है? तदनुसार किस प्रकार के दत्तों का संग्रह किया जाना चाहिए?
2. दत्तों के प्राप्त करने के क्या स्रोत होंगे?
3. इन दत्तों को प्राप्त करने की क्या विधियाँ होंगी?
4. इन दत्तों का किस प्रकार से संग्रह तथा विश्लेषण किया जा सकता है
5. निष्कर्षों को किस प्रकार निकाला जा सकता है तथा
6. इनका प्रयोग किया प्रकार प्रभावशाली ढंग से किया जा सकता है?

विद्यालय निर्देशन कार्यक्रम के मूल उद्देश्य निम्नांकित हैं-

1. विद्यार्थी को उसकी शैक्षिक प्रगति में योग देना।
2. विद्यार्थी के वैयक्तिक समायोजन में योग देना।
3. विद्यार्थी को उसके समूह व समाज के समायोजन में योग देना।
4. वैयक्तिक भिन्नताओं के आधार पर समाज के समायोजन में योग देना।

उपर्युक्त या इनके अतिरिक्त अन्य उद्देश्यों के लिए आज मानकीकृत में शैक्षिक तथा

मनोवैज्ञानिक उपकरण उपलब्ध हैं। फिर भी देश, काल, सामाजिक एवं वैयक्तिक भिन्नता को ध्यान में रखकर अलग से उपकरण भी बनाए जा सकते हैं।

**दत्त तकनीक**

विद्यार्थियों के सम्बन्ध में सामान्य दत्त संग्रह की अनेक तकनीकें हैं, परन्तु प्रचलित व पारम्परिक कतिपय तकनीक निम्न प्रकार की हो सकती है–

1. बालक का दैनिक अभिलेख, शैक्षिक रिकार्ड
2. आत्मकथा
3. भूमिका निष्पादन का प्रतिवेदन
4. समाजमित
5. प्रश्नावली
6. साक्षात्काल अभिसूची
7. बालक का पारिवारिक व सामाजिक रिकार्ड
8. व्यक्ति अध्ययन।

अनेक विद्यालयों ने विद्यार्थी सम्बन्धी वैयक्तिक सूचनाओं के संग्रह के 'कार्ड' मुद्रित करा रखे हैं। इन कार्डों में मुख्य सूचनाएँ निम्नानुसार अंकित की जाती हैं–

विद्यार्थी सूचना प्रपत्र

1. अ– नाम........................ धर्म ............................ आयु...................
कक्षा......................

ब– कद ..................... वजन .................... शारीरिक स्वास्थ्य............
सामान्य/सन्तोष/उत्तम

2. अ– पारिवारिक पृष्ठभूमि–

| | शैक्षिक योग्यता | विशेष योग्यता/रुचियाँ/व्यवसाय | व्यवसाय |
|---|---|---|---|
| माँ | | | |
| पिता | | | |
| अभिभावक | | | |

भाई/बहिन/संख्या........................

ब- पारिवारिक आय.................. मासिक................

3. सामाजिक पृष्ठभूमि.......................

4. निवास स्थान...............................

5. विशेष योग्यता/रिकार्ड....................

6. विशेष रुचियाँ.............................

7. विद्यालय अनुशासन.......................

8. विद्यालय कार्यकलापों में सहभागिता

9. शिक्षक अभिमत

10. विशेष विवरण

नोट–इस प्रपत्र में आवश्यकतानुसार सूचनाएँ घटाई व बढ़ाई जा सकती हैं–

## निर्देशन के प्रयोजन

## (Functions of Direction)

निर्देशन के कार्यक्रम का संगठन करते समय, उसके निम्नलिखित प्रकार्य सदा ध्यान में रखने चाहिए–

### 1. सूचना प्राप्त करना तथा सूचना प्रदान करना

इसमें जीवन के सभी पहलू आ जायेंगे जिनका उल्लेख निर्देशन के प्रकारों में किया गया है।

### 2. अन्य संस्थाओं के साथ सहयोग

बेकारी, शारीरिक अस्वस्थना, कुपोषण, मनोरंजन सुविधाओं का अभाव तथा इस प्रकार की अन्य समस्याओं का निराकरण विद्यालय अकेला ही नहीं कर सकता। उसे समाज की अन्य संस्थाओं का सहयोग प्राप्त करना होगा। कुछ प्रमुख संस्थाएँ हैं–अन्य शिक्षण संस्थाएँ, अध्यापक, अभिभावक संघ, औद्योगिक संस्थाएँ, श्रेमिक संस्थाएँ, धार्मिक तथा सांस्कृतिक संस्थाएँ इत्यादि।

### 3. विद्यार्थियों का ठीक-ठीक प्रस्थापन

निर्देशन कार्यक्रम पद, विद्यालय तथा पाठचर्याओं की दृष्टि से विद्यार्थियों के ठीक-ठीक प्रस्थापन (Placement ) में सहायता प्रदान करेगा। यह काग्र प्रस्थापन सेवा (Placement Service) द्वारा किया जा सकता है। प्रस्थापन सेवा इस कार्य में नियोक्ताओं (Employers) तथा अन्य विद्यालयों का सहयोग प्राप्त करेगी और आवश्यकता पड़ने पर विद्यालयों को सुझाव देगी कि वे अपने-अपने कार्यक्रमों में अमुक-अमुक परिवर्तन करें।

**4. विद्यार्थियों को परामर्श देना**

विद्यालय के विद्यार्थियों को समूहिक तथा व्यक्तिगत रूप-दोनों प्रकार से ही परामर्श (Counselling) दिया जा सकता है। विद्यार्थियों के घरों में जाना और उनकी आवश्यकताओं का व्यक्तिगत रूप से अध्ययन करना-ये सब बातें व्यक्तिगत परामश्र में आयेंगी।

अन्त में यह कहा जा सकता है कि निर्देशन-कार्यक्रम की पहुँच व्यक्तिगत रूप में प्रत्येक विद्यार्थी तक होनी चाहिए। केवल कुछ सस्यात्मक मामलों को लेना ही इसका प्रयोजन नहीं होना चाहिए।

किसी विद्यालय के निर्देशन-कार्य की संगठित योजना बनाते समय नीचे लिखी बातें ध्यान में रखी जायेंगी-

1. विद्यार्थियों की संख्या,
2. अध्यापकों की संख्या,
3. कार्यक्रम का स्वरूप

□□□

# 8

# राजनीति सिद्धान्त

'संचार' शब्द का प्रयोग प्राय: ज्ञान के प्रसार या सूचना भेजने के अर्थ में किया जाता है। फिर भी यहाँ इस शब्द का कहीं अधिक विस्तृत अर्थ है। इसमें विचारों का आदान-प्रदान, विचारों की साझेदारी तथा भाग लेने की भावना सम्मिलित है। इस प्रकार, संचार का मूल अर्थ सूचना नहीं, बल्कि समझ (Understanding) है। **मिलेट** ने इसकी परिभाषा ठीक है "किसी साझे के प्रयोजन की साझाा समझ" के रूप में की है। **टीड** भी ऐसे ही विचार प्रकट करता है-संचार का मूल लक्ष्य समान विषयों पर मस्तिष्कों में मेल स्थापित करना है।

किसी संगठन में संचार आन्तरिक, ब्राह्य तथा अन्त:वैयक्तिक (Interpersonal) होता है। **प्रथम** अर्थात् आन्तरिक संचार का सम्बन्ध संगठन तथा कर्मचारियों के मध्य के सम्बन्धों से होता है। **द्वितीय**, अर्थात् बाह्य संचार का सम्बन्ध जनता और संगठन के अभिकरणों के सम्बन्धों से होता है और इसे, 'लोक सम्बन्ध' कहते हैं। **तृतीय** अर्थात् अन्त:वैयक्तिक संचार का सम्बन्ध अभिकरणों के कर्मचारियों के अपने आपस के ही अन्त:सम्बन्धों से होता है। संचार को तीन वर्गों-'ऊर्ध्व' (up) 'अधो' (down) तथा 'अधो-पार्श्व' (across)-में भी वर्गीकृत किया गया है। 'ऊर्ध्व' संचार कार्य करने तथा प्रगति के विषय में लिखित, मौखिक तथा व्यवस्थित प्रतिवेदन की रीतियों से प्राप्त होता है। कार्य के सम्बन्ध में सांख्यिकी तथा गणना सम्बन्धी प्रतिवेदन, मार्गदर्शन, सुझावों तथा चर्चाओं सम्बन्धी लिख्रिता तथा मौद्रिक निवेदन किये जाते हैं।

इस प्रकार कार्य की समस्याओं के विषय में साक्ष्य प्राप्त करने के लिए उच्चस्तर के अधिकारियों को साधन प्राप्त हो जाते हैं। 'अधो' संचार निर्देश पुस्तिका, लिखित या मौखिक विशिष्ट आदेश या अनुदेश कर्मचारी वर्ग के सम्मेलन, बजट अनुमोदन तथा स्थापना प्राधिकरण जैसे साधनों से सम्भव होता है। उच्चतम तल पर इन युक्तियों का प्रयोग केवल समादेश तथा नियन्त्रण के लिए ही नहीं किया जाता, बल्कि नीचे के सभी स्तरों एवं कर्मचारियों को अपने रुख तथा विचारों की सूचना देने तथा मन्त्रणा, मार्गदर्शन तथा निर्देशन देने के लिए भी अधोपार्श्व संचार लिखित या मौखिक सूचना तथा प्रतिवेदन के आदान-प्रदान, औपचारिक व्यक्तिगत सम्पर्कों, कर्मचारी-वर्ग की बैठकों तथा समन्वय करने वाली समितियों द्वारा सम्भव होता है। संगठन के अलग-अलग किन्तु सम्बन्धित भागों को एक जगह लाना संचार का लक्ष्य होता है।

**शैक्षिक संचार का अर्थ (Meaning of Educational Communication)**–'शैक्षिक संचार' वाक्यांश की रचना दो शब्दों के योग से हुई है–'शैक्षिक' तथा 'संचार' अतः इन वाक्यांश का अर्थ समझने से पूर्व इन दोनों का अर्थ जानना आवश्यक है।

शैक्षिक का सामान्य अर्थ शिक्षा से सम्बन्धित बातों से लिया जाता है। शिक्षा में अध्ययन से सम्बन्धित सभी शैक्षिक क्रियाओं का समावेश होता है। संचार शब्द का अर्थ है–समाचार अथवा सूचना भेजना। इस प्रकार शैक्षिक संचार का शाब्दिक अर्थ शिक्षा सम्बन्धी तथ्यों, विचारों, भावनाओं, सम्मतियों, सूचनाओं एवं संदेशों को एक व्यक्ति अथवा संस्था से दूसरे व्यक्ति अथवा संस्था को भेजने से है। किन्तु वर्तमान परिप्रेक्ष्य में शैक्षिक संदेशवाहन या संचार के सन्दर्भ में इस संकुचित अर्थ को स्वीकार नहीं किया जा सकता, क्योंकि इस अर्थ में संचार के वास्तविक उद्देश्य तथा उपयोगिता का बोध नहीं हो पाता।

## सम्प्रेषण की परिभाषाएँ
## (Definitions of Communication)

संचार की प्रमुख परिभाषाएँ निम्नलिखित हैं-

**न्यूमैन तथा समर** के अनुसार, "सम्प्रेषण दो या दो से अधिक व्यक्तियों के मध्य तथ्यों, विचारों, सम्मतियों अथवा भावनाओं का विनिमय है।"

"Communication is an exchange of facts, ideas opinions or emotions by two or more person."
**-Newman and Summer**

**लुईस ए एलन** के अनुसार, "सम्प्रेषण में वे समस्त चीजें सम्मिलित की जाती हैं जिनके द्वारा एक व्यक्ति अपनी किसी बात को दूसरे किसी व्यक्ति के मस्तिष्क में डालता है। यह वह पुल है जो व्यक्तियों के मस्तिष्क की खाई को पाटता है। इसके अन्तर्गत कहने, सुनने और समझने की व्यवस्थित प्रक्रिया निरन्तर चलती रहती है।"

"Communications the sum of all the things that one person does when he wants to create understanding inthe mind of other. It is bridge of meaning. It involves a systematic and continuous process of telling, listening and understanding." -Louis A. Allen

**एफ. जी. मेयर** के अनुसार, "मानवीय विचारों और सम्मपतियों का शब्दों, पत्रों एवं सन्देशों के माध्यम से आदान-प्रदान ही संचार है।"

"Communication is the intercourse by words, letters symbols or messages and as a way that one orgaisation member shares meaning and understanding with other." **-F.G.Mayer**

**कीथ डेविस** के अनुसार, "संचार वह प्रक्रिया है जिसमें सन्देश एवं समझ को एक व्यक्ति से दूसरे व्यक्ति तक पहुँचाया जाता है।"

"Communication is a process of passing information and understanding from one person to another.." **-Keith Davis**

**मेक्फारलैण्ड** के अनुसार, "विस्तृत रूप में संचार वह प्रविधि है जिसमें मनुष्य के बीच अर्थपूर्ण बातों का आदान-प्रदान होता है। विशिष्ट रूप से, यह वह प्रविधि है जिससे मनुष्यों द्वारा अर्थों को समझा जाता है और समझ पहुँचाई जाती है।"

उपरोक्त परिभाषाओं के आधार पर हम यह कह सकते हैं कि संचार वह प्रक्रिया है जिसमें दो या दो से अधिक पक्षकार शिक्षा से सम्बन्धित अपने संदेशों तथा सूचनाओं और इन सूचनाओं से सम्बन्धित विचार, भावनाओं, तथ्यों, शिकायतों, सम्मतियों, विश्वासों, तर्कों तथा संदेहों आदि पर परस्पर आदान-प्रदान करते हैं। यहाँ परस्पर सन्देशों के आदान-प्रदान में यह बात भी निहित है कि दोनों पक्षकार सन्देश का एक-सा अर्थ ही लगा रहे हैं। यानी सन्देश प्राप्त करने वाले व्यक्ति ने उसका वही अर्थ लगाया है जो सन्देश भेजने वाले के मस्तिष्क में है।

## महत्त्व
## (Importance)

संचार (Communication) प्रशासन का प्रथम सिद्धान्त माना जाता है। अभिकरण के उद्देश्य की सफलता के लिए प्रभावशाली संचार व्यवस्था आवश्यक होती है। किसी संगठन के लिए कार्य करने वाले लोग यदि संगठन के उद्देश्यों, नीतियों तथा परिस्थितियों को समझते हैं, तो उनका उसके प्रति अधिक लगाव होगा। वे अपने कार्य में अधिक रुचि लेंगे तथा संगठन के साथ अधिक एकरूपता होगी। किसी व्यक्ति के उत्साहपूर्ण तथा क्रियात्मक सहयोग को प्राप्त करने का यही मार्ग है कि उस अभिकरण का पधान उसका विश्वस प्राप्त करे।

यह संचार व्यवस्था का युग है। आज औसत दर्जे का आदमी भी अपनी सरकार तथा पड़ोसियों के अधिक निकट है। वह अपने चारों ओर के जीवन से अधिक एकरूपता का अनुभव करता है। अन्तराष्ट्रीय क्षेत्र में भी अब एक 'एक विश्व' की दिशा में अग्रसर हो रहे हैं। समूह प्रावैगिकी तथा मानव मनोविज्ञान में हुए अनुसंधानों ने सिद्ध कर दिया है कि किसी भी संगठन का सफल संचालन उसमें काम करने वाले व्यक्तियों के सहायोग पर निर्भर करता है। लोकतन्त्र की यही प्रथम आवश्यकता है कि जनता प्रशासन से अधिकाधिक सम्बद्ध होनी चाहिए। इसी

कारण व्यापार तथा शासन, दोनों क्षेत्रों के संगठनों में अति उत्तम संचार-व्यवस्था को स्थापित करने की आवश्यकता को स्वीकार कर लिया गया है। मिलजुलकर कार्य करने में संचार द्वारा निभायी गयी भूमिका को प्रबन्ध स्वीकार करता है। इसके पर्याप्त प्रमाण भी हैं। आज लगभग सभी सभ्य सरकारों ने सूचना, प्रकाशन तथा लोक सम्पर्क विभाग स्थापित कर लिये हैं। प्रबन्ध सम्बन्धी साहित्य संचार से सम्बन्धित लेखों से भरा है।

**मिलेट** ने संचार के महत्त्व को स्पष्ट करते हुए लिखा है कि "संचार प्रशासनिक संगठन की रक्तधारा है" **पिफनर** ने संचार को प्रबन्ध का हृदय कहा है। संचार के बिना प्रबन्ध निष्क्रिय हो जाता है अर्थात् एक प्रबन्धक अपने प्रबन्धकीय कार्यों, यथा नियोजन, संगठन, समन्वय, उत्प्रेरण, निर्देशन तथा नियन्त्रण आदि कार्यों को संचार के बिना पूरा नहीं कर सकता है। **मैक्फारलैण्ड** ने लिखा है कि मानव जीवन के सभी पक्षों में सम्प्रेषण की प्रक्रिया एक केन्द्रीय तत्त्व है। कहने का तात्पर्य यह है कि आधुनिक युग में सम्प्रेषण का हर क्षेत्र में महत्त्व है। संक्षेप में, प्रशासनिक संगठन में संचार के महत्त्व को निम्नलिखित बिन्दुओं की सहायता से स्पष्ट किया जा सकता है–

1. **कर्मचारियों का मार्गदर्शन**–संचार की प्रक्रिया के द्वारा संगठन में कर्मचारियों का मार्गदर्शन होता रहता है।

2. **सौहार्दपूर्ण सम्बन्धों की स्थापना**–प्रभावी संचार व्यवस्था के द्वारा संगठन में अधिकारियों एवं अधीनस्थों के मध्य सौहार्दपूर्ण सम्बन्धों की स्थापना की जा सकती है।

3. **कार्यकुशलता में वृद्धि**–कर्मचारियों के निरन्तर मार्गदर्शन तथा सौहार्दपूर्ण सम्बन्धों के अन्तर्गत कार्य में गति आती है। उसके स्तर में सुधार होता है तथा संगठन अपेक्षित परिणाम देने में सक्षम हो पाता है। इस प्रकार प्रभावी एवं कुशल संचार व्यवस्था प्रशासन के संगठन की कार्यकुशलता में वृद्धि लाती है।

4. **आपसी भ्रम को दूर करना**–अच्छी संचार व्यवस्था नहीं होने से कर्मचारियों तथा अधिकारियों के मध्य कई कारणों से भ्रम उत्पन्न हो जाता है। यह भ्रम संचार का सबसे बड़ा शत्रु है। प्रभावशाली सम्प्रेषण व्यवस्था संगठन में फैलने वाले भ्रम का निवारण करती है।

5. **कर्मचारियों के मनोबल में वृद्धि**–प्रभावी सम्प्रेषण व्यवस्था से मानवीय सम्बन्धों की स्थापना होती है। कर्मचारियों की भावनाओं का आदर किया जाता है। फलतः कर्मचारियों के मनोबल में वृद्धि होती है।

6. **अधिकार प्रत्यायोजन में सुविधा**–संचार वह साधन है जिसके माध्यम से अधिकार प्रतयायोजन का कार्य सम्पन्न होता है। वर्तमान में कोई भी व्यक्ति अपने पास सम्पूर्ण अधिकार नहीं रख पाता है, क्योंकि एक तरफ तो वह नीतियों और कार्यक्रमों पर ध्यान केन्द्रित नहीं कर पाता, दूसरी तरफ अपने अधीनस्थों की क्रियाओं पर नियन्त्रण रखना होता है। यह सब प्रभावपूर्ण सम्प्रेषण व्यवस्था द्वारा ही सम्भव है।

7. **बाह्य पक्षों से सम्पर्क**–वर्तमान में प्रशासनिक संगठनों को भी विभिन्न बाह्य पक्षों से सम्पर्क बनाये रखना होता है। इस कार्य में सम्प्रेषण का अपना महत्त्व होता है।

8. **प्रभावपूर्ण नेतृत्व का विकास**–प्रशासनिक संगठनों में उच्च अधिकारी कर्मचारियों को नेतृत्व प्रदान करते हैं। उनकी वैयक्तिक आवश्यकताओं को पूरा करके संगठनात्मक आवश्यकताओं को पूरा करते हैं। यदि संगठन में प्रभावशाली सम्प्रेषण की व्यवस्था है तो प्रशासक या अधिकारी अपने अधीनस्थों का विश्वस जीतने में सक्षम होता है।

9. **शीघ्र निर्णय**–संगठन में प्रभावी संचार व्यवस्था के अन्तर्गत विभिन्न दशाओं एवं तथ्यों की जानकारी निर्णयकर्त्ता को होने के कारण निर्णयकर्त्ता शीघ्र तथा उचित निर्णय लेने में सक्षम होता है।

10. **नियोजन एवं समन्वय में सहायक**–प्रत्येक संगठन अपने समस्त कार्यों के लिए योजना का निर्माण करता है। भोजन की जानकारी समस्त कर्मचारियों को देनी आवश्यक है जिससे कि वे निर्धारित दिशा में कार्य करते हुए संस्था का विकास कर सकें। इस जानकारी के लिए संचार आवश्यक होता है। नियोजन के लिए पर्याप्त मात्रा में सूचनाएँ प्राप्त की जाती हैं और इन सूचनाओं के आधार पर योजनाओं का निर्माण किया जाता है। प्रभावी संचार व्यवस्था के माध्यम से एक प्रशासनिक संगठन में व्यक्तियों, पदों, कार्यों एंव विभाग में प्रभावी समन्वय स्थापित किया जा सकता है।

11. **लोकतन्त्रात्मकता**–अच्छी संचार व्यवस्था लोकतान्त्रिक भावनाओं को बल देती है और लोकतन्त्र की भावना का विकास संगठन की क्षमता में वृद्धि करती है। इसलिए **जार्ज आर. टैरी** ने कहा है, "संचार प्रबन्धकीय प्रक्रिया में सुविधाजनक परिचालन में तेल का कार्य करता है।"

12. **विवेकपूर्ण कार्य**–संचार द्वारा प्रेषित की जाने वाली सूचनाओं के अभाव में विवेकपूर्ण कार्य नहीं किये जा सकते हैं।

13. **शक्ति संरचना तथा अन्तवैयक्तिक सम्बन्धों को समझने में सहायता**–संचार की सहायता से शक्ति संरचना तथा अन्तवैयक्तिक सम्बन्धों को समझाने का अवसर मिलता है।

## संरचना की विशेषताएँ

## (Characteristics of Communication)

संचार या सम्प्रेषण की प्रमुख विशेषताएं निम्नलिखित हो सकती हैं–

1. संचार में दो पक्षकार होते हैं–एक संदेश देने वाला तथा दूसरा संदेश प्राप्त करने वाला
2. संचार में विचारों, भावनाओं तथा तथ्यों का पारस्परिक आदान–प्रदान होता है।
3. सम्प्रेषण में केवल विचारों का आदान–प्रदान ही सम्मिलित होता है अर्थात् प्रेषक की बात प्रेषिती उसी अर्थ में, जिस अर्थ में वह चाहता है, यदि समझ लेता है तो वह सम्प्रेषण होता है।

4. यह सम्प्रेषण के साधनों से विभिन्न होता है।

5. सम्प्रेषण में शिष्टता एवं नम्रता का प्रयोग किया जाता है।

6. सम्प्रेषण अनुकूल वातावरण में ही किया जाता है।

7. सम्प्रेषण में जो भी कथन कहा जाता है वह स्पष्ट, संक्षिप्त तथा पूर्ण होता है।

8. सम्प्रेषण में प्राप्तकर्त्ता के स्वभाव तथा मानसिक एवं बौद्धिक स्थिति का ध्यान रखा जाता है।

9. सम्प्रेषण उपयुक्त माध्यम से ही किया जाता है।

10. सम्प्रेषण में सन्देश भेजने वाला अच्छा श्रोता होता है।

11. सम्प्रेषण का अनुवर्तन होना आवश्यक होता है।

## सम्प्रेषण की प्रक्रिया
## (Process of Communication)

सम्प्रेषण वर्तमान समय में अपरिहार्य है। किसी भी संगठन से सम्प्रेषण की क्या प्रक्रिया होगी, यह उस संगठन की अपनी परिस्थितियों पर निर्भर करता है। **लुईस ए. एलन** ने सम्प्रेषण प्रक्रिया के निम्न तत्त्व बतलाये हैं– (i) पूछना, (ii) कहना, (iii) सुनना, तथा (iv) समझना।

सम्प्रेषण प्रक्रिया के प्रमुख चरण निम्नलिखित हैं–

**(1) समस्या का निर्धारण करना**–जब भी कोई व्यक्ति अथवा प्रबन्धक सम्प्रेषण करना चाहता है तो वह सर्वप्रथम यह निर्धारित करता है कि वास्तव में समस्या क्या है, जिसके बारे में उसको सन्देश दूसरे पक्षकार या पक्षकारों को देना है।

**(2) सन्देश का निर्धारण**–जब समस्या का निर्धारण कर लिया जाता है तो प्रेषक यह निश्चित करता है कि क्या सन्देश प्रेषिती को देना है। सम्प्रेषण करने से पूर्व सन्देश की सत्यता की जानकारी कर लेनी चाहिये। सन्देश दूसरे पक्षकार की स्थिति एवं क्षमता को ध्यान में रखकर प्रेषित किया जाना चाहिये। जो भी सन्देश दिया जाये वह सरल एवं स्पष्ट होना चाहिये तथा उसकी भाषा प्रेषिती के समझ में आने योग्य होनी चाहिये।

**(3) सन्देश को प्रेषिती तक पहुँचाना**–सन्देश का निर्धारण करने के पश्चात् उसे प्रेषिती के पास उपयुक्त समय में उचित माध्यम से प्रेषित करना चाहिये। सन्देश प्राप्त होने के पश्चात् प्रेषिती उससे प्रभावित होकर, सन्देश के अनुरूप कार्य करने के लिए प्रेरित भी होना चाहिये।

**(4) सम्प्रेषण की प्रभावशीलता ज्ञात करना**–सम्प्रेषण प्रक्रिया का यह महत्त्वपूर्ण तत्त्व होता है। सन्देश प्रेषिती तक पहुँच जाना ही पर्याप्त नहीं होता, अपितु वह प्रभावी भी होना चाहिए। सम्प्रेषण करने वाले व्यक्ति को यह जानकारी भी करनी चाहिये कि उस सम्प्रेषण का

दूसरे पक्षकार या पक्षकारों पर क्या प्रभाव हुआ है। यदि सम्प्रेषण प्रभावशाली नहीं हुआ है तो उसके कारणों को ज्ञात करना चाहिये।

## सम्प्रेषण के ढंग या विधियाँ
## (Methods of Communication)

सम्प्रेषण के प्रमुख ढंग या विधियाँ निम्नलिखित हो सकती हैं–

1. **लिखित सम्प्रेषण**–लिखित सम्प्रेषण वह होता है जिसमें प्रेषक अपनी बात प्रेषित को लिखित में बतलाता है। यह सम्प्रेषण का तरीका मुख्य कार्यकारी अपने कर्मचारियों के साथ व्यवहार करते समय काम में लाता है। इस प्रकार के सम्प्रेषण में प्रेषक एवं प्रेषिती के पास लिखित में प्रमाण रहता है तथा लागत कम आती है। इसमें प्रेषक एवं प्रेषिती के आमने–सामने उपस्थित होने की भी आवश्यकता नहीं रहती। लिखित सम्प्रेषण में निम्न तकनीकें काम मे लायी जाती हैं–

(1) पत्र–व्यवहार, (2) वार्षिक प्रतिवेदन, (3) बुलेटिन, (4) गृह–पत्रिकाएँ, (5) अनुसूचियाँ, (6) प्रतिवेदन, तथा (7) विभाग की पत्रिकाएँ आदि।

2. **मौखिक सम्प्रेषण**–मौखिक सम्प्रेषण में मुख्य कार्यकारी अपनी बात प्रेषिती को मौखिक रूप से कहता है। यद्यपि इस प्रकार के सम्प्रेषण में भावी सन्दर्भ के लिए कुछ नहीं होता है, परन्तु यह अधिक प्रभावशाली होता है। प्रमुख रूप से मौखिक सम्प्रेषण में प्रेषक एवं प्रेषिती दोनों आमने–सामने होते हैं जिससे विचारों का खुला एवं स्पष्ट आदान–प्रदान होता है। संगठन में इस प्रकार के सम्प्रेषण का उपयोग कर्मचारियों के साथ काय्र के समय आदेश–निर्देश देने तथा उनके साथ बातचीत करते समय उपयोग किया जाता है। मौखिक सदेश वाहन के अन्तर्गत निम्नलिखित तकनीकें काम में लायी जाती हैं–(1) संयुक्त परामर्श, (2) टेलीफोन, (3) टेलीविजय, (4) सभाएँ एवं सम्मेलन, (5) भाषण, तथा (6) साक्षात्कार आदि।

3. **सांकेतिक एवं दृश्य सम्प्रेषण**–इस प्रकार के सम्प्रेषण में प्रेषक न तो लिखित में अपनी बात कहता है और न ही मौखिक रूप से सन्देश प्रसारित किया जाता है, अपितु प्रेषण द्वारा या तो कोई संकेत दिया जाता है अथवा प्रदर्शन किया जाता है। संगठनों में इस विधि से सम्प्रेषण प्रमुख रूप से कम्रचारियों को कार्य विधि के बारे में जानकारी देने के लिए किया जाता है। दृश्य एवं सांकेतिक तकनीकें वहाँ अधिक अपनायी जाती हैं, जहाँ पर लिखित एवं मौखिक सम्प्रेषण प्रभावशाली नहीं रहता है। इस प्रकार के सम्प्रेषण में प्रमुख रूप से निम्नलिखित तकनीकें काम में लाई जाती है–

(1) फिल्म, (2) सूचना पट्ट, (3) संगठन चार्ट, (4) पोस्टर, (5) दीवार चार्ट, (6) टेलीविजन, तथा (7) संकेत चिन्ह आदि।

उपर्युक्त तीनों ही तरीकों से सम्प्रेषण करने पर अगर सापेक्षिक अध्ययन किया जाये तो हम पायेंगे कि तीनों ही विधियों के अपने–अपने गुण एवं दोष हैं अतः प्रशासनिक संगठन केवल

किसी एक ही विधि पर निर्भर नहीं रहते हैं, तीनों ही विधियों का उपयोग परिस्थितियों के अनुसार साथ-साथ किया जाता है।

**संचार के लिए आवश्यक बातें**

**मिलेट** के अनुसार संचार को प्रभावशाली बनाने में सात तत्त्व सहायक होते हैं-संचार स्पष्ट प्राप्तकर्त्ता की प्रत्याशा के अनुरूप, समुचित समयानुसार, एक समान, लोचदार तथा स्वीकार्य होना चाहिए। **टेरी** ने लक्ष्य की प्राप्ति के लिए निम्न आठ बातों की सिफारिश की है-

(i) पूरी जानकारी स्वयं हासिल की जानी चाहिए,

(ii) परस्पर विश्वास उत्पन्न करना चाहिए,

(iii) अनुभव के समान आधार की खोज की जानी चाहिए,

(iv) ऐसे शब्दों का प्रयोग करना जो आपस में सभी को ज्ञात हों,

(v) प्रसंग ध्यान में रखने चाहिए,

(vi) प्राप्तकर्त्ता का ध्यान आकर्षित करना तथा उसे बनाये रखना चाहिए,

(vii) उदाहरणों तथा दृश्य साधनों को काम मे लेना चाहिए, तथा

(vii) विलम्बकारी प्रतिक्रियाओं का व्यवहार करना चाहिए।

□□□

9

# अधिकार व कर्त्तव्य

किसी मन्त्रालय एवं उससे सम्बन्धित सचिवालय में समस्त राजकाज मन्त्रियों, सचिवों तथा अन्य पदाधिकारियों एवं कर्मचारियों द्वारा सम्पन्न किया जाता है। मन्त्री चूँकि राजनेता होता है अत: वह न तो अधिकारी होता है और न ही कर्मचारी। वह तो जनता द्वारा चुना गया जनता का एक प्रतिनिधि मात्र होता है जिसे जनता एक बार में पाँच वर्ष के लिए निर्वाचित करके भेजती है। किसी भी कार्यालय में दो प्रकार के अधिकारी कार्य करते हैं—**एक**—राजपत्रित अधिकारीगण, तथा **दो**—अराजपत्रित कर्मचारी वर्ग जिसे स्टाफ के नाम से पुकारा जाता है।

### 1. राजपत्रित अधिकारीगण (Gazetted Officers)

हिन्दी भाषा का अधिकारी शब्द एक विशेष अर्थ में प्रयोग किया जाता है। अधिकारी अधिकार से बना है। इस प्रकार अधिकारी का शाब्दिक अर्थ हुआ ''सरकारी तन्त्र का वह कार्यकर्त्ता जिसे सरकार की ओर से कर्त्तव्यों के साथ कुछ विशिष्ट अधिकार भी प्राप्त होते हैं अधिकारी कहलाता है **(डॉ. सागर)**'' उदाहरणार्थ पत्रों पर हस्ताक्षर करने का अधिकार, सेा पंजियों में प्रविष्टियाँ (Entries) करने का अधिकार, अपने से उच्च अधिकारियों से भेंट करने का अधिकार आदि-आदि। अधिकारी प्राय: राजपत्रित होता है। उसकी नियुक्ति एवं अधिकारों व कर्त्तव्यों को भारत क राजपत्र में (Gazette of India) में जनसाधारण की जानकारी के लिए एवं प्राचारार्थ प्रकाशित कर दिया जाता है।

**2. अराजपत्रित कर्मचारी-वर्ग (Non-Gazetted Staff)**

जैसा कि शब्द से ही स्पष्ट है कर्मचारी का अर्थ है कर्म करने वाला। किसी भी कार्यालय में कर्मचारी एक अराजपत्रित अधिकारी होता है। उसका कर्त्तव्य केवल कार्य करना एवं सरकारी तन्त्र को गतिशील बनाए रखना ही होता है।

## ( ख ) राजपत्रित अधिकारीगण के कर्त्तव्य एवं अधिकार

## (RIGHTS & DUTIES OF GAZETTED OFFICERS)

**सचिव (Secretary)**

सचिव अंग्रेजी के सेक्रेटरी का पर्यायवाची शब्द है। लेटिन भाषा का सेक्रेटेरियस (Secretarius) शब्द कालान्तर में अपभ्रंश होकर अंग्रेजी में सेक्रेटरी के रूप में अपनाया गया। सेक्रेटेरियस का अर्थ है ''विश्वस्त अधिकारी (Confidential Officer)''। सेक्रेटेरियस शब्द मं गोपनीयता एवं विश्वसनीयता (Confidentially & faithfulness) का भाव निहित रहता है।

प्राचीन काल में जब संसार में चारों ओर राजतन्त्र अथवा एकतन्त्र (Mnarchy) छाया हुआ था तो सम्राटों, राजाओं एवं सम्भ्रान्त जैसे पदों पर कार्यरत व्यक्तियों के गोपनीय पत्र व्यवहार एवं सन्देशों को सम्पन्न करने वाले को सेक्रेटरी कहा जाता था किन्तु आज के आधुनिक युग में सचिव उस व्यक्ति को कहते हैं जो कार्यकारी अधिकारी (Executive Officer) को उसके अपने कार्य को सुचारु रूप में करने में सहायता देता है। ऑक्सफॉर्ड शब्द कोष के आधार पर सचिव ''वह व्यक्ति है जिसका कार्य अन्य व्यक्तियों के लिए लिखना है। विशेष रूप से वह व्यक्ति जो अन्य किसी व्यक्ति संस्था, आयोग, सार्वजनिक संस्था के कार्य को चलाने, रिकार्ड रखने तथा विभिन्न प्रकार के अन्य कार्यों को सम्पन्न करने के लिए नियुक्त किया जाता है।''

भारत सरकार में सचिवों को दो प्रकार के कार्यों का भार वहन करना पड़ता है। यथा—

**1. प्रशासनिक एवं कार्यकारी कार्य (Administrative & Executive Functions)**—इसके अन्तर्गत सचिव को निम्नलिखित कार्य सम्पन्न करने पडते हैं—

(क) कार्यालय के दैनिक एवं नैत्यिक प्रशासन पर नियन्त्रण,

(ख) अपने अधीन कार्यरत अधिकारियों एवं अन्य अमले के पथ-प्रदर्शनार्थ निर्देश देना एवं परिपत्र आदि जारी करना,

(ग) विभाग के सामान्य उत्तरदायित्व का सम्पूर्ण भार अपने ऊपर ओटना एवं उसे गतिशील बनाये रखना,

(घ) विभाग के समस्त कार्यों को प्रभागों, शाखाओं एवं अनुभागों के कार्यों में समन्वय स्थापित करना,

(ङ) नीति निर्धारण के लिये तथ्यों एवं आँकड़ों का संकलन एवं उनको समाकलन कराना (Collection & Colation of facts & figures)

(च) कार्यक्रमों एवं परियोजनाओं सम्बन्धी जाँच पड़ताल करने की व्यवस्था करना।

**2. मन्त्रणा कार्य (Advisory Functions)**—इस श्रेणी में निम्न कार्य सम्मिलित किये जाते हैं—

(क) मन्त्रालय एवं विभाग के कार्य कलापों की प्रगति की मन्त्री को सूचना देना,

(ख) नवीनतम प्रस्तावों, योजनाओं और परियोजनाओं सम्बन्धी मन्त्रणा,

(ग) पुरानी एवं चालू नीतियों में परिवर्तन सम्बन्धी मन्त्रणा,

(घ) नयी नीतियों के निर्धारा के लिए मन्त्रणा तथा,

(ङ) संसदीय कार्यवाही के लिये आवश्यक सभी प्रकार की सूचनाएँ एवं प्रलेखों को जुटाना।

निष्कर्षत: सचिव एक प्रकार से जहाँ कार्यालय अधिकारी के रूप में कार्य करता है वहीं वह सम्पर्क अधिकारी तथा परामर्शदाता का कार्य भी करता है।

### अतिरिक्त सचिव (Additional Secretary)

अतिरिक्त सचिव का स्तर (Status) सचिव के समान ही होता है। जब विभाग का कार्य आवश्यकता से अधिक बढ़ जाता है तो अतिरिक्त सचिव को, सचिव का भार कम करने के लिए, कुछ कार्यों का उत्तदायित्व सौंप दिया जाता है। अतिरिक्त सचिव के अधिकार एवं कर्त्तव्य एकदम सचिव के समान ही होते हैं।

### संयुक्त सचिव (Joint Secretary)

विभाग के प्रशासनिक अधिकारी अथवा सचिव/अतिरिक्त सचिव के कार्य में हाथ बँटाने के लिये संयुक्त सचिव का पद संस्थापित किया जाता है। संयुक्त सचिव पर एक स्कंध के प्रशासन का पूर्ण उत्तरदायित्व होता है। दो प्रभागों को मिलाकर एक स्कंध बनाया जाता है। इस प्रकार संयुक्त सचिव के अन्तर्गत दो उप-सचिव कार्य करते हैं। संयुक्त सचिव को अपने स्कंध से सम्बन्धित कार्यों को अधिकतम स्वतन्त्रता एवं स्वविवेक से सम्पन्न करने होते हैं। संयुक्त सचिव को सीधे मन्त्री से आवश्यकतानुसार भेंट करने की छूट होती है।

**उप-सचिव (Deputy Secretary)**

उप-सचिव **सचिव के नाते** (On behalf of the secretary) सभी कार्य करता है। उप-सचिव अपने प्रभाग का स्वतन्त्र अधिकारी होता है। दो शाखाओं को मिला कर एक प्रभाग गठित किया जाता है। एक शाखा का अधिकारी अवर-सचिव होता है। इस प्रकार एक उप-सचिव दो अवर-सचिवों के कार्य की देखरेख करता है। उप-सचिव सचिालय प्रभाग का प्रभारी भी कहलाता है। उप-सचिव अवर-सचिवों का मार्ग दर्शन करता है। उनके पर्यवेक्षण सम्बन्धी कार्य का भली-भाँति निर्वाह करता है।

**अवर सचिव (Under Secretary)**

अवर सचिव विभाग की एक शाखा का प्रभारी होता है। दो अनुभागों को मिला कर एक शाखा का गठन किया जाता है। अनुभाग का कार्य अनुभाग अधिकारी द्वारा सम्पन्न किया जाता है। इस प्रकार एक अवर-सचिव दो अनुभाग अधिकारियों का प्रशासनिक प्रभारी होता है। शाखा की सम्पूर्ण-कार्यवाही को अवर-सचिव, केवल कुछ मामलों को छोडकर जिन पर उप-सचिव के विचार जानना आवश्यक होता है, अपनी दे-रेख में कार्य करने वाले अनुभाग अधिकारियों का पथ-प्रदर्शन करता है। अवर-सचिव अधकांशत: मामलों को स्वयं के विवेक से ही निपटाता रहता है।

**अनुभाग अधिकारी (Section Officer)**

एक सचिवालय में अनेकों अनुभाग होते हैं। अनुभाग मन्त्रालय अथवा सचिवालय की सबसे छोटी इकाई है। प्रत्येक अनुभाग का कार्यभार एक अनुभाग अधिकारी पर होता है। एक अनुभाग अधिकारी को निम्नलिखित कार्य सम्पन्न करने होते हैं। यथा—

1. अनुभाग में अनुशासन बनाये रखना,
2. अनुभाग के अमले में कार्य का समान वितरण,
3. अनुभाग के कार्य में तालमेल एवं समन्वय बनाये रखना,
4. अपने अनुभग के कर्मचारियों का मार्ग दर्शन करना,
5. अनुभाग में प्राप्त सभी प्रकार की डाक पर नजर रखना एवं आवश्यकतानुसार कार्राई करना,
6. अनुभाग दैनिकी एवं अन्त:अनुभागीय संचालन रजिस्टर (Section Diary & Inter-Sectional Movement Register) की सप्ताह में कम से कम एक बार संवीक्षा (Scrutinise) करना,
7. आलेख आदि तैयार करना-कराना,

8. अनुभाग के कार्यों को अन्तिम रूप देने की ओर विशेष रूप से ध्यान देना ताकि डाक का सुचारू रूप से कुशलता के साथ निस्तारण हो सके,
9. अभिलेखीकरण एवं अनुक्रमणिका (Recording & Indexing) तैयार करना,
10. जटिल एवं आवश्यक प्रकृति के मामलों पर कार्रवाई करना,
11. अपने अधिकार क्षेत्र वाले समस्त मामलों का निपटान करना,
12. समय-समय पर डाक टिकिट लेखा रजिस्टर का निरीक्षण करते रहना,
13. आदेशों, मिनटों आदि की अनावश्यक प्रतियों को नष्ट कराना,
14. अशासनिक पत्र (Un-official letters) की संवीक्षा करना,
15. सन्दर्भ पुस्तकों, संहिताओं (Codes), कार्यालय आदो-पत्रों आदि की सार-सम्भाल करना,
16. अनुभागीय नोट बुक, शाखा-सूची (Branch index), मामला रजिस्टर (Case Books) तथा अन्य सभी प्रकार की सूचनाओं एवं पंजियों की देखभाल करते रहना,
17. रक्षक मिसिल (Guard File) तैयार करना एवं उनकी सार-स्भाल करना,
18. कार्यालय की सूचनाओं एवं प्रलेखों (Records) आदि की गोपनीयता एवं सुरक्षा (Secrecy & Security) को बनाये रखने के लिए कठोर पग उठाना एवं आवश्यक कार्रवाई करना।

## ( ग ) अराजपत्रित कर्मचारियों के कर्त्तव्य

## (DUTIES OF NON-GAZETTED STAFF)

अनुभाग अधिकारी के अन्तर्गत अनुभाग में काम करने वाला समस्त अमला अराजपत्रित कहलाता है जिसमें तृतीय और चतुर्थ श्रेणी के कर्मचारी सम्मिलित होते हैं। इनमें से प्रत्येक के कर्त्तव्यों का वर्णन नीचे दिया जा रहा है। यथा—

**सहायक (Assistant)**

सहायक अनुभाग अधिकारी की इच्छानुसार कार्य करता है और अनुभाग अधिकारी के ही मार्गदर्शन में समस्त डाक पर कार्रवाई करता है। सहायकों को सरकारी मामलों को निपटाने का कार्य भार सौंपा जाता है। जटिल एवं कठिन मामलों के निस्तारण में अपनेअनुभाग अधिकारी से समय-समय पर परामर्श लेता रहता है। कुछ वरिष्ठ प्रवर सहायक अपने मामलों के सम्बन्ध में अपनी शाखा के उच्च अधिकारी से मिलकर उनका परामर्श लेते हैं और मामलों का निपटारा करते हैं।

**उच्च श्रेणी लिपिक (Upper Division Clerk)**

उच्च श्रेणी लिपिक को सामान्य प्रकृतिऔर कम महत्त्व के काम सौंपे जाते हैं। उच्च श्रेणी लिपिक को मिसिलों पर टिप्पण कार्य करना पड़ता है। वह आलेख आदि तैयार करता है तथा उसे अपने आसन्न अधिकारी (Immediate Officer) एवं अनुभाग अधिकारी की इच्छानुसार कार्य करना पड़ता है।

**निम्न श्रेणी लिपिक (Lower Division Clerk)**

निम्न श्रेणी लिपिक को अनुभाग में नेमी या नैत्यिक कार्य करना पड़ता है। अनुभाग के विभिन्न रजिस्टरों की सार-सम्भाल करना, बकाया मामलों का विवरण (Statements) तैयार करना, सन्दर्भ पुस्तकों (Reference books) में संशोधनों का निरीक्षण करना, टाइपकार्य, मिलान कार्य (Comparing) एवं डाक प्रेषण कार्य करना पडता है।

**टंकक (Typist)**

अनेक अनुभागों में टंकक का एक अलग पद होता है जो शाखा अधिकारी केदैनिक कार्य भार पर निर्भर करता है। कहीं-कहीं यह कार्य निम्न श्रेणी लिपिक द्वारा ही कराया जाता है। टंकक का कार्य केवल अनुभाग के कार्य को टंकित करना मात्र होता है। अत: टंकक को पत्रादि, टिप्पण कार्य, आलेख एवं बैठकों की कार्यवाही कोटाइप करने की प्रक्रिया कीजानकारी रहनी चाहिए।

**निजी सचिव (Private Secretary)**

निजी सचिव का कार्य अत्यन्त रोचक, अनुभवकारी एवं कठिन परिश्रम वाला होता है। निजी सचिव को स्वयं को एक निष्ठावान तथाकर्मठ कर्मचारी सिद्ध करना होता है। निजी सचिव के काम के घण्टे नियत नहीं रहते हैं। निजी सचिव का कार्य गोपनीयता एवं विश्वासपूर्ण होता है क्योंकि निजी सचिव के कंधों पर अत्यन्त गोपनीय दस्तावेजों कीगोपनीयता को बनाये रखने का भार भी होता है।

**वैयक्तिक सहायक/सचिव**

**(Personal Assistant/Secretary)**

वैयक्तिक सहायक अथवा सचिव को आशुलिपिक एवं टंकन का कार्य करना, अनाधिकृत व्यक्ति को अपने अधिकारी के कमरे में प्रवेश से रोकना, अद्यतन सन्दर्भ ग्रन्थों का सन्दर्भ तैयार करना, किसी भी प्रकार के गोपनीय पत्र आदि प्रलेखों की सभी अनावश्यक प्रतियों को जलाकर नष्ट करना, यदि अधिारी किसी मामले के निस्तारण के लिए फाइल को किसी अन्य अनुभाग को भेज देता है तो सम्बन्धित अनुभाग अधिकारी को इसकी सूचना देना, जब अधिकारी अवकाश पर हो, स्थानान्तरण अथवा सेवा से निवृत्त हो जाए तो भावी अधिकारी को गोपनीय प्रलेखों की पेटी, कागजात, चाबियाँ आदि सौंपना जैसे अन्यानेक कार्यों को सम्पन्न करना पड़ता है।

## चतुर्थ श्रेणी का अमला

**(Class Fourth Staff)**

दफ्तरी, चपरासी, फर्रा, आदि के कर्त्तव्यों को यहाँ विस्तार से नहीं दिया जा रहा है क्योंकि इन कर्मचारियों के कार्यों का वर्णन उल्लेखनीय नहीं है।

आदिमकालीन मानव शनैः शनैः सभ्यता की ओर अग्रसर हुआ। भाषा एवं लिपि का आविष्कार होने के पश्चात् मानव समाज ने अनुशासन की आवश्यकता पूर्ति के लिए नियमों एवं रीति-रिवाजों की स्थापना की। मानव ने महसूस कर लिया था कि जंगल का कानून मानव समाज के हित में नहीं है। विश्व की विभिन्न मानव सभ्यताओं ने मानव के प्रति मानव के व्यवहारों के लिए नियम एवं परंपराओं का निर्धारण किया। यही कारण है कि प्रत्येक राष्ट्र के संवैधानिक कानून में प्राचीन परंपराओं की झलक स्पष्ट देखने में आती है। अतः यह कहना उचित होगा कि मानव व्यवहार को अनुशासित एवं मर्यादित करने के लिए जो नियम या उपनियम बनाए गए हैं, वही कानून है।

कानून का सामान्य अर्थ भारतवर्ष की उस संवैधानिक व्यवस्था से है, जिसके अनुसार नागरिकों के अमर्यादित आचरण के विरुद्ध आपराधिक मामलों का विधान और सिविल मामलों का विधान लागू किया गया है। इसके लिए राष्ट्रीय सुरक्षा एजेंसी, पुलिस इत्यादि तथा न्यायालयों की स्थापना की गई है।

## कानून–अर्थ और परिभाषा

राज्य का लक्ष्य मानव कल्याण की उचित व्यवस्था करना है, किंतु इस लक्ष्य की प्राप्ति तभी की जा सकती है जबकि राज्य के नागरिक अपने जीवन में आचरण के कुछ सामान्य नियमों का पालन करते हों। अतः राज्य अपने नागरिकों के जीवन के संचालन हेतु नियमों का निर्माण करता है, जिनका पालन करना व्यक्ति के लिए आवश्यक होता है और जिनका पालन न करने पर व्यक्ति दण्ड का भागी होता है। राज्य द्वारा निर्मित और लागू किए जाने वाले इन नियमों को ही कानून कहते हैं।

कानून की कुछ प्रमुख परिभाषाएँ इस प्रकार हैं–

**ऑक्सफोर्ड शब्दकोश** में कानून की परिभाषा "सत्ता द्वारा आरोपित आचार-व्यवहार के नियम" के रूप में की गई है।

प्रसिद्ध विधानशास्त्री **ऑस्टिन** के अनुसार "कानून संप्रभु की आज्ञा है।"

**पाउण्ड** के शब्दों में "न्याय के प्रशासन में जनता और नियमित न्यायालयों द्वारा मान्यता प्राप्त लागू किए गए नियमों को कानून कहते हैं।"

**प्रो. सालमण्ड** के अनुसार "कानून नियमों का वह समूह है जिसे राज्य मान्यता देता है और न्याय-व्यवस्था के प्रशासन में लागू करता है।"

उपर्युक्त परिभाषाओं के आधार पर कहा जा सकता है कि कानून वे नियम हैं जिन्हें राज्य के द्वारा निर्मित या स्वीकृत किया जाता है और जिनका पालन न करने पर राज्य के द्वारा दण्डित किया जाता है।

## कानून के उद्‌गम और स्त्रोत

कानून के स्त्रोत से तात्पर्य उन साधनों से है जो प्रत्यक्ष रूप से कानून के निर्माण में सहायता देते हैं। आधुनिक राज्यों में साधारणत: विधानमण्डल द्वारा कानून का निर्माण किया जाता है, किंतु विधानमण्डल के अतिरिक्त भी कानून के अनेक स्त्रोत है, जिनका उल्लेख निम्न प्रकार से किया जा सकता है :

### 1. रीति-रिवाज अथवा परंपराओं

रीति-रिवाज कानून का प्राचीनतम तथा एक महत्वपूर्ण स्त्रोत है। रीति-रिवाजों का निर्माण नहीं होता, वरन धीरे-धीरे उनका विकास होता है। ये समाज के वे प्रचलित नियम होते हैं, जिन्हें समाज के सभी सदस्य लंबे समय से मानते चले आ रहे हैं। इन रीति-रिवाजों के पीछे सामाजिक संगठन का नियंत्रण तथा समाज का नैतिक बल रहता है। जब ये रीति-रिवाज समाज में अधिक मान्य तथा प्रचलित हो जाते हैं, तब राज्य उन्हें कानून का रूप देता है और रीति-रिवाजों पर आधारित इन कानूनों को प्रथागत कानून कहा जाने लगता है। रोम, में 'ट्वेल्व टेबिल' (Twelve Table) भारत में 'स्मृतियाँ' तथा इंग्लैण्ड में 'कामन लॉ' इसी स्त्रोत की देन हैं। एक राज्य की वैधानिक व्यवस्था में रीति-रिवाजों का महत्व स्पष्ट करते हुए मैकाइवर ने लिखा है कि "कानून के विशाल ग्रंथ में राज्य केवल कुछ ही नए वाक्य लिखता है और कहीं-कहीं एक आध पुराना वाक्य काट देता है, इस ग्रंथ के अधिकांश भागों की रचना में राज्य का कभी कोई हाथ नहीं रहा है परंतु राज्य इस सम्पूर्ण ग्रन्थ से मर्यादित होता है।"

### 2. धर्म (Religion)

कानून के विकास में परंपरा की ही भाँति धर्म का भी महत्वपूर्ण स्थान रहा है। धर्म परंपरागत कानून को धार्मिक विश्वास की मान्यता देकर उसे सबल बनाता है और इस दृष्टि से ये दोनों घनिष्ठ रूप से संबंधित हैं। इतना ही नहीं, धर्म ने प्रत्यक्ष रूप से भी कानून को जन्म दिया है। प्राचीन काल में ईश्वर को ही समस्त सत्ता और कानून का उद्‌गम माना जाता था। इस प्रकार धर्माधिकारियों तथा धर्म-शासकों के माध्यम से अभिव्यक्त कानूनों का स्वरूप दैवीय होता था। प्राचीन समाज में धर्म तथा कानून इतने घुले-मिले थे कि जीवन के सभी नियमों के पीछे धार्मिक मान्यता का बल पाया जाता था। विल्सन के अनुसार, "रोम का प्रारंभिक कानून धार्मिक नियमों का ही एक संग्रह था।" आज भी हिंदुओं का कानून मनु की व्यवस्था के आधार पर टिका हुआ है।

**3. न्यायिक निर्णय (Judicial Decision)**

जैसे-जैसे सामाजिक व्यवस्था जटिल होने लगी, वैसे-वैसे विभिन्न रीति-रिवाजों में संघर्ष उत्पन्न होने लगा और इस संघर्ष के कारण रीति-रिवाजों की वैधता में संदेह किया जाने लगा। इस स्थिति में कभी-कभी ऐसे विवाद भी खड़े हो जाते थे, जिनका रिवाजों के पास कोई समाधान नहीं था। अत: ऐसे विवाद को सुलझाने के लिए समाज के उन सबसे बुद्धिमान व्यक्ति अथवा व्यक्तियों की सलाह ली जाती थी, जिनका निर्णय सबको स्वीकार हो। ऐसे व्यक्तियों के निर्णयों ने 'कानूनी दृष्टांतों' का रूप धारण कर लिया। बाद में उत्पन्न विवाद सुलझाने के लिए इन पूर्व दृष्टांतों का अनुसरण किया जाने लगा और इस प्रकार न्यायिक निर्णय कानून के स्रोत बन गए। आज भी न्यायिक निर्णय कानून के विकास में पर्याप्त सहायक सिद्ध होते हैं।" संभवत: इसी बात को दृष्टि में रखकर जस्टिस होल्म्स ने लिखा है कि "न्यायाधीश कानून बनाते हैं और उनको इसका अधिकार भी है।"

**4. कानूनी टीकाएँ (Commentaries)**

प्रत्येक देश में कानून के प्रसिद्ध ज्ञाता कठिन कानूनों के अर्थ को स्पष्ट रूप से समझने के लिए कानून की व्याख्या करते हुए ग्रंथ रचना करते हैं जिन्हें कानूनी टीकाएँ कहा जाता है। न्यायशास्त्रियों और विधिशास्त्रियों की टीकाएँ भी कानून का स्रोत होती हैं। टीकाकार कानून के आधारभूत अमूर्त सिद्धांतों की विवेचना करते हुए उनके यथार्थ स्वरूप पर प्रकाश डालते हैं। न्यायालय में न्यायाधीश इन टीकाओं को मान्यता देते हैं तथा अपने निर्णयों में इनका आदर के साथ उल्लेख करते हैं। इस प्रकार ये टीकाएँ कानून के विकास में सहायक सिद्ध होती हैं। हिंदुओं में 'मिताक्षरा' अथवा 'दाय भाग' और मुसलमानों में 'फतवा आलमगीरी' कानून पर टीकाओं के प्रभाव के उल्लेखनीय उदाहरण हैं।

**5. साम्य नीति या औचित्य (Equity)**

औचित्य भी एक अन्य स्रोत है, जिससे कानून का उद्भव हुआ है। न्यायाधीशों के समक्ष कभी-कभी ऐसे विवाद उपस्थित हो जाते हैं जिनके संबंध में कानून कोई प्रकाश नहीं डालता। ऐसी स्थिति में न्यायाधीश विवेक, न्यायशास्त्र के अनुभव और न्याय की साधारण मान्यताओं के आधार पर निर्णय देते हैं और ये निर्णय ही 'औचित्य निर्णय' कहलाते हैं।

**6. व्यवस्थापन (Legislation)**

व्यवस्थापन कानून का सबसे अधिक प्रत्यक्ष और महत्वपूर्ण स्रोत है। प्राचीन काल में व्यवस्थापन का कार्य राजा अथवा उसके गिने-चुने लोगों द्वारा होता था और एक समय संपूर्ण जनता के द्वारा प्रत्यक्ष रूप से व्यवस्थापन भी किया जाता था, किंतु आज लगभग सभी राज्यों में व्यवस्थापन का कार्य व्यवस्थापिका (विधान मण्डल या संसद) द्वारा किया जाता है। व्यवहार रूप में प्रत्येक देश में प्राय: सभी कानून विधान मण्डल द्वारा बनाए जाते हैं और व्यवस्थापन कानून के सर्वप्रमुख स्रोत का रूप धारण करता जा रहा है। कानून के

प्रारंभिक स्रोतों का महत्व यद्यपि आज कम हो गया है, किंतु आज भी वे व्यवस्थापन की अति पर अंकुश रखने का कार्य करते हैं।

## कानून के उद्देश्य अथवा कार्य

## (Objects or Functions of Law)

नागरिक और राजनीतिक जीवन के कुछ लेखकों द्वारा कानून के उद्देश्यों के संबंध में अपने विचार व्यक्त किए गए हैं। आर.पाउण्ड (R. Pound) के द्वारा कानून के चार प्रमुख उद्देश्य बताए गए–

अ. राज्य में शांति प्रस्थापना

ब. समानता की स्थापना

स. व्यक्तिव की रक्षा तथा उसका विकास

द. मनुष्य की आवश्यकताओं की पूर्ति।

इन विचारधाराओं के आधार पर कानून के निम्नलिखित उद्देश्य या कार्य बताए जाते हैं–

**1. राज्य में शांति प्रस्थापना**

कानून का सर्वप्रथम उद्देश्य राज्य में शांति और व्यवस्था स्थापित करना होता है, जिसके अभाव में मनुष्यों के द्वारा किसी प्रकार का कार्य किया ही नहीं जा सकता।

**2. मनुष्य की उन्नति करना**

कानून मानव जीवन के लिए ही होते हैं और मनुष्यों को उन्नति की ओर बढ़ाना कानून का एक प्रमुख उद्देश्य होता है।

**3. मानव आवश्यकताओं की पूर्ति**

कानून का उद्देश्य एक ऐसी व्यवस्था करना होता है जिसमें मनुष्यों की सभी आवश्यकताओं की पूर्ति हो सके। जब तक इन आवश्यकताओं की पूर्ति होती रहेगी तभी तक मनुष्यों के द्वारा शारीरिक, मानसिक और नैतिक उन्नति का कार्य किया जा सकता है।

**4. नागरिकों को समान अवसर प्रदान करना**

कानून की दृष्टि में सभी समान होते हैं और कानून का एक उद्देश्य सभी नागरिकों को समान अवसर प्रदान करना होता है। कानून के द्वारा बिना किसी भी प्रकार के भेद के सभी व्यक्तियों को समान अवसर और सुविधाएँ प्रदान की जानी चाहिए।

**5. मानव अधिकारों की रक्षा करना**

कानून का अंतिम किंतु एक महत्वपूर्ण उद्देश्य मानव अधिकारों की रक्षा करना होता है। कानून नागरिकों के सामान्य तथा मौलिक, दोनों ही प्रकार के अधिकारों की रक्षा करते हैं।

अन्य राष्ट्रों की भाँति भारतीय कानून संहिता का उद्देश्य भी निम्न अवधारणाओं की पूर्ति करता है।

**6. लिखित कानून व्यवस्था** द्वारा नागरिकों के मूल अधिकारों की रक्षा करना।

7. नागरिकों के अमर्यादित व विधि विरुद्ध आचरणों के लिए उन पर वाद प्रस्तुत करना और निर्धारण दण्ड प्रक्रिया विधान के तहत सजा देना।

8. प्रत्येक नागरिक को समानता के आधार पर न्याय व्यवस्था प्रदान करना, ताकि अपराध व अपराधियों के विरुद्ध सुरक्षा प्रदान की जा सके।

9. सरकारी सुरक्षा निकायों की स्थापना द्वारा अपराधों की रोकथाम।

❑❑❑

# 10

# राज्य की प्रकृति

समाज के क्रिया-कलापों को गतिशील बनाये रखने और सामाजिक सुख-सुविधाओं की व्यवस्था करने का सम्पूर्ण उत्तरदायित्व सरकार के कंधों पर होता है। समाज और उसके अंग मानव जीवन के प्रत्येक कार्य पर सरकार की छाप देखने को मिलती है। मानव को स्वयं भी अपने विकास एवं दैनिक कार्यों को सम्पन्न करने के लिए सरकार का सहारा लेना पड़ता है। सरकार अपना दायित्व प्रशासन द्वारा वहन करती है। यदि यों कहा जाए कि सरकार और प्रशासन एक-दूसरे के पर्याय होकर रह गये हैं तो अतिशयोक्ति न होगी। अधिकांशत: सफल सरकार भी वही मानी जाती है जिसका प्रत्येक नागरिक सहज सरकार के प्रत्येक क्रिया-कलाप को सहर्ष स्वीकार कर ले एवं सभी नागरिकों की उनके अपने विश्वासों और आकांक्षाओं के अनुकूल जीवन व्यतीत करने में समर्थ बनाये जिसके लिए यह आवश्यक है कि जनता सरकार के सभी प्रकार के क्रिया-कलापों में अपनी पूर्ण रूप से रुचि प्रदर्शित करे एवं सहयोग दे।

समाज अपने कल्याण और हितों के लिए जिन कार्यों की सरकार से अपेक्षा रखता है उन्हें केवल सरकार के माध्यम से ही मूर्त रूप दिया जा सकता है। दक्ष, कुशल, सक्षम और अनुभवी प्रशासन तन्त्र के अभाव में सरकार के उच्च से उच्च आदर्शों एवं सिद्धान्तों को मूर्त रूप देकर सफल नहीं बनाया जा सकता। परिणामत: प्रत्येक देश की सरकार की

सफलता और लोक प्रियता वहाँ के प्रशासन पर ही निर्भर करती है क्योंकि जनता का कल्याण करना ही प्रशासन का मुख्य उद्देश्य रहता है।

प्रशासन एक इकाई मात्र है जो एक विशालतम यन्त्र के समान है। लोकतन्त्रात्मक सरकार में यह तथ्य एक विशेष महत्त्व रखता है कि प्रशासन को जनता के विभिन्न विचारों, दृष्टिकोणों, आवश्यकताओं एवं महत्त्वाकांक्षाओं आदि जैसी प्रवृत्तियों की भली-प्रकार जानकारी हो। इसके अभाव में प्रशासन अपने लक्ष्य और उद्देश्य की प्राप्ति में कभी सफल नहीं हो सकता।

साधारणत: किसी संस्था के कार्य-क्षेत्र की देखभाल को ही प्रशासन कहा जाता है। जब प्रशासन का कार्य-क्षेत्र किसी परिवार अथवा संगठन आदि की कार्यविधि तक ही सीमित नहीं रहता बल्कि वह राज्य, राष्ट्र, नगर-पालिका, नगर-परिषद अथवा इसी प्रकार की अन्य सरकारी और सार्वजनिक संगठनों को अपनी सीमाओं में आबद्ध कर लेता है तो उसी को सरकारी प्रशासन के नाम से सम्बोधित किया जाता है और जब सरकार का प्रत्येक प्राणी अथवा कर्मचारी अपनी सीमाओं में कोई कार्य सम्पन्न करता है तो उसे लोक प्रशासन का अंग अथवा इकाई माना जाता है।

मनुष्य समाज के एक सदस्य के रूप में जब कोई ऐसा कार्य करता है जिसका सम्बन्ध अन्य व्यक्तियों से हो अथवा अन्य व्यक्तियों पर उसका प्रभाव पड़े तभी उसे प्रशासन के नाम से सम्बोधित किया जाता है। सार्वजनिक नीति को पूरा करना और उसे व्यवहारिक रूप देना ही प्रशासन का मुख्य उद्देश्य है। इस प्रकार इस दिाा में की जाने वाली समस्त कार्यवाही को प्रशासन माना जा सकता है। संसद या धारा-सभा द्वारा स्वीकृत कानूनों को अमल में लाने की दिशा में सरकार जो कार्य करती है उसी को प्रशासन का नाम दिया जा सकता है।

**प्रशासन का क्षेत्र**

कार्यपालिका दो प्रकार की होती है—अस्थायी और स्थायी कार्यपालिका। अस्थायी कार्यपालिका में प्रशासन का राजनैतिक स्वरूप ही आता है जबकि स्थायी प्रशासन के अन्तर्गत सरकार के प्रशासनिक ढाँचे को समाविष्ट किया जाता है। राजनैतिक कार्यपालिका में राज्य के मुखिया अथवा प्रधान, मन्त्रिगण एवं नीति निर्धारक अधिकारी होते हैं। प्रशासनिक विभाग में उच्च कोटि के सरकारी अधिकारी होते हैं जिन पर अस्थायी कार्यपालिका द्वारा निर्धारित नीतियों को मूर्त रूप देने एवं कार्यान्वित करने का उत्तरदायित्व रहता है। प्रशासनिक विभाग को भी आन्तरिक प्रशासन और बाह्य प्रशासन दो भागों में विभाजित किया जा सकता है। बाह्य प्रशासन को भी अन्य दो उप-खण्डों में बाँट सकते हैं—**एक**, नियन्त्रण का कार्य, **दो**—जनता की प्रत्यक्ष सेवा का कार्य।

आन्तरिक प्रशासन का कार्य प्रशासन की अपनी माँगों एवं आवश्यकताओं की पूर्ति करना होता है जबकि बाहय प्रशासन का उद्देश्य जनता को वे सुख-सुविधाएँ सुलभ कराना

है जिनके लिए विभाग की स्थापना की जाती है। बाह्य प्रशासन का निन्त्रण प्रधान कार्यालय करता है जबकि जनता की सेवा का कों अधीन कार्यालयों की देखरेख में सम्पन्न कि जाता है। आन्तरिक प्रशासन का कार्य करने वाले अधिकारी बाह्य प्रशासन को संचालित नहीं कर सकते। इसी प्रकार बाह्य प्रशासन को गतिशील बनाये रखने वाले अधिकारी आन्तरिक प्रशासन में सदैव असफल ही होते देखे गये हैं।

## (ख) प्रशासन के आधारभूत सिद्धान्त

सरकार के कार्य-क्षेत्र और उत्तरदायित्व को दृष्टि में रखकर प्रशासन की विभिन्न शाखाओं और उप-शाखाओं का स्वरूप निर्धारित किया जाता है। इन्हीं शाखाओं और उप-शाखाओं को प्रशासन विज्ञान में विभाग और उप-विभागों के नाम से सम्बोधित किया जाता है। ज्ञान-विज्ञान के दैनिक विकास के कुछ कायदे-कानून, नियम-विनियम होते हैं। इसी प्रकार प्रशासन के भी कुछ अपने विधि-विधान एवं सिद्धान्त होते हैं जिनके आधार र प्रशासन का दैनिक कार्य चलता है। देश की शासन व्यवस्था चाहे किसी भी आधार पर क्यों न टिकी हो, प्रशासन का संचालन निर्धारित विधि-विधान और सिद्धान्तों के अनुसार ही चलाया जाता है। प्रशासन के विधि-विधान और सिद्धान्तों की उपेक्षा करके यदि कोई सरकार अपना स्वार्थ सिद्ध करने में तल्लीन रहती है तो देश में अराजकता फैल जाएगी और चारों ओर हा-ाकार मच जाएगा। प्रशासन को सुचारु रूप से चलाने के लिए निम्नलिखित सिद्धान्तों को सदैव ध्यान में कराना होगा। यथा-

**1. कर्त्तव्य की भावना एवं कार्य में रुचि**—यदि सरकार महान् लक्ष्य को दृष्टि में राकर अपना कार्य करती है तो उसे पूरी लगन और निष्ठा के साथ कार्य करना पडेगा। जब अधिकारी और कर्मचारी कर्त्तव्य की भावना के साथ कार्य करेंगे तभी प्रशासन के क्षेत्र में उच्च-कोटि का कार्य हो सकता है क्योंकि प्रशासन पर सारे देश का प्रबन्ध व्यवस्था को सक्रिय बनाये रखने का उत्तरदायित्व होता है।

**2. उत्तरदायित्व की अनुभूति**—प्रत्येक कार्य के परिणाम की जिम्मेदारी प्रशासक को अपने ऊपर लेनी पड़ती है। इसलिए प्रशासन को सुव्यवस्थित रूप में चलाने के लिए यह आवश्यक है कि उत्तरदायित्व का समस्त भार एक ह प्रशासक के कन्धों पर न हो। उत्तरदायित्व को जब तक समान रूप से अपने सहयोगियों में विभाजित नहीं किया जाएगा तब तक एक अच्छे प्रशासन की आशा रखना एकदम निरर्थक हैं। इसलिए प्रशासक को संकुचित विचारधारा एवं निजी स्वार्थ को तिलांजलि देकर व्यापक दृष्टिकोण अपनाना होगा।

**3. अधिकारों का उपयोग**—प्रशासन का कार्य चलाने वाले अधिकारी को इतनी स्वतन्त्रता एवं कार्य करने की इतनी छूट रहनी चाहिए कि वह अपनी इच्छानुसार कार्य कर सके और अपने अधिकारों का उपयोग करते हुए अपने अधीनस्थ कर्मचारियों से अपनी इच्छानुसार प्रशासन के कार्य को संचालित करा सके।

**4. श्रम विभाजन**—अच्छे प्रशासन के लिए एवं अपने उद्देश्यों की प्राप्ति के लिए सरकार को अनेकों विभागों, अनुभागों और कार्यालयों की स्थापना करनी पड़ती है जिससे श्रम का समान रूप से विभाजन हो सके। यदि ऐसा नहीं होगा तो विभाग कार्यभार से दब जाएगा और सरकार जितना कार्य विभाग से कराना चाहती है उतना करा नहीं पाएगी।

**5. अनुशासन एवं आदेश**—अधिकारों का उपयोग तभी सफल माना जाएगा जबकि विभाग में अनुशासन और कर्मचारी आदेश का पूर तरह पालन करें। अनुशासन बनाये रखने का कार्य एवं उत्तरदायित्व पूर्ण रूप से अधिकारी पर होता है। आदेशों को पूरी तरह पालन कराने के लिए यह भी आवश्यक है क सभी कर्मचारी अनुशासन में रहें और अनुशासन के नियमों का पूरी तरह से पालन करें।

**6. विभागों में समन्वय**—प्रशासन के सभी विभागों में परस्पर सहयोग एवं परामर्श होते रहना चाहिए ताकि विभिन्न विभागों में समन्वय बना रहे। प्रशासन के प्रत्येक विभाग मं एक मुख्य प्रशासक होता है जो अपने विभाग के सभी उप-विभागों के सभी प्रशासकों से सम्पर्क बनाये रखता है जिससे सभी प्रशासकों के कार्य में तालमेल और समन्वय स्थापित हो पाता है।

## (ग) प्रशासन का संचालन

देश के दैनिक क्रिया-कलापों के संचालन को ही प्रशासन कहा जाता है किन्तु सफल और सुव्यवस्थित प्रशासन के संचालन के लिए प्रशासक को अनेकानेक साधन एवं श्रोतों की आवश्यकता पड़ती है जिनमें से निम्न का स्थान सर्वोपरि है। यथा

(क) **कार्यक्रम (Programme)**—प्रशासक का दूरदर्शी ोना परमावश्यक है ताकि वह अपने प्रत्येक कार्य एवं आदेश के दूरगामी परिणाम का जायजा ले सके और उसके परिणाम का अनुमान लगा सके। विभाग के सफल प्रशासन के संचालन हेतु कार्यक्रम तैयार करने के निमित्त विशद अनुभव, जानकारी, व्यावहारिक बुद्धि, कौशल एवं चातुर्य, सूझ-बूझ, सहयोग, समन्वय शक्ति, दूरदर्शिता एवं प्रशासनिक क्षमता की आवश्यकता होती है।

(ख) **पहल एवं निर्देशन (Initiation & Direction)**—प्रशासन को गतिशील बनाये रखने के लिए अधिकारियों में कार्य को मूर्ता देने मं पहल करने की भावना होनी चाहिए। अगर अधिकारी को कार्यक्रम को आरम्भ करने के लिये पहल करने में किसी प्रकार की हिचकिचाहट होगी तो प्रशासन लड़खड़ा जाएगा।

निर्देशन के बिना उचित दिशा में पग बढ़ाना कठिन कार्य होता है। कार्यक्रम को मूर्त देने के लिए पहल किस प्रकार की जाए, कब और किस प्रकार कार्यक्रम को लागू किया जाए, मार्ग में आने वाली कठिनाइयों का

भान तथा उन पर अधिकार पाने के उपायों पर विचार करना, आदेश जारी करना एवं उनका पालन कराना आदि जैसी अन्य बातों का समावेश निर्देशन में निहित रहता है।

(ग) **क्रियात्मक पहलू (Execution of Powers)**—तैयार किये गये कार्यक्रम को मूर्त रूप देने के लिए उसके क्रियात्मक पक्ष को भी ध्यान में रखना पड़ता है। प्रत्येक कार्यवाही पर सावधानी बरतना, निर्देशन की उत्तम व्यवस्था, कुशल और योग्य प्रशासक, अधिकारी एवं कर्मचारियों के कार्य में तालमेल, अधीनस्थ कर्मचारियों के उत्तरदायित्वपूर्ण कार्य करने की भावना, निजी स्वार्थ एवं व्यक्तिगत हितों की उपेक्षा तथा भूल सुधार का आभास क्रियात्मक पहलू के मूल मन्त्र हैं।

(घ) **नियन्त्रण (Control)**—प्रशासन के कर्मचारियों पर नियन्त्रण रखना परमावश्यक होता है। प्रशासन के किसी भी विभाग पर नियन्त्रण रखने वाले अधिकारी पर उच्च अधिकारियों का अनावश्यक दबाव नहीं होना चाहिए ताकि वह अपने उद्देश्य एवं कार्य में सफल हो सके। साथ ही अधिकारी को अपने अधीनस्थ कर्मचारियों के कार्यों में अनावश्क हस्तक्षेप भी नहीं करना चाहिए।

### (घ) प्रशासन एवं विभाग में समन्वय

प्रशासन की आधारशिला विभिन्न विभागों और उनके कार्यक्षेत्र पर निर्भर रहती है। इसके अनेक अंग होते हैं जैसे विभाग, प्रभाग, शाखा, अनुभाग तथा अन्य कार्यालय। अधिकारियों एवं अधीनस्थ कर्मचारियों की अनेकानेक श्रेणियाँ होती हैं। पद की गरिमा के आधार र विभाग के अधिकारियों के अधिकारों का एक समान अनुपात में विभाजन किया जाता है। इस प्रकार कह सकते हैं कि प्रशासन एक पूर्ण इकाई न होकर एक जटिल यन्त्र के समान होता है। अतः प्रशासन के विभिन्न विभागों की एकता को भी प्रशासन एवं विभाग का समन्वय कहा जाता है।

□□□

# 11

# सरकार की रचना : विधायिका, कार्यपालिका तथा न्यायपालिका

किसी भी सरकार के निम्नलिखित तीन अंग होते हैं। इन तीनों अंगों द्वारा सरकार अपना सारा राजकाज सम्पन्न करती है। यथा—

1. व्यवस्थापिका अथवा विधानांग (The Legislative)
2. कार्यपालिका अथवा कार्यांग (The Executive)
3. न्यायपालिका अथवा न्यायांग (The Judiciary)

आगे के परिच्छेदों में सरकार के इन तीनों अंगों की विस्तृत व्याख्या दी जा रही है।

**1. व्यवस्थापिका अथवा विधानांग (The Legislative)**

व्यवस्थापिका का कार्य समस्त देश के लिए विधि-विधान बनाना और कानूनां का निर्माण करना होता है ताकि सभी नागरिकों का जीवन नियमित हो सके। इस प्रकार व्यवस्थापिका सरकार का सबसे महत्त्वपूर्ण अंग हैं। यह देश के लिए और शासन के कार्य-

क्षेत्र एवं नागरिकों के कर्त्तव्यों व अधिकारों का निर्माण करने में अधिकारों का निश्चय करने के लिए विभिन्न प्रकार के कानून बनाती है। इन कानूनों के गुणावगुणों पर ही जनता का भविष्य निर्भर रहता है। हमारे देश में जनता ही व्यवस्थापिका के सदस्यों का निर्वाचन करती है। संसार के अनेक देशों में व्यवस्थापिका सभा के उच्च सदन और निम्न सदन (Upper House & Lower House) नामक दो सदन होते हैं। हमारे देश में उच्च सदन को राज्य सभा और निम्न सदन को लोक सभा के नाम से सम्बोधित किया जाता है। देश के अन्य राज्यों में इन्हीं दो सदनों को विधान परिषद् (Legislative Council) और विधान सभा (Legislative Assembly) कहा जाता है।

**2. कार्यपालिका अथवा कार्यांग (The Executive)**

कार्यपालिका का कार्य कानूनों को लागू करना तथा जनता से उनका पालन कराना है। सरकार के सारे कार्यों को सम्पन्न कने का सारा उत्तरदायित्व कार्यपालिका (कार्यांग) के कंधों पर ही होता है। इसी कार्यपालिका को आगे चलकर प्रशासन के नाम से सम्बोधित किया जाता है।

कार्यपालिका किसी भी सरकार का दूसरा महत्त्वपूर्ण अंग है। कार्यपालिका सरकार का वह अंग है जो व्यवस्थापिका द्वारा बनाये गये कानूों को कार्यान्वित करती है और सकार के सम्पूर्ण प्रशासन का संचालन करती है। इस प्रकार कार्यपालिका सरकार के दैनिक कार्य चलाने वाले व्यापक यंत्र—मशीनरी—का नाम है।

व्यापक अर्थ में कार्यपालिका के अन्तर्गत कार्यपालिका का प्रधान अर्थात् राष्ट्रपति अथवा राजा, उसके मन्त्रिगण (ministers) तथा सम्पूर्ण कर्मचारी आ जाते हैं। इस व्यापक अर्थ में गाँव के चौकीदार तथा लेखपाल से लेकर राष्ट्रपति तक सभी अधिकारी एवं कर्मचारी कार्यांग के ही अंग माने जाते हैं। संकुचित अर्थ में कार्यपालिका के अन्तर्गत केवल सरकार के प्रधान तथा मन्त्रियों को ही सम्मिलित किया जाता है। इस संकुचित अर्थ में अपने देश भारत में कार्यपालिका के अन्तर्गत राष्ट्रपति तथा उसका मन्त्रि मण्डल ही आता है।

व्यवस्थापिका तथा कार्यपालिका दोनों ही सरकार के महत्त्वपूर्ण अंग है। शासन का सम्पूर्ण कार्य मुख्यतः इन दोनों ही अंगों द्वारा सम्पादित किया जाता है। इस नाते दोनों ही अंगों में काफी घनिष्ठता है। इसीलिए दोनों अंग एक दूसरे पर अवलम्बित रहते हुए अपना-अपना कार्य सम्पन्न करते हैं।

**3. न्यायपालिका अथवा न्यायांग (The Judiciary)**

न्यायालय का कार्य उन लोगों को दण्ड देना है जो व्यवस्थापिका द्वारा प्रतिपादित कानूनों और विधि-विधान का उल्लंघन करते हैं। इस प्रकार न्यायपालिका सरकार का तीसरा प्रमुख अंग है। न्यायपालिका के अभाव में नागरिकों को कानूनों से वास्तविक न्याय प्राप्त नहीं हो सकता क्योंकि न्यायपालिका का कार्य नागरिकों से न्याय कराना होता है। जो लोग कानूनों का उल्लंघन करते हैं। न्यायपालिका उनको दण्ड देती है। जब कभी व्यवस्थापिका

या कार्यपालिका नागरिकों के अधिकारों का हनन करती है तो न्यायपालिका ही नागरिकों के अधिकारों की रक्षा करती है। इसी उद्देश्य की पूर्ति के लिए राज्य में अनेक न्यायालयों की स्थापना की जाती है। देश के सभी नागरिकों के ऊपर एक सर्वोच्च न्यायालय है जिसे उच्चतम न्यायालय कहा जाता है। उच्चतम न्यायालय दे के सभी न्यायालयों के निर्णयों की अपीलों पर भी सुनवाई करता है। न्यायालयों का संगठन एक क्रमिक श्रृंखला के समान होता है।

## (ख) कार्यपालिका

कार्यपालिका सरकार के शासन एवं प्रशासन की धुरी है। कार्यपालिका अथवा कार्यांग पर शासन का भारी उत्तरदायित्व है। इसी भारी उत्तरदायित्व को वहन करने के दृष्टिकोण से कार्यांग के कार्यों का निम्न प्रकार वर्गीकरण किया गया है। यथा–

### 1. राजनयिक कार्य (Diplomatic Functions)

इनके अन्तर्गत राजनीति, कूटनीति तथा अन्तर्राष्ट्रीय सम्बन्धी विषय आते हैं जिनमें विदेशों से संधि करना, युद्ध की घोषणा करना, अन्य देशों में राजदूतों की नियुक्ति करना, अन्तर्राष्ट्रीय संस्थाओं में प्रतिनिधि भेजना, विदेशी व्यापार सम्बन्धी समझौते करना जैसे कार्य निहित रहते हैं।

### 2. विधायी कार्य (Legislative Functions)

विधायी कार्यों में कार्यपालिका के व्यवस्थापिका से सम्बन्धित कार्यों की गणना की जाती है। इन कार्यों में व्यवस्थापिका या संसद की बैठक बुलाना, उसे विसर्जित करना, भंग करना, कानूनों का रूप निर्धारित करना, विधेयक रखना, अध्यादेश (Ordinance) जारी करना तथा कानूनों के अन्तर्गत उप-नियम बनाना जैसे कार्य निहित रहते हैं।

### 3. सैनिक कार्य (Military Function)

कार्यपालिका का प्रधान ही देश की जल-थल-नभ सेनाओं का सर्वोच्च सेनापति होता है। वही सैनिक अधिकारियों की नियुक्ति करता है तथा सैनिक नियमों का निर्माण करता है।

### 4. प्रशासनिक कार्य (Administrative Functions)

इसके अन्तर्गत व्यवस्थापिका द्वारा बनाये गये कानूनों को लागू करना, जनता से उनका पालन कराना, देश में शान्ति बनाये रखना, सरकारी अधिकारियों व कर्मचारियों की नियुक्ति करना, उन्हें निलम्बित करना, पदच्युत करना तथा कर वसूलना आदि कार्य निहित हैं।

### 5. न्यायिक कार्य (Judicial Functions)

न्यायालयों का गठन तथा न्यायाधीशों की नियुक्ति कार्यपालिका द्वारा ही की जाती है। कार्यपालिका न्यायालयों द्वारा दण्डित अपराधियों को क्षमा भी कर सकती है।

**6. विकास सम्बन्धी कार्य (Developmental Functions)**

कार्यपालिका देश की उन्नति के लिए कृषि व उद्योगों के विकास से सम्बन्धित अनेक कार्य सम्पन्न करती है। पंचवर्षीय जैसी विकासात्मक योजनाएँ बनाती हैं, बाँध बनवाती है, बिजली तथा सिंचाई का प्रबन्ध करती है, वन सम्पदा का अनुसंधान करती है, कारखानों का संचालन करती है आदि जैसे अन्य अनेक कार्य।

**7. लोकहित सम्बन्धी कार्य (Public Welfare Functions)**

कार्यपालिका सार्वजनिक हिताहित के अनेक कार्य सम्पन्न करती है। जैसे सड़कें बनवाना, पुलों का निर्माण, सार्वजनिक भवनों का निर्माण, प्रचार-प्रसार का कार्य, डाक-तार एवं टेलीफोन की सुविधाएँ उपलब्ध कराना, अल्प संख्यकों, परिगणित एवं पिछड़ी जातियों के विकास के लिए विशेष सुविधाएँ प्रदान करना जैसे न जाने कितने ही लोक हित के अन्यान्य कार्य सम्पन्न करना कार्यपालिका के मुख्य कार्य हैं।

कार्यपालिका के सरकारी तन्त्र के प्रशासन को मोटे तौर पर तीन खण्डों में विभाजित किया जा सकता है। यथा-

(एक) कार्यांग (The Executive)

(दो) वित्तीय प्रणाली (Financial System)

(तीन) संविधानाधीन स्थापित सांविधिक अधिकारी (Statutory Authority setup under the Government)

इन तीनों खण्डों में से अन्तिम दो खण्डों का सविस्तार वर्णन आगे के अध्यायों में किया जाएगा। प्रथम खण्ड का वर्णन आगे के परिच्छेदों में दिया जा रहा है।

## ( ग ) संघीय कार्यालय

अपने देश भारत में राष्ट्रपति संविधान के अनुसार सर्व-शक्ति सम्पन्न सर्वोच्च शक्ति है किन्तु व्यवहार में राष्ट्रपति अपनी शक्तियों का प्रयोग एक सीमा तक ही करता है क्योंकि भारत में राष्ट्रपति औपचारिक या नाम-मात्र की कार्यपालिका है। कार्यपालिका की वास्तविक सत्ता तो मन्त्रि-परिषद् के हाथों में रहती है जो जनता के प्रति उत्तरदायी है। राष्ट्रपति के नाम पर मन्त्रि-परिषद् सरकार की समस्त कार्यपालिका शक्तियों का उपभोग करती है अर्थात् राष्ट्रपति के नाम से कार्यपालिका का समस्त कार्य किया जाता है। भारतीय संविधान में मन्त्रि-परिषद् को सांविधिक मान्यता प्रदान की गयी है। प्रधान मन्त्री जहाँ मन्त्रि-परिषद् का प्रधान होता है वहीं प्रधानमन्त्री भारत सरकार का प्रधान होता है।

संसद पद्धति तथा अध्यक्षात्मक पद्धति की सरकारों का होना शासन तन्त्र का प्रमुख वर्गीकरण है जो व्यवस्थापिका तथा कार्यपालिका के पारस्परिक सम्बन्धों का परिणाम है। जब कार्यपालिका व्यवस्थापिका के नियन्त्रण में कार्य करती है और उसके प्रति उत्तरदायी

होती है तो उस सरकार को संसदीय सरकार (Parliamentary Form of Government) कहते हैं। इसके विपरीत अगर कार्यपालिका तथा व्यवस्थापिका दोनों एक-दूसरे से अलग स्वतन्त्र रूप में कार्य करती हैं तो उसे अध्यक्षात्मक सरकार (Presidential Form of Government) कहते हैं। संसद तथा अध्यक्षात्मक सरकारों के मौलिक भेद को **बेजहॉट** (Bagehot) ने इन शब्दों में प्रकट किया है—"व्यवस्थापिका तथा कार्यपालिका शक्तियाँ को एक-दूसरे की स्वतन्त्रता अध्यक्षात्मक सरकार का विशिष्ट लक्षण हैं और इन दोनों का एक-दूसरे से संयोग संसद सरकार का।" भारतीय संविधान मूलत: संसदीय शासन प्रणाली को अपनाता है।

## (घ) केन्द्रीय सरकार

भारत में सरकार की संरचना का संविधान में विस्तार से वर्णन किया गया है। केन्द्र सरकार की संसद की समीक्षा एवं उसके संगठन का विस्तार से आगे के परिच्छेदों में व्याख्या दी जा रही है।

### संसद (Parliment)

केन्द्रीय व्यवस्थापिका अथवा विधानांग विधानपालिका को संसद कहते हैं। संसद देश में कानून बनाने वाली सर्वोच्च स्तर की संस्था है। इसमें दो सदन होते हैं। निम्न सदन को लोक सभा और उच्च सदन को राज्य सभा कहा जाता है। राष्ट्रपति को औपचारिक दृष्टिकोण से संसद का अंग माना जाता है। राष्ट्रपति ही दोनों सदनों के अधिवेशन बुलाता है और राष्ट्रपति ही इनका सत्रावसान करता है। संसद का मुख्य कार्य कानून बनाना है।

### लोक सभा (Lok Sabha)

लोक सभा और राज्य सभा की रचना पृथक्-पृथक् प्रणाली से होती है। अत: दोनों की शक्तियाँ भी भिन्न-भिन्न हैं। लोक सभा अधिक शक्तिशाली सदन है। लोक सभा की कार्यवाही का संचालन करने के लिए उसका क अध्यक्ष होता है। लोक सभा का एक उपाध्यक्ष भी होता है जो अध्यक्ष की अनुपस्थिति में सदन की अध्यक्षता करता है।

### राज्य सभा (Rajya Sabha)

भारतीय संसद के उच्च सदन को राज्य सभा कहते हैं। राज्यों के प्रतिनिधि राज्य सभा के सदस्य माने जाते हैं। राज्य सभा एक स्थायी सदन है जिसको कभी भंग नहीं किया जा सकता। राज्य सभा की अध्यक्षता देश का उप-राष्ट्रपति करता है। अत: उप-राष्ट्रपति राज्य सभा का पदेन सभापति होता है। राज्य सभा अपने सदस्यों में से एक उप-सभापति भी निर्वाचित करती है जो सभापति की अनुपस्थिति में राज्य सभा की अध्यक्षता करता है।

### विधेयक (Bill)

प्रस्तावित कानूनों को विधेयक कहते हैं। संसद में विधेयक पर तीन बार विचार किया जाता है। इस प्रक्रिया को तीन वाचन कहते हैं। यदि साधारण बहुमत से विधेयक

पहले सदन में पारित हो जाता है तो उसे दूसरे सदन में भेज दिया जाता है। वहाँ भी तीन वाचन के पश्चात विधेयक पर मतदान होता है। यदि दूसरा सदन भी साधारण बहुमत से विधेयक को स्वीकार कर देता है तो वह सदन द्वारा पारित समझा जाता है। उसके पश्चात् विधेयक को राष्ट्रपति की स्वीकृति के लिए राष्ट्रपति के पास भेज दिया जाता है। विधेयक पर राष्ट्रपति के हस्ताक्षर हो जाने के उपरान्त विधेयक कानून का रूप धारण कर लेता है।

धन सम्बन्धी विधेयक (Financial Bill) एक अन्य प्रक्रिया से स्वीकृत किये जाते हैं। धन विधेयक वह विधेयक है जिसमें सरकार को धन एकत्रित करने ऋण लेने या धन व्यय करने की आज्ञा देने की व्यवस्था होती है। इस प्रकार सरकार का आय व्यय से सम्बन्धित विधेयक धन विधेयक कहलाता है। धन विधेयकों के सम्बन्ध में लोक सभा कुछ अधिक ही शक्तिशाली है।

### (ङ) राष्ट्रपति

भारतीय संविधान में यह स्पष्ट निर्देश है कि भारत का क राष्ट्रपति होगा। केन्द्रीय कार्यपालिका शक्ति राष्ट्रपति में ही निहित होगी तथा उसका प्रयोग वह संविधान के अनुसार स्वयं अथवा अधीनस्थ अधिकारियों के द्वारा करेगा। संघ के रक्षा-दलां का सर्वोच्च कमान राष्ट्रपति में निहित होगा। भारतीय संविधान में राष्ट्रपति पद के लिए योग्यताओं, निर्वाचन, पदावधि, पद-च्युति तथा अधिकारों का स्पष्ट उल्लेख किया गया है।

अपने पद के अधकारों तथा शक्तियों का प्रयोग करते हुए राष्ट्रपति जो भी कार्य करता है। उनके विरुद्ध राष्ट्रपति पर किसी भी प्रकार का किसी भी न्यायालय में अभियोग नहीं चलाया जा सकता। यद्यपि भारतीय संघ के सभी कार्य राष्ट्रपति के नाम पर किये जाते हैं तथापि उन कार्यों के लिए राष्ट्रपति व्यक्तिगत रूप से उत्तरदायी नहीं होता है। अत: देशवासी राष्ट्रपति के कार्यों के लिए केवल **भारत संघ** के विरुद्ध मुकदमा चला सकते हैं। इस प्रकार ाष्ट्रपति पद राष्ट्रपति की गरिमा अथवा राष्ट्रपति के व्यक्तित्व के विरुद्ध कोई भी व्यक्ति अभियोग नहीं चला सकता। निष्कर्षत: किसी भी प्रकार के अभियोग के लिए न तो राष्ट्रपति को कैद ही किया जा सकता है और न ही राष्ट्रपति की गिरफ्तारी के लिए अधिपत्र (warrant) ही जारी किया जा सकता है।

## राष्ट्रपति के अधिकार तथा कार्य

## (Powers and Functions of the President)

संविधान द्वारा राष्ट्रपति को अनेक व्यापक शक्तियाँ प्रदान की गयी हैं। यथा—

### 1. कार्यपालिका शक्तियाँ (Executive Powers)

संघ की सर्वोच्च कार्यपालिका शक्ति राष्ट्रपति में निहित है जिनका प्रयोग राष्ट्रपति स्वयं अथवा अपने अधीनस्थ अधिकारियों द्वारा करता है। संविधान राष्ट्रपति को उसके कार्यों के सम्पादन के लिए तथा सहायता एवं परामर्श देने के लिए मंत्रिपरिषद् की व्यवस्था करता

है जिसका एक प्रधान मंत्री होता है। राष्ट्रपति को अनेक प्रशासनिक तथा कार्यपालिका शक्तियाँ संविधान द्वारा प्रदान की गयी हैं।

**2. विधायिनी शक्तियाँ (Legislative Powers)**

संघ के लिए एक संसद होगी जो राष्ट्रपति, राज्य सभा तथा लोक सभा नामक दो सदनों से मिल कर बनती है। भारत का राष्ट्रपति संसद का अंग होगा। संसद का सदस्य न होने पर भी राष्ट्रपति को अनेक विधायिनी शक्तियाँ प्राप्त हैं।

**3. न्यायिक शक्तियाँ (Judicial Powers)**

भारत के राष्ट्रपति को कतिपय न्यायिक शक्तियाँ भी प्राप्त हैं।

**4. वित्तीय शक्तियाँ (Financial Powers)**

राष्ट्रपति को अनेकानेक वित्तीय शक्तियाँ भी प्रदान की गयी हैं। जैसे संसद मे वार्षिक बजट प्रस्तुत किया जाना। राष्ट्रपति की अनुमति बिना कोई भी वित्त विधेयक संसद में प्रस्तुत नहीं किया जा सकता जैसे अन्यानेक वित्तीय शक्तियाँ राष्ट्रपति को प्रदान की गयी है।

**5. आपातकालीन शक्तियाँ (Emergency Powers)**

संकट कालीन तथा आकस्मिक परिस्थितियों से निपटने के लिए राष्ट्रपति को महत्त्वपूर्ण शक्तियाँ प्रदान की गयी हैं।

**6. अस्थायी शक्तियाँ (Transitional Powers)**

देश के संविधान में राष्ट्रपति को तीन प्रकार की अस्थायी शक्तियाँ भी प्रदान की गयी हैं। यथा—

(i) सन् 1935 के संविधान से नये संविधान को लागू करने के संक्रमण काल (Transitional Period) में उत्पन्न रुकावट तथा बाधाओं को दूर करना। ये शक्तियाँ अब समाप्त कर दी गयी हैं।

(ii) कतिपय मामलों के सम्बन्ध में उस समय तक समुचित व्यवस्था करना जब तक कि संसद अन्यथा व्यवस्था न कर दे।

(iii) संविधान के लागू होने से दस वर्ष की कालावधि में लोक सभा के सदस्यों के रूप में दो एंग्लो-इण्डियन प्रतिनिधियों को नामजद करना।

## (च) मन्त्रि-परिषद् एवं मन्त्रि-मण्डल

भारत में वास्तविक कार्यपालिका का प्रयोग मन्त्रि-परिषद् करती है। इसी प्रकार मन्त्रि-परिषद् की वास्तविक कार्यपालिका है। राष्ट्रपति को सहायता तथा परामर्श देने के लिए

प्रधान मन्त्री के नेतृत्व में एक मन्त्रि-परिषद् का गठन किया जाता है। इसी मन्त्रि-परिषद् के परामर्श से राष्ट्रपति को कार्य करना पड़ता है। मन्त्रि-परिषद् का प्रधान और केन्द्रीय सरकार का वास्तविक अध्यक्ष प्रधान मन्त्री ही होता है। प्रधान मन्त्री के परामर्श पर राष्ट्रपति अन्य मन्त्रियों की नियुक्ति करता है जो विधान पालिका अर्थात् संसद में से चुने जाते हैं। देश की समस्त नीतियाँ मन्त्रि-परिषद् में विचार विमर्श के उपरान्त ही निश्चित की जाती हैं जो किसी मन्त्री विशेष की नीति न होकर समस्त मन्त्रि-परिषद् की नीति कही जाती है। मन्त्रि-रिषद् मं तीन प्रकार के मन्त्री होते हैं। यथा—

**1. मन्त्रि मण्डलीय मन्त्री (Cabinet Ministers)**

मन्त्रि मण्डल में सम्मिलित किये जाने वाले मन्त्री प्रथम श्रेाी के मन्त्री होते हैं। मन्त्रि मण्डल के मन्त्रि कसी न किसी प्रमुख विभाग अथवा मन्त्रालय के अध्यक्ष होते हैं।

**2. राज्य मन्त्री (State Ministers)**

राज्य मन्त्री मन्त्रि-मण्डल के सदस्य न होते हुए भी अपने-अपने विभाग के अध्यक्ष होते हैं। प्रधान मन्त्री की आमन्त्रणा पर राज्य मन्त्री मन्त्रि-मण्डल की बैठकों में भाग लेते हैं तथा समय-समय पर प्रशासन के सम्बन्ध में मन्त्रि-मण्डल को सुझाव भी देते हैं। इसीलिए राज्य मन्त्री को द्वितीय श्रेणी का मन्त्री कहा जाता है।

**3. उप-मन्त्री (Deputy Ministers)**

उप-मन्त्री तृतीय श्रेणी के मन्त्री होते हैं और ये विभागीय मन्त्रियों एवं राज्य मन्त्रियों को उनके कार्यों में सहायता पहुँचाते हैं।

उक्त वर्णित तीन श्रेणियों के मन्त्रियों के अतिरिक्त मन्त्रि-परिषद् में कुछ ऐसे मन्त्री भी होते हैं जो किसी विभाग से सम्बन्धित नहीं होते किन्तु मन्त्रि-मण्डल के सदस्य अवश्य ही होते हैं। इन्हें निर्विभागीय मन्त्री (Minister without Portfolio) कहा जाता है। ऐसे मन्त्रियों की नियुक्ति किसी विशेष प्रकार के कार्य को सम्पादित करने के लिए की जाती हैं।

**संसदीय सचिव (Parliamentary Secretary)**

संसदीय सचिव उप-मन्त्रियों से कम स्तर के होते हैं जो विभागीय मन्त्रियों को प्रशासन तथा संसदीय कार्यों के सम्बन्ध में सहायता पहुँचाते हैं। यों संसद सचिव का कोई विशेष कार्य नहीं होता। वह केवल मन्त्रियों द्वारा सौंपे गये कार्यों को ही सम्पादित करता है।

**मन्त्रि-परिषद् तथा मन्त्रि-मण्डल में अन्तर**

मन्त्रि-परिषद् एक वृहत संस्था है जिसमें सभी श्रेणी के मन्त्री सम्मिलित रहते हैं। इस प्रकार मस्त मन्त्रियों के सामूहिक संगठन को मन्त्रि-परिषद् कहा जाता है। मन्त्रि-परिषद्

की सामूहिक बैठक कभी नहीं होती। सभी मन्त्री अपने-अपने विभाग से मतलब रखते हैं। मन्त्रि-मण्डल को भारतीय शासन प्रणाली का हृदय माना जाता है। मन्त्रिमण्डल वह धुरी है जिस पर प्रशासन का चक्र घूमता है और शासन प्रणाली को कता प्रदान करता है। इस प्रकार मन्त्रि-मण्डल देश की सर्वोच्च कार्यपालिका संस्था है। वास्तव में मन्त्रि-मण्डल वह धुरी है जिसके चारों ओर सम्पूर्ण शासन घूमता है।

मन्त्रि-मण्डल मन्त्रि-परिषद् के अन्तर्गत एक छोटा सा समूह मात्र है। इसमें केवल महत्त्वपूर्ण विभागों के मन्त्री ही सम्मिलित किये जाते हैं जिन्हें प्रधान मन्त्री चुनता है। मन्त्रि-मण्डल मन्त्रि-परिषद् की आत्मा है। मन्त्रि-मण्डल शासन का परिचालक यन्त्र है जिसमें सभी महत्त्वपूर्ण विभागों के राजनीतिक अध्यक्ष सम्मिलित रहते हैं। मन्त्रिमण्डल एक सामूहिक इकाई के रूप में कार्य करता है।

### ( छ ) प्रधान मन्त्री

प्रधान मन्त्री को भारत सरकार तथा शासन का बिन्दु माना जाता है। प्रधान मन्त्री का चयन अप्रत्यक्ष रूप से होता है। जिस दल का प्रधान मन्त्री नेता होता है उसको जनता प्रत्यक्ष चुनाव में निर्वाचित करती है। प्रधान मन्त्री ही मन्त्रि-परिषद् और मन्त्रि-मण्डल का नेता होता है। इसलिए उसकी स्थिति अन्य सभी मन्त्रियों से अधिक शक्तिशाली और सर्वप्रमुख होती है। प्रधान मन्त्री लोक सभा में बहुमत दल का नेता होता है। जब तक उसके दल में अनुशासन है और उसके नेतृत्व को कोई चुनौती नहीं है उसकी स्थिति सुदृढ़ रहती है। संसदीय कार्यपालिका में प्रधान मन्त्री एक अनिवार्य घटक है। सरकार की नीति को प्रधानमन्त्री निर्धारित करता है। प्रधान मन्त्री योजना आयोग का अध्यक्ष होता है। प्रधान मनी ही राष्ट्रपति का प्रमुख परामर्शदाता है। प्रधान मन्त्री मन्त्रि-मण्डल और राष्ट्रपति के मध्य की एक मात्र कड़ी है।

निष्कर्षतः कहा जा सकता है कि प्रधान मन्त्री सम्पूर्ण मन्त्रि-मण्डल में सबसे अधिक महत्त्वपूर्ण और शक्तिशाली होता है। प्रधान मन्त्री को पूरे राष्ट्र का नेता माना जाता है। इसलिए देश के कुशल शासन के लिए प्रधानमन्त्री को ही उत्तरदायी ठहराया जाता है। सरकार की सफलता और विफलता के लिए प्रधानमन्त्री को ही उत्तरदायी माना जाता है।

### ( ज ) मन्त्री

कुशल प्रशासन के दृष्टिकोण से पूरे शासन को अनेक विभागों में बाँट दिया जाता है। प्रत्येक विभाग को एक मन्त्रालय कहा जाता है। प्रत्येक मन्त्रालय का कार्यभार एक मन्त्री को सौंप दिया जाता है। मन्त्री की सहायता के लिए राज्य मन्त्री और उप मन्त्री होते हैं। मन्त्री अपने मन्त्रालय के कुशल संचालन के लिए पूर्ण रूप से उत्तरदायी होता है। मन्त्री ही अपने मन्त्रालय का प्रधान होता है। मन्त्री अपने मन्त्रालय की समस्त कार्यवाही को मन्त्रिमण्डल के समक्ष प्रस्तुत करता है। यदि किसी मन्त्रालय की कार्यविधि में गतिरोध उत्पन्न होता है तो मन्त्री को ही सदस्यों की आलोचना का शिकार होना पड़ता है।

कोई भी मन्त्री एक या एक से अधिक मन्त्रालयों का प्रधान हो सकता है। राजनीतिक स्तर पर मन्त्रालय का सर्वोच्च अधिकारी मन्त्री ही होता है। मन्त्री की सहायता के लिए एक या अधिक राज्य मन्त्री या उप-मन्त्री हो सकते हैं। किसी मन्त्रालय की क्या नीति होगी इसका निर्णय मन्त्री ही करता है। अधिकारीगण उसकी नीतियें को केवल क्रियान्वित ही कर सकते हैं।

### मंत्रालय

मन्त्रि-परिषद् के मन्त्रियों द्वारा सरकारी काम को व्यवस्थित ढंग से सम्पन्न करने के लिए तथा शासन की सुविधा की दष्टि से भारतीय संविधान के अनुच्छेद 77(3) के अधीन एक कार्य संचालन नियमावली (Rules of Business) बनायी गयी है जिसके तहत संघ सरकार का सारा प्रशासन कार्य विभिन्न मन्त्रालयों में विभाजित कर दिया गया है। इस प्रकार के विभाजन में इस तथ्य को दृष्टि में रखा जाता है कि किस मन्त्रालय के आधीन कौन-कौन से कार्यों का समावेश किया जाए। मन्त्रि-परिषद् के सदस्य अर्थात् मन्त्रिगण विभिन्न सरकारी विभागों के कार्यों की देखभाल करते हैं। ऐसे प्रत्येक विभाग को मन्त्रालय कहा जाता है।

### (ख) मन्त्रालय

एक मन्त्रालय अपने उत्तरदायित्व के क्षेत्र में सरकारी नीति का निर्धारण करने व उसको कार्यान्वित करने तथा समीक्षा करने के लिए पूर्णरूप से उत्तरदायी होता है। किसी मन्त्रालय का गठन उसके कार्य अथवा सघ सरकार के प्रशासन के कार्य, उसकी प्रक्रिया, विषय एवं कार्य-क्षेत्र को दृष्टिगत कर किया जाता है। संघ सरकार के प्रशासन के मन्त्रालयों का वर्गीकरण निम्नलिखित तथ्यों के आधार पर किया जाता है—

1. आधारभूत मन्त्रालय,
2. समाज कल्याण मन्त्रालय,
3. आर्थिक सुरक्षा के मन्त्रालय,
4. व्यावसायिक मन्त्रालय।

प्रशासनिक परिस्थितियों, आवश्यकताओं एवं देश-काल के अनुसार उक्त वर्गीकरण में परिवर्तन किया जा सकता है। अधिक कार्यभार से दब जाने के कारण एक ही मन्त्रालय को दो मन्त्रांलयों में भी विभाजित किया जा सकता है।

प्रत्येक मन्त्रालय अपने उत्तरदायित्व के क्षेत्र में सरकार की रीति-नीति एवं प्रक्रिया के लिए पूर्णरूप से उत्तरदायी होता है। प्रत्येक मन्त्रालय पर उत्तरदायित्व होता है कि वह अपने कार्यक्षेत्र एवं अधिकार क्षेत्र से सरकार की नीतियों को निर्धारित करे एवं समय-समय पर आवश्यकतानुसार उन पर विचार करता रहे। इस प्रकार मन्त्रालय ही सरकार की नीति

का निर्धारण करने, उसे कार्यान्वित करने तथा उसकी समीक्षा करने के लिए पूर्णरूप से जिम्मेदार होता है। मन्त्रालय के कुछ मामले प्रधान मन्त्री, मन्त्रि-मण्डल अथवा मन्त्रि-परिषद् और समिति के समक्ष भी प्रस्तुत किये जाते हैं। मन्त्रालय के कुछ मामले ऐसे भी होते हैं जिन्हें राष्ट्रपति की जानकारी में लाना परमावश्यक होता है। यदा-कदा मन्त्रालय विशेष को किसी जटिल मामले पर एक या अधिक मन्त्रालयों से उनकी राय एवं परामर्श लेना आश्यक समझा जाता है। इतना ही नहीं यदि किसी मामले पर दो गन्त्रालयों के मध्य मतभेद उपस्थित हो जाए तो वह मामला अन्तिम रूप से निस्तारण के लिए मन्त्रि-मण्डल के समक्ष प्रस्तुत किया जाता है। सामान्यतः मन्त्रालय का प्रशासनिक अध्यक्ष (Administrative Head) सचिव होता है तथापि मन्त्रालय के प्रत्क कार्य एवं रीति-नीति के लिए मन्त्रि-मण्डलीय मन्त्री ही पूर्णरूप से उत्तरदायी होता है जिसकी सहायता के लिए राज्य-मन्त्री एवं उप-मन्त्री रखे जाते हैं।

## (ग) सचिवालय

मन्त्री अथवा मन्त्रालय के तत्त्वावधान में सभी अधिकारियों एवं कर्मचारियों को सामूहिक रूप से सचिवालय कहा जाता है। सरकारी कार्य को संचालित करने के लिए एवं मन्त्रि परिषद् की सहायतार्थ सचिवालय की स्थापना की जाती है। सचिवालय का सर्वोच्च अधिकारी सचिव होता है। सचिव अपने मन्त्रालय के मन्त्री का सरकारी परामर्शदाता एवं सहायक होता है। सचिव की सहायता के लिए अतिरिक्त सचिव नियुक्त किया जाता है। सचिव अथवा अतिरिक्त सचिव की मदद के लिए दो या दो से अधिक संयुक्त (सह) सचिव नियुक्त किये जाते हैं। संयुक्त सचिवों के तत्त्वावधान में मन्त्रालय के विभिन्न विभाग कार्य करते हैं। संयुक्त सचिव की सहायता के लिए उप-सचिव, उप-सचिव की सहायता के लिए अवर-सचिव और अवर-सचिव की सहायता के लिए अनुभाग अधिकारी नियुक्त किये जाते हैं। अनुभाग अधिकारी को किसी-किसी कार्यालय में अधीक्षक (Superintendent) नाम से भी सम्बोधित किया जाता है। उप-सचिव अपने विभाग, अवर-सचिव अपनी शाखा अथवा प्रभाग एवं अनुभाग अधिकारी अपने अनुभाग के कार्य के लिए पूर्णरूप से उत्तरदायी होते हैं। एक सचिव के साथ दो संयुक्त सचिव, एक संयुक्त सचिव के साथ दो उप-सचिव और एक उप-सचिव के साथ दो अवर-सचिव और एक अवर-सचिव के साथ दो अनुभाग अधिकारी कार्य करते हैं। अनुभाग अधिकारी अपने अनुभाग की स्वयं देख-रेख करता है जिसके नीचे एक या दो सहायक, एक उच्च श्रेणी लिपिक, एक अवर श्रेणी लिपिक एक टंकक, एक दफ्तरी और एक चपरासी कार्य करते हैं। उप-सचिव, संयुक्त सचिव, अतिरिक्त सचिव एवं सचिव की सहायता के लिए उनके निजी सचिव (Private Secretary), वैयक्तिक सहायक (Personal Assistant), वैयक्तिक सचिव (Personal Secretary) एवं आशुलिपिक और आशु टंकक (Steno-grapher & Stenotypist), अरदली एवं चपरासी होते हैं।

मन्त्री के तत्त्वावधान में कार्य करने वाले अधिकारी एवं कर्मचारी वर्ग का राजनीति से किसी प्रकार का सम्बन्ध नहीं होता और न ही सिविल-सेवा आचरण नियमावली के

तहत सरकारी अधिकारी या कर्मचारी किसी प्रकार की राजनैतिक गतिविधि में भाग ही ले सकता है। सचिवालय के अधिकारी एवं कर्मचारी प्रशासन के स्थायी सदस्य होते हैं। इन सदस्यों में विभाग के सचिव और सरकार के अन्य सभी अधिकारी सम्मिलित रहते हैं। विभाग का प्रशासनिक प्रमुख सचिव ही होता है और समस्त अमला उसी की देख-रेख में कार्य करता है। इस तथ्य को भुला नहीं देना चाहिए कि मन्त्रालय के सभी मन्त्री राजनैतिक नेता होते हैं जबकि सचिव अपनी समस्त सेवा अवधि में स्थायी रूप से विभाग के कार्य का संचालन करता है। सचिव किसी प्रकार भी राजनैतिक नही हो सकता। इस प्रकार सचिव निष्पक्ष रूप में स्वतन्त्र विचारों का व्यक्ति होता है और उसे राजनीति से कुछ लेना-देना नहीं होता। अतिरिक्त सचिव एवं संयुक्त सचिव सीधे ही मन्त्री तक पहुँच सकते हैं।

### ( घ ) अनुभाग

अनुभाग सचिवालय या मन्त्रालय की सबसे छोटी इकाई होते हुए भी प्रशासन की रीढ़ होता है क्योंकि मन्त्रालय में प्राप्त होने वाला समस्त पत्र-व्यवहार र्सप्रथम अनुभाग में ही प्राप्त किया जाता है तदुपरान्त अनेक सीढ़ियाँ चढ़कर अपने गन्तव्य स्थान पर पहुँच कर पुनः उन्हीं सीढ़ियों से उतरता हुआ अनुभाग में लौट आता है जहाँ पर उसका अन्तिम निस्तारण किया जाता है।

सरकारी काम-काज को सम्पादित करने एवं उसको अन्तिम रूप से निस्तारित करने के लिए अनुभाग सबसे छोटी इकाई है। दो अनुभागों का संयुक्त नाम एक शाखा है, दो शाखाओं से एक प्रभाग, दो प्रभागों से एक स्कन्ध एवं दो स्कन्ध से एक विभाग बनता है। किसी एक सचिवालय में आवश्यकतानुसार दस-बीस-पचास अर्थात् कितने ही अनुभाग हो सकते हैं। आवश्यकता पड़ने पर एवं परिस्थितिवश आये दिन अनेकानेक नये-नये अनुभाग विभाग में संस्थापित किए जाते हैं अथवा एक ही विषय से सम्बन्धित एक ही अनुभाग को उप-अनुभागों में विभक्त किया जा सकता है। उदाहरणार्थ प्रशासन1, अनुभाग, प्रशासन-2 अनुभाग, प्रशासन-3 अनुभाग अथवा परीक्षा-1 अनुभाग, परीक्षा-2 अनुभाग, हिन्दी-1 अनुभाग, हिन्दी-2 अनुभाग आदि।

अपने देश भारत में सरकार का कार्यभार इतना बढ़ गया है कि उसे अनेक विभागों में विभाजित किये बिना सरकार को अपना कार्य सम्पन्न कर पाना आज की परिस्थिति में कठिन ही नहीं असम्भव हो गया है। इसीलिए प्रशासन में अनुशासन बनाये रखने के लिए विभागों को अनुभागों में एवं अनुभागों को उप-अनुभागों में विभाजित करना ही पडता है। अन्ततः आकार-प्रकार में वृद्धि एवं विस्तार होते-होते विभाग मन्त्रालयों का रूप धारण कर लेते हैं।

### ( ङ) कार्यालय

सामान्यतः केवल उस स्थान को कार्यालय का नाम दिया जाता है जहाँ कर्मचारी एवं अधिकारी संयुक्त रूप से कार्य करते हैं तथा विभिन्न प्रकार का अभिलेख रखा जाता

है किन्तु कार्यालय की परिभाषा इस परिभाषा से कहीं अधिक विस्तृत, व्यापक और महत्त्वपूर्ण है। आज कार्यालय को किसी संस्थान अथवा संगठन (Organisation) का केन्द्र बिन्दु या धुरी माना जाता है क्योंकि आधुनिक संगठनों में कार्यालय महत्त्वपूर्ण भूमिका निभाते हैं। संगठन अथवा संस्थान में घटित होने वाली प्रत्येक घटना गतिविधि, क्रिया-प्रतिक्रिया, चर्चा-प्रतिचर्चा किसी न किसी रूप में सम्पन्न की ही जाती है। इतना ही नहीं कार्यालय में कार्यरत अधिकारियों व कर्मचारियों की स्थिति, संगठन के साथ लेन-देन एवं पत्र-व्यवहार करने वाले पक्षों की जानकारी रखने आदि जैसी अनेक महत्त्वपूर्ण सूचनाओं को सुरक्षित रखना जैसे अनेकानेक कार्य किये जाते हैं।

संगठन अथवा संस्थान के समस्त पत्र-व्यवहार को कार्यालय द्वारा ी चलाया जाता है तथा कार्यालय ही इनका रिकार्ड रखता है। सरकारी एवं कानूनी विभागों को समुचित जानारी जुटाना एवं आदेशों का पालन करना कार्यालय का प्रमुख कार्य है। संगठन के प्रबन्धक अथवा अधिकारी वर्ग भी अपना अन्तिम निर्णय लेने के लिए आवश्यक जानकारी कार्यालय से ही प्राप्त करते हैं। संगठन का अमला यदि कोई नीति निर्ाय या प्रतिक्रिया व्यक्त करना चाहता है ो उसे उच्च अधिकारियों तक पहुँचाने का कार्य भी कार्यालय द्वारा ही सम्पन्न किया जाता है। कार्यालय ही संस्थान अथवा संगठन की सम्पत्ति का लेखा-जोखा रखता है, उसकी देखभाल करता है और उसके उद्देश्यों की प्राप्ति के लिए सभी प्रकार के नैत्यिक कार्य (Routine work) करता है।

निष्कर्षत: कह सकते हैं कि कार्यालय किसी भी संगठन का वह अभिन्नअंग है जहाँ सभी सम्बन्धित सूचनाएँ, पत्र-व्यवहार किया जाता है और विभिन्न प्रकार की जानकारी एकत्रित की जाती है। जहाँ समस्त कार्य का लेखा-जोखा और अभिलेख रखा जाता है उसे कार्यालय नाम से सम्बोधित किया जाता है। इस प्रकार आज के कार्यालय का अभिप्राय उस समस्त व्यवस्था से है जिसमें सरकार की समस्त कार्य-प्रणाली एवं प्रक्रिया शामिल है। किसी भी कार्यालय के कार्यों की गतिविधियों को निम्न रूप में प्रदर्शित किया जा सकता है। यथा—

**(क) मुख्य कार्य–**

1. पत्र-व्यवहार करना,
2. टंकन एवं बहुप्रतिलिपिकरण (Typing & Duplicating)
3. फाइल बनाना व अनुक्रमणिका तैयार करना,
4. वित्तीय लेखा तैयार करना,
5. टेलीफोन-टेलैक्स से सूचनाएँ प्राप्त करना,
6. स्वागत-कार्य,
7. लेखन सामग्री की सुरक्षा,

8. विविध कार्य—(अवकाश आदि का ब्यौरा रखना, वेतन का ब्यौरा रखना, सम्पत्तियों की देखभाल करना आदि जैसे अनेकों कार्य)

**( ख ) गौण कार्य–**

1. सामान्य व सांविधिक रिकार्ड रखना,
2. आवश्यक जानकारी एकत्रित करना,
3. निर्णय, योजनाएँ एवं कार्यक्रम बनाना तथा उनका क्रियान्वयन करना-कराना,
4. प्रगति रिपोर्ट तैयार करना एवं उसका प्रस्तुतीकरण,
5. सम्पर्क कार्य,
6. विभिन्न विभागों के कार्यों में समन्वय।

## ( च ) सम्बद्ध एवं अधीनस्थ कार्यालय

मन्त्रालयों एवं सचिवालयों के अन्तर्गत केन्द्रीय कार्यालय होते हैं जिनका कार्यक्षेत्र सारे देश में फैला होता है। इसीलिए उनके अन्तर्गत सम्बद्ध (संलग्न) और अधीनस्थ कार्यालयों की भी संस्थापना की जाती है। सरकार की नीतियों को सुचारू रूप से संचालित करने के लिए, कार्यकारी निदेों के विकेन्द्रीकरण हेतु एवं क्षेत्रीय अभिकरणों की स्थापना करने के लिए मन्त्रालय अथवा विभाग के अधीन कुछ उप-संगठनों की स्थापना की जाती है जिन्हें अलग-अलग नामों से पुकारा जाता है। यथा—

### अधीनस्थ कार्यालय (Subordinate Office)

अपने मन्त्रालय या सचिवालय की प्रशासनिक नीति के कार्यान्वियन निमित्त अधीनस्थ कार्यालय संस्थापित किये जाते हैं। भारत सरकार के अन्तर्गत ये क्षेत्रीय सिब्बन्दियों (Field establishments) के रूप में कार्य करते हैं। सरकारी निर्णयों को सुचारू से एवं व्यवस्थित रूप में अमल में लाने का उत्तरदायित्व अधीनस्थ कार्यालयों पर ही होता है।

### सम्बद्ध ( संलग्न ) कार्यालय (Attached Office)

सम्बद्ध-कार्यालय कार्यान्वियन सम्बन्धी निर्दो भी जारी करते हैं। सम्बद्ध कार्यालय विभाग द्वारा निर्धारित नीतियों को अमल में लाने के लिए आवश्क निर्देश देते हैं। सम्बद्ध कार्यालय तकनीकी जानकारी भी विभाग के समक्ष प्रस्तुत करते हैं।

### बोर्ड ( परिषद् ) (Board)

जहाँ कार्यपालिका की शक्ति एक से अधिक व्यक्तियों के हाथों में केन्द्रित रहती है वहाँ ऐसे संस्थान को बोर्ड के नाम से सम्बोधित किया जाता है। बोर्ड में अनेक सदस्य होते हैं और उन्हें अपने अधिकार क्षेत्र के अन्तर्गत आने वाले किसी भी विषय पर सामूहिक निर्णय लेना पड़ता है।

**ब्यूरो (Bureau)**

जब कार्यपालिका अनेकों के हाथां में न होकर केवल एक ही अधिकारी में केन्द्रित कर दी जाती है तो उस व्यवस्था को ब्यूरो व्यवस्था के नाम से सम्बोधित किया जाता है।

**आयोग (Commission)**

आयोग और बोर्ड शब्दों को एक-दूसरे का पर्याय माना जाता है। आयोग में सभी सदस्यों को सामूहिक रूप से किसी विषय पर निर्णय लेना पड़ता है। आयोग का प्रत्येक सदस्य किसी न किसी विभाग का अध्यक्ष होता है।

## ( छ ) संविधानाधीन संस्थापित सांविधानिक प्राधिकारी

अपने देश के संविधान में कुछ ऐसे सांविधिक प्राधिकारियों (Authorities) और आयोगों की नियुक्ति अथवा संगठन की आवश्यकता पर बल दिया गया है जो सरकार को विधि-सम्मत मामलों में समय-समय पर परामर्श एवं सलाह-मशरिा दे सकें, लोक सेवाओं में निष्पक्ष नियुक्तियाँ करा सकें, संसद और विधान मण्डलों का संगठन करा सकें तथा अनुसूचित जातियों तथा कबीलों व जन-जातियों के हितों की रक्षा की व्यवस्था कर सके। इन सभी प्रकार के कार्यों को सम्पन्न करने तथा सरकार पर अंकुश रखने के लिए निम्न प्राधिकारी और आयोग नियुक्त किए गए हैं। यथा—

**भारत का महान्यायवादी (Attorney General of India)**

भारत के महान्यायवादी की नियुक्ति राष्ट्रपति द्वारा की जाती है जो कानूनी मामलों में सरकार का सर्वोच्च सलाहकार और परामर्शदाता होता है। ऐसे सभी महत्त्वपूर्ण मामलों में भारत के महान्यायवादी की सलाह और परामर्श लिया जाता है जिनका सम्बन्ध संविधान और अन्य विधि-सम्मत मामलों का वास्तविक भावार्थ लगाने से होता है। भारत का महान्यायवादी महत्त्वपूर्ण मुकदमों और अभियोगों के संचालन के लिए सरकार की ओर से देश के उच्चतम न्यायालय मं भी उपस्थित होता है। वह नियमों एवं अधिनियमों की व्याख्या करता है। भारत के महान्यायवादी को संसद की कार्यवाही में भाग लेने एवं स्वयं को सरकार के नाते विचार व्यक्त करने का पूर्ण अधिकार होता है। वह अपने इस अधिकार का तभी प्रयोग करता है जब संसद में कानूनी पहलू से सम्बन्ध रखने वाले मामलों पर विचार होता है।

**संघ लोक सेवा आयोग**

**(Union Public Service Commission)**

संघ लोक सेवा आयोग के कार्य-कलापों की संविधान के अनुच्छेद 320 में विस्तार से व्याख्या की गयी है। संघ लोक सेवा आयोग के अयक्ष की नियुक्ति राष्ट्रपति करता

है। राज्यों में लोक सेवा आयोगों के अध्यक्ष की नियुक्ति तत्सम्बन्धी राज्य के राज्यपाल द्वारा की जाती है। भारत सरकार की सेवाओं के लिए ोग्य एवं उपयुक्त अधिकारियों एवं कर्मचारियों के चयन के निमित्त एक संघीय लोक सेवा आयोग की स्थापना की गयी है। यह आयोग सरकारी अधिकारियों एवं कर्मचारियों के कार्य-क्षेत्र तथा उनकी अनुशासिक बाध्यताओं का भी नियन्त्रक एवं परामर्शदाता होता है। इस आयोग का कार्य भारत सरकार की सेवाओं के लिए प्रतियोगिता परीक्षाओं को आयोजित करना, सैनिक तथा असैनिक सेवाओं में भरती करने के लिए नियम-विनियम, सिद्धन्तों एवं पद्धतियों को सुनिश्चित करना तथा उनके अनुसार योग्य और उपयुक्त व्यक्तियों का निर्वाचन करना है।

### निर्वाचन आयोग

### (Election Commission)

संविधान में निर्वाचन आयोग की स्वतन्त्रता की पूर्णरूप से रक्षा की गयी है ताकि सरकार या सत्ताधारी दल निर्वाचन के संचालन को प्रभावित न कर सके। निर्वाचन आयोग के मुख्य कार्य इस प्रकार हैं—संसद तथा राज्यों के विधान मण्उलों के लिए निर्वाचक नामावली तैयार करने के कर्त्तव्य का अधीक्षण करना, उसका निर्देशन एवं नियन्त्रण करना, संसदों तथा विधान मण्डलों के निर्वाचनों का संचालन करना, देश के राष्ट्रपति एवं उप-राष्ट्रपति का निर्वाचन कराना, संसद तथा विधान मण्डलों के निर्वाचनों से उत्पन्न सन्देह एवं भ्रम तथा विवादों को निपटाने के लिए निर्वाचन, न्यायाधिकरणों की नियुक्ति करना जैसे अन्यान्य कार्य।

### अनुसूचित जातियों और अनुसूचित कबीलों का आयोग

### (Commission for Scheduled Castes and Scheduled Tribes)

भारत के संविधान के अनुच्छेद 338 के अधीन अनुसूचित जातियों और जनजातियों व कबीलों का आयुक्त नियुक्त किया जाता है। भारत के संविधान के अनुच्छेद 340 के खण्ड (i) के अधीन अनुसूचित जातियों और अनुसूचित जन-जातियों एवं कबीलों के लिए नियुक्त आयोग की सिफारिशों पर वह अपना कार्य करता है। इतना ही नहीं यही आयोग आंगल-भारतीयों के लिए संविधान के तहत दिये गये सुरक्षणों से सम्बन्धित सभी मामलों की जाँच तथा छानबीन करता है। राष्ट्रपति के निर्देश पर समय-समय पर वह राष्ट्रपति को अपनी रिपोर्ट भी प्रस्तुत करता है।

❑❑❑

12

# एकात्मक तथा संघात्मक शासन प्रणालियाँ

किसी मन्त्रालय एवं उससे सम्बन्धित सचिवालय में समस्त राजकाज मन्त्रियों, सचिवों तथा अन्य पदाधिकारियों एवं कर्मचारियों द्वारा सम्पन्न किया जाता है। मन्त्री चूँकि राजनेता होता है अतः वह न तो अधिकारी होता है और न ही कर्मचारी। वह तो जनता द्वारा चुना गया जनता का एक प्रतिनिधि मात्र होता है जिसे जनता एक बार में पाँच वर्ष के लिए निर्वाचित करके भेजती है। किसी भी कार्यालय में दो प्रकार के अधिकारी कार्य करते हैं—**एक**—राजपत्रित अधिकारीगण, तथा **दो**—अराजपत्रित कर्मचारी वर्ग जिसे स्टाफ के नाम से पुकारा जाता है।

### 1. राजपत्रित अधिकारीगण (Gazetted Officers)

हिन्दी भाषा का अधिकारी शब्द एक विशेष अर्थ में प्रयोग किया जाता है। अधिकारी अधिकार से बना है। इस प्रकार अधिकारी का शाब्दिक अर्थ हुआ ''सरकारी तन्त्र का वह कार्यकर्त्ता जिसे सरकार की ओर से कर्त्तव्यों के साथ कुछ विशिष्ट अधिकार भी प्राप्त होते हैं अधिकारी कहलाता है **(डॉ. सागर)**'' उदाहरणार्थ पत्रों पर हस्ताक्षर करने का अधिकार, सो पंजियों में प्रविष्टियाँ (Entries) करने का अधिकार, अपने से उच्च

अधिकारियों से भेंट करने का अधिकार आदि-आदि। अधिकारी प्राय: राजपत्रित होता है। उसकी नियुक्ति एवं अधिकारों व कर्त्तव्यों को भारत क राजपत्र में (Gazette of India) में जनसाधारण की जानकारी के लिए एवं प्राचारार्थ प्रकाशित कर दिया जाता है।

**2. अराजपत्रित कर्मचारी-वर्ग (Non-Gazetted Staff)**

जैसा कि शब्द से ही स्पष्ट है कर्मचारी का अर्थ है कर्म करने वाला। किसी भी कार्यालय में कर्मचारी एक अराजपत्रित अधिकारी होता है। उसका कर्त्तव्य केवल कार्य करना एवं सरकारी तन्त्र को गतिशील बनाए रखना ही होता है।

## ( ख ) राजपत्रित अधिकारीगण के कर्त्तव्य एवं अधिकार

## (RIGHTS & DUTIES OF GAZETTED OFFICERS)

**सचिव (Secretary)**

सचिव अंग्रेजी के सेक्रेटरी का पर्यायवाची शब्द है। लेटिन भाषा का सेक्रेटेरियस (Secretarius) शब्द कालान्तर में अपभ्रंश होकर अंग्रेजी में सेक्रेटरी के रूप में अपनाया गया। सेक्रेटेरियस का अर्थ है ''विश्वस्त अधिकारी (Confidential Officer)''। सेक्रेटेरियस शब्द मं गोपनीयता एवं विश्वसनीयता (Confidentially & faithfulness) का भाव निहित रहता है।

प्राचीन काल में जब संसार में चारों ओर राजतन्त्र अथवा एकतन्त्र (Mnarchy) छाया हुआ था तो सम्राटों, राजाओं एवं सम्भ्रान्त जैसे पदों पर कार्यरत व्यक्तियों के गोपनीय पत्र व्यवहार एवं सन्देशों को सम्पन्न करने वाले को सेक्रेटरी कहा जाता था किन्तु आज के आधुनिक युग में सचिव उस व्यक्ति को कहते हैं जो कार्यकारी अधिकारी (Executive Officer) को उसके अपने कार्य को सुचारु रूप में करने में सहायता देता है। ऑक्सफॉर्ड शब्द कोष के आधार पर सचिव ''वह व्यक्ति है जिसका कार्य अन्य व्यक्तियों के लिए लिखना है। विशेष रूप से वह व्यक्ति जो अन्य किसी व्यक्ति संस्था, आयोग, सार्वजनिक संस्था के कार्य को चलाने, रिकार्ड रखने तथा विभिन्न प्रकार के अन्य कार्यों को सम्पन्न करने के लिए नियुक्त किया जाता है।''

भारत सरकार में सचिवों को दो प्रकार के कार्यों का भार वहन करना पड़ता है। यथा—

**1. प्रशासनिक एवं कार्यकारी कार्य (Administrative & Executive Functions)**—इसके अन्तर्गत सचिव को निम्नलिखित कार्य सम्पन्न करने पडते हैं—

(क) कार्यालय के दैनिक एवं नैत्यिक प्रशासन पर नियन्त्रण,

(ख) अपने अधीन कार्यरत अधिकारियों एवं अन्य अमले के पथ-प्रदर्शनार्थ निर्देश देना एवं परिपत्र आदि जारी करना,

(ग) विभाग के सामान्य उत्तरदायित्व का सम्पूर्ण भार अपने ऊपर ओटना एवं उसे गतिशील बनाये रखना,

(घ) विभाग के समस्त कार्यों को प्रभागों, शाखाओं एवं अनुभागों के कार्यों में समन्वय स्थापित करना,

(ङ) नीति निर्धारण के लिये तथ्यों एवं आँकड़ों का संकलन एवं उनको समाकलन कराना (Collection & Colation of facts & figures)

(च) कार्यक्रमों एवं परियोजनाओं सम्बन्धी जाँच पड़ताल करने की व्यवस्था करना।

**2. मन्त्रणा कार्य (Advisory Functions)**—इस श्रेणी में निम्न कार्य सम्मिलित किये जाते हैं—

(क) मन्त्रालय एवं विभाग के कार्य कलापों की प्रगति की मन्त्री को सूचना देना,

(ख) नवीनतम प्रस्तावों, योजनाओं और परियोजनाओं सम्बन्धी मन्त्रणा,

(ग) पुरानी एवं चालू नीतियों में परिवर्तन सम्बन्धी मन्त्रणा,

(घ) नयी नीतियों के निर्धारा के लिए मन्त्रणा तथा,

(ङ) संसदीय कार्यवाही के लिये आवश्यक सभी प्रकार की सूचनाएँ एवं प्रलेखों को जुटाना।

निष्कर्षत: सचिव एक प्रकार से जहाँ कार्यालय अधिकारी के रूप में कार्य करता है वहीं वह सम्पर्क अधिकारी तथा परामर्शदाता का कार्य भी करता है।

## अतिरिक्त सचिव (Additional Secretary)

अतिरिक्त सचिव का स्तर (Status) सचिव के समान ही होता है। जब विभाग का कार्य आवश्यकता से अधिक बढ़ जाता है तो अतिरिक्त सचिव को, सचिव का भार कम करने के लिए, कुछ कार्यों का उत्तदायित्व सौंप दिया जाता है। अतिरिक्त सचिव के अधिकार एवं कर्त्तव्य एकदम सचिव के समान ही होते हैं।

## संयुक्त सचिव (Joint Secretary)

विभाग के प्रशासनिक अधिकारी अथवा सचिव/अतिरिक्त सचिव के कार्य में हाथ बँटाने के लिये संयुक्त सचिव का पद संस्थापित किया जाता है। संयुक्त सचिव पर एक स्कंध के प्रशासन का पूर्ण उत्तरदायित्व होता है। दो प्रभागों को मिलाकर एक स्कंध बनाया जाता है। इस प्रकार संयुक्त सचिव के अन्तर्गत दो उप-सचिव कार्य करते हैं। संयुक्त सचिव को अपने स्कंध से सम्बन्धित कार्यों को अधिकतम स्वतन्त्रता एवं स्वविवेक से सम्पन्न करने होते हैं। संयुक्त सचिव को सीधे मन्त्री से आवश्यकतानुसार भेंट करने की छूट होती है।

## उप-सचिव (Deputy Secretary)

उप-सचिव **सचिव के नाते** (On behalf of the secretary) सभी कार्य करता है। उप-सचिव अपने प्रभाग का स्वतन्त्र अधिकारी होता है। दो शाखाओं को मिला कर एक प्रभाग गठित किया जाता है। एक शाखा का अधिकारी अवर-सचिव होता है। इस प्रकार एक उप-सचिव दो अवर-सचिवों के कार्य की देखरेख करता है। उप-सचिव सचिालय प्रभाग का प्रभारी भी कहलाता है। उप-सचिव अवर-सचिवों का मार्ग दर्शन करता है। उनके पर्यवेक्षण सम्बन्धी कार्य का भली-भाँति निर्वाह करता है।

## अवर सचिव (Under Secretary)

अवर सचिव विभाग की एक शाखा का प्रभारी होता है। दो अनुभागों को मिला कर एक शाखा का गठन किया जाता है। अनुभाग का कार्य अनुभाग अधिकारी द्वारा सम्पन्न किया जाता है। इस प्रकार एक अवर-सचिव दो अनुभाग अधिकारियों का प्रशासनिक प्रभारी होता है। शाखा की सम्पूर्ण-कार्यवाही को अवर-सचिव, केवल कुछ मामलों को छोडकर जिन पर उप-सचिव के विचार जानना आवश्यक होता है, अपनी दे-रेख में कार्य करने वाले अनुभाग अधिकारियों का पथ-प्रदर्शन करता है। अवर-सचिव अधकांशत: मामलों को स्वयं के विवेक से ही निपटाता रहता है।

## अनुभाग अधिकारी (Section Officer)

एक सचिवालय में अनेकों अनुभाग होते हैं। अनुभाग मन्त्रालय अथवा सचिवालय की सबसे छोटी इकाई है। प्रत्येक अनुभाग का कार्यभार एक अनुभाग अधिकारी पर होता है। एक अनुभाग अधिकारी को निम्नलिखित कार्य सम्पन्न करने होते हैं। यथा—

1. अनुभाग में अनुशासन बनाये रखना,
2. अनुभाग के अमले में कार्य का समान वितरण,
3. अनुभाग के कार्य में तालमेल एवं समन्वय बनाये रखना,
4. अपने अनुभाग के कर्मचारियों का मार्ग दर्शन करना,
5. अनुभाग में प्राप्त सभी प्रकार की डाक पर नजर रखना एवं आवश्यकतानुसार कार्राई करना,
6. अनुभाग दैनिकी एवं अन्त:अनुभागीय संचालन रजिस्टर (Section Diary & Inter-Sectional Movement Register) की सप्ताह में कम से कम एक बार संवीक्षा (Scrutinise) करना,
7. आलेख आदि तैयार करना-कराना,

8. अनुभाग के कार्यों को अन्तिम रूप देने की ओर विशेष रूप से ध्यान देना ताकि डाक का सुचारू रूप से कुशलता के साथ निस्तारण हो सके,
9. अभिलेखीकरण एवं अनुक्रमणिका (Recording & Indexing) तैयार करना,
10. जटिल एवं आवश्यक प्रकृति के मामलों पर कार्रवाई करना,
11. अपने अधिकार क्षेत्र वाले समस्त मामलों का निपटान करना,
12. समय-समय पर डाक टिकिट लेखा रजिस्टर का निरीक्षण करते रहना,
13. आदेशों, मिनटों आदि की अनावश्यक प्रतियों को नष्ट कराना,
14. अशासनिक पत्र (Un-official letters) की संवीक्षा करना,
15. सन्दर्भ पुस्तकों, संहिताओं (Codes), कार्यालय आदे-पत्रों आदि की सार-सम्भाल करना,
16. अनुभागीय नोट बुक, शाखा-सूची (Branch index), मामला रजिस्टर (Case Books) तथा अन्य सभी प्रकार की सूचनाओं एवं पंजियों की देखभाल करते रहना,
17. रक्षक मिसिल (Guard File) तैयार करना एवं उनकी सार-स्भाल करना,
18. कार्यालय की सूचनाओं एवं प्रलेखों (Records) आदि की गोपनीयता एवं सुरक्षा (Secrecy & Security) को बनाये रखने के लिए कठोर पग उठाना एवं आवश्यक कार्रवाई करना।

## (ग) अराजपत्रित कर्मचारियों के कर्त्तव्य

## (DUTIES OF NON-GAZETTED STAFF)

अनुभाग अधिकारी के अन्तर्गत अनुभाग में काम करने वाला समस्त अमला अराजपत्रित कहलाता है जिसमें तृतीय और चतुर्थ श्रेणी के कर्मचारी सम्मिलित होते हैं। इनमें से प्रत्येक के कर्त्तव्यों का वर्णन नीचे दिया जा रहा है। यथा—

**सहायक (Assistant)**

सहायक अनुभाग अधिकारी की इच्छानुसार कार्य करता है और अनुभाग अधिकारी के ही मार्गदर्शन में समस्त डाक पर कार्रवाई करता है। सहायकों को सरकारी मामलों को निपटाने का कार्य भार सौंपा जाता है। जटिल एवं कठिन मामलों के निस्तारण में अपनेअनुभाग अधिकारी से समय-समय पर परामर्श लेता रहता है। कुछ वरिष्ठ प्रवर सहायक अपने मामलों के सम्बन्ध में अपनी शाखा के उच्च अधिकारी से मिलकर उनका परामर्श लेते हैं और मामलों का निपटारा करते हैं।

**उच्च श्रेणी लिपिक (Upper Division Clerk)**

उच्च श्रेणी लिपिक को सामान्य प्रकृतिऔर कम महत्त्व के काम सौंपे जाते हैं। उच्च श्रेणी लिपिक को मिसिलों पर टिप्पण कार्य करना पड़ता है। वह आलेख आदि तैयार करता है तथा उसे अपने आसन्न अधिकारी (Immediate Officer) एवं अनुभाग अधिकारी की इच्छानुसार कार्य करना पड़ता है।

**निम्न श्रेणी लिपिक (Lower Division Clerk)**

निम्न श्रेणी लिपिक को अनुभाग में नेमी या नैत्यिक कार्य करना पड़ता है। अनुभाग के विभिन्न रजिस्टरों की सार-सम्भाल करना, बकाया मामलों का विवरण (Statements) तैयार करना, सन्दर्भ पुस्तकों (Reference books) में संशोधनों का निरीक्षण करना, टाइपकार्य, मिलान कार्य (Comparing) एवं डाक प्रेषण कार्य करना पडता है।

**टंकक (Typist)**

अनेक अनुभागों में टंकक का एक अलग पद होता है जो शाखा अधिकारी केदैनिक कार्य भार पर निर्भर करता है। कहीं-कहीं यह कार्य निम्न श्रेणी लिपिक द्वारा ही कराया जाता है। टंकक का कार्य केवल अनुभाग के कार्य को टंकित करना मात्र होता है। अत: टंकक को पत्रादि, टिप्पण कार्य, आलेख एवं बैठकों की कार्यवाही कोटाइप करने की प्रक्रिया कीजानकारी रहनी चाहिए।

**निजी सचिव (Private Secretary)**

निजी सचिव का कार्य अत्यन्त रोचक, अनुभवकारी एवं कठिन परिश्रम वाला होता है। निजी सचिव को स्वयं को एक निष्ठावान तथाकर्मठ कर्मचारी सिद्ध करना होता है। निजी सचिव के काम के घण्टे नियत नहीं रहते हैं। निजी सचिव का कार्य गोपनीयता एवं विश्वासपूर्ण होता है क्योंकि निजी सचिव के कंधों पर अत्यन्त गोपनीय दस्तावेजों कीगोपनीयता को बनाये रखने का भार भी होता है।

**वैयक्तिक सहायक/सचिव**

**(Personal Assistant/Secretary)**

वैयक्तिक सहायक अथवा सचिव को आशुलिपिक एवं टंकन का कार्य करना, अनाधिकृत व्यक्ति को अपने अधिकारी के कमरे में प्रवेश से रोकना, अद्यतन सन्दर्भ ग्रन्थों का सन्दर्भ तैयार करना, किसी भी प्रकार के गोपनीय पत्र आदि प्रलेखों की सभी अनावश्यक प्रतियों को जलाकर नष्ट करना, यदि अधिारी किसी मामले के निस्तारण के लिए फाइल को किसी अन्य अनुभाग को भेज देता है तो सम्बन्धित अनुभाग अधिकारी को इसकी सूचना देना, जब अधिकारी अवकाश पर हो, स्थानान्तरण अथवा सेवा से निवृत्त हो जाए तो भावी अधिकारी को गोपनीय प्रलेखों की पेटी, कागजात, चाबियाँ आदि सौंपना जैसे अन्यानेक कार्यों को सम्पन्न करना पड़ता है।

**चतुर्थ श्रेणी का अमला**

**(Class Fourth Staff)**

दफ्तरी, चपरासी, फर्राश, आदि के कर्त्तव्यों को यहाँ विस्तार से नहीं दिया जा रहा है क्योंकि इन कर्मचारियों के कार्यों का वर्णन उल्लेखनीय नहीं है।

आदिमकालीन मानव शनैः शनैः सभ्यता की ओर अग्रसर हुआ। भाषा एवं लिपि का आविष्कार होने के पश्चात् मानव समाज ने अनुशासन की आवश्यकता पूर्ति के लिए नियमों एवं रीति-रिवाजों की स्थापना की। मानव ने महसूस कर लिया था कि जंगल का कानून मानव समाज के हित में नहीं है। विश्व की विभिन्न मानव सभ्यताओं ने मानव के प्रति मानव के व्यवहारों के लिए नियम एवं परंपराओं का निर्धारण किया। यही कारण है कि प्रत्येक राष्ट्र के संवैधानिक कानून में प्राचीन परंपराओं की झलक स्पष्ट देखने में आती है। अत: यह कहना उचित होगा कि मानव व्यवहार को अनुशासित एवं मर्यादित करने के लिए जो नियम या उपनियम बनाए गए हैं, वही कानून है।

कानून का सामान्य अर्थ भारतवर्ष की उस संवैधानिक व्यवस्था से है, जिसके अनुसार नागरिकों के अमर्यादित आचरण के विरुद्ध आपराधिक मामलों का विधान और सिविल मामलों का विधान लागू किया गया है। इसके लिए राष्ट्रीय सुरक्षा एजेंसी, पुलिस इत्यादि तथा न्यायालयों की स्थापना की गई है।

**कानून–अर्थ और परिभाषा**

राज्य का लक्ष्य मानव कल्याण की उचित व्यवस्था करना है, किंतु इस लक्ष्य की प्राप्ति तभी की जा सकती है जबकि राज्य के नागरिक अपने जीवन में आचरण के कुछ सामान्य नियमों का पालन करते हों। अत: राज्य अपने नागरिकों के जीवन के संचालन हेतु नियमों का निर्माण करता है, जिनका पालन करना व्यक्ति के लिए आवश्यक होता है और जिनका पालन न करने पर व्यक्ति दण्ड का भागी होता है। राज्य द्वारा निर्मित और लागू किए जाने वाले इन नियमों को ही कानून कहते हैं।

कानून की कुछ प्रमुख परिभाषाएँ इस प्रकार हैं–

**ऑक्सफोर्ड शब्दकोश** में कानून की परिभाषा "सत्ता द्वारा आरोपित आचार-व्यवहार के नियम" के रूप में की गई है।

प्रसिद्ध विधानशास्त्री **ऑस्टिन** के अनुसार "कानून संप्रभु की आज्ञा है।"

**पाउण्ड** के शब्दों में "न्याय के प्रशासन में जनता और नियमित न्यायालयों द्वारा मान्यता प्राप्त लागू किए गए नियमों को कानून कहते हैं।"

**प्रो. सालमण्ड** के अनुसार "कानून नियमों का वह समूह है जिसे राज्य मान्यता देता है और न्याय-व्यवस्था के प्रशासन में लागू करता है।"

उपर्युक्त परिभाषाओं के आधार पर कहा जा सकता है कि कानून वे नियम हैं जिन्हें राज्य के द्वारा निर्मित या स्वीकृत किया जाता है और जिनका पालन न करने पर राज्य के द्वारा दण्डित किया जाता है।

## कानून के उद्‌गम और स्रोत

कानून के स्रोत से तात्पर्य उन साधनों से है जो प्रत्यक्ष रूप से कानून के निर्माण में सहायता देते हैं। आधुनिक राज्यों में साधारणत: विधानमण्डल द्वारा कानून का निर्माण किया जाता है, किंतु विधानमण्डल के अतिरिक्त भी कानून के अनेक स्रोत है, जिनका उल्लेख निम्न प्रकार से किया जा सकता है :

### 1. रीति-रिवाज अथवा परंपराओं

रीति-रिवाज कानून का प्राचीनतम तथा एक महत्वपूर्ण स्रोत है। रीति-रिवाजों का निर्माण नहीं होता, वरन धीरे-धीरे उनका विकास होता है। ये समाज के वे प्रचलित नियम होते हैं, जिन्हें समाज के सभी सदस्य लंबे समय से मानते चले आ रहे हैं। इन रीति-रिवाजों के पीछे सामाजिक संगठन का नियंत्रण तथा समाज का नैतिक बल रहता है। जब ये रीति-रिवाज समाज में अधिक मान्य तथा प्रचलित हो जाते हैं, तब राज्य उन्हें कानून का रूप देता है और रीति-रिवाजों पर आधारित इन कानूनों को प्रथागत कानून कहा जाने लगता है। रोम, में 'ट्वेल्व टेबिल' (Twelve Table) भारत में 'स्मृतियाँ' तथा इंग्लैण्ड में 'कामन लॉ' इसी स्रोत की देन हैं। एक राज्य की वैधानिक व्यवस्था में रीति-रिवाजों का महत्व स्पष्ट करते हुए मैकाइवर ने लिखा है कि ''कानून के विशाल ग्रंथ में राज्य केवल कुछ ही नए वाक्य लिखता है और कहीं-कहीं एक आध पुराना वाक्य काट देता है, इस ग्रंथ के अधिकांश भागों की रचना में राज्य का कभी कोई हाथ नहीं रहा है परंतु राज्य इस सम्पूर्ण ग्रन्थ से मर्यादित होता है।''

### 2. धर्म (Religion)

कानून के विकास में परंपरा की ही भाँति धर्म का भी महत्वपूर्ण स्थान रहा है। धर्म परंपरागत कानून को धार्मिक विश्वास की मान्यता देकर उसे सबल बनाता है और इस दृष्टि से ये दोनों घनिष्ठ रूप से संबंधित हैं। इतना ही नहीं, धर्म ने प्रत्यक्ष रूप से भी कानून को जन्म दिया है। प्राचीन काल में ईश्वर को ही समस्त सत्ता और कानून का उद्‌गम माना जाता था। इस प्रकार धर्माधिकारियों तथा धर्म-शासकों के माध्यम से अभिव्यक्त कानूनों का स्वरूप दैवीय होता था। प्राचीन समाज में धर्म तथा कानून इतने घुले-मिले थे कि जीवन के सभी नियमों के पीछे धार्मिक मान्यता का बल पाया जाता था। विल्सन के अनुसार, ''रोम का प्रारंभिक कानून धार्मिक नियमों का ही एक संग्रह था।'' आज भी हिंदुओं का कानून मनु की व्यवस्था के आधार पर टिका हुआ है।

**3. न्यायिक निर्णय (Judicial Decision)**

जैसे-जैसे सामाजिक व्यवस्था जटिल होने लगी, वैसे-वैसे विभिन्न रीति-रिवाजों में संघर्ष उत्पन्न होने लगा और इस संघर्ष के कारण रीति-रिवाजों की वैधता में संदेह किया जाने लगा। इस स्थिति में कभी-कभी ऐसे विवाद भी खड़े हो जाते थे, जिनका रिवाजों के पास कोई समाधान नहीं था। अत: ऐसे विवाद को सुलझाने के लिए समाज के उन सबसे बुद्धिमान व्यक्ति अथवा व्यक्तियों की सलाह ली जाती थी, जिनका निर्णय सबको स्वीकार हो। ऐसे व्यक्तियों के निर्णयों ने 'कानूनी दृष्टांतों' का रूप धारण कर लिया। बाद में उत्पन्न विवाद सुलझाने के लिए इन पूर्व दृष्टांतों का अनुसरण किया जाने लगा और इस प्रकार न्यायिक निर्णय कानून के स्रोत बन गए। आज भी न्यायिक निर्णय कानून के विकास में पर्याप्त सहायक सिद्ध होते हैं।" संभवत: इसी बात को दृष्टि में रखकर जस्टिस होल्म्स ने लिखा है कि "न्यायाधीश कानून बनाते हैं और उनको इसका अधिकार भी है।"

**4. कानूनी टीकाएँ (Commentaries)**

प्रत्येक देश में कानून के प्रसिद्ध ज्ञाता कठिन कानूनों के अर्थ को स्पष्ट रूप से समझने के लिए कानून की व्याख्या करते हुए ग्रंथ रचना करते हैं जिन्हें कानूनी टीकाएँ कहा जाता है। न्यायशास्त्रियों और विधिशास्त्रियों की टीकाएँ भी कानून का स्रोत होती हैं। टीकाकार कानून के आधारभूत अमूर्त सिद्धांतों की विवेचना करते हुए उनके यथार्थ स्वरूप पर प्रकाश डालते हैं। न्यायालय में न्यायाधीश इन टीकाओं को मान्यता देते हैं तथा अपने निर्णयों में इनका आदर के साथ उल्लेख करते हैं। इस प्रकार ये टीकाएँ कानून के विकास में सहायक सिद्ध होती हैं। हिंदुओं में 'मिताक्षरा' अथवा 'दाय भाग' और मुसलमानों में 'फतवा आलमगीरी' कानून पर टीकाओं के प्रभाव के उल्लेखनीय उदाहरण हैं।

**5. साम्य नीति या औचित्य (Equity)**

औचित्य भी एक अन्य स्रोत है, जिससे कानून का उद्‌भव हुआ है। न्यायाधीशों के समक्ष कभी-कभी ऐसे विवाद उपस्थित हो जाते हैं जिनके संबंध में कानून कोई प्रकाश नहीं डालता। ऐसी स्थिति में न्यायाधीश विवेक, न्यायशास्त्र के अनुभव और न्याय की साधारण मान्यताओं के आधार पर निर्णय देते हैं और ये निर्णय ही 'औचित्य निर्णय' कहलाते हैं।

**6. व्यवस्थापन (Legislation)**

व्यवस्थापन कानून का सबसे अधिक प्रत्यक्ष और महत्वपूर्ण स्रोत है। प्राचीन काल में व्यवस्थापन का कार्य राजा अथवा उसके गिने-चुने लोगों द्वारा होता था और एक समय संपूर्ण जनता के द्वारा प्रत्यक्ष रूप से व्यवस्थापन भी किया जाता था, किंतु आज लगभग सभी राज्यों में व्यवस्थापन का कार्य व्यवस्थापिका (विधान मण्डल या संसद) द्वारा किया जाता है। व्यवहार रूप में प्रत्येक देश में प्राय: सभी कानून विधान मण्डल द्वारा बनाए जाते हैं और व्यवस्थापन कानून के सर्वप्रमुख स्रोत का रूप धारण करता जा रहा है। कानून के

प्रारंभिक स्रोतों का महत्व यद्यपि आज कम हो गया है, किंतु आज भी वे व्यवस्थापन की अति पर अंकुश रखने का कार्य करते हैं।

## कानून के उद्देश्य अथवा कार्य

## (Objects or Functions of Law)

नागरिक और राजनीतिक जीवन के कुछ लेखकों द्वारा कानून के उद्देश्यों के संबंध में अपने विचार व्यक्त किए गए हैं। आर.पाउण्ड (R. Pound) के द्वारा कानून के चार प्रमुख उद्देश्य बताए गए-

अ. राज्य में शांति प्रस्थापना

ब. समानता की स्थापना

स. व्यक्तिव की रक्षा तथा उसका विकास

द. मनुष्य की आवश्यकताओं की पूर्ति।

इन विचारधाराओं के आधार पर कानून के निम्नलिखित उद्देश्य या कार्य बताए जाते हैं-

### 1. राज्य में शांति प्रस्थापना

कानून का सर्वप्रथम उद्देश्य राज्य में शांति और व्यवस्था स्थापित करना होता है, जिसके अभाव में मनुष्यों के द्वारा किसी प्रकार का कार्य किया ही नहीं जा सकता।

### 2. मनुष्य की उन्नति करना

कानून मानव जीवन के लिए ही होते हैं और मनुष्यों को उन्नति की ओर बढ़ाना कानून का एक प्रमुख उद्देश्य होता है।

### 3. मानव आवश्यकताओं की पूर्ति

कानून का उद्देश्य एक ऐसी व्यवस्था करना होता है जिसमें मनुष्यों की सभी आवश्यकताओं की पूर्ति हो सके। जब तक इन आवश्यकताओं की पूर्ति होती रहेगी तभी तक मनुष्यों के द्वारा शारीरिक, मानसिक और नैतिक उन्नति का कार्य किया जा सकता है।

### 4. नागरिकों को समान अवसर प्रदान करना

कानून की दृष्टि में सभी समान होते हैं और कानून का एक उद्देश्य सभी नागरिकों को समान अवसर प्रदान करना होता है। कानून के द्वारा बिना किसी भी प्रकार के भेद के सभी व्यक्तियों को समान अवसर और सुविधाएँ प्रदान की जानी चाहिए।

**5. मानव अधिकारों की रक्षा करना**

कानून का अंतिम किंतु एक महत्वपूर्ण उद्देश्य मानव अधिकारों की रक्षा करना होता है। कानून नागरिकों के सामान्य तथा मौलिक, दोनों ही प्रकार के अधिकारों की रक्षा करते हैं।

अन्य राष्ट्रों की भाँति भारतीय कानून संहिता का उद्देश्य भी निम्न अवधारणाओं की पूर्ति करता है।

6. **लिखित कानून व्यवस्था** द्वारा नागरिकों के मूल अधिकारों की रक्षा करना।

7. नागरिकों के अमर्यादित व विधि विरुद्ध आचरणों के लिए उन पर वाद प्रस्तुत करना और निर्धारण दण्ड प्रक्रिया विधान के तहत सजा देना।

8. प्रत्येक नागरिक को समानता के आधार पर न्याय व्यवस्था प्रदान करना, ताकि अपराध व अपराधियों के विरुद्ध सुरक्षा प्रदान की जा सके।

9. सरकारी सुरक्षा निकायों की स्थापना द्वारा अपराधों की रोकथाम।

## कानून के तत्व

## (Elements of Law)

कानून के प्रमुख रूप से निम्नलिखित पाँच तत्व बताए जा सकते हैं–

1. कानून के लिए नागरिक समाज का अस्तित्व आवश्यक है क्योंकि नागरिक समाज ही सुव्यवस्थित संगठन है और इस संगठन के संचालन हेतु ही नियमों की आवश्यकता होती है।
2. कानूनों के निर्माण तथा उनकी क्रियांविति के लिए संप्रभुत्वपूर्ण सत्ता का अस्तित्व आवश्यक है।
3. कानूनों का संबंध व्यक्ति के बाहरी आचरण से होता है, उनकी आंतरिक भावनाओं से नहीं।
4. नागरिकों को कानून का अनिवार्य रूप से पालन करना होता है और कानून का उल्लंघन करने पर वे राज्य द्वारा दण्ड के भागी होते हैं।
5. कानून ऐसे होने चाहिए, जिनका पालन न केवल दण्ड के भय से वरन् सामाजिक हितों की भावना से किया जाए।

❑❑❑

13

# स्वतंत्रता और समानता

1857 के सशस्त्र विद्राह के परिणामस्वरूप कम्पनी के शासन का अन्त हो गया। 12 फरवरी 1858 ई. को कॉमन सभा में कम्पनी की समाप्ति और भारतीय शासन को सम्राट को हस्तानान्तरित किये जाने से सम्बन्धित विधेयक प्रस्तुत किया गया। तत्कालीन प्रधानमन्त्री लार्ड पायर्स्टन ने अपने भाषण में कम्पनी के अव्यवस्थित और दोषपूर्ण शासन की आलोचना की। 30 अप्रैल 1858 को कॉमन सभा ने 14 प्रस्ताव स्वीकार कर लिये। इनके आधार पर सरकार ने भारतीयों को श्रेष्ठ शासन देने के लिए 1858 का अधिनियम बनाया।

**1858 का अधिनियम पारित होने के कारण**

**(Circumstance Leading of the Act 1858)**

इस अधिनियम के पारित होने के निम्नलिखित कारण थे—

**1. द्वैधशासन के दोष**—लार्ड पामर्स्टन द्वारा कम्पनी के द्वैधशासन की आलोचना की गई।

**2. ब्रिटिश जनमत**—ब्रिटिश जनमत के अनुसार भारत के शासन को कुछ व्यापारियों के हाथों में रहना उचित नहीं था, क्योंकि व्यापारिक कम्पनी को जिसका मुख्य उद्देश्य लाभ प्राप्त करना था, भारत जैसे विशाल देश की व्यवस्था कार्य सौंपा नहीं जा सकता।

**3. ट्रस्टी का सिद्धान्त**-पूर्ववर्ती अधिनियमों में भी भारत को कम्पनी के हाथों ताज की ट्रस्टी बताया गया था।

**4. कम्पनी के शासन की असफलता**-1857 ई. के विद्रोह से कम्पनी के शासन की असफलता प्रकट हो गयी थी। इसका विकल्प आवश्यक था।

**5. विभिन्न तर्क**-लार्ड पामर्स्टन ने प्रमुख व्यक्तिवादियों और कम्पनी के कर्मचारियों की कम्पनी के शासन को चालू रखने की सभी दलीलों को बेकार सिद्ध कर दिया। कम्पनी ने विद्रोह के कारणों की विस्तृत जाँच के सम्बन्ध में चुनौती दी थी तथा अपना यह मत प्रकट किया था कि कम्पनी के मामलों पर नियन्त्रण रखे जाने के कारण ब्रिटिश सरकार भी कम्पनी की भूलों तथा असावधानियों के लिए उत्तरदायी हैं।

**1858 के भारतीय शासन अधिनियम की मुख्य धारायें**

**(Main Provision of the Act 1858)**

इस अधिनियम की मुख्य धारायें निम्नलिखित थी-

**1. ब्रिटिश ताज भारत का शासन**-भारत में ईस्ट इण्डिया कम्पनी के शासन को समाप्त करने की घोषणा की गई तथा उसके स्थान पर ब्रिटिश संसद की पूर्ण सत्ता की स्थापना हो गई थी। भारत का शासन कम्पनी के हाथों से लेकर ब्रिटिश ताज को हस्तानान्तरित कर दिया गया। गवर्नर जनरल का नाम वायसराय रख दिया गया।

**2. भारत सचिव पर संसद का नियन्त्रण**-यह व्यवस्था की गयी कि भारत सचिव प्रतिवर्ष आय-व्यय का ब्यौरा तथा भारत के भौतिक तथा सांस्कृतिक विकास का विवरण संसद के दोनों सदनों में प्रस्तुत करेगा। संसद को भारतीय सचिव से वित्त, भारतीय शासन आदि के सम्बन्ध में प्रश्न पूछने, आलोचना करने और उसे पदच्युत करने का अधिकार प्रदान किया गया।

**3. भारत सचिव तथा भारतीय कौन्सिल की स्थापना**-नियन्त्रक मण्डल और संचालक मण्डल द्वारा प्रयुक्त अधिकार भारत सचिव को सौंप दिये गये। भारत सचिव को परामर्श देने के लिए 15 सदस्यीय "भारतीय परिषद्" की रचना की गई। परिषद् में कम से कम 9 इस प्रकार के व्यक्ति थे जो कम से कम 10 वर्ष तक भारत में रह चुकें हो और जिन्हें नियुक्ति के समय भारत छोड़े 10 वर्ष से अधिक न हुए हों। भारतीय परिषद् में सभी निर्णय बहुमत से लिये जाते थे। किन्तु आर्थिक मामलों के सिवाय अन्य मामलों में भारत सचिव परिषद् के निर्णयों की अवहेलना कर सकता था। वह परिषद् की बैठकों का सभापतित्व करता था परन्तु सदस्यों को पृथक् करने का अधिकारी नहीं था।

**4. प्रशासनिक नियुक्तियाँ**-भारतीय शासन के अन्तर्गत पदों पर नियुक्तियाँ करने की शक्ति सम्राट, भारतीय परिषद्, भारत सचिव और अन्य भारत स्थित उच्च अधिकारियों में विभक्त कर दी गई। गवर्नर जनरल तथा प्रसीडेन्सियों की नियुक्ति का अधिकार संसद को दिया गया। लेफ्टीनेंट गवर्नरों की नियुक्तियों का अधिकार भारत सचिव को दिया गया। परन्तु शर्त यह थी

कि वह ब्रिटिश सरकार की स्वीकृति लेगा। भारत सचिव और उसके परिषद् के सदस्यों को भारतीय परिषद् के सदस्यों की नियुक्ति का अधिकार प्रदान किया गया।

**5. भारत सचिव की शक्तियाँ**-भारत सचिव की विशेष शक्तियाँ निम्नलिखित थी-

**1. परिषद् के निर्णय की अवहेलना**-भारत सचिव कुछ विशेष परिस्थितियों में परिषद् के निर्णय की अवहेलना कर सकता था परन्तु यह आवश्यक था कि इसके लिए वह कारणों का स्पष्टीकरण करे।

**2. निर्णायक मत**-उसे विधेयक पर निर्णायक मत देने का अधिकार था।

**3. बाध्यता**-भारतीय राजस्व, प्रशासनिक नियुक्तियाँ, भारत सरकार की ओर से ऋण लेने तथा भारतीय सम्पत्ति को खरीदने, बेचने व गिरवी रखने के बारे मं परिषद् के निर्णयों को मानने के लिए बाध्य था।

**4. गुप्त पत्र व्यवहार**-भारत सचिव को वायसराय से गुप्त पत्र व्यवहार करने का अधिकार था। उसे देशी राजाओं से भी वाइसराय के माध्यम से गुप्त पत्र व्यवहार करने का अधिकार था।

**5. नियम निर्माण**-उसे भारतीय सिविल सर्विस परीक्षा के बारे में नियम निर्माण करने का अधिकार था।

**6. भारतीय राजस्व का भार**-भारत सचिव और उसकी परिषद् सम्बन्धी पूर्ण व्यय भारत सरकार द्वारा दिया जाना निश्चित किया गया।

**7. भारतीय परिषद् को निकाय घोषित किया गया**-भारतीय परिषद् को कारपोरेट निकाय घोषित किया गया वह भारत और ब्रिटेन में मुकदमे दायर कर सकता था। उसके विरुद्ध भी मुकदमे दायर किये जा सकते थे।

**अन्य प्रावधान-**

**1. नियुक्तियाँ**-भविष्य में गवर्नर जनरल परिषद् के विधि सदस्य, प्रान्तों के गवर्नरों तथा महाधिवक्ताओं की नियुक्ति राजसत्ता द्वारा की जायेगी, परिषद् के सदस्यों का चुनाव सपरिषद् भारत मन्त्री द्वारा किया जायेगा।

**2. सेनायें**-कम्पनी की स्थल और जलसेना को राजसत्ता के अधिकार में सौंप दिया गया।

**3. सैनिक कार्यवाही**-वास्तविक आक्रमण को रोकने तथा उसका प्रतिकार करने या अन्य किसी आकस्मिक या अति आवश्यक बात के सिवाय भारतीय राजस्व का उपयोग भारत की बाहरी सीमा पर की जाने वाली सैनिक कार्यवाहियों का व्यय वहन करने के लिए नहीं किया जायेगा।

**4. सन्धियाँ**-कम्पनी के द्वारा की गयी समस्त सन्धियाँ राजसत्ता के लिए बन्धनकारी होंगी।

**भारतीय शासन में 1858 के अधिनियम का मूल्यांकन**

1858 के अधिनियम के विषय में भिन्न-भिन्न विद्वानों द्वारा भिन्न-भिन्न विचार व्यक्त किये गये।

**1. दोषपूर्ण शासन का अन्त**-इस अधिनियम के द्वारा कम्पनी का दोषपूर्ण शासन समाप्त हुआ तथा उसके स्थान पर सीधे ब्रिटिश सम्राट का नियन्त्रण स्थापित हो गया।

**2. द्वैधशासन का अन्त**-इसके द्वारा सन् 1784 के 'पिट इण्डिया एक्ट' द्वारा स्थापित "द्वैध शासन" का अन्त कर दिया गया, सारे देश पर सीधे क्राउन का नियन्त्रण स्थापित हो गया।

**3. सम्राट का उत्तरदायित्व**-इस शासन का प्रधान उद्देश्य भारत का शासन का समस्त उत्तरदायित्व सम्राट को सौंपना था ताकि भारतीय साम्राज्य की देखरेख एक कार्यकारिणी को सौंपी जा सके।

**4. भारत परिषद्**-भारत परिषद् की रचना महत्त्वपूर्ण कार्य था। इस पूर्ववर्ती संचालक मण्डल भारतीय मामलों से सर्वथा अनभिज्ञ था। इसका कारण यह था कि अधिकांश संचालक कभी भी भारत में आये हुए नहीं होते थे। इसके विपरीत भारत परिषद् के सदस्यों के लिए 10 वर्ष तक भारत में रह चुका होना अनिवार्य था।

**5. सम्बन्धों की स्थापना**-कानून के द्वारा देशी नरेशों और विदेशी स्वामियों के बीच स्वस्थ सम्बन्ध स्थापित किया गया।

**दोष**-इस अधिनियम के अधीन किए गए परिवर्तन अर्थात् भारत शासन को क्राउन के हाथों में सौपे जाने भारतीयों को कोई लाभ नहीं हुआ। अभी भी वे परिस्थितियाँ बनी रही, जिनमें 1857 में सशस्त्र विद्रोह हुआ था, इसके अतिरिक्त समस्त शक्तियों का केन्द्र भारत परिषद् और भारत सचिव को बना दिया गया। इसके परिणामस्वरूप भारत सचिव निरंकुश होता ही चला गया। इसके अतिरिक्त भारत सचिव और भारत परिषद् का सारा खर्च भारत राजस्व पर डाल दिया गया, जो अनुचित था। ब्रिटेन की संसद भारत सम्बन्धी मामलों की ओर से उदासीन रही। इस 1858 के अधिनियम में अनेक दोष और कमियाँ होते हुए भी यह अत्यन्त महत्त्वपूर्ण था।

**1858 की महारानी विक्टोरिया की घोषणा**

1858 का अधिनियम पारित होते ही महारानी विक्टोरिया की ओर से एक महत्त्वपूर्ण घोषणा की गई।

**घोषणा**-यह महत्त्वपूर्ण घोषणा निम्न प्रकार थी-

"हमारी हार्दिक इच्छा हैं कि भारत की सर्वोन्मुखी उन्नति के लिए फिर से प्रयत्न किया जाए। जनता के हित में सार्वजनिक सुविधाएँ उपलब्ध करायी जाये ...................... हमारी सारी प्रजा चाहे वह किसी भी धर्म या वंश की हो, बिना किसी भेदभाव के सरकारी पद अपनी शिक्षा और योग्यता के अनुसार पा सके। हमारे सभी कर्मचारियों को आज्ञा हैं कि वे हमारी प्रजा

के किसी धार्मिक विचारों और विश्वासों में किसी प्रकार का हस्तक्षेप न करें। हमारी यह इच्छा नहीं हैं कि हम हमारे साम्राज्य की सीमा और बढ़ायें। हम देशी राजाओं की मान मर्यादा का आदर करेंगे। इस घोषणा को ''महान आज्ञा पत्र'' कहा जाता हैं।''

**प्रमुख व्यवस्थाएँ-**

इस घोषणा की मुख्य बातों को निम्न प्रकार से लिख सकते हैं-

**1. भारतीय राजाओं की स्थिति**-भारतीय राजाओं की रियासतें सुरक्षित रहेंगी और उनका मान और प्रतिष्ठा का वैसा ही आदर किया जायेगा जैसा कि अपनों का, यह आश्वासन मात्र ही था।

**2. भेद-भाव हीन नियुक्ति**-सभी भारतीय बिना किसी भेदभाव के समान रूप से पदों पर नियुक्त किये जाऐंगे, परन्तु इसके 25 वर्ष बाद तक भी वादा पूरा नहीं किया गया।

**3. धार्मिक स्वतन्त्रता**-प्रत्येक भारतीय को धार्मिक स्वतन्त्रता का आश्वासन दिया गया।

**4. आदर**-अंग्रेज लोग भारतीय परम्पराओं और रीति-रिवाजों का आदर करेंगे।

**5. क्षमादान**-विद्राहियों को क्षमादान दे दिया गया।

**6. भारतीयों का हित**-ब्रिटिश शासन का प्रयोग भारतीयों के हित में किया जायेगा और उन्हें ब्रिटिश साम्राज्य के अन्य नागरिकों के समान अधिकार दिया जायेगा।

**घोषणा का महत्त्व**-उपरोक्त घोषणा भारतीय इतिहास का एक महान चरण हैं। डॉ. ईश्वरी प्रसाद के अनुसार, ''घोषणा-पत्र ने इस देश के वासियों के लिए धरती पर एक नया आकाश उतार दिया हैं। इससे उन्हें शान्ति और समृद्धि, उनके धर्म की रक्षा, साम्राज्ञी की दूसरी प्रजा के साथ व्यवहार की समानता और इन सबके अतिरिक्त उच्च सेवाओं के भाग का वचन दिया गया।''

इस घोषणा पत्र ने ब्रिटिश शासन की व्यवस्था को स्थापित करने तथा भारतीय लोगों को शान्त करने में सहायता प्रदान की। घोषणा पत्र के अन्तर्निहित प्रशासकीय नीति आगामी 60 वर्षों तक भारत में ब्रिटिश शासन का आधार बनी रही।

उपरोक्त घोषणा केवल मात्र भारतीयों को भूलावे में डालने के लिए और तत्कालीन बिगड़ी हुई शासन व्यवस्था में सुधार लाने के लिए की गयी थी क्योंकि इसमें किसी भी बात पर क्रियान्वीकरण नहीं किया गया। इस घोषणा के द्वारा ब्रिटिश सरकार यह प्रदर्शित करना चाहती थी कि उसका प्रत्येक कदम भारतीयों के हित के लिए ही हैं।

## भारतीय कौन्सिल अधिनियम 1861

**भूमिका**-भारत के संवैधानिक इहिास में 1861 का अधिनियम महत्त्वपूर्ण हैं। इस अधिनियम के द्वारा प्रथम बार विधि निर्माण के लिए परिषदों में भारतीयों के मनोनयन की व्यवस्था प्रारम्भ हुई। वास्तव में 1858 के अधिनियम में प्रारम्भ हुआ कार्य 1861 के अधिनियम में पूर्ण हुआ।

## 1861 के अधिनियम निर्माण के कारण

इसके निर्माण के लिए निम्नलिखित कारण थे-

**1. जनमत व्यक्त करने वाली संस्थायें**-1857 की क्रान्ति के बाद अंग्रेजों को यह ज्ञात हो गया था कि उनके शासन के प्रति जनमत को अवगत कराने वाली संस्थाओं का अभाव उनकी भारी भूल हैं। गवर्नर जनरल की परिषद् के एक सदस्य बर्टिल फैरी ने 1860 में कहा था, ''लाखों लोगों के लिए कानून बनाना, जबकि सरकार को यह जानने के लिए वह अनुकूल हैं या नहीं, केवल लोगों में विद्रोह से ही पता लग सकता हो, एक विपत्तिजनक बात हैं।''

**2. भारतीय प्रशासन उपेक्षित**-1858 के अधिनियम में केवल भारत मन्त्री की ही व्यवस्था की गयी थी, परन्तु भारतीय प्रशासन के लिए इसमें कोई व्यवस्था नहीं की गयी थी। इस प्रकार भारतीय प्रशासन उपेक्षित ही रहा।

**3. प्रान्तों को कुछ अधिकार देना आवश्यक**-सर्वोच्च विधान परिषद् के लिए सभी प्रान्तों के लिए नियम बनाना कठिन हो गया था, बिना भारतीय सहयोग के इस विशाल देश के लिए जिसमें विभिन्न भाषायें, परम्पराएँ तथा रीति-रिवाज थीं, कानून बनाना दुष्कर कार्य था। अत: प्रान्तों को अपने लिए कानून बनाने का अधिकार देना भी अत्यन्त आवश्यक हो गया आवश्यक था।

**4. कानून बनाने की दोषपूर्ण नीति**-1861 के अधिनियम को पारित कराने में तत्कानील कानून बनाने की दोषपूर्ण नीति का भी महत्त्वपूर्ण हाथ था। कानून बनाने का कार्य परिषद् किया करती थी, जिसके पास प्रशासनिक कार्य अत्याधिक था। अत: कार्यपालिका के सदस्य समस्त भारत के लिए कानून बनाने में सक्षम नहीं थे। क्योंकि सरकार को भारत में प्रचलित रीति-रिवाजों की जानकारी नहीं थी। इस प्रकार भारत को विविध स्थितियों, रीति-रिवाजों और परम्पराओं की पृष्ठभूमि में स्वयं भारतीयों की सलाह तथा सहायता के बिना कानून निर्माण असम्भव ही था।

**5. प्रतिनिधित्व का अभाव**-उपरोक्त तथ्यों के अतिरिक्त गवर्नर जनरल की कानून बनाने वाली परिषद् में भारतीयों का प्रतिनिधित्व करने वाला कोई सदस्य नहीं था। 1857 के बाद सरकार को अपनी त्रुटि का आभास हुआ। इस प्रकार 1858 के अधिनियम के अन्तर्गत कम्पनी का शासन तो समाप्त हुआ परन्तु भारतीय प्रशासनिक संरचना में सुधार कार्य 1861 में अधिनियम के द्वारा किया गया। स्वयं ब्रिटिश प्रशासक यह महसूस कर रहे थे कि भारतीय प्रशासन में कुछ सुधार किया जाये जिससे कि प्रशासन में व्याप्त अक्षमता तथा भ्रष्टाचार से भारतीय जनता में असन्तोष व्याप्त न हो और 1857 की घटना की पुनरावृत्ति न हो।

## 1861 के अधिनियम की मुख्य धारायें

उपर्युक्त कारणों के फलस्वरूप ब्रिटिश संसद ने 1861 का कौन्सिल अधिनियम पारित किया, जिसकी मुख्य धारायें निम्नलिखि थीं-

**1. गवर्नर जनरल की परिषद् की सदस्य संख्या में वृद्धि**-पहले गवर्नर जनरल और प्रधान सेनापति को छोड़कर उसकी परिषद् के सदस्यों की संख्या 5 थी। इस अधिनियम के द्वारा कानूनी सदस्य तथा कानून मन्त्री की व्यवस्था की गयी जो कि कोई कानून का महान ज्ञाता हो सकता था।

**2. केन्द्रीय विधान परिषद् के सदस्यों की संख्या में वृद्धि**-विधि के निर्माण के लिए सर्वोच्च कार्यकारिणी परिषद् के सदस्यों की संख्या में वृद्धि की गई। यह निश्चित किया गया कि विधान परिषद् में कम से कम 6 और अधिक से अधिक 12 सदस्य होंगे, जिनकी नियुक्ति 2 वर्ष के लिए होंगी। इन सदस्यों में कम से कम आधें सदस्य गैर सरकारी लिए जाने चाहिए। सभी गैर सरकारी पर भारतीयों की नियुक्ति का प्रावधान था।

**3. गवर्नर जनरल के अधिकार**-गवर्नर जनरल को अपनी अनुपस्थिति में सभा का सभापतित्व करने के लिए अध्यक्ष का चुनाव करने का अधिकार था। यह समय-समय पर परिषद् का कार्य सुचारू रूप से चलाने के लिए नियम निर्माण कर सकता था। प्रत्येक विधेयक को अधिनियम का रूप प्राप्त करने के लिए गवर्नर जनरल द्वारा असाधारण स्थिति में किसी प्रकार अध्यादेश जारी किया जा सकता था जो 6 माह तक जारी रह सकता था।

**4. कार्यकारिणी के सदस्य**-गवर्नर जनरल को कार्यकारिणी परिषद् के व्यक्तिगत सदस्यों को महत्त्वपूर्ण विषयों को सौंपने का अधिकार प्राप्त हो गया था। कार्यकारिणी के सदस्यों को विभिन्न पद प्रदान किये गये।

**5. महत्त्वपूर्ण विषय**-यह निश्चित किया गया कि सभी महत्त्वपूर्ण विषय गवर्नर के सामने प्रस्तुत किए जायेंगे। गवर्नर जनरल तथा किसी व्यक्तिगत सदस्य के मध्य मतभेद की स्थिति में सम्बन्धित विषय पर सम्पूर्ण परिषद् द्वारा विचार करने की व्यवस्था की गई।

**6. प्रान्तों को पुनः निर्माण का अधिकरार**-1833 में बम्बई व मद्रास की प्रसीडेन्सीयों से विधि निर्माग्ण के जो अधिकार छीन लिये गये थे, इस अधिनियम के द्वारा उन्हें वापस कर दिये गये।

प्रान्तीय गवर्नरों को यह अधिकार प्राप्त हुआ कि प्रान्तीय परिषदों के विधान परिषद् के कार्यकारिणी सदस्यों व प्रान्तीय अधिवक्ता के अतिरिक्त चार से लेकर आठ तक अतिरिक्त सदस्यों को मनोनीत किया जा सकते हैं। इन सदस्यों की नियुक्ति दो वर्ष के लिए हेानी थी। इनमें से कम से कम आधे सदस्य गैर सरकारी होते थे जो साधारणतया भारतीय ही होते थे। तथापि विधि-निर्माण का यह अधिकार नाम मात्र ही था।

अ. किसी विधेयक को पारित होने के लिए प्रान्त के गवर्नर के अतिरिक्त गवर्नर जनरल की स्वीकृति आवश्यक थी।

ब. प्रान्तीय परिषदों को भी बिना गवर्नर की पूर्व स्वीकृति के प्रान्तीय आय से सम्बन्धित किसी भी प्रकार का विधेयक प्रस्तुत करने का अधिकार नहीं मिला।

स. प्रान्तीय अधिनियमों पर केवल गवर्नर के अतिरिक्त गवर्नर जनरल की अनुमति प्राप्त करना अनिवार्य था। इस प्रकार स्वीकृत अधिनियम को सम्राट द्वारा भी अस्वीकृत नहीं किया जा सकता था।

**7. प्रान्तों में विधान परिषदों की स्थापना**-गवर्नर जनरल को बंगाल, उत्तर-पश्चिमी प्रान्तों और पंजाब में भी विधान परिषदें स्थापित करने का अधिकार दिया गया। इस अधिकार के अन्तर्गत गवर्नर जनरल ने क्रमश: 1962, 1882 और 1897 में इन प्रान्तों में विधान परिषदें स्थापित की।

**8. नये प्रान्त बनाने का अधिकार**-इस अधिनियम द्वारा गवर्नर जनरल को कानूनी उद्देश्यों की पूर्ति के लिए नये प्रान्त बनाने का अधिकार दे दिया गया।

**9. लैफ्टीनेंट गवर्नरों की नियुक्ति**-छोटे प्रान्तों के लिए गवर्नरों की नियुक्ति का अधिकार भी गवर्नर जनरल को दे दिया गया।

## 1861 के अधिनियम के दोष

1861 के अधिनियम के दोष अग्रलिखित हैं-

**1. प्रतिनिधित्व नहीं**-इस अधिनियम का उद्देश्य विधान-परिषदों में भारतीयों को प्रतिनिधित्व देना नहीं था।

**2. प्रभुत्व सम्पन्नता का अभाव**-विधान परिषदें सच्चे अर्थों में प्रभुत्व सम्पन्न नहीं बनाई गयीं।

**3. निषेधात्मक शक्ति**-गवर्नर जनरल को केन्द्र व प्रान्तों में विधान परिषदों की शक्तियों पर निषेधाधिकार प्रदान किया गया था इससे सारी शक्तियाँ वाइसराय में सन्निहित हो गई थी और वह मनमानह कर सकता था।

**4. नामदगी दोषपूर्ण**-गैरसरकारी सदस्यों की नामजदगी की व्यवस्था त्रुटिपूर्ण थी। इसमें अधिकांश सदस्य भारतीय राजा, धनवान, जमींदार और अवकाश प्राप्त सरकारी कर्मचारी होते थे, जो न तो जनता के नेता थे और न उसकी इच्छा व्यक्त कर सकते थे।

**5. उपयोगिता का अभाव**-विधान परिषद् के सरकारी सदस्य भारतीयों के लिए उनुपयोगी थे।

## विभिन्न विचार

प्रो. कूपलैण्ड ने इस अधिनियम पर अपने विचार व्यक्त करते हुए लिखा हैं कि ''भारतीयों को परिषदों में सदस्यता प्रदान करके और प्रान्तों को कानून सम्बन्धी शक्तियाँ वापस देकर भारतीयकरण और विकेन्द्रीकरण की ऐसी नीति का श्रीगणेश हुआ जो आगे चलकर स्वायत्त शासन का आधार बनीं।'' इसके विपरीत आर. सी. मजूमदार के अनुसार, ''गवर्नर जनरल के इस अधिकार के द्वारा सरकार को एक ऐसा ब्रह्मबाण प्राप्त हुआ, जिसे उसने अपने शासन के अन्तिम दिनों तक तरकश में रखा।''

तथापि 1861 का अधिनियम भारत के वैधानिक इतिहास में एक आवश्यक अंग हैं। इससे प्रतिनिधित्व वाली संस्थाओं तथा कानून आदि के निर्माण कार्य का आरम्भ हुआ।

**भारतीय परिषद् अधिनियम 1892**

भारतीय परिषद् अधिनियम 1892 भारत के संवैधानिक विकास की दिशा में महत्त्वपूर्ण चरण कहा जा सकता हैं ''यद्यपि यह अधिनियम ब्रिटिश संसद द्वारा बाद में भारत के लिए पास किये अधिनियमों की भाँति बहुत अधिक व्यापक और प्रभावशाली नहीं था फिर भी संवैधानिक विकास के मार्ग पर यह एक निर्णायक पग अवश्य था।''

**1892 के अधिनियम के निर्माण के कारण**

इस अधिनियम के निर्माण के प्रमुख कारण निम्नलिखित थे-

**1. सदस्यता के लिए प्रयास**-यूरोप के व्यापारी तथा बम्बई के बड़े-बड़े उद्योगपति भी कौंसिल की सदस्य संख्या और कार्य क्षेत्र की वृद्धि के पक्ष में थे, ताकि वे विधान परिषदों में स्थान प्राप्त कर सकें। और अपने आर्थिक हितों की रक्षा कर सकें।

**2. काँग्रेस द्वारा असन्तोष व्यक्त**-भारतीय राष्ट्रीय काँग्रेस ने अपने वार्षिक अधिवेशनों में वर्तमान शासन प्रणाली के प्रति असन्तोष प्रकट करने के साथ-साथ कौंसिन में सुधार करने की मांग की तथा उसके विस्तार की मांग की। फलस्वरूप सरकार को इन मांगों पर ध्यान देना ही पड़ा।

**3. लार्ड लिटन की नीति**-लार्ड लिटन की दमन नीति और अन्य कार्यों से भारत में अशान्ति में वृद्धि हुई। उदाहरणार्थ- आई. सी. एस. परीक्षाओं में बैठने की उम्र 21 वर्ष से घटाकर 19 वर्ष कर दी गई। सूती सामान पर आयत कर घटा दिया गया। प्रेस एक्ट और शस्त्र-एक्ट पारित किए गए जिससे भारतीयों में असन्तोष की स्थिति स्वाभाविक थी। सरकार इस असन्तोष को कम करना चाहती थी।

**4. संघर्ष**-1885-90 के मध्य की अवधि में भारतीय शासन और गृह सरकार के मध्य संघर्ष चल रहा था। भारत सरकार गृह सरकार की निरकुशता और अपने अनादर से असन्तुष्ट थी। उसका विचार यह था कि यदि परिषद् में भारतीय सदस्यों की वृद्धि की गई तो गृह सरकार की बजाय उसकी स्थिति सुदृढ़ होगी और फिर गृह सरकार उसकी अपेक्षा न कर सकेगी।

**5. इलबर्ट बिल**-इलबर्ट बिल विवाद से भी भारतीयों को प्रकट हुआ कि ब्रिटिश नौकरशाही से न्याय और उचित व्यवहार की आशा करना व्यर्थ हैं। सरकार इस दावे को गलत सिद्ध करना चाहती थी।

**गवर्नर जनरल लार्ड डरफिन के प्रस्ताव**-1888 में गवर्नर जनरल लार्ड डरफिन ने परिषदों में सुधार के लिए सशक्त तर्क देते हुए अपने प्रस्ताव ब्रिटिश सरकार को भेजे। लार्ड डरफिन के बाद लार्ड लैन्स डाउन ने भी लार्ड डरफिन के विचारों का समर्थन किया ब्रिटिश

सरकार ने इसे 6 मई 1892 को पारित करके इसे भारतीय परिषद् अधिनियम 1892 का नाम दे दिया।

**1892 के अधिनियम की मुख्य धारायें**

1892 के अधिनियम की मुख्य धारायें निम्नलिखित हैं–

**1. केन्द्रीय व प्रान्तीय विधान परिषदों का विस्तार**–इस अधिनियम के द्वारा केन्द्रीय व प्रान्तीय विधान परिषदों के अतिरिक्त सदस्यों की संख्या में वृद्धि कर दी गई।

अ. केन्द्रीय विधान परिषद् में सदस्यों की संख्या में कम से कम 10 और अधिक से अधिक 16 निश्चित हुई।

ब. बम्बई और मद्रास की विधान परिषदों में सदस्यों की अधिकतम संख्या 8 और 20 के बीच निश्चित की गई।

स. बंगाल के लिए अधिकतम सेख्या 20 और उत्तर–पश्चिमी प्रान्त के लिए अधिकतम संख्या 15 निश्चित की गई। इसके अतिरिक्त किसी भी सदस्य सदस्य को मनोनीत किया जा सकता था।

**2. गैर सरकारी सदस्यों को स्थान**–मनोनीत सदस्यों में कम से कम 10 गैर सरकारी होने चाहिए।

**3. गवर्नर जनरल के अधिकार में वृद्धि**–भारत सचिव की पूर्ण स्वीकृति से गवर्नर जनरल को '**अतिरिक्त सदस्यों के नामांकन**' के लिए नियम बनाने का अधिकार दे दिया गया। इस अधिकार के अन्तर्गत गवर्नर जनरल ने जो नियम बनाये उससे गैर सरकारी सदस्यों के नामांकन के लिए एक प्रकार से अप्रत्यक्ष निर्वाचन प्रणाली का प्रारम्भ हुआ। प्रान्तीय परिषदों, म्यूनिसिपल बोर्डों आदि की ही सिफारिश पर सदस्य मनोनीत होते थे। सिफारिशें गवर्नर जनरल को मान्य होती थी।

**4. गैर सरकारी सदस्यों का मनोनयन**–इस अधिनियम के अन्तर्गत यह निश्चित किया गया कि मनोनीत सदस्यों में कम से कम 10 सदस्य गैर सरकारी होंगे।

**5. निर्वाचन की व्यवस्था**–निर्वाचन की व्यवस्था के लिए प्रमुख सुधार निम्नलिखित किए गये–

अ. अतिरिक्त सदस्यों की संख्या का 25 प्रतिशत सदस्य गैर सरकारी होंगे।

ब. गैर सरकारी सदस्यों के लिए विधिवत चुनाव प्रणाली को सैद्धान्तिक रूप से स्वीकार कर लिया गया।

स. केन्द्रीय अथवा इम्पीरियल लेजिस्लेटिव कौंसिल में 16 अतिरिक्त सदस्यों में से 3 सदस्य सरकारी, 5 सदस्य गैर सरकारी मनोनीत सदस्यों तथा 5 निर्वाचित सदस्यों में से एक

सदस्य को चैम्बर ऑफ कॉमर्स तथा शेष चार सदस्यों को प्रान्तीय विधान-मण्डल के गैर सरकारी सदस्यों द्वारा चुने चाने की व्यवस्था की गई।

द. प्रान्तीय विधान-मण्डलों में निर्वाचित गैर सरकारी निर्वाचित सदस्यों की संख्या निश्चित की गई।

**6. सर्वोच्च विधान परिषद् के अधिकारों में वृद्धि**-सर्वोच्च विधान परिषद् के सदस्यों के अधिकारों में वृद्धि हुई। इसके सदस्यों को बजट तथा वार्षिक वित्तीय विवरणों वाद-विवाद करने का अधिकार प्राप्त हो गया तथापि यह अधिकार नाम मात्र का था। कीथ ने कहा हैं कि "बजट की हर मद पर एक-एक करके मत देने का अधिकार नहीं दिया गया, वरन् सरकार की वित्तीय नीति की पूर्ण एवं स्वतन्त्र समालोचना करने का अधिकार दे दिया गया।"

**7. रिक्त स्थानों को भरने की व्यस्था**-यदि कोई अतिरिक्त सदस्य किसी कारणवश लगातार दो माह तक विधान परिषद् की कार्यवाही में भाग नहीं लेता हैं तो गवर्नर अथवा प्रान्तीय गवर्नर उसके स्थान को रिक्त घोषित करके उसके स्थान पर किसी अन्य सदस्य को मनोनीत कर सकता था।

**8. स्थानीय निकाय**-विश्वविद्यालयों डिस्ट्रिक्ट बोर्डो नगरपालिकाओं वाणिज्य संघों तथा प्रान्तीय परिषदों को कुछ सदस्य निर्वाचित करने का अधिकार दे दिया गया।

## सन् 1892 के अधिनियम के दोष

इस अधिनियम के कतिपय गम्भीर दोष निम्न प्रकार थे-

**1. प्रजातातन्त्रक निर्वाचन पद्धति**-परिषद् में बहुमत मनोनीत सरकारी सदस्यों एवं गैर सरकारी सदस्यों का था। ये मनोनीत गैर सरकारी सदस्य वास्तविक अर्थ में जनता के प्रतिनिधि नहीं थे। आधा दर्जन निर्वाचित सदस्य 43 करोड़ जनता के विचारों, भावनाओं तथा उनके दृष्टिकोण को कठिनाई से व्यक्त कर सकते थे। वस्तुत: ये सदस्य सरकार के समर्थक थे। इन स्थानों की संख्या के अनुपातों का बंटवारा भी अनुपयुक्त था। बम्बई प्रेसीडेन्सी की विधान परिषद् में 7 स्थान थे, जिनमें से दो स्थान यूरोपीय व्यापारियों के लिए थे। शेष 5 स्थानों में से भारतीय व्यापारियों अथवा संसद को एक स्थान नहीं दिया गया था। निर्वाचन पद्धति इतनी पेचीदा थी कि जो व्यक्ति धारा सभाओं में पहुँचते थे उन्हें प्रतिनिधि कदापि नहीं कहा जा सकता था।

**2. गैर सरकारी सदस्यों की कम संख्या**-20 सदस्यों की केन्द्रीय परिषद् में निर्वाचित और मनोनीत गैर-सरकारी सदस्यों की संख्या 10 थी। इनमें से भी 5 मनोनीत गैर सरकारी सरकारी बहुमत का ही समर्थन करते थे। इस प्रकार की स्थिति में 5 गैर सरकारी सदस्य ही निर्वाचित सदस्य ही शासन की आलोचना का साहस कदापि नहीं कर सकते थे।

**3. वर्गों में प्रतिनिधित्व का अभाव**-इस अधिनियम के द्वारा जनता के सभी वर्गों को विधान परिषद् में प्रतिनिधित्व प्राप्त हुआ। बम्बई प्रेसीडेन्सी की विधान परिषद् में 8 स्थानों में से

जनता को प्रतिनिधित्व के लिए केवल दो ही स्थान मिले। दो स्थान भी यूरोपीय सौदागरों को दिये गये पर भारतीय सौदागरों को कोई स्थान नहीं मिला। सिन्ध के दो स्थान थे पर पूना और सितारा का एक भी स्थान नहीं था।

**4. सीमायें**-कौंसिल के सदस्यों पर अनेक सीमाएँ लगा दी गई थी। बजट पर चर्चा की जा सकती थी, लेकिन यह उसी समय सम्भव था जब कार्यकारिणी अनुमानित आँकड़ों को निश्चित कर देती थी।

इसके अतिरिक्त पंजाब को न तो वाइसराय की कौंसिल में कोई स्थान मिला और न ही स्थानीय कौंसिल में ही मिल सका। इस अधिनियम के अन्तर्गत किसी भी गैर सरकारी सदस्य के लिए सरकार द्वारा प्रस्तुत किसी भी विधेयक में कोई भी संशोधन करने का अधिकार नहीं प्राप्त था।

सर फिरोजशाह मेहता इस अधिनियम की आलोचना करते हुए लिखते हैं कि ''यह भारतीय सरकारी अधिनियम एक ऐसे भाप के ईंजन के समान था, जिसमें से भाप बनाने की सारी सामग्री निकाल ली गई थी और उसके स्थान पर भाप से मिलती हुई धोखा देने वाली गैस भर दी गई थी।''

श्री प्रधान के शब्दों में-''1892 का अधिनियम विधायिनी परिषदों के सम्बन्ध में विरोधी प्रवृत्तियों के बीच एक समन्वय था।''

## अधिनियम का महत्त्व

इस अधिनियम का महत्त्व इस प्रकार था-

**1. विधान परिषद् में स्थान**-प्रथम बार भारतीयों को विधान परिषदों में स्थान दिया गया था। 1861 के अधिनियम के अन्तर्गत भारतीयों को बजट तथा सरकार के वित्तीय विवरणों पर वाद-विवादों करने का अधिकार प्राप्त नहीं था।

**2. प्रतिनिध्यात्मक शासन**-प्रथम बार निर्वाचन के सिद्धान्त का परोक्ष रूप से श्रीगणेश किया गया। निर्वाचन के सिद्धान्त को आरम्भ कर इस अधिनियम के द्वारा प्रतिनिध्यात्मक शासन की नींव रखी गई।

**3. उत्तरदायी सरकार**-सदस्यों को सरकारी नीतियों के सम्बन्ध में प्रश्न पूछने का अधिकार प्राप्त हो गया। यद्यपि सदस्यों पर प्रश्न पूछने के सम्बन्ध में काफी सीमायें तथापि कुछ सीमा तक सरकार को विधान परिषद् के प्रति उत्तरदायित्व बना दिया गया।

भारत सरकार का अधिनियम 1909

**भूमिका**-सन् 1892 के बाद भारत की राजनैतिक स्थिति में आधारभूत परिवर्तन आया। बंगाल विभाजन से उत्पन्न परिस्थितियों का सामना करना ब्रिटिश कूटनीतिज्ञों के लिए एक गम्भीर समस्या थी।

## 1909 के अधिनियम के पारित होने के कारण

1909 के भारत सरकार अधिनियम के पारित होने के मुख्य कारण निम्न प्रकार थे-

**1. 1892 के अधिनियम की कमियां**-1892 का अधिनियम भारतीयों के लिए बिल्कुल व्यर्थ था। भारतीय जनमत को विधान परिषद् में कोई विशेष प्रतिनिधित्व प्राप्त न हुआ था। भारतीय राष्ट्रीय काँग्रेस परिषदों में सुधार और विस्तार की मांग निरन्तर करती आ रही थी।

**2. उग्रवादियों और आतंकवादियों का बढ़ता हुआ प्रभाव**-ब्रिटिश सरकार सुधार अधिनियम पारित कर उग्रवादियों और आतंकवादियों के प्रभाव को नष्ट कर भारतीय जनमत को उग्र राष्ट्रवादियों के प्रभाव से बचाना चाहती थी।

**3. लार्ड कर्जन द्वारा उत्पन्न किये असन्तोष को समाप्त करना**-लार्ड कर्जन की नीतियों के कारण भारतीयों में काफी असन्तोष उत्पन्न व्याप्त हुआ। सन् 1905 में उसने जनता के विरोध के बावजूद भी बंगाल का विभाजन कर दिया। इसके परिमाणस्वरूप काँग्रेस में उग्रवादी दल का जन्म हुआ। 1909 में काँग्रेस द्वारा पास किया गया स्वराज्य का प्रस्ताव उग्रगवादियों की बढ़ती हुई शक्ति का द्योतक था। ब्रिटिश सरकार की दृष्टि में काँग्रेस को उग्रवादियों से संवैधानिक सुधारों की आवश्यकता थी।

**4. असन्तोष व्याप्त**-निम्नलिखित कारणों से भारी असन्तोष व्याप्त था जिसका निवारण केवल सुधारों द्वारा ही सम्भव था-

**अ. अकाल**-1876 से 1900 तक भारत में 18 अकाल पड़े। 1896-97 का अकाल सर्वाअधिक भयंकर था जिसका प्रभाव 7 करोड़ जनसंख्या तथा 70 हजार वर्ग मील क्षेत्र पर पड़ा। इस समय सरकार ने पीडीत लोगों की समुचित सहायता नहीं की इसकी विपरीत रानी विक्टोरिया की जयन्ती में लाखों रुपये खर्च कर दिये गए। इस अकाल के बाद बम्बई में प्लेग फैला किन्तु सरकार ने विशेष ध्यान नहीं दिया। फलतः उग्रवादियों तथा क्रान्तिकारियों को प्रोत्साहन तिला और जनता की सहानूभूति बढ़ती गयी।

**ब. आर्थिक नीति**-भारतीय उद्योगों को क्षीण करने के लिए आयात को प्रोत्साहन के लिए आयात कर 5 से 3.5 प्रतिशत कर दिया गया। इससे भारतीय उद्योगपति अंग्रेजों के विरुद्ध हो गये।

**स. न्याय में पक्षपात**-न्याय के मामलों में भी भारतीयों के विरुद्ध इअंग्रेजों के हित में पक्षपात किया जाता था।

अन्य कारण-

**अ. प्रोत्साहन**-1896 में छोटे से देश एबीसिनिया ने इटली को और जापान ने रूस को पराजित कर दिया था। इससे भारतीयों में अभे नहीं हैं तथा उन्हें देश से बाहर निकलना असम्भव कार्य नहीं हैं।

**ब. विद्वानों का योगदान**–इसी समय स्वामी विवेकानन्द आदि अनेक विद्वानों ने पाश्चात्य संस्कृति की अपेक्षा भारतीय संस्कृति को बहुत उत्कृष्ट बताया। इससे भारतीयों में आम्तबल और गौरव की वृद्धि हुई। वे यूरोपियन सभ्यता व संस्कृति से घृणा करने लगे।

**स. असन्तोष**–1892 से लेकर 1904 तक इंग्लैण्ड में अनुदारवादी दल का शासन रहा। इस समय भारत आने वाले वायसरायों ने भारतीयों के प्रति कठोर और दमन की नीति का अनुसरण किया।

**द. आतंकवाद**–बंगाल, महाराष्ट्र, पंजाब और विदेशों में भी भारतीय स्वतन्त्रता के लिए क्रान्तिकारी आन्दोलन प्रारम्भ कर दिये गये। इन क्रान्तिकारियों द्वारा ब्रिटिश शासन के अधिकारियों के विरुद्ध बम और पिस्तौल का प्रयोग किया।

**य. बंगाल का विभाजन**–बंगाल के विभाजन का विरोध करने के लिए बंगाल में तीव्र आन्दोलन आरम्भ कर दिया गया जो शीघ्र ही सम्पूर्ण भारत में फैल गया। फिर भी 16 अक्टूबर 1906 को विभाजन की योजना कार्यान्वित कर दी गयी।

### मिण्टो-मार्ले सुधार कानून का जन्म

उपरोक्त परिस्थितियों के सम्बन्ध में भारत मन्त्री लार्ड मॉर्ले ने भारत के वायसराय लाडऊ मिण्टो को पत्र लिखा। 1907 में लार्ड मिण्टो ने अपने सुझाव भारत मन्त्री के पास भेजे। लार्ड मार्ले ने इस पर विचार किया तथा उनको सरकारों की प्रतिक्रिया जानने के लिए पुन: भारत भेजा। दो वर्ष के बाद 1909 में ब्रिटिश सरकार ने इस विधेयक पर अपनी स्वीकृ ति दे दी। वह अधिनियम अपने जन्मदाताओं के नाम पर ''मिण्टो-मार्ले'' सुधार कानून कहलाता हैं।

### 1909 के अधिनियम के मुख्य उपबन्ध

इस अधिनियम के मुख्य उपबन्ध निम्नलिखित थे–

**1. केन्द्रीय विधान परिषद् का विस्तार**–1909 में केन्द्रीय विधान परिषद् में अब तक अतिरिक्त सदस्यों की संख्या 16 से बढ़ाकर 60 कर दी गई। इस प्रकार केन्द्र की परिषद् में सदस्यों की संख्या 25 से बढ़कर 69 हो गई। इसमें से 37 सरकारी सदस्य थे, जिनमें से 28 वायसराय द्वारा मनोनीत होते थे और शेष 9 पदेन परिषद् के सदस्य होते थे। 32 गैर सरकारी सदस्य थे। इनमें से 6 सदस्य वायसराय द्वारा मनोनीत थे। 27 सदस्य वर्गों से निर्वाचित होते थे। निर्वाचित सदस्यों में 5 मुसलमानों द्वारा, 6 हिन्दू जमींदारों द्वारा, 1 मुसलमान जमींदार द्वारा, 1 बंगाल के चैम्बर ऑफ कॉमर्स द्वारा, 1 बम्बई के चैम्बर ऑफ कॉमर्स द्वारा तथा शेष 13 सदस्य प्रान्तीय विधान परिषदों द्वारा चुने जाते थे।

**2. कौंसिल के कार्य**–केन्द्रीय विधान परिषद् के सदस्यों के कार्यों में वृद्धि हुई।

अ. सदस्यों को वाद-विवाद करने तथा पूरक प्रश्नों को पूछने का अधिकार प्राप्त हो गया।

ब. विधान परिषद् में बजट पर वाद-विवाद करने के लिए विस्तारपूर्वक नियम बनाये गये।

स. सदस्यों को स्थानीय प्रशासन के लिए अतिरिक्त अनुदान के लिए प्रस्ताव प्रस्तुत करने का अधिकार मिल गया।

द. कौंसिल के सामने वित्तीय विवरण को प्रस्तुत करने से पूर्व इसे वित्तीय समिती के सामने विचार के लिए भेजने की व्यस्था की बयी जिसका अध्यक्ष वित्त मन्त्री होगा। सरकार को यह अधिकार प्राप्त था कि वह कौंसिल के द्वारा प्रस्तुत वित्तीय विवरण अथवा सार्वजनिक महत्त्व के प्रस्तावों को स्वीकार करें या न करें।

इस अधिनियम के द्वारा सदस्यों पर भी कुछ सीमायें लगाई गई। पे भारत सरकार की विदेश नीति, देशी राज्यों के साथ सरकार के सम्बन्ध, रेल्वे पर सरकार का व्यय आदि विषयों पर वाद-विवाद नहीं कर सकते थे।

**3. निर्वाचन का अधिकार**-राजनैतिक अपराधियों पर अयोग्यतायें थोपकर चुनाव में खड़े होने से रोक दिया गया। लेकिन सरकार के सर्वोच्च अधिकारियों को चुनाव में खड़े होने का अधिकार प्राप्त हो गया। बंगाल, बम्बई और मद्रास में प्रान्तीय विधायी परिषदों की सदस्यता प्राप्त करने के लिए नगरपालिका या जिला बोर्ड का सदस्य होना आवश्यक था, किन्तु संयुक्त प्रान्त की विधान परिषसद् की सदस्यता के लिए इस प्रकार की योग्यता सम्बन्धी प्रतिबन्ध नहीं था।

**4. गैर सरकारी सदस्य**-प्रान्तीय विधान परिषदों की सभाओं को सरकारी सदस्यों की अपेक्षा गैर सरकारी सदस्यों की संख्या बढ़ा दी गई। परन्तु सिवाय बंगाल के सभी प्रान्तों में इन सदस्यों में गैर सरकारी मनोनीत सदस्यों की संख्या निर्वाचित गैर सरकारी सदस्यों की संख्या निर्वाचित सदस्यों से अधिक थी।

**5. कोरम**-प्रान्तीय व्यवस्थापिका परिषदों के लिए किसी सरकारी बहुमत की व्यवस्था नहीं थी। तथापि सरकार प्रान्तीय व्यवस्थापिका परिषदों में काम चलाऊ बहुमत की व्यवस्था कर दी गई थी।

**6. संसदीय परम्परायें**-विधि निर्माण के क्षेत्र में संसदीय निर्माण की नींव डाली गयी।

अ. कौंसिल में वार्षिक विवरणों तथा बजट पर सदस्यों को वाद-विवाद का अधिकार प्रदान किया गया।

ब. प्रस्तावों में दलीय अनुमान तथा आक्षेप आदि की चर्चा नहीं होनी चाहिए।

स. निश्चित प्रश्नों पर ही चर्चा की जाये।

**7. नवीन परिषदें**-नयी परिषदों की स्थापना की व्यवथा भी की गयी। गवर्नर जनरल को, प्रधान मन्त्री को भारत मन्त्री की स्वीकृति से तथा अन्य दूसरे प्रान्त के लैफ्टीनेंट गवर्नर वाले प्रान्त में परिषद् के निर्माण का अधिकार दे दिया गया।

**8. भारतीयों को स्थान**-कार्यकारिणी परिषद् में प्रथम बार भारतीयों को स्थान प्रदान किया गया। गवर्नर जनरल की कार्यकारिणी में लार्ड सिन्हा को कानूनी सदस्य बनाया गया।

**9. साम्प्रादायिक निर्वाचन प्रणाली**-साम्प्रादायिक निर्वाचन प्रणाली का सूत्रपात किया गया। तीन प्रकार के निर्वाचन क्षेत्र बनाये गये-

अ. साधारण निर्वाचन क्षेत्र

ब. साम्प्रादायिक निर्वाचन क्षेत्र

स. विशेष निर्वाचन क्षेत्र

**1909 के अधिनियम के दोष**

मिण्टो-मार्ले सुधार, अन्ततः अपने समग्र रूप में नकारात्मक थे। इस कारण भारतीयों में बड़ी निराशा व्याप्त हुई। इस अधिनियम के प्रमुख दोष इस प्रकार थे-

**1. दयापूर्ण निरंकुश तन्त्र की स्थापना**-इसके द्वारा भारत में दयापूर्ण निरंकुश तन्त्र की स्थापना की गई। इस अपूर्णता के कारण डॉ. जकारिया ने इसे अर्थ शून्य कहा हैं। मि. मजूमदार ने लिखा हैं कि ये केवल चन्द्रमा की चमक भांति थे।

**2. विधान परिषद् की शक्तियाँ सीमित**-इस अधिनियम द्वारा विधान-परिषद् की शक्तियाँ सीमित कर दी गयी। सदस्यों को बजट पर वाद-विवाद करने, पेशन पूछने आदि के अधिकारों पर सीमार्ये लगा दी गई।

**3. सरकारी सदस्यों का बहुमत**- केन्द्रीय विधान परिषद् में सरकारी सदस्यों का ही बहुमित रखा गया। अतः गैर सरकारी सदस्यों की स्थिति बड़ी दयनीय थी। विधेयक पर मतदान के अवसर पर सरकारी सदस्य अपने बहुमत के द्वारा विधेयक को अपने पक्ष में पारित कर लेते थे।

**4. अनुपयुक्त प्रतिनिधित्व**-मद्रास विधायिका सभा के 21 निर्वाचित सदस्यों में 2 सदस्य मुसलमानों के द्वारा, 2 जमींदारों के द्वारा, 3 जमींदारों के अतिरिक्त भूमिधरों के द्वारा, तथा एक-एक सदस्य मद्रस की निगम, मद्रास यूनिवसिटी, मद्रास चैम्बर ऑफ कॉमर्स के द्वारा, मद्रास समुदाय तथा नील की खेती करने वाले समुदाय के द्वारा निर्वाचित किए जाते थे तथा शेष 9 सदस्य म्यूनसिपल कौंसिलों, जिला तथा ताल्लुका बोर्डों द्वारा निर्वाचित किए जाते थे।

इसी प्रकार व्यवसीापिका में 35 निर्वाचित सदस्यों में से 6 भूमिधरों को, 5 मुसलमानों को तथा 9 मुसलमान भूमिधरों को तथा 1-1 बंगाल और बम्बई के चैम्बर ऑफ कॉमर्स को प्रदान किए गए। केवल शेष 13 स्थान प्रान्तों की विधायिका सभाओं के गैर सरकारी सदस्यों के द्वारा निर्वाचित होते थें।

**5. उत्तरदायित्व का अभाव**-इन सुधारों से सरकारी कार्यों में अव्यवस्था हो गई। संसद का रूप प्रदान कर दिया था परन्तु उत्तरदायित्व का, जो संसदीय प्रणाली की आम्ता हैं, अभाव था।

**6. सीमित मताधिकार**-इस अधिनियम द्वारा प्रदान किया गया मताधिकार अत्याधिक सीमित था। वह अनेक प्रकार के भेदभावों पर आधारित था तथा प्रत्येक प्रान्त में भिन्न था। जैस केन्द्रीय विधान परिषद् के चुनाव के लिए जमींदार के चुनाव क्षेत्रों में केचल उन जमींदारों को मत देने का अधिकार प्राप्त था जिनकी आय बहुत अधिक थी। मद्रास में यह अधिकार उनको दिया गया जितनकी आय 15 हजार रुपये वार्षिक थी या जो दस हजार रूपया वार्षिक कर देते थे। बंगाल में यह अधिकार उनको दिया गया जिनके पास राजा या नवाब की उपाधि थी। मध्य प्रदेश में यह अधिकार उनको दिया गया जो अवैतनिक मजिस्ट्रेट थे।

**7. अप्रत्यक्ष निर्वाचन**-निर्वाचन प्रणाली को अप्रत्यक्ष थी जनता स्थानीय संस्थाओं का सदस्यों का निर्वाचन करती थी। स्थानीय संस्थाओं के सदस्य निर्वाचक मण्डल को निर्वाचित करते थें। निर्वाचक मण्डल प्रान्तीय व्यावसीपिका सभाओं के सदस्यों को तथा प्रान्तीय सभायें केन्द्रीय धारा सभा सभा चुनते थे। इस प्रकार जनता को तथा प्रतिनिधियों के मध्य कोई सम्पर्क नहीं रहता था और निर्वाचित सदस्य स्वयं को जनता के प्रतिनिधि नहीं मानते थे।

**8. भेदभाव**-इस अधिनियम में मताधिकार का अनुचित रूप से भेदभाव किया गया था। पण्डित मदनमोहन मालवीय के अनुसार, "सरकार ने हिन्दुओं के साथ अन्याय किया था। 30 वर्ष पूर्व के हिन्दु, पारसी एवं ईसाई स्नातक गुरूदास बैनर्जी, भण्डारकर, सर सुब्रह्मण्यम रोमर एवं डॉ. रामबिहारी जैसे व्यक्तियों को मताणिकार से वंचित किया गया जबकि 5 वर्ष पूर्व के प्रत्येक मुसलमान को मताधिकार प्राप्त था।" हिन्दु बहुमत वाने प्रान्तों में अल्पसंख्यकों को उनके हितों की रक्षा के लिए मुसलमानों को भारात्मक प्रतिनिधित्व प्रतिनिधित्व प्रदान किया गया, पर मुसलमान बहुमत वाले प्रान्तों -पंजाब, पूर्वी बंगाल और आसाम में हीन्दुओं को इस प्रकार का प्रतिनिधित्व नहीं मिला।

**9. साम्प्रदायिक भावना**-इस अधिनियम के द्वारा साम्प्रदायिक निर्वाचन प्रणाली का सूत्रपात किया गया। ब्रिटिश सरकार ने 'फूट डालो राज करो' के नीति के आधार पर हिन्दुओं और मुसलमानों के लिए पृथक् निर्वाचन क्षेत्रों की व्यवस्था की। 1919 के अधिनियम के द्वारा सिक्खों को भी पृथक् मतदान का अधिकार मिला 1935 के अधिनियम के द्वारा सभी जातियों को पृथक् मताधिकार प्रदान किया गया। महात्मा गाँधी ने कहा था कि मिण्टो-मार्ले सुधार ने हमारे सब कार्यों पर पानी फेर दिया हैं। यदि पृथक् निर्वाचन प्रणाली स्वीकार न की गई तो हम भेदभावों को अब तक दूर देते।

## 1909 के अधिनियम का महत्त्व

तथापि इस अधिलिनयम का को अर्थहीन नहीं कहा जा सकता। इस अधिनियम का महत्त्व निम्न था-

**1. भारतीयों को सम्मानपूर्ण पदों की प्राप्ति**-इसके द्वारा भारतीयों को गवर्नर जनरल की कार्यकारिणी परिषद् में व भारत सचिव की परिषद् में सम्मानजनक स्थान प्रदान किया गया।

**2. प्रश्न पूछने का अधिकार**-परिषद् के सदस्यों को पूरक प्रश्न पूछने और बजट पर मतदान करने का अधिकार दिया गया।

अतः सन् 1909 के अधिनियम के द्वारा किये गये परिवर्तन प्रगतिशील थे और काँग्रेस के उग्रवादी नेताओं ने प्रारम्भ में इनका स्वागत भी किया था। परन्तु प्रस्तुत अधिनियम की मूल प्रवृत्तियाँ प्रतिगामी थी, इससे भारतीयों की अवस्था में कोई परिवर्तन नहीं आया।

**1919 का भारत सरकार अधिनियम**

प्रथम विश्व युद्ध के दौरान भारत ने इंग्लैण्ड सरकार को पूर्ण सहयोग प्रदान किया था तथा धन जन की अपार आहुति दी थी। भारत को यह विश्वास था कि इसके फलस्वरूप इंग्लैण्ड की सरकार भारत में उत्तरदायी शासन की स्थापना करेगी।

**1919 के अधिनियम निर्माण के कारण**

**1. सन् 1909 के अधिनियम के दोष**- 1909 के सुधारों से भारतीय जनता को कोई प्रसन्नता नहीं हुई। इसके प्रमुख कारण हैं-

अ. इन सुधारों ने साम्प्रदायिक प्रतिनिधित्व प्रारम्भ कर राजनीति को दूषित कर दिया था।

ब. उसमें उत्तरदायी शासन से भारतीयों को वंचित किया गया था।

**2. भारतीयों की आशा**-1914 में प्रथम विश्व युद्ध में अंग्रेजों को तन-मन-धन से सहायता करके भारतीयों ने इस आाशा से दी थी कि उन्हें विश्व युद्ध के बाद स्वशासन प्रदान किया जायेगा।

**3. होम रूल आन्दोलन**-तिलक और ऐनीबेसेन्ट ने 1915 में स्वशासन प्राप्त करने के लिए होम रूल आन्दोलन चलाया था।

**4. भारतीय दलों की समझौतावादी नीति**-1919 में ही उदारवादी और उग्रवादियों का मेल हो गया था। यह आन्दोलन अभूतपूर्व तथा विलक्षण था। सरकार इस आन्दोलन को समाप्त करना चाहती थी।

उपर्युक्त परिस्थितियों में मांटेग्यू ने भारतीयों को सन्तुष्ट करने के लिए 20 अगस्त 1919 को संसद में एक महत्त्वपूर्ण घोषण की, जिसके आधार पर ही ब्रिटिश संसद ने 1919 का अधिनियम पारित किया था।

**1919 के अधिनियम की मुख्य विशेषताएँ**

1919 के अधिनिययम की मुख्य विशेषताएँ निम्न थी-

**1. अधिनियम की प्रस्तावना**-प्रस्तावना में निम्न प्रकार का विवेचन किया गया था-

**1. उत्तरदायी शासन**-यह संसद की घोषित नीति हैं कि भारतीय प्रशासन की प्रत्येक शाखा में भारतीयों के अधिकार समबन्ध के लिए और स्वशासी संस्थाओं को क्रमिक परिवर्तन

के लिए उपलब्ध करें, जिससे साम्राज्य के एक अखण्ड भाग के रूप में ब्रिटिश भारत में उत्तरदायी शासन धीरे-धीरे स्थापित हो सके।

**2. क्रमपूर्वक**-उत्तरदायी शासन क्रमपूर्वक या धीरे-धीरे ही दिया जा सकेगा।

**3. जनता का कल्याण**-प्रत्येक पग का समय और रीति, को संसद द्वारा ही तय किया जा सकता हैं, जिस पर भारत की जनता के कल्याण तथा उन्नति का उत्तरदायित्व हैं।

**4. सहयोग**-इन मामलों में संसद की कार्यवाही उस सहयोग के अनुसार ही चल सकती हैं जो उन लोगों को प्राप्त हो जिन पर सेवा का नवीन उत्तरदायित्व आयेगा और उस सीमा तक कार्यवाही की जा सकती हैं जिस सीमा तक उनकी उत्तरदायित्व जिस सीमा तक उनकी उत्तरदायित्व की भावना में विश्वास किया जा सके।

**5. प्रान्तों की स्वायत्तता**-भारत के प्रान्तों में स्वयशासी संस्थाओं के पनपने के साथ-साथ यह उचित हैं कि उन प्रान्तों को प्रान्तीय मामलों में इतनी अधिक स्वतन्त्रता दी जाये जितनी भारत सरकार के अपने उत्तरदायित्वों को चलाने में सुचारू रूप से पूरा करने साथ संगत होनी चाहिए।

ब्रिटिश संसद में भारतीयों द्वारा दिये गये सहयोग और उनके द्वारा प्रदर्शित उत्तरदायित्व की भावना के आधार पर ही भविष्य की राजनैतिक प्रगति सोची जायेगी। वस्तुतः यह एक प्रकार से भारतीयों के विरुद्ध धमकी थी।

**2. लिखित एवं अपरिवर्तनशील**-1919 का अधिनियम एक लिखित संविधान की भाँति था। कालान्तर में कुछ परम्पराओं का भी प्रादुर्भाव हो गया था, उदाहरणार्थ हस्तानान्तरित विषयों पर विधान परिषद् के निर्वाचित सदस्य ही सलाह देते थे। बहुमत न मिलने की दशा में इन र्निवाचित मन्त्रियों को पद त्यागया होता था।

यह अधिनियम अपरिवर्तशील भी था। क्योंकि केवल ब्रिटिश संसद ही इसमें कोई संशोधन कर सकती थी।

**3. अनुत्तरदायी केन्द्रीय नगरपालिका**-सपरिषद् गवर्नर जनरल को पूर्व की भाँति केन्द्रीय विधान-मण्डल के नियन्त्रण से पूर्णतः मुक्त रखा गया।

**4. प्रान्तों में द्वैध शासन**-प्रान्तीय शासन दो भागों में विभाजित किया गया एक भाग में सुरक्षित विषय और दूसरे भाग में हस्तानान्तरित विषय।

**अ. सुरक्षित विषय**-सुरक्षित विषयों को गवर्नर जनरल की कार्यकारिणी परिषदों के सभासदों को सौंपा गया, ये सभासद विधान परिषद् के प्रति उत्तरदायी नहीं थे। वे केवल गवर्नर के प्रति उत्तरदायी थे। सुरक्षित विषय पुलिस, जेल, न्याय, वित्त, राजस्व, सिंचाई आदि थे।

**ब. हस्तानान्तरित विषय**-हस्तानान्तरित विषय मन्त्रियों को सौंपे गये। ये मन्त्रिगण विधान परिषद् के सदस्यों से निर्वाचित होते थे और उसी के प्रति उत्तरदायी थे। ये विषय कृषि, शिक्षा, स्थानीय स्वशासन, सार्वजनिक-स्वास्थ्य आदि थे।

इस विभाजन को द्वैध शासन प्रणाली कहा जाता हैं।

**5. गृह सरकार के नियन्त्रण में ढील**–1919 का अधिनियम भारत के शासन पर सरकार, भारत मन्त्री और ब्रिटिश सरकार के नियन्त्रण को कम करने के लिए भी बनाया गया था, पर इस सम्बन्ध में कोई निश्चित नियम न बनाकर सब कुछ परम्पराओं के लिए छोड़ दिया गया था।

**6. द्विसदनीय केन्द्रीय विधान मण्डल**–पहले सदन का नाम भारतीय विधान सभा और दूसरे का नाम राज्य परिषद् था दोनों सदनों का चुनाव प्रत्यक्ष रूप से होता था। केन्द्रीय विधान सभा में 143 सदस्य थे जिनमें से 103 का चुनाव होता था, व शेष मनोनीत होते थे। राज्य परिषद् में 60 सदस्य थे जिनमें से 33 का चुनाव और 27 गवर्नर जनरल द्वारा मनोनीत किए जाते थे।

**7. भारत परिषद् में परिवर्तन**–भारत परिषद् का पुनर्गठन किया गया। यह व्यवस्था की गई कि इसमें कम से कम 8 तथा अधिक से अधिक 12 सदस्य होंगे जो भारत में कम से कम 10 वर्ष रह चुके हों, किन्तु उन्हें भारत छोड़े हुए 5 वर्ष से अधिक न हुए हों। सदस्यों का कार्यकाल 7 वर्ष से घटाकर 5 वर्ष कर दिया गया सदस्यों की आय 1000 से बढ़ाकर 1200 पौण्ड कर दी गयी तथा भत्ता 600 पौण्ड किया गया।

**8. केन्द्रीयकरण से विकेन्द्रीकरण**–लार्ड कर्जन से चली आ रही केन्द्रीकरण की नीति समाप्त हो गई। प्रशासन और राजस्व के विषय प्रान्तीय सरकार को सौंप दिये गये। प्रान्तों को ऋण लेने व कर लगाने का अधिकार दे दिया गया। प्रान्तो में आंशिक रूप से उत्तरदायी शासन की स्थापना कर विकेन्द्रीकरण व स्वायत्तता की नीति को पूरा किया गया।

**9. प्रान्तीय विधान परिषदों का पुनर्गठन**–परिषदों के पुनर्गठन से बड़े प्रान्तों की परिषदों में अधिक से अधिक 140 और छोटे प्रान्तों में 70 सदस्य रखने की व्यवस्था की गयी। इनमें से 80 प्रतिशत निर्वाचित होने आवश्यक थे। सरकारी सदस्य 20 प्रतिशत थे। शेष 10 प्रतिशत गैर सरकारी थे। उन्हे गवर्नर मनोनीत करता था। इस प्रकार विधान सभाओं में निर्वाचित सदस्यों का बहुमत रखा गया तथा उनके अधिकारों में वृद्धि हुई।

**10. अधिक भारतीयों की नियुक्ति**–प्रान्तीय कार्यकारिणी तथा केन्द्रीय कार्यकारिणी परिषदों में अधिक भारतीयों की नियुक्ति हुई। भारतीय उच्च न्यायालय उन वकीलों को जिन्हें कार्य करते हुए 10 वर्षों से अधिक हो चुकें हों, परिषद् का लॉ मेम्बर होने के योग्य माना गया। इनकी नियुक्ति भारत मन्त्री की सिफारिश पर सम्राट द्वारा की जाती थी।

**11. साम्प्रदायिक मताधिकार का विस्तार**–साम्प्रदायिक मताधिकार मुसलमानों तक ही सीमित न रहे। पंजाब में सिक्खों को, कुछ प्रान्तों में एंग्लोइण्डियनों को तथा एक प्रान्त में ईसाईयों को भी मताधिकार दिया गया।

**12. नरेश मण्डल**–माण्डफोर्ट रिपोर्ट में देशी राजाओं के महत्त्व को दृष्टिगत रखते हुए एक नरेश मण्डल बनाया गया। 8 फरवरी, 1921 को इसकी स्थापना के समय इसकी संख्या 121 थी, जिनमें से 109 तो अधिक महत्त्वपूर्ण देशी रियासतों के प्रतिनिधि तथा 12 सदस्य कम महत्त्वपूर्ण देशी रियासतों के प्रतिनिधि थे।

**13. निर्वाचन तथा मताधिकार**-इस अधिनियम ने प्रत्यक्ष निर्वाचानों का सूत्रपात करने के अतिरिक्त मताधिकार के विस्तार में भी वृद्धि की। नवीन निर्वाचनों नियमों के अनुसार भारत की लगभग 10 प्रतिशत जनता को मताधिकार प्रदान किया गया। साम्प्रदायिक निर्वाचन पद्धति को न केवल मुसलमानों वरन् सिक्खों व यूरोपियनों के लिए भी लागू बनाए रखा।

**14. शक्ति विभाजन**-केन्द्रीय सरकार तथसा प्रान्तीय सरकारों के मध्य शक्ति का विभाजन भी किया गया-

**अ. केन्द्र के विषय**-जो विषय सम्पूर्ण भारत या अन्तर्प्रान्तीय हितों से सम्बन्धित थे, जैसे-सेना, रेल, डाक व तार, आयकर, मुद्रा बंकण, व्यापार, जहाज-रानी, चुंगी तथा महसूल, दीवानी व फौजदारी कानून आदि केन्द्र के अधीन रखे गये।

**ब. प्रान्तों के विषय**-अमहत्त्वपूर्ण विषयों जैसे स्थानीय स्वशासन, सार्वजनिक-कार्य, शिक्षा, जनस्वास्थ्य व चिकित्सा, सिंचाई, अकाल पीड़ीत सहायता, राजस्व कर, कृषि, जंगल, जेल व पुलिस तथा न्याय व्यवस्था आदि पर प्रान्तीय प्रशासन का का व्यवस्थापन रहा।

**15. संमणकालीन उपाय**-यह अधिनियम प्रयोग कालीन व संक्रमणकालीन उपाय था। लार्ड मेस्टन के शब्दों में "स्वेच्छापूर्ण शासन तथा लोकतन्त्र उस समय तक साथ न चलने को बाध्य करे जब तक कि लोकतन्त्र स्वयं चलना न सीख ले और अकेला चलने के योग्य न हो जाये।"

**16. अन्य विशेषतायें**-इस अधिनियम की अन्य विशेषतायें निम्नलिखित प्रकार थीं-

**( अ ) मतदान का विस्तार**-अधिनियम में प्रत्यक्ष निर्वाचन के साथ मतदान का भी विस्तार हुआ। मतदान का अधिकार 10 प्रतिशत लोगों को ही प्राप्त हुआ।

**( ब ) हाई कमिश्नर**-भारतीय हाई कमिश्नर का निर्माण किया गया और उसे भारत मन्त्री की कुछ शक्तियाँ दे दी गई।

**( स ) गवर्नर जनरल तथा गवर्नर**-गवर्नर जनरल तथा गवर्नर को विशेषाधिकार दे दिये गये।

**( द ) प्रान्तीय विधान परिषदें**-प्रान्तीय हवधान परिषद् के सदस्यों की संख्या में वृद्धि हुई।

**( य ) संक्रान्ति कालीन**-यह अधिनियम प्रयोगकालीन व संक्रान्ति कालीन था। मांटेग्यू ने संसद में कहा था कि यह अधिनियम ब्रिटिश संसद द्वारा संचालित सरकार और भारतीय जनता के प्रतिनिधियों द्वारा चलने वाली सरकार के बीच में एक पुल हैं। इस अधिनियम द्वारा नौकरशाही शासन में सुधार करने का प्रयत्न किया गया था।

## अधिनियम के दोष

इस अधिनियम के दोष इस प्रकार थे-

**1. साम्प्रदायिक निर्वाचन पर अधिक बल**-इस अधिनियम के द्वारा साम्प्रदायिक निर्वाचन का और भही विस्तार किया जिसका कि भारतीय विरोध करते आ रहे थे।

**2. कार्यपालिका की निरंकुशता**-केन्द्र में कार्यपालिका को पूर्णत: निरंकुश रखा गया था। गवर्नर जनरल को अत्याधिक शक्तियाँ प्रदान की गई थी। केन्द्रीस विणान मण्डल कार्यकारिणी के विरुद्ध निन्दा प्रस्ताव पारित कर उन्हें हटा नहीं सकता था। इस प्रकार कार्यकारिणी के सदस्य स्वयं को उत्तरदायी अनुभव नही करते थे।

**3. द्वैध शासन व्यर्थ**-प्रान्तों में द्वैध शासन स्थापित किए गये हैं। द्वैध शासन का कोई औचित्य नहीं था।

**4. साम्प्रदायिक प्रतिनिधित्व**-माण्टफोर्ड रिपोर्ट में चूनावों को अवांछनीय बताते हुए कहा था कि ये राष्ट्र विरोधी, खसतरनाक, उत्तरदयी शासन के विरुद्ध तथा सच्ची नागरिकता की उत्पत्ति में बाधक हैं तथापि इस पद्धति को बनाये रखा।

**5. नौकरशाही**-प्रान्तों को शासन पूर्ण नौकरशाही व उत्तरदायी शासन के बीच का रास्ता था। लार्ड मेस्टन के शब्दों में, "स्वेच्छा तन्त्र और लोकतन्त्र का उस समय तक हाथ मिलाकर साथ-साथ चलना आवश्यक था, जब तक कि लोकतन्त्र स्वयं चलना न सीख ले और अकेला चलने के योग्य न हो जाये।"

**6. द्वैध प्रणाली दोषपूर्ण**-सरकार इस बात को भूल गई थी कि सरकार एक अंगीय हैं और एक जीवित वस्तु के समान हैं। इसके दो भागों (उत्तरदायी और अनुत्तरदायी) में बांठटना भूल थी क्योंकि आँशिक तानाशही और आँशिक लोकतन्त्र साथ-साथ नहीं चल सकते। मन्त्रियों की स्थिति दयनीय थी। वे गवर्नर तथा विधान परिषद् के मध्य लटके त्रिशुंक मात्र थे। गवर्नर को वित्त कानून के निर्माण तथा प्रशासन के विशेष अधिकार प्राप्त थे। मन्त्रियों में आपसी सहयोग का भी अभाव था।

**7. सीमित मताधिकार**-इस अधिनियश्म के अन्तर्गत मताधिकार को सीमित रखा गया था।

**8. शक्तियों का विभाजन दोषपूर्ण**-केन्द्र तथा राज्यों के मध्य किया गया शक्तियों का विभाजन स्पष्ट तथा सुनिश्चित था। ये दोनों सुचियों के विषय परस्पर व्याप्त होते दिखलाई पड़ते थे।

### 1919 के अधिनियम का महत्त्व

उपर्युक्त अनेक दोष होते हुए भी हमें यह स्वीकार करना चाहिए कि यह अधिनियम भारत के संवैधानिक विकास में महत्त्वपूर्ण स्थान रखता हैं। यह एक क्रान्तिकारी अधिनियम था, श्री निवास के शब्दों में, "1919 के अधिनियम के द्वारा ब्रिटिश अधिकारियों ने भारत में संसदीय शासन स्थापित करने का वचन दिया और उसी के द्वारा उत्तरदायी शासन आँशिक रूप से आरम्भ हुआ।"

## गृह सरकार व प्रान्तीय सरकार में परिवर्तन

### गृह सरकार से अभिप्राय-

भारत के शासन को दो भागों मं विभाजित किया गया था-

1. ब्रिटेन से किया जाने वाला शासन

2. भारत में केन्द्रीय एवं प्रान्तीय सरकारों के द्वीरा किया जाने वाला शासन।

ब्रिटेन में बैठकर जो मन्त्री भारत का शान करते थे, वे पाँच थे-

1. ब्रिटिश सम्राट,

2. मन्त्रिमण्डल,

3. संसद,

4. भारत मन्त्री,

5. भारत मन्त्री के कौंसिल।

इन सभी शासन अगों का सामूहिक नाम ''गृह सरकार'' था।

### 1919 के अधिनियम के द्वारा गृह सरकार में किये गये परिवर्तन

सन् 1919 के अधिनियम के द्वारा गृह सरकार में निम्नलिखित परिवर्तन किये गये-

**1. भारत मन्त्री के सम्बन्ध में परिवर्तन**-भारत मन्त्री के पद की स्थापना 1858 के अधिणनियम के द्वारा हुई थी। भारत मन्त्री के शासन के लिए ब्रिटिश संसद के प्रति ही उत्तरदायी था और उसे शासन सम्बन्धी वे समस्त शक्तियाँ प्रदान की गई थी जो कम्पनी के शासन में बोर्ड ऑफ डाइरेक्टर्स और बोर्ड ऑफ कन्ट्रोल को प्राप्त थी। वह ब्रिटिश मन्त्रीमण्डल का एक प्रमुख सदस्य था। मन्त्रिमण्डल के साथ उसे भी पद त्याग करना पड़ता था। इस अधिनियम के पूर्व उसके वेतन तथा उसके विभाग पर होने वाला व्यय भारत सरकार के कोष से होता था। 1919 के अधिनियम ने यह व्यवस्था की थी कि भारत मन्त्री तथा उसके पिवभाग पर होने वाला व्यय ब्रिटिश राज कोष पर पारित होगा। इसका स्वाभाविक परिधाम यह हुआ कि संसद इस खर्चे की अनुमति देते समय भारतीय शासन के सम्बन्ध में जांच-पड़ताल करने लगी।

**2. भारत मन्त्री की शक्तियों में परिवर्तन**-भारम मन्त्री के शक्तियों में अग्रलिखित परिवर्तन किये गये-

1. यह व्यवस्था कर दी गई कि गवर्नर जनरल और उसके प्रान्तीय गवर्नर शासन सम्बन्धी सभी महत्त्वपूर्ण विषयों के सम्बन्ध में भारत मन्त्री को निरन्तर सूचना देंगे और उसके आदेशों का पालन करेंगे।

2. भारतवर्ष के लिए जो भी नियुक्तियाँ की जाती थी (सम्राट द्वारा) उन पर भारत मन्त्री का परामर्श लिया जाता था।

(अ) वह किसी भी अधिकारी को उसके पद से हटा सकता था। किसी महत्त्वपूर्ण पद का निर्माण अथवा उन्मूलन उसके स्वीकृति के बिना नहीं किया जा सकता था।

(ब) सेना पर भारत मन्त्री का नियन्त्रण था।

(स) भारतीय बजट उसी के आदेशानुसार तैयार होता था।

(द) केन्द्रीय विधान मण्डल और प्रान्तीय विधान परिषदों में किसी भी विधेयक को प्रस्तुत करने से पूर्व उसकी स्वीकृति ली जाती थी।

**भारत मन्त्री की शक्तियों में कमी**-प्रान्तों में जो विषय जनता द्वारा चुने गये प्रतिनिधियों को दिये गये थे, उन पर भारत मन्त्री का नियन्त्रण कम कर दिया गया। उनके कार्यों में यथा सम्भव कम हस्तक्षेप करने के निर्देश दिये गये। स्वायत्तपूर्ण शासन की दिशा में यह एक क्रान्तिकारी परिवर्तन था।

भारत मन्त्री का नियन्त्रण निम्नलिखित विषयों तक सीमित रहा-

1. ब्रिटिश साम्राज्य के हितों की देखभाल।

2. स-परिषद् गवर्नर जनरल के कार्यों की देखभाल।

3. प्रान्तों में किसी भी विषय में निर्णय करना जो उनसे निर्णीत न हो सके।

प्रान्तों के किसी भी विधेयक की भारत मन्त्री का पूर्ण स्वीकृति के लिए केवल उसी स्थिति में भेजा जायेगा जबकि गवर्नर जनरल उसके पारित होने में कोई बाधा ड़ाले।

**3. भारत-परिषद् में परिवर्तन**-भारत-परिषद् के सारे खर्चे भारत की बजाय इग्लैण्ड के राजकोष से दिये जाने लगे। उसके संगठन में भी परिवर्तन किया गया। यह व्यवस्था की गई कि परिषद् में 8 से कम और 12 से अधिक सदस्य नहीं होंगे। पहले यह संख्या 10 और 15 के बीच निश्चित थी। इन सदस्यों में आधे सदस्य ऐसे होंगे जो भारत में कम से कम 10 वर्ष तक रह चुके हो या सेवा कर चुके हों। परिषद् के सदस्यों का कार्यकाल भी 7 वर्ष से घटाकर 5 वर्ष कर दिया गया। सदस्यों का वेतन 1000 पौंड से बढ़ाकर 1100 पौंड कर दिया गया।

**4. उच्चायुक्त पद की स्थापना**-उच्चायुवत के पद की स्थापना की गई। उसका कार्यकाल 5 वर्ष का था। वह भारत का सेवक था। भारत सरकार के द्वारा उसके कार्यों पर पूरा-पूरा नियन्त्रध रखा जाता था। वह और उसका कार्यालय लन्दन में स्थित था। उसे भारतीय कोष से वेतन दिया जाता था।

□□□

# 14

# संसदीय तथा अध्यक्षात्मक शासन प्रणालियाँ

1919 के अधिनियम में प्रान्तीय विधान मण्डल के संगठन व शक्तियों में आधारभूत परिवर्तन किया गया। विधान मण्डल के परिवर्तन के सम्बन्ध में यह व्यवस्था थी, ''हम सुझाव देते हैं कि प्रान्त में एक विधान मण्डल होगा जिसकी सदस्य संख्या पहले से अधिक होगी। इसकी रचना तथा संख्या प्रत्येक प्रान्त के अनुसार भिन्न-भिन्न होगी। इसमें निर्वाचित सदस्यों का पर्याप्त बहुमत होगा। वे सदस्य प्रत्यक्ष निर्वाचन के द्वारा विस्तृत मताधिकार के आधार पर निर्वाचित होंगे परन्तु उसके साथ-साथ आवश्यकतानुसार कुछ साम्प्रदायिक और विशेष प्रतिनिधित्व केा भी रखा जायेंगा।'' शक्तियों के दृष्टिकोण से भी विधान मण्डल के सम्मान में वृद्धि हुई। निर्वाचित मन्त्रियों को अब विधान मण्डल के प्रति उत्तरदायी बनाया गया।

**विधान मण्डल की रचना**-प्रान्तीय व्यवस्थापिका सभाओं के सदस्यों की संख्या में वृद्धि कर दी गयी। सदस्यों की संख्या मद्रास में 132, बम्बई में 114, बंगाल में 140, संयुक्त प्रान्त (उत्तर प्रदेश) में 123, बर्मा, बिहार तथा उड़ीसा में प्रत्येक में 103, पंजाब में 94, मध्य प्रदेश में 63 तथा आसाम में 53 थी।

इन सदस्यों में से 20 प्रतिशत सरकारी अधिकारी से अधिक नहीं हो सकते थे। कम से कम 60 प्रतिशत निर्वाचित सदस्यों का होना आवश्यक था। इस प्रकार मने नीत सदस्य अल्पमत में तथा निर्वाचित सदस्य बहुमत में होते थे। सरकारी अधिकारियों तथा निर्वाचित सदस्यों के अतिरिक्त गैर सरकारी सदस्य भी मनोनीत होते थे। इस प्रकार विधान मण्डलों में निर्वाचित सदस्यों के बहुमतत की स्थापना की गई। हरिजनों को पर्याप्त प्रतिनिधित्व देने के लिए उनके सदस्यों को मनोनीत करने की व्यवस्था की गयी। गवर्नरों की परिषद् के सदस्य विधान मण्डल के पदेन-सदस्य होते थे।

**मताधिकार**-यद्यपि मान्टफोर्ड सुधारों में मताधिकार को विस्तृत किया गया ताकि अभी तक केवल 9 प्रतिशत, जनसंख्या को ही मताधिकार प्राप्त था। 1920-21 मं ब्रिटिश भारत की जनसंख्या 24 करोड़ 16 लाख थी जिसमें केवल 53 लाख लोगों को ही मत देने का अधिकार प्राप्त हुआ।

**योग्यतायें**-मतदाताओं की योग्यतायें सभी प्रान्तों में एक समान न थी।

1. नगरों में जो 2 हजार रुपये वार्षिक आय पर, आय कर देते हों या ऐसे मकान में किरायेदार हों जिसका किराया कम से कम 36 रुपये प्रतिवर्ष हो या जो म्यूनिसिपलटी को कम से कम 30 रुपये प्रतिवर्ष कर देते हों।

2. गाँव में जो कम से कम 10 रुपये प्रतिवर्ष से लेकर 50 रुपये प्रतिवर्ष तक भूमि कर देते हों।

**निर्वाचन क्षेत्र**-चुनाव-क्षेत्रों का विभाजन, सामान्य चुनाव-क्षेत्रों तथा विशेष चुनाव क्षेत्रों में कर दिया गया।

**1. सामान्य चुनाव क्षेत्र**-सामान्य चुनाव क्षेत्र मुसलमान, गैर-मुस्लिम, ईसाई, यूरोपियन आँग्ल भारतीय समुदाय और सिक्ख इत्यादि के लिए बनाये गये थे।

**2. विशेष चुनाव क्षेत्र**-विशेष चुनाव क्षेत्र विश्वविद्यालय, वाणिज्य, उद्योग, और जमींदारों के लिए बनाये गये। स्त्रियों को अभी तक मताधिकार देने की छूट दी गई।

**3. विश्वविद्यालय निर्वाचन क्षेत्र**-विश्वविद्यालय निर्वाचन क्षेत्रों में से 7 वर्ष की अवधि से पंजीकृत स्नातक को, 5 वर्ष की अवधि से पंजीकृत एम. ए. और विश्वविद्यालय के सीनेट सदस्यों को मताधिकार दे दिया।

**4. जमींदारों का निर्वाचन क्षेत्र**-जमींदारों के निर्वाचन क्षेत्रों में मताधिकार के लिए योग्यतायें सभ प्रान्तों में समान नहीं थी। पंजाब में 600 रुपये वार्षिक भूमिकर देने वाले को मताधिकार प्राप्त था परन्तु उत्तर प्रदेश में ऐसा मताधिकार 5 हजार रुपये वार्षिक कर देने वाले को ही प्राप्त था। पंजाब और मध्य प्रदेश प्रान्त में नम्बरदार और मुखियाओं को भी मताधिकार प्राप्त था।

**साम्प्रदायिक प्रतिनिधित्व**-यद्यपि माएटफोर्ड रिपोर्ट में साम्प्रदायिक चुनाव को अवाँछनीय बताया गया था तथापि इस प्रणली को न केवल मुसलमानों बल्कि सिक्खों, भारतीय ईसाईयों, यूरोपियन और ऐंग्लो इण्डियन समुदायों के जिए भी अपना लिया गया। बम्बई में मरोठों औऱ मद्रास में गैर ब्राह्मणों के लिए सुरक्षित स्थान किये गये।

**कार्यकाल**-विधान मण्डलों के लिए निर्वाचन 3 वर्ष तक के लिए होते थे। गवर्नर इससे पूर्व भी विधान-मण्डलों को भंग कर सकता था। विशेष परिस्थितियों में वह उसका कार्यकाल एक वर्ष के लिए बढ़ा भी सकता हैं। भंग करने के परिस्थिति में 6 माह के भीतर नये निर्वाचन कराये जाये।

**पदाधिकारी**-विधान मण्डलों के सभापति के सम्बन्ध में यह व्यवस्था की गयाी कि प्रथम चार के लिए गवर्नर नियुक्ति करेगा। उप सभापति का निर्वाचन स्वयं विधान मण्डल को ही करना था। गवर्नर विधान मण्डल के अधिवेशन बुलाता था।

## विधान मण्डल की शक्तियाँ

विधान मण्डल की शक्तियाँ निम्न प्रकार थी-

**1. विधायिनी शक्तियाँ**-प्रान्तीय विधान परिषदों को विधि-निर्माण के क्षेत्र में अपेक्षाकृत अधिक शवितयाँ दी गयी थी पहले विधेयक गवर्नर जनरल को पूर्व स्वीकृति के बाद ही प्रस्तुत किए जा सकते थे, पर अब केवल कुछ विशिष्ट प्रकार के विधेयकों को छोड़कर शेष को बिना गवर्नर की पूर्व स्वीकृति के प्रस्तुत किया जा सकता था।

तथापि विधान मण्डल की विधायिनी शक्तियों पर अनेक प्रतिबन्ध थे।

1. गवर्नर जनरल को अभी भी निषेधाधिकार, और प्रमाणीकरण की शक्तियाँ प्राप्त की गयी थी।

2. गवर्नर विधान मण्डल द्वारा पारित विधेयकों को अस्वीकार भी कर सकता था।

3. गवर्नर विधान मण्डल द्वारा रद्द विधेयकों को प्रमाणीकरण करके स्वीकृत भी कर सकता था।

4. गवर्नर किसी भी विधेयक को विधान मण्डल को पुनः विचार के लिए कसौटी लौटा सकता था।

5. किसी विधेयक को गवर्नर की स्वीकृति के लिए सुरक्षित रख सकता था।

**पूर्व स्वीकृति**-निम्न प्रकार के विधेयकों को प्रस्तुत करने से पूर्व गवर्नर जनरल की स्वीकृति आवश्यक थी-

1. सरकार के देशी राजाओं तथा विदेशी राजाओं के सम्बन्ध में कोई विधेयक।

2. कोई ऐसा कर लगाने का प्रस्ताव, जो कि विधान-मण्डल को प्रदान नहीं किया गया।

3. सार्वजनिक ऋण सम्बन्धी विधेयक।

4. ऐसा विधेयक जिसका प्रभाव केन्द्र पर पड़ता हों।

5. सेना सम्बन्धी विधेयक।

6. प्रान्तीय विधान मण्डल कोई ऐसा कानून नहीं बना सकता था जो ब्रिटिश संसद के कानून के विरुद्ध हो।

कुछ विधेयकों का सम्बन्ध गवर्नर के विशेष उत्तरदायित्व से था। इन विधेयकों को विधान सभा में प्रस्तुत करने से पूर्व गवर्नर की स्वीकृति लेना आवश्यक था।धर्म, धार्मिक रीतियों, विश्वविद्यालयों के संविधान के संशोधन, कोई छोटी रेलवे लाईन का निर्माण करने सम्बन्धी तथा मालगुजारी व्यवस्था में परिवर्तन करने से सम्बन्धित तथा विधेयक को स्वीकृति देने से पूर्व गवर्नर जनरल के विचार के लिए भेजना पड़ता था।

विधान सभा को स्थानान्तरित विषयों पर नियन्त्रण प्राप्त था। किन्तु सुरक्षित विषयों पर यह केवल प्रभाव डाल सकती थी। सुरक्षित विषयों के प्रशासन के लिए गवर्नर प्रान्तीय विधान सभा के प्रति नहीं बल्कि इग्लैण्ड की संसद के प्रति उत्तरदायी था। खर्च के प्रस्ताव प्रस्तुत करना कार्यकारिणी का ही कार्य था।

**विधान सभा की सीमायें-**

निम्नलिखित मामले विधान सभा के कार्यक्षेत्र से बाहर थे। वे विधान सभा की स्वीकृति के लिए प्रस्तुत नहीं किये जोते थे-

1. केन्द्रीय सरकार को दिया जाने वाला धन।

2. ऋण पर या सिकिंग फंड पर दिया गया ब्याज।

3. किसी कानून के द्वारा निर्धारित खर्च।

4. सम्राट या भारत सचिव के द्वारा नियुक्त अधिकारियों के वेतन तथा पेंशन।

5. हाईकोर्ट के न्यायाधीशों तथा एडवोकेट जनरल के वेतन।

**विषयों का विभाजन-**

**1. केन्द्रीय सूची**-केन्द्रीय सूची के अन्तर्गत प्रगुख विषय निम्नलिखित थे-

रक्षा, वैदेशिक तथा राजनैतिक सम्बन्ध, सार्वजनिक ऋण, टैरिफ तथा कस्टमस, पोस्ट तथा टेलिग्राफ, पेटेन्ट तथा कॉपी राइट, टकसाल, यातायात, व्यापारतथा जहाजरानी, नागरिक तथा दण्डनीय कानून, बन्दरगाह।

**2. प्रान्तीय सूची**-प्रान्तीय सूची के अन्तर्गत प्रमुख विषय निम्न थे-

स्थानीय स्वशासन, सार्वजनिक स्वास्थ्य तथा सफाई, शिक्षा, सार्वजकनक कार्य, कृषि तथा सिंचाई, भूमि की मालगूजारी जंगलात, सहयोगी संस्थायें, कानून तथा व्यवस्था इत्यादि।

**प्रान्तीय विषयों का विभाजन**-प्रान्तीय विषयों को सुरक्षित तथा स्थानान्तरित विषयों में विभक्त कर दिया गया था। इनका विवरण निम्न प्रकार हैं-

**1. सुरक्षित विषय**-भूमि की मालगुजारी तथ्रा सिंचाई, अकाल सहायता, कानून व्यवस्था, औद्योगिक मामले, समाचार पत्रों, पुस्तकों तथा छपाई के मामलों पर नियन्त्रण, आडिट प्रान्तों की साख पर ऋण लेना।

**2. स्थानान्तरित विषय**-स्थानीय स्वशासन, सार्वजनिक स्वास्थ्य तथा सफाई, डाक्टरी, प्रशासन, शिक्षा, सार्वजनिक निर्माण कार्य जिनमें सड़कें, तथा पुल भी सम्मिलित थे, कृषि तथा मछली पकड़ने का कार्य, सहयोगी संस्थायें, शराब तथा अन्य नशीली वस्तुओं पर आबकारी कर बयनामों का रजिस्ट्रेशन, धर्म तथा दान करने वाली संस्थायें, उद्योग धन्धों का विकास, खाद्य पदार्थों तथा अन्य वस्तुओं में मिलावट, बाट तथा नाप, पुस्तकालय आदि। इस बात का सन्देह होने पर कि कोई विषय सुरक्षित हैं अथवा स्थानान्तरित गवर्नर निर्णय इस विषय में अन्तिम होता था।

**2. वित्तीय शक्तियाँ**-प्रान्तीय विधान मएडलों की वित्तीय शक्तियों पर भी अनेक प्रतिबन्ध होते थे। बजट का 85 प्रतिशत भाग पूर्णतया गवर्नर के हाथों में था। इस भाग पर विधान मण्डल को मतदान करने का अधिकार न था। बजट के शेष 15 प्रतिशत भाग पर यद्यपि विधान मण्डल मतदान कर सकता था। तथापि इस भाग पर भी अन्तिम निर्णय गवर्नर के हाथों में ही था। यदि विधान मण्डल सुरक्षित विषयों में किसी ग्रान्ट में कटौती कर देता तो गवर्नर उसे प्रमाणीकरण की शक्ति द्वारा यथापूर्ण कर सकता था। विधान मण्डल मन्त्रियों के वेतन में कटौती कर सकता था, पर गवर्नर की कार्यकारिणी परिषद् के किसी सदस्य में कटौती नहीं कर सकता था-

निम्न व्ययों पर विधान मण्डल का कोई नियन्त्रण नहीं था।

1. प्रान्त के द्वारा गवर्नर जनरल की परिषद् को दिया जाने वाला व्यय।

2. भारत मन्त्री और उसकी परिषद्, ब्रिटिश सम्राट द्वारा अथवा स्वीकृति से होने वाले व्यय (पदाधिकारियो के वेतन, पैंशन आदि)।

3. एडवोकेट जनरल और प्रान्तीय उच्च न्यायालय के न्यायाधीशों के वेतन।

4. ऋण और सूद से सम्बन्धित विषय।

**3. विधान परिषद् का कार्यकारिणी पर नियन्त्रण**-मन्त्रीगण विधान-मण्डल के प्रति उत्तरदायी थे। विधान मण्डल अविश्वास प्रस्ताव पारित कर उन्हें पदच्युत कर सकता था। गवर्नर और उनकी कार्यकारिणी के सदस्यों पर विधान मण्डल का कोई नियन्त्रण नहीं था। तथापि

विधान मण्डल के सदस्य परोक्ष रूप से गवर्नर के कार्यकारिणी परिषद् के सदस्यों को प्रभावित कर सकते थे जैसे प्रश्न व पुरक प्रश्न पूछकर तथा 'काम रोको' प्रस्ताव पारित करके आदि प्रकार से।

**आलोचना**-प्रान्तीय विधान परिषदों की संरचना में तथा कार्यों में गम्भीर दोष निम्न प्रकार थे-

**1. आलोकतान्त्रिक**-गवर्नर के असाधारण और अनियन्त्रित कानूनी और वित्तीय अधिकार लोकतन्त्र के विरुद्ध थे।

**2. साम्प्रदायिक प्रतिनिधत्व**-प्रान्तीय विधान परिषदों में अनेक वर्गों, सम्प्रदायों और हितों को प्रतिनिधित्व दिये जाने के कारण विधान परिषदों में छोटे-छोटे गूट बन गये थे जो सदैव अपने हितो की चिन्ता में व्यस्त रहते थे।

**3. नामांकित**-गवर्नर द्वारा नामांकित सदस्य सदैव सरकार का पक्ष लेते थे। मन्त्री भी सरकारी सहायता से अपने पीछे बहुमत रखते थे।

**4. सीमित अधिकार**-विधान परिषदों का गवर्नर की कार्यकारिणी परिषद् के सदस्यों पर कोई नियन्त्रण नहीं था।

विधान मण्डल के संगठन में कुछ गम्भीर दोष होने तथा शक्तियों के सीमित तथा प्रतिबन्धित होने पर भी 1919 के अधिनियम द्वारा स्थापित विधान मण्डल महत्त्वपूर्ण हैं इसका कारण यह हैं कि पहली बार मिन्त्रयों को विधान मण्डल के प्रति उत्तरदायी मान गया।

## 1935 के अधिनियम की मुख्य विशेषतायें

सन् 1935 का अधिनियम बहुत लम्बा और जटिल था। इस अधिनियम में 451 धारायें और 15 परिशिष्ट थे। इस अधिनियम को 3 जुलाई 1936 को लागू किया गया। इस अधिनियम की मुख्य विशेषतायें निम्न प्रकार हैं-

**1. अखिल भारतीय संघ**-1935 के अधिनियम द्वारा यह निर्णय हुआ कि केन्द्र में ब्रिटिश प्रान्तों तथा देशी रियासतों को मिलाकर एक संघ स्थापित किया जाये। संघ 11 ब्रिटिश प्रान्तों, 6 चीफ कमिश्नर के क्षेत्रों तथा उन देशी रिसासतों को मिलकर बनना था, जो स्वेच्छा से संघ में सम्मिलित होना चाहते थे। देशी रियासतों को संघ में स्वेच्छा से सम्मिलित होना था। इसके लिए उसे एक प्रवेश-लेख पर हस्ताक्षर करने थे। केन्द्र और इकाइयों के मध्य संघर्षो के निवारण के लिए एक सुप्रीम कोर्ट की स्थापना भी की गई। एकात्मक शासन को भारत के लिए अनुपयुक्त माना गया। भारतीय रियासतों और भारत के विभिन्न प्रान्तों को एक सामान्य प्रशासन के अन्तर्गत लाने का प्रयत्न किया गया था। संघ की स्थापना की पूर्व शर्त यह थी कि कम से कम समस्त देशी रियासतों की कुल जनसंख्या की आधी जनसंख्या वाली देशी रियासतें संघ में सम्मिलित होने की इच्छा प्रकट करती।

**2. केन्द्र में द्वैध शासन प्रणाली**–प्रान्तों में द्वैध शासन का अन्त कर दिया गया पर यह द्वैध शासन व्यवस्था केन्द्र में लागू की गई थी। प्रस्तावित संघीय कार्यपालिका का अध्यक्ष गवर्नर जनरल था। केन्द्र के विषयों को दो भागों में विभक्त कर दिया गया था–

1. संरक्षित तथा
2. स्थानान्तरित

**1. संरक्षित विषय**–संरक्षित विषय पूर्णरूप से गवर्नर जनरल के हाथों में सुरक्षित थे। मन्त्रि परिषद् का उन विषयों पर कोई नियन्त्रण नहीं था। ये संरक्षित विषय प्रतिरक्षा, वैदेशिक नीति, ईसाई धर्म सम्बन्धी विषय तथा अनुसूचित जातियों के क्षेत्र के प्रशासन आदि थे। इन विषयों का प्रशासन गवर्नर जनरल स्वविवेक से करता था यद्यपि अपनी सहायता के लिए उसे कार्यपालिका के तीन सदस्यों को नियुक्त करने का अधिकार था।

**2. स्थानान्तरित विषय**–स्थानान्तरित विषयों पर गवर्नर को मन्त्रणा देने के लिए एक मन्त्री–परिषद की स्थापना की गयी जिसमें मन्त्रियों की संख्या 10 से अधिक नहीं हो कसती थी। यी मन्त्री विधान मण्डल के प्रति उत्तरदायी थे।

साधारणतया गवर्नर जनरल से यह आशा थी कि जाती थी कि वह मन्त्री परिषद् के सदस्यों का परामर्श स्वीकार करेगा। पर वास्तविकाता में वह निरंकुश शासक था–

1. यदि कभी ऐसी स्थिति उत्पन्न हो जाती थी वह यह समझता कि मन्त्रि–परिषद् की मन्त्रणा उसके विशेष उत्तरदायित्व के प्रतिकूल हैं, तो वह मन्त्रणा का उल्लंघन करके व्यक्तिगत निर्णय का प्रयोग कर सकता था।

2. गवर्नर जनरल अपने विशेष उत्तरदायित्व के अन्तर्गत होने का निर्णय स्वयं करने का अधिकारी था।

3. उसे कार्यकारिणी शक्तियों के अतिरिक्त विधायिका शक्ति भी प्राप्त थी। वह विधि निर्माण में किसी भी समय विघ्न डाल सकता था, पारित विधेयकों को निषेध कर सकता था या ब्रिटिश सरकार के निर्णयों के लिए रोक सकता था। इस प्रकार संघ में उत्तरदायी शासन असम्भव था।

**गवर्नर जनरल के विशेष अधिकार तथा व्यक्तिगत निर्णय** के कारण श्री जवाहरज लाल नेहरू ने ‘1935 के भारतीय शासन अधिनियम की तुलना दस मोटर गाड़ी से की थी जिसमें केवल ब्रेक्स ही हो और इन्जिन बिल्कुल न हो।’

मोहम्मद अली जिन्ना ने अंग्रेजी शासन का समर्थक होने पर भी इस अधिनियम के विषय में कहा हैं कि, ‘इस अधिनियम में 98 प्रतिशत गवर्नर के शेष अधिकार तथा व्यक्तिगत निर्णय हैं और केवल 2 प्रतिशत अधिकार मन्त्रियों के हैं।’

**3. प्रान्तीय स्वायत्तता**-1919 के भारतीय शासन अधिनियम द्वारा आरम्भ की गई द्वैध शासन प्रणाली को समाप्त कर दिया गया तथा इसके स्थान पर प्रान्तीय शासन स्वाधीनता स्थापित की। प्रान्तीय प्रशासन का पूरा क्षैत्र प्रान्तीय विधान मण्डल के प्रति उत्तरदायी मन्त्री-परिषद् के हाथों में आ गया। गवर्नरों से साधारणतया यह आशा की जाती थी कि वे मन्त्रियों की मन्त्रणा पर ही कार्य करेंगे यद्यपि यक व्यवहाकर में स्थिति पूर्णतया विपरीत थी। प्रान्तीय स्वाधीता पर अनेक प्रतिबन्ध लगे हुए थे, जिनके कारण प्रान्तीय स्वराज्य केवल एक खेल बन गया था। इसके कुछ उदाहरण निम्नलिखित हैं-

1. धारा 102 के अन्तर्गत गवर्नर आपातकालीन घोषणा कर संघीय मण्डल समस्त प्रान्तीय विषयों पर कानून बना सकता था।

2. धारा 126 के अधीन गवर्नर जनरल देश की शान्ति और सुरक्षा के लिए प्रान्त के गवर्नरों को आदेश दे सकता था। ऐसे आदेश मिलने पर समस्त प्रान्तीय व्यस्था गवर्नर के अधीन हो जाती थी।

3. गवर्नर जनरल प्रान्तों में उत्तरदायी शासन को स्थगित कर अपने विशेष उत्तरदायित्वों का पालन करने के स्वविवेक अथवा व्यक्तिगत निर्णय से काय्र कर सकता था।

4. गवर्नरों को स्वविवेक तथा उत्तरदायित्वों की शक्ति से इतना सुसज्जित कर दिया गया ाा कि मन्त्रियों का उत्तरदायित्व निरथर्कप्राय हो गया था।

5. आई. सी. एस., आई. पी. एस. तथा अन्य अखिल भारतीय सेवाओं पर भारत मन्त्री का नियन्त्रण पहले के समान ही बना हुआ था। प्रान्तों के मंत्रियों को इनमें हस्तक्षेप करने का कोई अधिकार प्राप्त नहीं था।

**4. संघीय न्यायालय**-एक संघीय न्यायालय की स्थापना की गयी। इसमें एक मुख्य न्यायाधीश तथा दो अन्य न्यायाधीश थे। इस न्यायालय को प्रारम्भिक तथा अपीलीय दोनों प्रकार की शक्तियाँ प्राप्त थी। इस न्यायालय का कर्त्तव्य होता था कि वह संविधान की व्याख्या करे तथा इस बात काध्यान रखें कि प्रान्तीय तथा संविधान सरकारें एक-दूसरे के क्षेत्र में अतिक्रमण न करें। इस न्यायालय की अपीलें इंग्लैण्ड में प्रिवी कौंसिल में हो सकती थी।

**5. भारत की गृह सरकार अर्थात् भारत सचिव की स्थिति**-भारत के प्रान्तों को 'प्रान्तीय स्वाधीनता' प्राप्त हुई। अत: भारत सचिव का प्रान्त के दैनिक शासन में हस्तक्षेप समाप्त हो गया। अब यह शक्ति क्राउन में केन्द्रित हो गई। पर यह केवल औपचारिक परिवर्तन था। क्राउन की शक्तियों का प्रयोग वास्तव में भारत सचिव करता था।

**6. संरक्षण और रक्षा कवच**-जनतन्त्रीय भावना और भारतीय लोकमत के विपरीत केन्द्र में गवर्नर जनरल और प्रान्तों में गवर्नर को ऐसी शक्तियाँ दे दी गयी जिनका प्रयोग स्वेच्छापूर्वक कर सकते थे। इन शक्तियों को संरक्षण तथा रक्षा कवच की संज्ञा दी गयी। इस अधिनियम के द्वारा गवर्नर जनरल तथा गवर्नरों को केन्द्र व प्रान्त के उत्तरदायी शासन में हस्तक्षेप करने के

अधिकार दे दिये गये। गवर्नर जनरल तथा गवर्नरों के ये व्यापक अधिकार ही 'संराक्षण एवं आसक्षण' थे। केन्द्र में सुरक्षा, वैदेशिक मामले तथा जनजातियों से सम्बन्धित मामले, जैसे सुरक्षित विषयों के अन्तर्गत गवर्नर के पास ही रहे। वह मन्त्रियों से सम्बन्धित विषयों में भी हस्तक्षेप करने कर सकता था।

**7. केन्द्रीय विधान मण्डल का संगठन**-केन्द्र के लिए द्विसदनात्मक विधान मण्डल की व्यवस्था हो गयी।

**( अ ) निम्न सदन**-निम्न सदन का नाम संघीय विधान सभा रखा गया। उसमें 375 सदस्य रखने की व्यवस्था की गई।

**( ब ) उच्च सदन**-उच्च सदन का नाम संघीय राज्य परिषद् रखा गया हैं। उसमें 260 सदस्यों की व्यवस्था की गयी। दोनों सदनों के निर्वाचन को परोक्ष रूप से ही रखा गया। 10 प्रतिशत लोगों को मताधिकार दिया गया।

**8. विषयों का विभाजन**-यह घोषित किया गया कि अधिनियम द्वारा भारत में संघीय शासन की स्थापना की जानी हैं। अतएव इस दृष्टि से केन्द्र तथा प्रान्तों की सरकारों का क्षैत्र स्पष्ट करने के लिए केन्द्र व प्रान्तों में सूचियों के अन्तर्गत विषयों का विभाजन किया गया-

**प्रथम सूची**-केन्द्रीय सूची में सर्वसाधारण के हितों से सम्बन्धिन कुल विषय 59 थे। अर्थात्- सशस्त्र सेनायें, विदेशी मामले, मुद्रा, डाक व तार, रेल, केन्द्रीय सेवायें आदि। इन विषयों पर केवल केन्द्रीय विधान मण्डल ही कानून बना सकता था।

**द्वितीय सूची**-प्रान्तीय सूची में प्रान्तीय हितों के कुल 54 विषय रखे गये, जैसे-शान्ति, पुलिस, न्याय, जेल, शिक्षा, सार्वजनिक स्वास्थ्य, भू-राजस्व, कृषि व सिंचाई, स्थानीय स्वशासन आदि। इन विषयों पर कानून बनाने का अधिकार प्रान्तीय विधान मण्डलों को दे दिया गया।

**तीसरी सूची**-समवर्ती सूची में कुल 36 विषय थे। इन विषयों पर केन्द्र व प्रान्त दोनों का ही कानून बनाने का अधिकार था, पर दोनों के विराध की दशा में केन्द्र का कानून ही लागू किया जाता था। इस सूची के कुछ मुख्य विषय इस प्रकार थे-दण्ड नियम, दीवानी कानून, विवाह और तलाक, उत्तराधिकारी कानून आदि।

**अवशिष्ट विषय**-अवशिष्ट विषयों पर क्षेत्राधिकार गवर्नर जनरल का था जो अपने स्वविवेक द्वारा इन शक्तियों को केन्द्र या प्रान्तों को दे सकता था।

**9. ब्रिटिश संसद की सर्वोच्चता**-पूर्व अधिनियमों की तरह, इस अधिनियम द्वीरा भी अन्तिम सत्ता ब्रिटिश संसद के पास ही सुरक्षित रखी गयी। उस अधिनियम में किसी भी प्रकार का संशोधन केवल ब्रिटिश सरकार ही कर सकती थी, भारत में केन्द्र व प्रान्त तो केवल संशोधन की सिफारिश ही कर सकते थे।

**10. साम्प्रदायिक निर्वाचन**-ब्रिटिश शासकों ने अपनी **'फूट डालो राज करो'** की नीति के अनुसयार, साम्प्रदायिक शासन प्रणाली को न केवल पूर्ववत रहने दिया बल्कि उसका विस्तार भी किया। अब न केवल मुसलमानों को, बल्कि भारतीय ईसाईयों, श्रमिकों, स्त्रियों, ऐंग्लो-इण्डियनों और यूरोपियन को पृथक् निर्वाचन दे दिया।

**11. बर्मा, बरार और अदन**-बर्मा को भारत से पृथक् कर दिया गया। 1 अप्रैल 1927 को अदन को भारत सरकार के नियन्त्रण से मुक्त कर दिया गया और इंग्लैण्ड के उपनिवेश कार्यालय के अधीन कर दिया गया।

**12. भारतीय परिषद् की समाप्ति**-भारतीय परिषद् को समाप्त कर दिया गया। भारत मन्त्री के लिए कुछ परामर्शदाता नियुक्त किए गये जिनसे परामर्श लेना या न लेना उसकी इच्छाओं पर निर्भर करता था।

**13. प्रस्तावना**-1935 के एक्ट में कोई भी नयी प्रस्तावना नहीं जोड़ी गयी। यह 1919 के एक्ट के रद्द होने के बाद 1935 के एक्ट में जोड़ दी में ताकि भारतीयों को यह पता रहे कि ब्रिटिश सरकार का अन्तिम लक्ष्य भारत में औपनिवेशिक स्वराज्य बनाना हैं। लेकिन औपनिवेशिक स्वराज्य शब्द का कहीं प्रयोग नहीं किया गया था।

## 1935 के अधिनियम का मूल्यांकन

सन् 1935 के अधिनियम के सम्बन्ध में विभिन्न मत इस प्रकार हैं-

**( अ ) अंग्रेजी विचारको के मत**-प्रो. कूपलैण्ड ने इस अधिनियम की प्रशंसा की हैं। उसका मत यह हैं कि भारतीय हितों के लिए यह सर्वथा अनुकूल थी। उसके शब्दों में, ''1935 में के भारतीय अधिनियम ने ही, यद्यपि काँग्रस इस पर विश्वास नहीं करेगी, यह संभव बना दिया कि भारत का भाग्य अंग्रेजों के हाथ से निकलकर भारतीयों के हाथों में आ जाये।''

ब्रिटेन के अनुसार मजदूर दल के नेता एटली ने कहा था कि ''यह अधिनियम अधिविश्वास पर आधारित हैं । इससे विश्वास का नाम बिल्कुल भी नहीं हैं। भारत वर्ष को अपनी विदेश नीति और आय पर कोई नियन्त्रण नहीं प्रदान किया गया था। प्रान्तों के भारतीय निवासी उनके प्रकति आतंक करने योग्य नहीं हैं। हम एक ऐसा संविधान पेश कर रहें हैं, जिनका भारतीय शासन करेंगे, बल्कि प्रत्येक स्थान पर सभ्भी प्रकार के नियन्त्रण मौजूमद हैं। वस्तुतः इस प्रस्ताव में एक बात छोड़ी हुई प्रतीत होती हैं और वही भारतीय जन हैं।''

**( ब ) भारतीय विचारकों तथा नेताओं** के मत-प्रमुख भारतीय मत निम्नलिखित प्रकार हैं-

1. श्री राजगोपालाचारी ने कहा हैं कि ''नया संविधान द्वैध शासन से अधिक बुरा हैं।''

2. मि. जिन्नाह ने कहा हैं कि ''1935 की योजना पूर्ण रूप से सड़ी हुई, मौलिक रूप से खराब और पूरी तरह से अस्वीकृति के योग्य थी।''

3. प. मदन मोहन मालवीय ने कहा हैं कि ''नया अधिनियम हम पर थोपा गया हैं, बाहर से कुछ जनतन्त्रीय व्यवस्था से मिलता हैं, परन्तु भीतर से यह बिल्कुल खोखला हैं।''

4. श्री फजलुक हक पे कहा हैं कि ''1935 के अधिनियम के द्वारा न हिन्दु राज्य स्थापित होता हैं और न ही मुस्लिम राज्य। इससे केवल अंग्रेजी राज्य की ही स्थापना होती हैं।''

5. पं. जवाहर लाल नेरहरू ने कहा हें कि ''यह अधिनियम उस मोटर के समान हैं जिसमें केवल ब्रेक हैं, इन्जिन नहीं।''

## 1935 के अधिनियम के दोष

1935 के अधिनियम के दोंष निम्न प्रकार थे-

**1. दोषपूर्ण संघीय शासन**-प्रस्तावित शासन संघ में ब्रिटिश भारत के प्रान्तों को मिलाना तो आवश्यक था, पर देशी रियासतों की जनता को संघ में प्रतिनिधित्व नहीं दिया गया था। रियासतों के प्रति चुनाव परोक्ष रखा गया था। तथा अप्रजातान्त्रिक रूप के दूसारे सदन को निचले सदन के बराबर अधिकार दिये गये थे।

**2. प्रान्तीय स्वायत्त शासन एक भ्रम**-प्रान्त के शासन का आकर्षण मुख्यमन्त्री नहीं, गवर्नर था। प्रान्त के शासन पर गवर्नर जनरल का भी अधिकार था। समस्त शक्तियाँ बर्वनर जनरल और गवर्नरों के हाथों में रखी गयी थी जो कि सीधे ब्रिटिश सरकार के प्रति उत्तरदायी थे। प्रान्तीय स्वशाासन के दो प्रमुख तत्व आहरी नियन्त्रण से मुक्ति तथा प्रान्त में उत्तरदायी शासन विद्यमान नहीं थे।

**3. परोक्ष निर्वाचन**-नये केन्द्रीय विधान मण्डल के निचले सदन के लिये परोक्ष निर्वाचन की व्यवस्था की थी। मताधिकार भी अभी तक बहुत ही सीमित थे।

**4. साम्प्रदायिक प्रतिनिधित्व का विस्तार**-साम्प्रदायिक प्रतिनिधित्व को पहले की अपेक्षा और अधिक विस्तृत किया गया था। नये अधिनियम के द्वारा भारतीय ईसाईयों, स्त्रियों, श्रमिकों, ऐंग्लो इण्डियनों, और यूरोपियनों को भी पृथक् निर्वाचन दिया गया। हरिजनों को हिन्दुओं से अलग तक करने का प्रयास किया गया तथा भारतीय राजनैतिक वातारवरण को विषैला बनाने का प्रयास किया गया ताकि भारतीय एकता नष्ट हो जाये तथा भारत में ब्रिटिश साम्राज्य बना रहे।

**5. संरक्षण और रक्षा करवच**-गवर्नर जनरल और गवर्नरों के लिए संरक्षण और रक्षा कवचों की व्यवस्था ने उन्हें स्वेच्छाधारी शासक बना दिया। केन्द्र में गवर्नर जनरल और उसकी कार्यकारिणी अपने-इपने विधान मण्डलों के नियन्त्रण से मुक्त थी। भारत की प्रतिगाथी शक्तियों (साम्प्रदायिक दल, दलित जातियाँ, सरकारी कर्मचारी तथा भारतीय नरेश) के विशेष हितों का ध्यान रखा गया था ताकि वे स्वाधीनता के लिए सँघर्ष किर रही शक्तियों के मार्ग में अवरुद्ध कर सकें।

**6. भारत मन्त्री की स्थिति**-व्यवहार में प्रशासन पर भारत मन्त्री का ही नियन्त्रण रहा, सभी गवर्नर जनरल पर भारत मन्त्री का ही नियन्त्रण रहा। आई. सी. एस. अफसरों की नियुक्ति व नियन्त्रण भी उसी का हाथों में था।

**7. भारतीयों की उपेक्षा**-यह अधिनियम न तो भारतीयों द्वारा बनाया गया था, और न ही इसमें भारतीयों को परिवर्तन करने का अधिकार था। अन्तिम सत्ता भी ब्रिटिश संसद को हाथों में ही थी। समस्त उचच अधिकारियों की नियुक्तियों में भी भारतीयों का कोई हाथ नहीं था।

**8. द्वैध शासन**-1919 के अधिनियम के द्वारा प्रान्तों में स्थापित द्वैध शाासन असफल हो गया था फिर भी इस नये अधिनियम के द्वारा केन्द्र में द्वैध शासन स्थापित करने दिया गया।

**9. दोषपूर्ण संघीय न्यायालय**-न तो संघीय न्यायालय को संघीय विवाद दूर करने की शक्ति प्राप्त थी और न ही वह भारत का सर्वोच्च न्यायालय था क्योंकि उसके निर्णय के विरुद्ध ब्रिटेन में अपील की जा सकती थी।

इस प्रकार सन् 1935 के अधिनियम गम्भीर दोषों से ग्रस्त था। अधिनियम में केवल नवीन संविधान के विकसित होने या भारतीयों द्वारा अपने भाग्य के निर्णय करने का कोई प्रबन्ध नहीं था। यह अधिनियम ब्रिटिश संसद ने अपने लिए ही बनाया था। तथा भारत की आगे की प्रगति की निर्णायक भी ब्रिटिश संसद ही थी।

## 1935 के अधिनियम के प्रस्तावित संघीय योजना

1935 के अधिनियम में यह प्रस्तावित किया गया था कि भारत में ब्रिटिश भारतीयों प्रान्तों और देशी रियासतों को मिलाकर संघ स्थापित किये जायेंगे। अत: इस संघ में 11 ब्रिटिश भारतीय प्रान्तों, 6 चीफ कमिश्नर वाले प्रान्तों और देशी रियासतों को सम्मिलित किया जाना था। प्रान्तों के लिए संघ में सम्मिलित होना आवश्यक था। संघ में सम्मिलित होने के इच्छुक प्रत्येक रियासत को या प्रान्त को एक प्रवेश लेख पर हस्ताक्षर करने होते थे। इसमें उन शक्तियों का भी उल्लेख था जिन्हें रियासतों के नरेश संघ को सौंपने के लिए तैयार थे। केन्द्रीय सरकार और प्रान्तीय सरकारों के मध्य उठाने वाले विवादों का समाधान करने के लिए संघीय न्यायालय की स्थापना की जानी थी। ब्रिटिश सम्राट द्वारा संघीय शासन की स्थापना की घोषणा होनी थी, पर इस घोषणा से पूर्व दो शर्तों का पालन किया जाना था-

1. संघ में सम्मिलित होने के लिए कम से कम इतनी देशी रियासतों उद्यत हों, जिनकी संख्या देशी रियासतों की कुल जनसंख्या की कम से कम आधी हो।

2. संघ में सम्मिलित होने के लिए कम से कम इनती देशी रियासतें अपनी स्वीकृति दे दें जिससे कि संघीय विधान मण्डल के उच्च सेदन में उनके लिए निर्धारित कुल 104 स्थानों में से उन्हें 52 प्रतिनिधी भेजने का अधिकार प्राप्त हो जायें।

देशी रिगासतों ने कग से बम निर्धारित संख्या में भी स्वीकृति नहीं दी। इस लिए सम्रांट द्वारा घोषणा किए जाने का अवसर ही नहीं आया।

## 1935 के अधिनियम में प्रस्तावित संघीय योजना की विचित्रतायें और दोष

इस अधिनियम द्वारा प्रस्तावित संघीय योजना के संघ में समस्त लक्षण उपस्थित थे, उदाहरणार्थ यह संविधान लिखित तथा कठोर था। केन्द्रीय सरकार प्रान्तीय सरकारों के भी शक्तियों का स्पष्ट विभाजन किया गया था, केन्द्रीय सरकार और प्रान्तों के विवादों का निवरण करने के लिए संघीय न्यायालय की स्थापना की गयी थी। पर ये सभी लक्षण दूसरे संघीया शासनों से ऊपर से मात्र देखने में ही समान थे। इस प्रस्तावित संघीय योजना में निम्नलिखित ऐसी विचित्रतायें विद्यमान थी जो अन्य शासनों में नहीं थी–

**1. आरोपित संघ**–यह तथ्य कि संघ में प्रवेश ब्रिटिश प्रान्तों के लिए आवश्यक था, पर देशी रियासतों के लिए ऐच्छिक। इस तथ्य की ओर इशारा करता हैं कि प्रस्तावित सघ ऊपर से लाया गया था। संघ का निर्माण करने वाली इकाइयों को अपने तथ्यों की निर्माण का कोई अधिकार नहीं दिया गया था। न ही उन्हें संविधान में संशोधन की शक्ति प्रदान की गयी।

**2. इकाइयों के असफलता**–सभ संघात्मक शोसनों में, संघ में सम्मिलित होने वाली इकाइयों को शासन और पद की दृष्टि से समानता का स्तर दिया जाता हैं। पर 1935 के एक्ट में प्रस्तावित संघ में से ग्यारह गवर्नरों के प्रान्त थे, जिसमें आंशिक उत्तरदायी शासन स्थापित हो चुका था। और जिन्हें अपने प्रतिनिधि निर्वाचित करने का अधिकार था, उसमें 6 चीफ कमिश्नरों के प्रान्त और लगभग 500 ऐसी रियासतें थी जो सम्मिलित होने को थी जिनमें पूर्ण स्वेच्छाचारी शासन विद्यमान था। इन तीनों प्रकार की इकाइयों में आधारभूत विभिन्नता थी। इस सम्बन्ध में डॉ. विवासी ने जर्मन संघ के निर्माण की बुराई का ताजा करते हुए कहा है कि, ''यह एक ऐंसा फालतू संघ हैं जिसमें एक दर्जन पालतू बैल कई सौ गीदड़, बघेरे और भेड़िये थे।''

**3. देशी रियासतों को अनुपात से अधिक प्रगतिनिधित्व**–प्राय. संघों राज्यों के केन्द्रीय विधान मण्डल के उच्च सदन में सभी इकाइयों को कानूनी समानता दी जाती हैं, अत: उच्च सदन में इकाइयों को समान प्रतिनिधत्व दिया जाता हें। परन्तु भारत के प्रस्तावित संघ में रियासतों को अपेक्षाकृत अधिसक लाभ पहुँचाने का प्रयास किया गया था। इन रियासतों की कुल जनसंख्या भारत की सम्पूर्ण जनसंख्या का एक चौथाई थी पर उनको उच्च सदन के राज्य परिषद् में 260 कुल स्थानों में से 104 स्थान दिये गये थे। रियासतों को यह अधिक प्रतिनिधित्व का ब्रिटिश हितों की रक्षा के लिए प्रदान किया गया था। इसके अतिरिक्त प्रान्तों के प्रतिनिधियों का निर्वाचन होना था, परन्तु रियासतों के प्रतिनिधि अपने शासकों के द्वारा नामांकित किर्ये जाते थे।

**4. इकाइयों के अधिकार क्षेत्र में असमानता**–ब्रिटिश भारत प्रान्तों के लिए सेंघ में सम्मिलित होने के प्रवेश पत्र एक समान शर्तों वाले नहीं थे। रियासतों के सम्बन्ध में संघ को दी जाने वाली शक्तियां उनके शासकों द्वारा निश्चित किये यगे प्रवेश पत्र पर निर्भर करती थी।

**5. केन्द्र और प्रान्तों में उत्तरदायी शासन कह स्थापना नहीं की गयी थी-**

प्रस्तावित संघी योजना में भारतीयों को वास्तविक सत्ता नहीं प्रदान की गयी थी।

1. वास्तविक सत्ता के शासक गवर्नर ही बने रहे।

2. गवर्नर जनरल व गवर्नर को विस्तृत स्वविवेकी शक्तियों दी गयी थी।

3. संरक्षणों और रक्षा कवचों की बहुलता के कारण विधान मण्डलों को पूर्णतया शक्तिहीन बना दिया गया।

4. केन्द्रों में सुरक्षा ओर वैदेशिक मामलों को सुरक्षित विषयों के अन्तर्गत रख दिया गया था।

5. खर्च का लगभग 80 प्रतिशत भाग पूर्णतया गवर्नर जनरल के नियन्त्रण में था। शेष का 20 प्रतिशत भाग पर ही संरक्षणों व रक्षा कवचों के द्वारा उसी का नियन्त्रण कर दिया गया था।

6. मन्त्री पूर्णया गवर्नर जनरल के हाथें के कठपुतली थे।

**6. भारतीयों को सत्ता हस्तानान्तरण नहीं**-संघीय सरकार के महत्त्वपूर्ण कार्य एक मात्र गवर्नर जनरल के नियन्त्रण में रखे गये थे। संघीय व्ययच का 80 प्रतिशत व्यय लोकप्रिय मन्त्रियों के नियन्त्रण के बाहर था। शेष शक्तियों पर भी संरक्षणों तथा आरक्षणों के माध्यम से अनेक प्रतिबन्ध लगा दिये थे।

**7. शक्तिहीन संघीय न्यायालय**-अधिनियम में स्थापित संघीय न्यायालस सच्चे अर्थों में संघीय न्यायालय नहीं था। क्योंकि उसके निर्णय के विरुद्ध ब्रिटिश संसद की प्रिवी कौंसिल में अपील की जा सकती थी।

**8. संविधान में संशोधन करने का अधिकार केवल ब्रिटिश संसद को ही मिला**-1935 के अधिनियम संविधान में किसी भी प्रकार का संशोधन करने का अधिकार केवल ब्रिटिश संसद को ही दिया गया। केन्द्रीय विधान मण्डल इसमें प्रत्यक्ष या परोक्ष रूप से संशोधन करने का अधिकारी नहीं था।

**9. साम्प्रदायिकाता को प्रोत्याहन**-अधिकनियम के द्वारा पृथक् निर्वाचन प्रणाली को विकसित किया गया था। इस प्रणाली का उद्देश्य साम्प्रदायिकता को प्रोत्साहन देना था।

**10. शासकों के द्वारा नामांकन**-रियाएसतों के प्रतिनिधि वहाँ के शासकों द्वारा नामांकित होने थे। श्री एन. श्री निवासन के अनुसार, ''रियासतों के प्रतिनिधि की व्यवस्था वहाँ के शासकों के सम्बन्ध में की अनुदारवादिता की गारंटी थी।''

**11. अवशिष्ट शक्तियों के सम्बन्धित व्यवस्था**-सभी संघीय में अवशिष्ट शक्तियों के केन्द्र को या प्रान्तों को प्राप्त होती थी। पर 1935 के अणिनियम के द्वारा यह शक्तियाँ गवर्नर जनरल को प्रदान की गयी थी, जो अपने स्वविवेक के अनुसार उन्हें केन्द्र या प्रान्तीय विधान

मण्डलों को प्रदान की गयी थी। देशी रियासतों के सम्बन्ध में अवशेष शक्तियाँ उनके शासकों के पास रखी गयी थी।

**12. मौलिक अधिकारों का उल्लेख नहीं**–सभी संघीय संविधानों में नागरिकों के मूल अधिकारों का उल्लेख करना रहता हैं, परन्तु 1935 के अधिनियम में भारतीयों को इन अधिकारों से वंचित रखा।

**13. निचले सदन का परोक्ष निर्वाचन**–केन्द्रीय विधान मण्डल के उच्च सदन का निर्वाचन परोक्ष रूप से रखा जाना था। यह व्यवस्था भारत में प्रगतिवादी और राष्ट्रवादी तत्वों को समाप्त करने के लिए लागू की गयी थी इससे भारत में राजनैतिक चेतना की गति निश्चित रूप से अवरूद्ध होनी थी।

**14. उच्च सदन को समान अधिकार**–केन्द्रीय विधान मण्डल के उच्च सदन को निचले सदन के समान शक्तियाँ देना भी अनुपयुक्त था क्योंकि उच्च सदन धनिकों का गढ़ बन गया था।

**15. गवर्नर जनरल के स्थिति**–भारतीय शासन संघ में गवर्नर जनरल और भारत मन्त्री की स्थिति अत्यधिक सुदृढ़ थी जबकि कनाड़ा और ऑस्ट्रेलिया के गवर्नर जनरल संवैधानिक प्रधान थे।

### दोहरी नागरिकता–

सभी प्रान्तों संघीय शासनों में नागरिकों को दोहरी नागरिकता केन्द्र की और विास करने वाले प्रान्त की प्राप्त होती थी, परन्तु भारत में देशी रियासतों की जनता को संघ की नागरिकता नहीं दी गयी थी। इस प्रकार देशी रियासतों और ब्रिटिश भारत के प्रान्तों की जनता के अधिकारों में विभिन्नता थी।

### संघ की अस्वीकृति

1935 के एक्ट में प्रस्तावित संघीय योजना को न केवल अखिल भारतीय कांग्रेस ने बल्कि मुस्लिम लीग, हिन्दु सभा, उदारवादियों, सिक्खों सभाओं ने दोषपूर्ण तथा निराशाप्रद बताकर अस्वीकार कर दिया। देशी नरेशों को यह भय हो गया था कि संघ में सम्मिलित होने में उनकी जनता में प्रगतिशील और राजनैतिक चेतना विकसित होगी, और वह भी संवैधानिक सुधारों की मांग करने लगेगी। संघ के निर्माण की पूर्व शर्तों पूरी न होने के कारण। अप्रैल, 1937 को जबकि अधिनियम का प्रान्तीय अंश लागू किया गया था, संघीय योजना को भविष्य में लागू होने के लिए छोड़ दिया गया था। 1939 के समय युद्ध प्रारम्भ हो जाने के कारण तथा संघीय योजना के तीव्र विरोध को देखकर 11 सितम्बर 1939 को भारत के गवर्नर जनरल ने एक विधिवत घोषणा की कि 1935 के अधिनियम में प्रस्तावित संघीय योजना की समाप्ति की घोषणा की जाती हैं।

## 1935 के अधिनियम के अन्तर्गत गवर्नर जनरल के विशेषाधिकार

1935 के अधिनियम के द्वारा पूर्ण उत्तरदायी शासन की स्थापना न की जाकर द्वैध शासन या आंशिक उत्तरदायी शासन स्थापित किया गया।

केन्द्रपालिका के तीन भाग थे-

**1. गवर्नर जनरल**-गवर्नर जनरल, जिसे कुछ स्वविवेकी शक्तियाँ और विशेष उत्तरदायित्व प्राप्त थे।

**2. कार्यकारिणी के सदस्य**-गवर्नर जनरल की कार्यकारिणी के सदस्य, जिन्हें, कि गवर्नर जनरल के साथ सुरक्षित विषयों का प्रशासन सौंपा गया।

**3. मन्त्रि-परिषद्**-मन्त्रि-परिषद् के सदस्य जिन्हें हस्तानान्तरित विषयों का प्रशासन सौंपा गया।

**गवर्नर जनरल**

गवर्नर जनरल केन्द्रीय कार्यपालिका का केन्द्र बिन्दु था। भारत के सम्पूर्ण प्रशासन के लिए अन्तिम रूप से वही उत्तरदायी था। उससे यह आशा की जाती थी कि वह भारतीय शासन के विभिन्न तथा प्राय: परस्पर संघर्षशील तत्वों को एकता बनाये रखते हुए पथ-प्रदर्शन का कार्य करेगा। वस्तुत: 1935 के अधिनियम के द्वारा उसे इमनी अधिक शक्तियाँ दे दी गयी थी कि उसका स्वरूप विशाल दैत्य जैसा हो गया था। गाँधी जी ने 23 फरवरी 1938 को वर्धा से प्रसारित अपने वक्तव्य में कहा था कि, ''गवर्नर जनरल सर्वाधिक सम्पन्न और स्वेच्छाचारी व्यक्तिधारी हैं।''

**नियुक्ति**- गवर्नर जनरल की नियुक्ति सम्राट के द्वारा 5 वर्ष के लिए की जाती थी। भारतीय कोष से उसे 251800 रुपये प्रति वर्ष वेतन दिया जाता था। कुल मिलाकर उस पर 18, 00, 000 रुपये प्रति वर्ष खर्च किया जाता था।

**शक्तियाँ**-गवर्नर जनरल की शक्तियों का उल्लेख निम्नांकित शीर्षकों के अन्तर्गत किया जा सकता हैं-

**1. सुरक्षित विषयों का प्रशासन**-केन्द्र में द्वैध शासन की स्थापना के लिए सुरक्षित विषयों को संगठित किया गया था-

(क) सुरक्षा,

(ख) वैदेशिक मामले,

(ग) धार्मिक मामले तथा

(घ) कबायली विषय।

**कार्यकारिणी**-इन विषयों का प्रशासन गवर्नर जनरल और उसकी कार्यकारिणी को सौंपा गया था। कार्यकारिणी में 3 सदस्य थे।

1. उपरोक्त विषयों के प्रशासन में गवर्नर जनरल अपना स्वविवक प्रयोग करने के लिए स्वतन्त्र था। गवर्नर जनरल और उसकी कार्यकारिणी किसी भी प्रकार केन्द्रीय विधान मण्डल के

प्रति उत्तरदायी नहीं थी। केवल गवर्नर जनरल स्वयं ब्रिटिश संसद के प्रति उत्तरदायी था, उसकी कार्यकारिणी के सदउस्य उसी के प्रति उत्तरदायी थे, गवर्नर जनरल इन सदस्यों के परामर्श को भी अस्वीकार कर सकता था।

**2. गवर्नर जनरल की स्वविवेकी शक्तियाँ**–गवर्नर जनरल को कुछ विषयों के सम्बन्ध में स्वविवेकी शक्तियाँ दी गयी थी। इनमें वह शासन चलाते समय मन्त्रियों से परातमर्श लेने को बाध्य नहीं था। प्रतिरक्षा तथा वैदेशिक मामलों के अलावा निम्न विषयों में भी उसे इस प्रकार की शक्तियाँ प्राप्त थी–

1. मन्त्रियों की नियुक्ति करना तथा उन्हें पद से हटाना।

2. केन्द्रीय विधान मण्डल के दोनों सदनों के अधिवेशन बुलाना, स्थगित करना, निचले सदन को भग करना तथा दोनों सदनों में भाषण देना।

3. विचारित प्रस्तावों के सम्बन्ध में विधान मण्डल को सूचना देना।

4. कोई विषय उनके स्वविवेकी क्षेत्राधिकार में आता हैं या नहीं आता, इसका निर्णय करना।

5. विधान मण्डल के द्वारा प्रस्तावित प्रस्तावों को स्वीकार या अस्वीकार करना या उन्हें सम्राट के निर्णय के लिए सुरक्षित करना।

6. प्रश्न किये जाने पर यह निर्णय करने के सम्बन्ध में कि कोई व्यय संघ की आय से दिया जायेगा या नहीं।

**3. गवर्नर जनरल के विशेष उत्तरदायित्व अथवा व्यक्तिगत निर्णय की शक्तियाँ**–स्वविवेकी शक्तियों के गवर्नर जनरल के लिए किसी से परामर्श लेना आवश्यक नहीं था। हस्तानान्तरित विषयों के प्रशासन में वह अपने मन्त्रियों से परामर्श लेता था। उसे कुछ विशेष उत्तरदायित्व सौंपे गये थे, जिन्हें पूरा करने के लिए मन्त्रियों के परामर्श को स्वीकार करना उसके लिए आवश्यक नहीं था। वह व्यक्तिगत रूप से निर्णय ले सकता था। एक्ट की धारा 33 में उसे निम्न विशेष उत्तरदायित्व सौंपे गये थे–

1. समस्त भारत या उसके किसी भाग में शांति तथा सुरक्षा।

2. अल्पसंख्सयकों व वर्गों केहितों का संरक्षण।

3. सिविल सेवाओं के हितों और उचित अधिकारों की रक्षा।

4. संघ की आर्थिक स्थिरता के साख की रक्षा।

5. देशी रियासतों के अधिकारों तथा उनके शासकों के अधिकारों की रक्षा तथा सम्मान।

6. कार्यकारिणी परिषद् की ओर से वाणिज्य के सम्बन्ध में भेदभाव नहीं हो, इसका ध्यान रखना।

7. स्वविवेकी अथवा व्यक्तिगत विर्णय के द्वारा किये गये आदेशों को पूरा करना।

8. ब्रिटेन व वर्मा से आये माल के सम्बन्ध में भेदभाव न करना।

गवर्नर जनरल के विशेष उत्तरदायित्व के क्षेत्र व महत्त्व के सम्बन्ध में एम. बी. पायली ने लिखा हैं कि "गवर्नर जनरल के कुद उत्तरदायित्व उतने सारभूत तथा कानून के द्वारा अनुमोदित थे जितने ककि अमेरिका के संविधान द्वारा सर्वोच्च सेनापति के रूप में राष्ट्रपति के अधिकार, पर गवर्नर जनरल के अधिकार अपने क्षेत्र तथा जिन परिस्थितियों में उनका प्रयोग किया जाता था उनके आधार पर राष्ट्रपति के अधिकारों से कहीं विस्तृत थे।"

**4. नियुक्ति सम्बन्धी शक्तियाँ**-गवर्नर जनरल वित्तीय परामर्श दाता, संघीय न्यायालय के मुख्य न्यायाधीश, रिजर्व बैंक के गवर्नर और डिप्टी गवर्नर, संघीय लोकसेवा आयोग के चैयरमैन तथा सदस्य, भारतीय हाईकमिश्नर आदि महत्त्वपूर्ण अधिकारियों की नियुक्ति करता था। कुछ मामलों में उसे अन्य अधिकारियों की नियुक्ति करता था। कुछ मामलों में उसे अन्य अधिकारियों को पदच्युत करने का भी अधिकार प्राप्त था। उसे महत्त्वपूर्ण कानूनी प्रश्नों पर संघीय न्यायालय के सहमति मांगने, विधायी क्षेत्र में अवशिष्ट शक्तियों के वितरण करने, उपाधियाँ प्रदान करने तथा दण्ड अनुमोदित करने का तथा अभियुक्तों को क्षमा प्रदान करने का भी अधिकार प्राप्त था।

**5. प्रान्तों के सम्बन्ध में शक्तियाँ**-यद्यपि नये एक्ट के द्वारा प्रान्तों में प्रान्तीय स्वराज्य स्थापित किया गया था, फिर भी गवर्नर जनरल को कुछ महत्त्वपूर्ण शक्तियाँ प्रान्तों के सम्बन्ध में दी गयी थी-

1. किसी प्रान्त में शान्ति सुरक्षा की व्यवस्था करने के लिए वह कार्यवाही कर सकता था।

2. प्रान्त के विधान मण्डलों में प्रस्तावित कुछ विधेयकों पर उसकी पूर्व अनुमति लेना आवश्यक था।

3. वह प्रान्तों के गवर्नरों को यह ओदेश दे सकता था कि वे स्वविवेकी शक्तियाँ व व्यक्तिगत निर्णयों की शक्तियों का प्रयोग कर सकता था।

4. प्रान्तों की अर्थ-व्यवस्था उसके नियन्त्रण में थी।

**6. विधायिनी शक्तियाँ**-गवर्नर जनरल की विधायिनी शक्तियाँ निम्नलिखित प्रकार की थी-

1. केन्द्रीय विधान मण्डल के अधिवेशन आमन्त्रित करना, स्थगित करना, और भ्रंग करना।

2. कुछ विधेयकों को विधान मण्डल में पेश करने से पूर्व स्वीकृति देना।

3. विधान मण्डल को सन्देश देना।

4. जिन विधेयकों को वह अनुचित समझें उन्हें अस्वीकार कर सकना।

5. कुछ विधेयकों को ब्रिटिश सम्राट की स्वीकृति के लिए संरक्षित रखना।

6. प्रशासन के कार्यों की सुविधा के लिए, मन्त्रियों के कार्य वितरण के लिए विधायिनी और वित्तीय प्रक्रिया के निए नियम बनाना।

7. राज्य परिषद् के 3 सदस्यों को मनोनीत करना तथा विधान मण्डल में देशी रियासतों के प्रतिनिधियों के लिए निश्चित संख्या की पूर्ति करने के सम्बन्ध में कूछ अधिकार।

**7. वित्तीय शक्तियाँ**-गवर्नर जनरल की प्रमुख वित्तीय शक्तियाँ निम्नलिखत प्रकार की थी-

1. विधान मण्डल के दोनों सदनों के समक्ष वार्षिक बजट व पूरक बजट पेश करना।

2. लनये कर लगाना, पुराने करों में वृद्धि करने, ऋण लेने सम्बन्धी विधेयक पारित करने की सिफारिश करना।

3. निचले सदन द्वारा कियी मांग को लेकर स्वीकार या कटौती कर देने की दिशा में उसे मौलिक रूप से उच्च सदन के विचारार्थ रखना।

4. विभिन्न अनुदानों की माँगों के लिए विधान मण्डल से सिफारिश करना ।

5. अधिकृत किया व्यय की अनुसूची पर हस्ताक्षर करना।

6. किसी अनुदान की मांग पर दोनों सदनों मतभेद हो जाने की स्थिति में संयुक्त बैठक बुलाना तथा निर्णय देना।

**8. आपातकालीन शाक्तियाँ**-इस श्रेणी के अन्तर्गत गवर्नर जनरल की तीन शक्तियाँ आती हैं-

**1. अध्यादेश जारी करना**-गवर्नर जनरल दो परिस्थितियों में अध्यादेश जारी कर सकता था-

(अ) जब विधान मण्डल का अधिवेशन न चल रहा हो-ऐसे अध्यादेशों का प्रभाव विधान मण्डल के अधिवेशन आरम्भ होने के 6 सप्ताह तक प्रभावशाली रहता था।

(ब) अपने उत्तरदायित्वों को पूरा करने के लिए अण्यादेश जारी करना- ऐसे अध्यादेशों को वह मन्त्रियों के बिना परामर्श के ही जारी कर सकता था।

**2. गवर्नर जनरल के नियम**-अपने स्वविवेक से और व्यक्तिगत निर्णय से समबन्धित कार्यों को पूरा करने के लिए वह साथियों से परामर्श और विधान मण्डल में रखे बिना ही अधिनियम बना सकता था। तथापि इस प्रकार के नियम बनाने का कार्य कुछ सीमाओं के अन्तर्गत रहते हुए ही विशेष परिस्थितियों में किया जा सकता था। गवर्नर जनरल आपातकाल की घोषणा करेके संविधान को स्थगित कर सकता था। संविधान की असफलता की सूचना उसे भारत मन्त्री को देनी होती थी, ऐसी घोषणा का प्रभाव 6 माह तक रहता था। ब्रिटिश संसद इस घोषण को 6 माह के पूर्व भी रद्द कर सकता था।

**3. संकटकालीन शक्तियाँ**-जब कभी भी संवैधानिक तन्त्र विफल हो जाता था, तब वह संघीय न्यायालय को छोड़कर अन्य समस्त संघीय नियमों तथा अधिकारियों की शक्तियाँ वह स्वयं धारण कर सकता था। और उनका प्रयोग भी स्वयं ही अपने विवेकानुसार कर सकता सकता था।

## गवर्नर जनरल की स्थिति का आलोचानात्मक मूल्यांकन

गवर्नर जनरल की स्थिति का आलोचलनात्मक मूल्यांकन निम्नलिखित प्रकार से किया जा सकता हैं।

**1. स्वेच्छाचारी शक्तियाँ**-गवर्नर जनरल की स्वेच्छाचारी शक्तियां और व्यक्तिगत निर्णय की शक्तियाँ, दोनों ही उत्तरदायी सरकार की कल्पना के विरुद्ध थे। ये लोकतन्त्र पर भारी आघात थी।

**2. अत्याधिक कार्यकारिणी शक्तियाँ**-गवर्नर जनरल ही प्रमुख नियुक्तियाँ किया करता था। वित्तीय परामर्शदाता, रिजर्व बैंक के गवर्नर तथा डिप्टं गवर्नर, फैडरल पब्लिक सर्विस कमीशन के चेयरमैन आदि प्रतमुख वक्तियों की नियुक्तियाँ करने के कारण गर्पनर की स्थिति बहुत दृढ़ हो गयी थी।

**3. आवश्यकता के अधिक कानूनी शक्तियाँ**-उसे अध्यादेश जारी करने और एक्ट बनाने का अधिकार था, उसें संविधान स्थगित करने का अधिकार भी था।

**4. वित्त पर अनुचित नियन्त्रण**-गवर्नर का 80 प्रतिशत बजट पर पूर्ण नियन्त्रण रहता था। वह विधान मण्डल के द्वारा अस्वीकृत माँग को भी अपनी विशेष शक्तियों के द्वारा स्वीकृति प्रदान कर सकता था।

**5. निषेधाधिकार**-गवर्नर जनरल को केन्द्रीय विधान मण्डल के द्वारा पास किये गये विधेयकों पर निषेधाधिकार प्रयोग करने का अधिकार था। इस प्रकार गवर्नर जनरल एक निरंकुश शासक बन गया था।

उपरोक्त अध्ययन से स्पष्ट हैं कि गवर्नर जनरल एक निरंकुश शासक था। उसकी शक्तियाँ और उत्तरदायी शासन के विपरीत थी एवं उसकी स्वविवेकी शक्तियाँ और विशेष उत्तरदायित्वों ने मन्त्रियों को स्थिति को नगण्य बना दिया था। स्वयं सर विस्टल चर्चिल ने कहा था कि 'वायसराय अथवा गवर्नर जनरल को हिटलर तथा मुसोलिनी के समस्त अधिकार प्राप्त थे।' अत: 1935 के अधिनियम के द्वारा केन्द्र में स्थापित उत्तरदायी शासन केवल उपहास मात्र रह गया था।

## संघीय व्यवस्थापिका-संगठन, अधिकार

1935 के अधिनियम के द्वारा संघीय व्यवस्थापिका की व्यवस्था की गयी। ये दोनों सदन निम्न प्रकार थे-

**1. राज्य परिषद्**–यह उच्च या द्वितीय सदन था।

**2. संघीय सभा**–यह निचला सदन था।

इनका विवरण निम्न प्रकार हैं–

**राज्य परिषद्**

राज्य परिषद् की कुल सदस्य संख्या 260 निश्चित की गयी थी। इनमें से 156 ब्रिटिश भारत के प्रान्तों के तथा 104 सदस्य देशी रियासतों के होने थे। ये 104 सदस्य विभिन्न रियासतों में शसक द्वारा अलग–अलग संख्या में मनोनीत होने थे। प्रान्तों में 156 सदस्यों में 6 बर्वनर जनरल द्वारा मनोनीत होने थे। शेष 150 स्थानों का विभाजन निम्नांकित तालिका के अनुसार किया गया था–

| **प्रान्तों का नाम** | **स्थान** | **प्रान्त या कमिश्नर वाले क्षेत्रों के नाम** | **स्थान** |
|---|---|---|---|
| 1. संयुक्त प्रान्त | 20 | 9. दिल्ली | 1 |
| 2. बिहार | 16 | 10. उड़ीसा | 5 |
| 3. पंजाब | 16 | 11. पश्चिमोत्तर सीमा प्रान्त | 5 |
| 4. बंगाल | 20 | 12. सिन्ध | 5 |
| 5. मद्रास | 20 | 13. कुर्ग | 3 |
| 6. बम्बई | 6 | 14. अजमेर मेरबाड़ा | 1 |
| 7. सी. पी. और बरार | | 15. बिलोचिस्तान | 1 |
| 8. आसाम | 5 | 16. अप्रान्तीय (विभिन्न हित) | 10 |

निम्न 150 सदस्य विभिन्न प्रान्तों से साम्प्रदायिक निर्वाचन प्रणाली के आधार पर चुने गये थे, साम्पदायिक आधार पर स्थानों का विभाजन निम्न प्रकार हुआ–

प्राय: संघीय शासन शासनों में केन्द्रीय विधान मण्डल के उच्च सदन में संघ की इकाइयों को समान प्रतिनिधित्व दिया गया हैं, पर 1935 के अधिनियम गम्भीर असमानतास थी, हैदराबाद हो 16 स्थान दिये गये जबकि मैसूर को 7 और ट्रावनकोर को 5 स्थान दिये गये थे। दूसरे विश्व के अन्य संघों में उच्च सदन का चुनाव परोक्ष रूप से होता था। परन्तू भारत की राज्य परिषद् के लिए 150 सदस्यों (ब्रिटिश भारत और प्रान्तों के सदस्यों) का निर्वाचन प्रत्यक्ष रूप से किया जाता था।

| सम्प्रदाय व वर्ग का नाम | स्थान |
|---|---|
| साधारण | 75 |
| मुसलमान | 49 |
| अनुसूचित जातियाँ | 6 |
| स्त्रियाँ | 6 |
| सिक्ख | 4 |
| यूरोपियन | 7 |
| ऐग्लो-इण्डियन | 1 |
| भारतीय ईसाई | 2 |
| कुल | 150 |

भिन्न-भिन्न निर्वाचन क्षेत्रों (जैसे-हिन्दु निर्वाचन क्षेत्र, मुस्लिम निर्वाचन क्षैत्र, सिक्ख निर्वाचन क्षेत्र आदि) में भिन्न-भिन्न सम्प्रदायों के मतदाता प्रत्यक्ष प्रणाली द्वारा अपने प्रतिनिधियों का निर्वाचन करते थे। हरिजनों, यूरोपियनों, भारतीय ईसाईयों, ऐंग्लो-इण्डियनों के परोक्ष निर्वाचन की प्रणाली रखी गयी थी।

**सीमित मताधिकार**-राज्य परिषद् के लिए मतदाताओं की संख्या एक लाख से अधिक न थी। प्राय: धनिकों को ही मतादाता का अधिकार दिश्या जाता था।

**कार्यकाल**-राज्य परिषद् एक स्थायी सभा थी जिसे भंग नहीं किया जा सकता था। एक सदस्य का कार्यकाल 9 वर्ष था, एक तिहाई सदस्य प्रति तीसरे वर्ष रिटायर हो जाते थे तथा उनकी जगह नये सदस्य चुने जाते थे।

**संघीय सभा**

केन्द्रीय विधान मण्डनल के निचले सदन का नाम संघीय सभा था। इसकी सदस्य संख्या 375 निश्चित की गई। इनमें से 250 स्थान ब्रिटिश भारत के प्रान्तों के और 125 स्थान देशी रियासतों के लिए निधारित किये गये थे। ब्रिटिश भारत के प्रान्तों के 150 सदस्यों में से 4 स्थान अप्रान्तीय थे जो कि व्यापार, उद्योग और श्रम के लिए दिए गये थे। शेष 246 स्थानों का प्रान्तों के अनुसार बँटवारा इस प्रकार था-

**विभिन्न प्रान्तों में 246 स्थानों का बंटवारा**

| प्रान्त का नाम | स्थान | प्रान्त का नाम | स्थान |
|---|---|---|---|
| 1. यू. पी. | 37 | 9. कुर्ग | 1 |
| 2. पंजाब | 30 | 10. पश्चिमोत्तर सीमा प्रान्त | 5 |
| 3. बिहार | 30 | 11. बम्बई | 30 |
| 4. बंगाल | 37 | 12. सी. पी. और | 15 |
| 5. मद्रास | 37 | 13. आसाम | 10 |
| 6. उड़ीसा | 5 | 14. सिंध | 5 |
| 7. दिल्ली | 2 | 15. बिलोचिस्तान | 1 |
| 8. अजमेर मारवाड़ | | 1 | |
| कुल स्थान | | 246 | |

कुल स्थानों को विभिन्न सम्प्रदायों वर्गों और हितों के आधार पर निम्न प्रकार बांटा गया था-

| साम्प्रदायिक वर्ग और हितों का नाम | स्थान |
|---|---|
| 1. साधारण | 105 (इनमें से 19 स्थान हरिजनों के लिए सुरक्षित थे।) |
| 2. मुसलमान | 82 |
| 3. आंग्ल ईसाई | 8 |
| 4. यूरोपियन | 8 |
| 5. सिक्ख | 6 |
| 6. ऐंग्लो इण्डियन | 4 |
| 7. व्यापार और उद्योग | 11 |
| 8. श्रम | 10 |
| 9. जमींदार | 7 |
| 10. स्त्रियाँ | 9 |
| कुल स्थान | 250 |

देंशी रियासतों में स्थानों का विभाजन उनकी जनसंख्या के आधार पर किया गया था।

**परोक्ष निर्वाचन**-लोकतंत्रात्मक आचरण की समरत परम्पराओं के विरुद्ध संघीय सभा का निर्वाचन रखा गया था, ब्रिटिश भारत के प्रान्तों के सदस्यों का निर्वाचन विभिन्न प्रान्तों के विधान मण्डलों के निम्न सदनों के द्वारा होना था।

**कार्यकाल**-संघीय सभा का कार्यकाल 4 वर्ष निश्चित किया गया था, परन्तु गवर्नर जनरल इससे पूर्व भी उसे भंग कर सकता था। सदस्यों का पुनर्निर्वाचन का अधिकार था, पर कोई सदस्य एक समय पर दो सदनों का सदस्य नहीं हो सकता था।

**आलोचना**

उच्च सदन की तरह निचले सदन का संगठन भी अलोकतान्त्रिक और दोषपूर्ण था।

1. हिन्दुओं की जो कुल संख्या जनसंख्या के 70 प्रतिशत से भी अधिक थे केवल स्थान दिसे गये, इस प्रकार उन्हें अल्पमत दिया गया थ।

2. यूरोपियनों और आँग्ल भारतीयों को अधिक स्थान प्राप्त हुए।

3. देशी रियासतों को भी अपेक्षाकृत बहुत अधिक प्रतिनिधित्व दिया गया।

इसका उद्देश्य उनके प्रतिनिधियों द्वारा भारत की प्रगति मं बाधा डलना था। निचले सदन में परोक्ष निर्वाचन किसी भी तरह से उचित नहीं ठहराया जा सकता।

## केन्द्रीय विधान मण्डल की शक्तियाँ

केन्द्रीय विधान मण्डल की शक्तियाँ न केवल सीमित थी बल्कि अवास्तविक भी थी। एम. वी. पायली ने कहा था कि 'व्यवस्थापिका प्रभुत्ता सम्पन्न नहीं थी, वरन् इसे तो गवर्नर जनरल द्वारा शाषित कार्यपालिका के अधीन संस्था के रूप में कार्य करना था।' इन शक्तियों का उल्लेख निम्नलिखित शीर्षकों के अन्तर्गत किया जा सकता हैं-

**1. विधायिनी शक्तियाँ**-संघ के केन्द्रीय विधान मण्डल को संघ में सम्मिलित इकाइयों के लिए अलग-अलग प्रकार के कानून बनाने का अधिकार दे दिया-

1. ब्रिटिश भारत के प्रान्तों के लिए वह केन्द्रीय व समवर्ती सूची पर कानून बना सकता था।

2. देशी रियासतों के सम्बन्ध में वह उन्हीं विषयों पर कानून बना सकता था जो कि प्रवेश पत्र द्वारा केन्द्र को उन्होंने सौंपे थे।

3. चीफ कमिश्नर वाले प्रान्तों के लिए सभी विषयों पर कानून बना सकने का अधिकार था। असाधारण परिस्थितियों के उत्पन्न होने पर केन्द्रीय विधान मण्डल प्रान्तीय सूची पर विधि निर्माण कर सकता था। किसी विधेयक को पारित होने के लिए इदानों सदनों की स्वीकृति आवश्यक थी। दोनों सदनों में मतभेद की स्थिति उत्पन्न हो जाने की स्थिति में निर्णय उनके संयुक्त अधिवेशन में किया जाता था। तथापि उपरोक्त शक्तियों पर अनेक प्रतिबन्ध लगे हुए थे।

न तो इसे विधान में संशोणन करने की शक्ति प्राप्त थी बऔर न ही इसके द्वारा भारत के ऊपर लागू होने वाले ब्रिटिश संसद के अधिनियम को संशोधित करने या सद्द किया जा सकता था। कुछ विशेष प्रकार के विधेयक गवर्नर जनरल की पूर्व अनुमति के बिना विधान मण्डल में प्रस्तावित नहीं किसे जो सकतो थे। गवर्नर जनरल के द्वारा विधान मण्डल के में किसी इस प्रकार के विधेयक पर चल रहे वाद-विवाद को रोका भी जा सकता था जो उसके विशेष उत्तरदायित्वों से सम्बन्धित होता। विधान मण्डल द्वारा पारित किये गये विधेयकों पर गवर्नर जनरल विशेषाधाधिकार का प्रयोग कर सकता था।

**2. कार्यकारिणी शक्यितयाँ**-केन्द्रीय मन्त्रि-परिषद् केवल संघीय सभा के प्रति उत्तरदायी थी। राज्य परिषद् मन्त्रियों को अवश्वास प्रस्ताव द्वारा पदच्युत नहीं कर सकती थी। यद्यपि उसे भी प्रथम सदन की भाँति प्रश्न पूछने, स्थगन प्रस्ताव रखने आदि का अधिकार प्राप्त था। दोंनो ही सदन गवर्नर जनरल की कार्यकारिणी के सदस्यों से प्रश्न पूछ सकते थे और स्थगन प्रस्ताव रख सकते थे किन्तु यह सब नाममात्र था क्योंकि किसी प्रस्ताव को स्वीकार करना या न करना गवर्नर जनरल की इच्छा पर निर्भर करता था। गवर्नर जनरल तथा परिषद् के सदस्य विधान मण्डल के नियन्त्रण के बाहर थे।

**3. वित्तीय शक्तियाँ**-वित्तीय विधेयक को पहले निचले सदन में पेश किया जा सकता था। सिवाय इस व्यवस्था के अन्य बातों में दोनों सदनों की वित्तीय शक्तियाँ समान थी। वार्षिक बजट का 80 प्रतिशत भाग मत निरपेक्ष था। बजट का यह पहला भाग जो विधान मण्ड़ल के नियन्त्रण से मुक्त था, उसकी मुख्य मदें निम्न थी-

1. भारत सरकार की ऋण की अदायगी के लिए रखी गयी राशि व सूद।

2. संरक्षित विषयों के प्रशासन से सम्बन्धित व्यय।

3. गवर्नर जनरल का वेतन, भत्ते तथा अन्य व्यय।

4. संघीय न्यायालन व उच्च न्यायालनप के न्यायाधीशों के वेतन, भत्ते, तथा पेन्शन आदि।

5. मन्त्रियों, वित्तीय परामर्शदाताओं, एडवोकेट जनरल, चीफ कमिश्नरों के वेतन, भत्ते आदि।

6. रियासतों के सम्बन्ध में कर्त्तव्य पालन पर होने वाला व्यय।

7. किसी न्यायालय के निर्णय की क्रियान्विति के लिए आश्यक धन।

शेष 20 प्रतिशत भाग पर विधान मण्डल मतदान कर सकता था, पर यह शक्ति भी नाम मात्र की थी। इस भाग पर गवर्नर जनरल विधान मण्डल के द्वारा अस्वीकृत किसी माँग को या संशोधन की माँग को पूर्ववत् कर सकता था।

❑❑❑

15

# संविधान

**मौलिक अधिकारों की परिभाषा**-वे अधिकार जो व्यक्ति के जीवन के लिए अपरिहार्य तथा मौलिक होने के कारण संविधान के द्वारा नागरिकों को प्रदान किये जाते हैं तथा जिन अधिकारों में राज्य भी केवल न्यायोचित हस्तक्षेप कर सकता हैं। मौलिक अधिकार कहलाते हैं।

ये अधिकार मौलिक इसलिए कहलाते हैं क्योंकि इनके अभाव में आधुनिक युग में नागरिकों के व्यक्तित्व का विकास असम्भव प्रतीत होता हैं। ये नागरिक जीवन की दशायें हैं।

ये अधिकार मौलिक अधिकार निम्न कारणों से कहलाते हैं-

**1. आवश्यकता**-ये अधिकार व्यक्ति के नैतिक तथा आध्यात्मिक विकास के लिए आवश्यक हैं।

2. इन्हें देश की मौलिक विधि अर्थात् संविधान में स्थान दिया जाता हैं और साधारणतया संवैधानिक संशोधन की प्रक्रिया के अतिरिक्त उनमें किसी प्रकार का परिवर्तन नहीं लाया जा सकता हैं।

**3. अनुल्लंघनीय**-मौलिक अधिकार साधारणतया अनुल्लंघनीय हैं।

## मौलिक अधिकारों की विशेषतायें

भारतीय संविधान में प्रदत्त मौलिक अधिकारों की विशेषतायें निम्न हैं-

**1. प्रतिबन्ध**-मौलिक अधिकार राज्य के उन समस्त अधिकारों पर प्रतिबन्ध लगाते हैं जिन्हें कानून निर्मित करने का अधिकार हैं। संविधान के अनुच्छेद 13 के अनुसार राज्य ऐसा कोई कानून नहीं बनायेंगा, जिससे मौलिक अधिकार कम या समाप्त हो जायें, यदि कोई कानून इनके विरुद्ध बनाया जाता हैं तो उसे अवैध माना जायेगा।

**2. सीमित**-इस प्रकार, मौलिक अधिकार राज्य की शक्तियों को सीमित करते हैं तथा न्यायपालिका की सर्वोच्चता का समर्थन करते हैं। अनुच्छेद 13 के आधार पर न्यायपालिका, विधानपालिका तथा कार्यपालिका के उन समस्त कानूनों तथा आदेशों को अवैध घोषित कर सकती हैं, जो मौलिक अधिकारों के विरोध में हों।

**3. अन्तर**-मौलिक अधिकारों के सम्बन्ध में संविधान में नागरिकों और विदेशियों में भेद किया गया हो। कुछ अधिकार केवल देश के नागरिकों को ही प्राप्त हैं। लेकिन कुछ अधिकार नागरिकों तथा विदेशियों को समान रूप से प्राप्त हैं। जैसे भाषण की स्वतन्त्रता, समुदाय बनाने की स्वतन्त्रता, सरकारी पद पर नियुक्ति के लिए समानता का अवसर तथा सांस्कृतिक एवं शैक्षणिक अधिकार केचल नागरिकों को दिये गये हैं। कानून के सामने समानता, धार्मिक स्वतन्त्रता, जीवन तथा वैयक्तिक स्वतन्त्रता आदि अधिकार नागरिकों को तथा विदेशियों को समान रूप से प्राप्त हैं। संविधान के उपबन्धों में स्थान-स्थान पर नागरिक तथा व्यक्ति शब्द लिखकर इस भेद को स्पष्ट किया गया हैं।

**4. नकारात्मक तथा सकारात्मक**-मौलिक अधिकारों को नकारात्मक तथा सकारात्मक भागों में विभाजित किया गया हैं। नकारात्मक अधिकार राज्य की शक्ति को सीमित करते हैं। विधानपालिका या कार्यपालिका यदि इन अधिकारों के विरुद्ध कोई कानून या आदेश जारी करती हैं तो उन्हें असंवैधानिक घोषित किया जा सकता हैं। उदाहरण के लिए राज्य निवास स्थान, भाषा, रंग, लिंग आदि के आधार पर भेदभाव नहीं करेगा। राज्य शिक्षा तथा सेना सम्बन्धी उपलब्धियों के अतिरिक्त किसी नागरिक को अन्य किसी प्रकार की उपाधि प्रदान नहीं करेगा। जिन अनुबन्धों के द्वारा व्यक्ति को विशिष्ट अधिकार प्राप्त होते हैं वे सकारात्मक अधिकार कहलाते हैं। जैसे स्वतन्त्रता का अधिकार, सम्पत्ति का अधिकार, धार्मिक, सांस्कृतिक अधिकार आदि।

**5. असीमति नहीं**-मौलिक अधिकार असीमति नहीं हैं। संविधान में इन अधिकारों पर सीमाओं की व्यवस्था की गई हैं।

**6. संवैधानिक व्यवस्था**-भारतीय संविधान में मौलिक अधिकारों की रक्षा के लिए संवैधानिक व्यवस्था की गई हैं। अनुच्छेद 32 के अनुसार नागरिकों अधिकारों के संरक्षण के लिए सर्वोच्च न्यायालय की शरण ले सकते हैं।

**संविधान में दिये गये मौलिक अधिकार**

भारतीय संविधान के तीसरे अध्याय में मौलिक अधिकारों का वर्णन किया गया हैं। इन अधिकारों को निम्न वर्गों में विभाजित किया जा सकता हैं-

**1. समानता का अधिकार**-अनुच्छेद 14, 15, 17 और 18।

**2. स्वतन्त्रता का अधिकार**-अनुच्छेद 19, 20, 21 एवं 22।

**3. शोषण के विरूद्ध अधिकार**-अनुच्छेद 23 और 24।

**4. धार्मिक स्वतन्त्रता का अधिकार**-अनुच्छेद 26, 27एवं 28।

**5. सांस्कृतिक एवं शिक्षा सम्बन्धी अधिकार**-अनुच्छेद 29 और 30।

**6. संवैधानिक उपचारों का अधिकार**-अनुच्छेद 32।

इन मौलिक अधिकारों का विवरण अग्र प्रकार से हैं-

**1. समानता का अधिकार**-समानता का अधिकार प्रजातन्त्र का आधार स्तम्भ हैं। अतएव भारतीय संविधान में सभी नागरिकों को समानता का अधिकार प्रदान किया गया। संविधान के अन्तर्गत 5 प्रकार की समानता उल्लेखनीय हैं, जो निम्न हैं-

**1. कानून के समक्ष समानता**-अनुच्छेद 14 में दिया गया हैं कि भारतीय क्षेत्र के अन्तर्गत सभी व्यक्ति कानून के सामने बराबर हैं। तथा कानून समान रूप से सबको संरक्षण देता हैं।

भारतीय संविधान की प्रस्तावना में प्रत्येक व्यक्ति को प्रतिष्ठा तथा अवसर की समानता प्रदान करने की घोषणा की गई हैं। प्रतिष्ठा की समानता को वास्तविक रूप देने के लिए अनुच्छेद 14 की व्यवस्था की गई हैं। इस सम्बन्ध में इंग्लैण्ड तथा अमेरिका के संविधानों से प्रेरणा ली हैं। कानून के समक्ष समानता ब्रिटिश सामान्य विधि से तथा कानून द्वारा समान संरक्षण अमेरिका के संविधान से लिया गया हैं। कानून के समक्ष समानता नकारात्मक अधिकार हैं। यह राज्य की शक्ति पर बन्धन राज्य समस्त व्यक्तियों के लिए समान रूप से कानून बनायेंगा तथा समान रूप से उन पर लागू करेगा। यह नागरिकों के विशेषाधिकारों को समाप्त करता हैं तथापि यह प्रत्येक परिस्थिति में सभी को समान नहीं मानता हैं। इसका अर्थ यह हैं कि सभी व्यक्तियों के लिए समान कानून हों तथा वे समान रूप से उन पर लागू किये जायें। **पश्चिमी बंगाल बनाम अनवर अली** नामक मुकदमें पर उच्चतम न्यायालय ने इसी अर्थ का समर्थन इन शब्दों में किया हैं, ''समान परिस्थितियों में सभी व्यक्तियों के साथ कानून का व्यवहार एक सा होना चाहिए।''

कानून द्वारा समान संरक्षण सकारात्मक अधिकार हैं। यह स्पष्ट करता हैं कि समान परिस्थितियों में समान व्यक्तियों को कानून के द्वारा समान संरक्षण प्राप्त करने का अधिकार हैं। इसका अर्थ यह है कि कानूनों के प्रशासन में स्वेच्छाचारिता पूर्वक भेदभाव नहीं किया जायेगा। राज्य किसी भी व्यक्ति पर उतना ही भार डालेगा जितना कि उसके समान परिस्थितियों में अन्य व्यक्ति पर डाला हैं। इस प्रकार यह अधिकार किसी व्यक्ति या समुदाय के प्रति भेदभावपूर्ण

कानून बनाने पर रोक लगाता हैं। इस प्रकार राज्य मानव जीवन की वास्तविकताओं, प्रशासनिक सुविधाओं तथा विभिन्न प्रकार के उद्देश्यों के आधार पर नागरिक का उचित तथा तर्कसंगत वर्गीकरण कर सकता हैं। कतिपय उदाहरण अग्र प्रकार से हैं–

1. राज्य, कर सम्बन्धी नीति अपनाते समय धनिक एवं निर्धन के मध्य भेदभाव करता हैं।

2. राज्य पिछड़ी जातियों तथा अनुसूचित जातियों के विकास के लिए विशेष प्रकार के अधिनियम बना सकता हैं।

3. राज्य, विभिन्न प्रदेशों, वर्गों तथा श्रेणियों के लिए विभिन्न प्रकार के कानून बना सकता हैं।

तथापि यदि राज्य स्वेच्छाचारी तरीके से वर्गीकरण करता हैं तो उसके विरुद्ध न्यायालय में चुनौती दी जा सकती हैं।

**2. सामाजिक समानता**–संविधान का अनुच्छेद 15 न केवल राज्य की भेदभाव करने की शक्ति को सीमित करता हैं बल्कि व्यक्तिगत संस्थाओं के द्वारा नागरिकों के साथ भेदभाव करने पर भी नियन्त्रण करता हैं। यह स्त्रियों, बच्चों तथा पिछड़ी जातियों के सुविधाओं एवं विकास के लिए विशेष व्यवस्था करता हैं।

अनुच्छेद 15 (1) के अनुसार किसी नागरिक के विरुद्ध केवल धर्म, मूलवंश, जाति, लिंग, जन्म–स्थान या इनमें से किसी एक के आधार पर कोई भेदभाव नहीं करेगा।

अनुच्छेद 15 (2) के अनुसार धर्म, वंश, जाति, लिंग, जन्म–स्थान या इनमे से किसी एक के आधार पर नागरिक को दुकानों, भोजनालयों, होटलों, सार्वजनिक मनोरंजन के स्थानों पर प्रवेश करने से नहीं रोका जायेगा। अथवा ऐसे कुंओं, तालाबों, स्नानघरों, सड़कों तथा सार्वजनिक स्थानों का प्रयोग करने से वंचित नहीं किया जायेगा, जिनकी पूर्ण व्यवस्था या आंशिक रूप से राज्य निधियों के द्वारा की जाती हैं।

**अपवाद**–अनुच्छेद 15 में दिये गये अधिकारों के निम्नलिखित अपवाद हैं–

**1. स्त्री तथा बच्चों के विशेष हित**–राज्यों को स्त्री तथा बच्चों के हित में विशेष व्यवस्था करने का अधिकार दिया गया हैं।

**2. पिछड़े वर्ग के हितार्थ**–राज्य को अधिकार हैं कि वह व्यवस्था शिक्षा और सामाजिक दृष्टि से पिछड़े हुए वर्गों, अनुसूचित जनजातियों एवं अनुसूचित जनजातियों के हित में विशेष व्यवस्था कर सकता हैं।

राज्य पिछड़े वर्गों के लिए सरकारी नौकरियाँ तथा शैक्षिक संस्थाओं में स्थान सुरक्षित रख सकता हैं। अनुसूचित जातियों के लिए केन्द्र तथा राज्यों के अधीन नौकरियों में, संसद तथा राज्यों की विधान पालिकाओं के निम्न सदनों में स्थानों को सुरक्षित किया जाता हैं। अनुच्छेद 15 के अन्तर्गत उच्चतम न्यायालयों के चम्पकम बनाम मद्रास राज्य नामक मुद्दे में मद्रास सरकार के उस

निर्णय को अवैध घोषित किया जिसके द्वारा गैर ब्राह्मण जाति के नागरिकों को शिक्षा केन्द्रों में दाखिल होने पर विशेष प्रतिबन्ध थे।

**3. अवसर की समानता**-यद्यपि अनुच्छेद 16 के अनुसार सभी नागरिकों के लिए राज्याधीन नौकरियों पर नियुक्ति के लिए समान अवसर प्राप्त होंगे। केवल धर्म, जाति, रंग, वंश, या जन्मस्थान के या इनमें से किसी भी एक के आधार पर किसी ऐसी नौकरी के लिए, जिसके लिए वह योग्य हों, किसी नागरिक के साभ भेदभाव नहीं किया जायेगा। तथापि इस अधिकार के द्वारा केवल उन्हीं नौकरियों के लिए नागरिकों को समान अवसर प्रदान किये जायेंगे जो राज्य के अधीन हों तथा जिसके लिए नागरिकों के पास योग्यता हो।

संविधान में इस अधिकार के कतिपय अपवाद हैं-

**1. निवास सम्बन्धी शर्तें**-राज्याधीन सेवाओं के सम्बन्ध में संसद प्रशासन कुशलता के आधार पर निवास सम्बन्धी शर्तें लगा सकती हैं अर्थात् संसद राज्यों को यह अधिकार दे सकती हैं। कि वह राज्य के अधीन नौकरियों में ऐसे व्यक्ति को नियुक्त करें जो कि उसी राज्य के निवासी हों।

**2. आरक्षण**-जिन जातियों का लोक सेवाओं में पर्याप्त प्रतिनिधित्व व हो उनके लिए पदों तथा नौकरियों का राज्य आरक्षण कर सकता हैं।

**3. निबन्धित धर्म या सम्प्रदाय का अनुयायी**-किसी धार्मिक या साम्प्रदायिक संस्था के अन्तर्गत किसी पद पर उसी धर्म या सम्प्रदाय के व्यक्ति की नियुक्ति की जा सकती हैं। यह अपवाद भारत में धार्मिक स्वतन्त्रता के ध्यान में रखकर दिया गया हैं।

**4. अस्पृश्यता की समाप्ति**-अनुच्छेद 17 के द्वारा अस्पृश्यता का निषेध किया गया हैं। यह कहा गया हैं कि अस्पृश्यता से उत्पन्न किसी अयोग्यता को लागू करना एक दण्डनीय अपराध हैं। इस अनुच्छेद के द्वारा महात्मा गाँधी के आदर्शों को वास्तविक रूप दिया गया।

**5. उपाधियों का अन्त**-नये संविधान में समस्त विदेशी उपाधियों का अन्त कर दिया गया। राज्य के द्वारा केवल सैनिक वीरता या साहित्यिक योग्यता के लिए उपाधियाँ प्रदान की जायेंगी। जैसे भारत रत्न, पद्म विभूषण, पद्म भूषण, तथा पद्म श्री। कोई भी व्यक्ति जो भारत का नागरिक नहीं हैं, जब तक वह किसी सरकारी पद तथा विश्वास के पद पर नियुक्त हैं, बिना राष्ट्रपति की स्वीकृति के किसी विदेशी सरकार से पदवी ग्रहण नहीं करेगा। राज्य कोइ ऐसा कार्य नहीं करेगा जो नागरिकों के बीच बनावटी भेदभाव उत्पन्न करे।

**2. स्वतन्त्रता का अधिकार**-संविधान में अनुच्छेद 19 से 22 तक स्वतन्त्रता सम्बन्धी अधिकार प्रदान किये गये हैं, अनुच्छेद 19 में 7 प्रकार की स्वतन्त्रतायें दी गयी हैं। ये केवल भारतीय नागरिकों को प्राप्त हैं। अनुच्छेद 20 से 22 तक में दिये हुए अधिकार भारतीय नागरिक तथा भारत में बसने वाले व्यक्तियों को समान रूप से प्राप्त हैं, अन्य मौलिक अधिकारों के समान इन अधिकारों पर भी सीमायें लगायी जा सकती हैं तथा संकटकालीन घोषणा होने पर भी इन्हें स्थगित नहीं किया जा सकता हैं।

अनुच्छेद 19 में सात प्रकार की स्वतन्त्रता दी गई हैं, तथा अनुच्छेद 19-2 से 19-6 तक वे व्यवस्थायें दी गई हैं जिसके आधार पर इन अधिकारों को सीमित किया जा सकता हैं, अनुच्छेद 19 के अनुसार निम्न स्वतन्त्रतायें प्रदान की गई हैं–

**1. भाषण तथा अभिव्यक्ति की स्वतन्त्रता**–नागरिकों को बोलने, भाषण करने तथा विचार करने की स्वतन्त्रता प्रदान की गई हैं, वे न केवल लिखकर अपितु चित्रों तथा प्रेस की द्वारा विचार व्यक्त कर सकते हैं, अत: प्रेस की स्वतन्त्रता का अधिकार भी इसमें अप्रत्यक्ष रूप से दिया गया हैं। तथापि यह अधिकार अनुच्छेद 19(2) में दिये गये आधारों पर प्रतिबन्धित किया जा सकता हैं–

**प्रतिबन्ध**–राज्य निम्नलिखित आधारों पर इन अधिकारों पर युक्तिसंगत प्रतिबन्ध लगा सकती हैं–

1. राज्य की सुरक्षा
2. विदेशी राज्यों के साथ मैत्री सम्बन्ध
3. सावर्जनिक व्यवस्था
4. सदाचार व नैतिकता
5. न्यायालय का अपमान
6. मान हानि
7. हिंसा को प्रोत्साहन।

राज्य स्वतन्त्रता के अधिकार पर केवल युक्ति संगत प्रतिबन्ध लगा सकता हैं। यह बतलाना कि कोई प्रतिबन्ध युक्ति संगत हैं या नहीं इसका निर्णय करने का अधिकार न्यायपालिका को दिया गया हैं। यदि विधानपालिका का कोई कानून या कार्यपालिका का कोई आदेश नागरिकों के भाषण और अभिव्यक्ति के अधिकार पर कोई ऐसा प्रतिबन्ध लगता हैं जो युक्ति संगत नहीं हैं तो न्यायपालिका उसे अवैध घोषित कर सकती हैं।

**2. बिना शस्त्रों के शान्तिपूर्वक एकत्रित होने की स्वतन्त्रता**–अनुच्छेद 19 (1) (ब) में नागरिकों को शस्त्रों के शान्तिपूर्वक तरीके से एकत्रित होने की स्वतन्त्रता प्रदान की गई हैं, इस स्वतन्त्रता का मुख्य उद्देश्य विचारों की अभिव्यक्ति के साथ जोड़ा जा सकता हैं। यह स्वतन्त्रता भी असीमित नहीं हैं तथा राज्य की सुरक्षा तथा सावर्जनिक व्यवस्था के आधार पर इसकों सीमित किया गया हैं।

**3. संस्था और संघ बनाने की स्वतन्त्रता**–अनुच्छेद 19 (1) (स) में नागरिकों को संस्था या संघ बनाने की स्वतन्त्रता प्रदान की गई हैं, इन संघों से सरकार के सामने विविध प्रकार के दृष्टिकोण आते हैं, जिनसे उसे राजनीतिक समस्याओं के समाधान खोजने में सहायता मिलती हैं, राजनीतिक दल श्रमजीवी संघ, समिति कम्पनी साझेदारी आदि बनाने का अधिकार भारतीय

नागरिकों को प्राप्त हैं। राज्य की सुरक्षा, सार्वजनिक व्यवस्था तथा नैतिकता के आधार पर वह अधिकार सीमित किया जा सकता हैं।

**4. भारतीय क्षेत्र में स्वतन्त्रापूर्वक भ्रमण करने की स्वतन्त्रता**-अनुच्छेद 19 (1) (द) के अनुसार नागरिकों को भारतीय क्षेत्र में स्वतन्त्रतापूर्वक भ्रमण करने का अधिकार प्राप्त हैं तथा 19 द्वारा किसी भाग में बसने या निवास करने का अधिकार दिया गया हैं। यह व्यवस्था इकहरी नागरिकता के अनुरूप हैं। इन दोनों अधिकारों का मुख्य उद्देश्य भारत मं एकता स्थापित करना तथा प्रान्तीयता की भावना को समाप्त करना हैं। ये दोनों अधिकार सर्वसाधारएण के हित में तथा अनुसूचित जातियों के हितों की रक्षा में सीमित किए जा सकते हैं, उदाहरण के लिए संक्रामक रोग से पीड़ीत व्यक्ति के भ्रमण पर रोक लगाई जा सकती हैं, अनुसूचित आदिम जातियों की संस्कृति, परम्पराओं सम्पत्ति सम्बन्धी व्यवस्थाओं को बचाने के लिए तथा शान्ति व्यवस्था को बनाये रखने के लिए इन अधिकारों पर रोक लगाकर कुछ सीमाओं की व्यवस्था की जा सकती हैं।

**5. कोई कारोबार, उपजीविका या व्यवसाय करने की स्वतन्त्रता**-अनुच्छेद 19 (1) (झ) के अनुसार नागरिकों को व्यापार, व्यवसाय या कारोबार की स्वतन्त्रता प्रदान की गई हैं, यह अधिकार भारतीय समाज की कुरीतियों को ध्यान में रखकर बनाया हैं।

**प्रतिबन्ध**-यह अधिकार दो प्रकार से प्रतिबन्ध हैं-

1. राज्य किसी व्यवसाय या कारोबार के लिए विशेष योग्यतायें निर्धारित कर सकता सकता हैं।

2. राज्य के द्वारा अथवा राज्य के स्वामित्व में किसी निगम द्वारा किसी व्यापार, उद्योग या सेवा का संचालन हो सकता हैं।

**व्यक्तिगत स्वतन्त्रता**-अनुच्छेद 20, 21 और 22 में दिये गये अधिकार व्यक्ति के जीवन की सुरक्षा तथा व्यक्तिगत स्वतन्त्रता के बारे में दिये गये हैं, ये अधिकार राज्य की स्वेच्छाचारी शक्तियों को सीमित करके कानून की सर्वोच्चता को महत्त्व देते हैं।

अनुच्छेद 20 के अनुसार-

**1. वैधानिक प्रक्रिया**-किसी व्यक्ति को किसी अपराध के लिए उस समय तक दोषी नहीं माना जायेगा जब तक कि उसने अपराध करने के समय किसी प्रचलित कानून को भंग नहीं किया हो। और न किसी व्यक्ति को उससे अधिक सजा दी जायेगी जितनी कि उस अपराध के करते समय कानून के अधीन दी जा सकती हैं।

**2. एक बार दण्ड**-किसी भी व्यक्ति को एक अपराध के लिए एक से अधिक बार सजा नहीं दी जा सकती हैं।

**3. विरुद्ध गवाही के लिए बाध्य नहीं**-किसी अपराधी को अपने विरुद्ध गवाही देने के लिए विवश नहीं किया जा सकता हैं।

यह अनुच्छेद राज्य को दण्ड विधान बनाने तथा उन्हें लागू करने की शक्ति पर सीमा लगाता हैं।

**बन्दीकरण तथा नजरबन्दी संरक्षण**-अनुच्छेद 22 में स्वेच्छाचारी बन्दीकरण तथा अनिश्चित काल के लिए नजरबन्दी के विरुद्ध कुछ अधिकार दिये गये हैं।

अनुच्छेद 22 को दो भागो में बांटा जा सकता हैं, अनुच्छेद 22-1, 22-2 तथा 22-3 व्यक्ति को सामान्य दण्ड विधान के अन्तर्गत बन्दी बनाये जाने से हैं , तथा अनुच्छेद 22-4 से 2-7 तक में निवारक विरोध कानून के विषय में दिये गये हैं।

अनुच्छेद 22 (1) के अनुसार बन्दी बनाये गये व्यक्ति को शीघ्रातीशीघ्र बन्दी बनाये जाने का कारण बताया जायेगा तथा उसे अपनी रक्षा के लिए पसन्द का वकील करने की आज्ञा दी जायेगी।

अनुच्छेद 22 (2) के अनुसार बन्दी बनाये गये व्यक्ति को बन्दी बनाये जोने के 24 घंटे के अन्दर, यात्रा में लगे समय को निकालकर निकट के मजिस्ट्रेट के सामने प्रस्तुत किया जायेगा और उसे न्यायालय की आज्ञा के बिना 24 घंटे से अधिक हवालात के अन्दर नहीं रखा जायेगा।

अनुच्छेद 22 (3) में स्पष्ट किया गया हैं कि अनुच्छेद 22 (1) व (2) में दिये गये अधिकार शत्रु विदेशी तथा निवारक नजरबन्दी अधिनियम के अन्तर्गत बन्दी बनाये गये बन्दी पर लागू नहीं होते हैं।

**निवारक नजरबन्दी**-भारतीय संविधान के अनुच्छेद 22 (4) से (7) में निवारक कानून की व्यवस्था की गई हैं। वस्तुत: संविधान में इस व्यवस्था के पीछे यह उद्देश्य था कि विध्वंसकारी तत्वों से देश की रक्षा हो।

निवारक नजरबन्दी के अन्तर्गत देश की सुरक्षा, किसी राज्ल्य की सुरक्षा, रक्षा, वैदेशिक सम्बन्ध, शान्ति, किसी व्यवस्था को बनाये रखने आदि आधारों पर किसी व्यक्ति को उसके अपराध करने से पूर्व ही बिना उस पर मुकदमा चलाये उसे बन्दी बनाया जा सकता हैं, संसद के तथा राज्यों की विधानपालिकाओं को इस सम्बन्ध में विधि निर्माण के अधिकार प्रदान किये गये हैं।

**निवारक विरोध**-अधिनियम के अन्तर्गत किसी व्यक्ति को उस समय तक तीन महीने से अधिक नजरबन्द नहीं रखा जायेगा जब तक कि परामर्शदात्री समिती जिसमें उच्च न्यायालय के न्यायाधीश या उच्च न्यायालय के योग्यताओं वाले न्यायाधीश हों, ने तीन महीने की समाप्ति के पूर्व यह निर्णय नहीं दिया हो कि उनकी राय में नजरबन्दी के अवधि को बढ़ाने के पर्याप्त कारण मौजूद हैं। अनुच्छेद 22 (4) में संसद को यह अधिकार हैं कि वह विधि द्वारा यह निश्चित करे कि किन परिस्थितियों में किसी व्यक्ति को तीन महीने से अधिक बिना परामर्शदात्री के परामर्श के नजरबन्द रखा जाता हैं, वह इस नजरबन्दी की अवधि का अधिकाअधिक समय भी निर्धारित कर सकती हैं।

**3. शोषण के विरुद्ध अधिकार**-संविधान की धारा 23 के अनुसार मनुष्यों का क्रय-विक्रय तथा बेगार की प्रथाओं को बन्द कर दिया गया हैं। इस अधिनियम की अवहेलना करने वाले को उस समय की प्रचलित विधि के अनुसार सजा दी जायेगी। इस अधिकार में एक अपवाद हैं, सार्वजनिक कार्यों के लिए सरकार किसी भी व्यक्ति की सेवायें प्राप्त कर सकती हैं। तथा प्रत्येक योग्य व्यक्ति को सेना में भर्ती होने का आदेश दे सकती हैं, ऐसा करने में सरकार जाति, धर्म, नस्ल आदि के आधार पर कोई भेदभाव नहीं रखेगी।

अनुच्छेद 24 के अनुसार 14 वर्ष से कम आयु वाले बच्चों को कारखानों, खानों तथा जोखिम भरे काम पर नियुक्त नहीं किया जा सकता हैं। भारतीय संसद ने इस सम्बन्ध में कुछ आवश्यक निम पारित किए हैं और इसे कानून के द्वारा अपराध घोषित किया हैं।

इस अधिकार के अपवाद का वर्णन अनुच्छेद 23 (4) में किया गया हैं कि इसके अनुसार सरकार राज्य सार्वजनिक उद्देश्यों जैसे अनिवार्य सैनिक सेवा, राष्ट्र निर्माण कार्य, राष्ट्रीय सुरक्षा, निरक्षता को समाप्त करना, जन सेवाओं से सम्बन्धित आवश्यक सेवाओं आदि के लिए अनिवार्य सेवा लागू कर सकती हैं।

वास्तव में शोषण के विरुद्ध सरकार का उद्देश्य एक वास्तविक सामाजिक लोकतन्त्र की स्थापना करना हैं।

**4. धार्मिक स्वतन्त्रता का अधिकार**-भारतीय संविधान के द्वारा सभी व्यक्तियों को चाहे वह विदेशी हैं या भारतीय, धार्मिक स्वतन्त्रता का अधिकार प्रदान किया गया हैं। प्रत्येक व्यक्ति को विचार अभिव्यक्ति, विश्वास, धर्म और उपासना की स्वतन्त्रता प्रदान करने के लिए और भारत को एक धर्मनिरपेक्ष राज्य बनाने के लिए अनुच्छेद 25 से 28 तक धार्मिक स्वतन्त्रता के अधिकार दिये गये हैं।

अनुच्छेद 25 (1) में प्रत्येक व्यक्ति को अन्त: करण की स्वतन्त्रता तथा कोई भी धर्म अपनाने, उसका पालन करने तथा उसका प्रचार करने का अधिकार होगा। सभी को सामाजिक व्यवस्था, स्वास्थ्य तथा नैतिकता के दृष्अिगत कोई भी धर्म अपनाने की स्वतन्त्रता प्रदान की गई हैं, इसके अतिरिक्त अपने विचारों का कार्यों के द्वारा प्रदर्शित करने तथा दूसरों के लाभ के लिए अपने विचारों का प्रचार एवं प्रसार करने का अधिकार दिया गया हैं।

अनुच्छेद 25 (2) के अनुसार राज्य धर्म से सम्बन्धित किन्हीं आर्थिक, वित्तीय तथा राजनीतिक क्रियाओं को विनियमित कर सकता हैं, राज्य विधि द्वारा समाज कल्याण और सुधार की व्यवस्था कर सकता हैं।

**कतिपय अधिकार**-अनुच्छेद 27 के अनुसार कुछ अधिकार निम्नलिखित प्रकार दिये गये-

1. धार्मिक संस्थाओं तथा सार्वजनिक सेवा संस्थाओं की स्थापना का अधिकार।

2. धर्म सम्बन्धी मामलों का स्वयं प्रबन्ध करने का अधिकार।

3. चल और अचल सम्पत्ति प्राप्त करने का अधिकार।

4. उक्त सम्पत्ति का कानून के अनुसार संचालन करने का अधिकार।

अनुच्छेद 27 के अनुसार धार्मिक कार्यों के लिए या धार्मिक व्यवस्था के लिए किसी व्यक्ति को कर देने के लिए बाध्य नहीं किया जा सकता।

**धर्म तथा शिक्षा**-अनुच्छेद 28 के अनुसार-

1. राज्य के द्वारा पूर्ण सहायता प्राप्त किसी शिक्षण संस्थाओं में कोई धार्मिक शिक्षा नहीं दी जा सकती।

2. यदि कोई संस्था किसी धर्मस्व के अधीन स्थापित की गई हो और जिसका प्रशासन राज्य करता हो, वहाँ पर धार्मिक शिक्षा दी जा सकेगी।

3. किसी भी व्यक्ति को किसी ऐसी शिक्षण संस्था में, जो राज्य द्वारा मान्यता प्राप्त हो तथा जिसे राज्य द्वारा यहायता प्रदान की जाती हैं, दी जाने वाली धार्मिक शिक्षा में भाग लेने की उसकी स्वीकृति के बिना बाध्य नहीं किया जा सकता। यदि यह व्यक्ति वयस्क न हो तो उसके संरक्षक की स्वीकृति प्राप्त करना आवश्यक हैं।

**5. शिक्षा तथा साँस्कृतिक अधिकार**-भारतीय संविधान के द्वारा भारत के सभी नागरिकों को संस्कृति और शिक्षा से सम्बन्धित स्वतन्त्रता का अधिकार प्रदान किया गया हैं। संविधान की धारा 29 के अनुसार प्रत्येक नागरिकों के समूह को जो भारत भूमि में रहता हैं तथा जिसकी अपनी निश्चित भाषा, धर्म तथा संस्कृति हैं, उस वर्ग को अपनी भाषा, धर्म तथा संस्कृतिक को सुरक्षित रखने का पूर्ण अधिकार हैं। किसी भी राजकीय तथा राज्य से सहायता प्राप्त शिक्षा संस्थान में किसी भी विद्यार्थी को भर्ती करने तथा शिक्षा प्राप्त करने से मना नहीं किया जायेगा। चाहे वह विद्यार्थी किसी भी धर्म, जाति या भाषा का हो।

अनुच्छेद 30 के द्वारा अल्पसंख्यकों को अपनी संस्थाओं को खोलने तथा उनका प्रबन्ध करने का अधिकार दिया गया हैं। राज्य शिक्षण संस्थाओं को अनुदान देते समय भाषा, धर्म या इस आधार पर कि से अल्पसंख्यकों के द्वारा स्थापित की गई हैं, कोई भेदभाव नहीं किया जायेगा।

तथापि राज्य अनुसूचित जातियों तथा हरिजनों विद्यार्थियों के शिक्षण संस्थाओं में प्रवेश के लिए विशेष व्यवस्था कर सकता हैं, इसे अनुच्छेद 29 का उल्लंघन नहीं माना जायेगा।

**6. संवैधानिक उपचारों का अधिकार**-अनुच्छेद 32 के द्वारा प्रत्येक व्यक्ति को संवैधानिक उपचारों का अधिकार प्रदान किया गया हैं। इस अनुच्छेद के अनुसार सर्वोच्च न्यायालय की ओर अनुच्छेद 226 के तत्वों के द्वारा राज्यों के उच्च न्यायालयों को संविधानों ने अधिकारों की रक्षा का भार सौंपा हैं। अनुच्छेद 32 के अनुसार-

1. संविधान के अध्याय 3 में दिये गये मौलिक अधिकारों को लागू करवाने के लिए नागरिकों को सर्वोच्च न्यायालय में जाने का अधिकार प्रदान किया गया हैं। इसका तात्पर्य यह हैं कि यदि कोई कानून या कार्यपालिका का आदेश व्यक्ति के अधिकारों का अतिक्रमण करता हैं तो वह सर्वोच्च न्यायालय में जा सकता हैं।

2. सर्वोच्च न्यायालय अधिकारों को लागम करने के लिए विभिन्न प्रकार के निर्देश, आदेश या लेख निकाल सकता हैं। जैसे- बन्दी प्रत्यक्षीकरण परमादेश लेख, प्रतिषेध लेख, अधिकार पृच्छालेख और उत्प्रेषण लेख।

3. संसद अन्य न्यायालयों को भी लेख या आदेश जारी करने का अधिकर दे सकती हैं।

4. राष्ट्रीय संकट की घोषणा अनुच्छेद 352 में किए जाने पर अनुच्छेद 359 के अनुसार संवैधानिक उपाचारों के अधिकार को निलम्बित किया जा सकता हैं। इस प्रकार की स्थिति उत्पन्न होने पर कोई भी व्यक्ति अधिकारों को लागम करने के लिए न्यायालय की शरण ले सकता हैं।

**सम्पत्ति का अधिकार**

**अनुच्छेद 31, 31 अ, 31 ब, 31 स**-भारतीय संविधान में सम्पत्ति का अधिकार दो विरोधी विचारधाराओं के बीच का एक सम्बन्ध के रूप में दिया गया हैं।

**दो परस्पर विरोध दृष्टिकोण**-संविधान सभा में इस अधिकार के सम्बन्ध में दो दृष्टिकोण प्रस्तुत किये गये-

**1. सम्पत्ति पर व्यक्ति का अधिकार**-वे विचारक जो सम्पत्ति के अधिकार को प्राकृतिक और सर्वोत्तम अधिकार मान कर इसे पूर्णतया असीमित रूप में व्यक्ति को दिये जाने के पक्ष में थे।

**2. सम्पत्ति पर समाज का अधिकार**-वे विचारक जो इस अधिकार पर समाज का अधिकार बनाये रखना चाहते थे, उनका मत यह था कि सार्वजनिक हित तथा सुरक्षा के लिए राज्य को निजी सम्पत्ति को नियन्त्रित करने का अधिकार देना आवश्यक था।

इन दो परस्पर विरोधी विचारधाराओं के मध्य एक समन्वय के रूप में अनुच्छेद 31 का संशोधित रूप पं. नेहरू ने संविधान सभा के समक्ष प्रस्तुत किया। वस्तुतः इस अनुच्छद में व्यक्तिगत अधिकार तथा सामाजिक अधिकार दोनों का हित सामन्जस्य हैं।

**संविधान में व्यवस्था**-सम्पत्ति का अधिकार संविधान में अनुच्छेद 19 (1) तथा अनुच्छेद 31 में दिया गया हैं। अनुच्छेद 19 (1) में नागरिकों को सम्पत्ति प्राप्त करने, रखने तथा उसको बेचने की स्वतन्त्रता मिल गई। तथापि राज्य इस पर सार्वजनिक हित या अनुसूचित जातियों और जनजातियों के आधार पर युक्ति संगत प्रतिबन्ध्ध लगा सकता हैं।

**व्यक्तिगत सम्पत्ति का अजन**–अनुच्छंद 31 में राज्य सार्वजनिक हित व्यक्तिगत सम्पत्ति को अर्जित कर सकता हैं। अनुच्छेद 31 के अनुसार–

1. किसी भी व्यक्ति को कानून के बिना सम्पत्ति से वंचित नहीं किया जायेगा।

2. किसी भी चल या अचल सम्पत्ति को राज्य केवल सार्वजनिक हित के लिए अर्जित कर सकता हैं।

3. कानून के द्वारा निश्चित सम्पत्ति को अर्जित करेगा, उसी के द्वारा सम्पत्ति के बदले में दी जाने वाली क्षतिपूर्ति भी निश्चित करेगा।

4. जिस कानून के द्वारा राज्य क्षतिपूर्ति की राशि को न्यायालय द्वारा उचित या अनुचित ठहराया नहीं जा सकता।

5. राज्यों के द्वारा भूमि सुधार या अन्य सार्वजनिक हित के उद्देश्य से बनाये गये सम्पत्ति से सम्बन्धित कानून राष्ट्रपति के द्वारा ही स्वीकृत माने जायेंगे।

इस प्रकार अनुच्छेद 31 के अनुसार राज्य केवल कानून के द्वारा ही व्यक्ति की निजी सम्पत्ति को सार्वजनिक हित के उद्देश्य से अर्जित कर सकता हैं, जिनके बदले में उसे क्षतिपूर्ति देनी होगी।

**सम्पत्ति के अधिकार में प्रथम संशोधन**–संविधान लागू होने के बाद विभिन्न राज्यों में मजींदारी प्रथा को समाप्त करने तथा भूमि सुधार लाने के लिए बनाये कानूनों को न्यायालयों में चुनौती दी गई। उदाहरण के लिए, पटना उच्च न्यायालय में **कामेश्वर सिंह बनाम बिहार राज्य** नामक मुकदमें में बिहार भूमि सुधार अधिनियम 1950 को अनुच्छेद 14, 19 और 31 के आधार पर अवैध घोषित किया गया। भूमि सुधार नियमों को अनुच्छेदों 14 और 19 से बचाने के लिए संविधान में प्रथम संशोधन करेके अनुच्छेद 31 को परिवर्तित कर दिया गया।

प्रथम संशोधन के द्वारा संविधान में दो अनुच्छेदों 31 अ तथा 31 ब को तथा नवीं सूची को जोड़ा गया। अनुच्छेद 31 अ के अन्तर्गत राज्य के द्वारा सम्पत्ति अर्जित किये जाने से सम्बन्धित बनाया हुआ कानून केवल इस आधार पर अवैध घोषित नहीं किया जा सकता हैं कि वह मौलिक अधिकारों के प्रतिकूल हैं या मौलिक अधिकारों को संकुचित या समाप्त करता हैं। अनुच्छेद 31 ब के द्वारा यह घोषणा की गई कि नवीं सूची में दिये गये भूमि सुधार नियमों को न्यायपालिका अवैध घोषित नहीं कर सकती।

**सम्पत्ति के अधिकार में दूसरा संशोधन**–संविधान का इदूसरा संशोधन मूलतया क्षतिपूर्ति के प्रश्न को हल करने के उद्देश्य से किया गया हैं। अनुच्छेद 31 (2) में दिये गये शब्द क्षतिपूर्ति के विषय में संविधान निर्माताओं के द्वारा तथा न्यायपालिका के द्वारा इसकी दी गई व्याख्या के मध्य विरोध हुआ था। संविधान का मत था कि भारत जैसा निध्रन देश क्षतिपूर्ति करने के बदले उचित क्षतिपर्ति नहीं कर सकता। **श्रीमती बेला बनर्जी बनाम पश्चिमी बंगाल राज्य** नामक मुकदमे में न्यायालय ने अपने निर्णय में कहा कि क्षतिपूर्ति का अर्थ हैं राज्य द्वारा अर्जित की गई

सम्पत्ति के बपूले भाव पर क्षतिपूर्ति करना। न्यायालय के इस निर्णय से एक गम्भीर समस्या उत्पन्न हुई। भविष्य में सामाजिकि एवं आर्थिक सुधार लाने के लिए राज्य के द्वारा विभिन्न प्रकार की व्यक्तिगत सम्पत्ति अर्जित करना आवश्यक था। जिसके बदले में वह बाजार भाव पर क्षतिपूर्ति नहीं कर सकता था। 1955 के संशोधन अनुच्छेद 3 अ के द्वारा एक व्यवस्था की गई कि जिस कानून से सम्पत्ति अर्जित की जायेगी। उसी के द्वारा विधान पालिका क्षतिपूर्ति की मात्रा को भी निश्चित करेगी तथा न्यायपालिका यह नहीं देख सकती कि क्षतिपूर्ति पर्याप्त मात्रा में हैं अथवा नहीं।

**सम्पत्ति के अधिकार में तीसरा संशोधन**–अनुच्छेद 31 में तीसरी बार संशोधन करने की आवश्यकता अनुच्छेद में दिये गये एस्टेट शब्द के कारण अनुभव की गई। **कुन्हीं कोमान बनाम केरल राज्य** नामक मुकदमे में सर्वोच्च न्यायालय ने एस्टेट शब्द की व्याख्या करते हुए रैयतवारी भूमि को इससे पृथक् तथा अनुच्छेद 14 के आधार पर केरल राज्य के द्वारा पास किये गये कृषक सम्बन्ध अधिनियम को अवैध घोषित किया। इस अधिनियम को पारित करने के पीछे दो कारण थे–

1. भूमि की अधिकतम सीमा लागू करना।
2. काश्तकारी में मध्यस्थ वर्ग को समाप्त करना।

**सम्पत्ति के अधिकार में चौथा संशोधन–1971 में पचासवें संशोधन** के द्वारा सम्पत्ति के अधिकार को चौथी बार संशोधित किया गया। इस संशोधन में 31 (2) में क्षतिपूर्ति शब्द के स्थान पर राशि शब्द रखा गया। यह व्यवस्था की गई कि अनुच्छेद 19 (1) सार्वजनिक प्रयोजन के लिए सम्पत्ति के अर्जन से सम्बन्धित किसी विधि पर लागू न होगा। इस संशोधन के द्वारा अनुच्छेद 31 (स) और जोड़ दिया गया। इसके अनुच्छेद 39 (ब) और नियम बनाया जाता हैं उसमें इस विषय की घोषणा की गई हैं तो वह नियम अनुच्छेद 14, 19 और 31 के आधार पर अवैध घोषित नहीं किया जा सकता हैं। यदि अनुच्छेद 31 (स) के अन्तर्गत कोई राज्य कानून बनाता हैं तो वह राष्टपति के विचार के लिए सुरक्षित रखा जायेगा ताकि उसे राष्ट्रपति की स्वीकृति प्राप्त हो।

**29 वाँ संवैधानिक संशोधन**–इस संशोधन के द्वारा केरल के भूमि के सुधार के दो कानूनों को संविधान की नवीं सूची में सम्मिलित किया और अब इन्हें न्यायालय में चुनौती नहीं दी जा सकती।

34 वाँ संशोधन (1974) तथा 40 वाँ संशोधन (1976) भी इसी प्रकार के थे।

इस प्रकार स्पष्ट होता हैं कि सरकार ने भारत में सच्चे प्रजातन्त्र की स्थापना तथा समाजवाद के विकास के लिए समय-समय पर इस अधिकार में संशोधन किये हैं।

**मौलिक अधिकारों का मूल्यांकन**

भारतीय संविधान में दिये गये मौलिक अधिकारों की प्रकृत्ति का तथा उनके स्वरूप की आलोचना निम्न प्रकार की गई हैं–

**1. महत्त्वपूर्ण मौलिक अधिकारों का अभाव**-मौलिक अधिकारों से महत्त्वपूर्ण आर्थिक तथा सामाजिक अधिकरों को नहीं दिया गया हैं। यद्यपि संविधान की प्रस्तावना भारत में सामाजिक एवं आर्थिक न्याय को लाने की भावना प्रस्तुत करती हैं किन्तु अधिकारों में श्रम करने, आराम करने, शिक्षा तथा सामाजिक सुरक्षा जैसे अधिकारों को नहीं दिया गया हैं।

**2. दिखावा मात्र**-अधिकार एक हाथ से दिये हैं तो दूसरे हाथ से छीन लिये गये हैं। उदाहरण के लिए स्वतन्त्रता का अधिकार दिया गया हैं किन्तु इस पर इतने प्रतिबन्ध लगायें गये हैं कि नागरिक इस अधिकार का प्रयोग नहीं कर सकते हैं। संसद सार्वजनिक व्यवस्था, सुरक्षा, सदाचार, मान हानि, हिंसा को प्रोत्साहन, भारत के विदेशों के साथ मैत्रीपूर्ण सम्बन्ध आदि पर आधारों पर स्वतन्त्रता के अधिकार पर प्रतिबन्ध लगा सकती हैं। संविधान सभा में सरदार हुकम सिंह ने कहा था कि, ''यदि हम इन स्वतन्त्रताओं की व्यवस्थापिका की इच्छा पर छोड़ देते हैं जो कि एक राजनीतिक दल के अतिरिक्त कुछ भी नहीं हैं। तो इन स्वतन्त्रताओं के अस्तित्व पर भी सन्देह हो जायेगा।'' इस प्रकार अधिकार अर्थहीन हो जाते हैं।

**3. व्यक्तिगत स्वतन्त्रता असुरक्षित**-मौलिक अधिकारों में व्यक्तिगत स्वतन्त्रता प्रदान की गई हैं। संविधान में व्यक्तिगत स्वतन्त्रता की रक्षा के लिए कुछ संरक्षणों की व्यवस्था की गई हैं किन्तु इसके साथ ही निवारक नजरबन्दी अधिनियम भी दिया गया हैं। जिसके द्वारा सरकार को अधिकार दिया गया हैं कि वह किसी व्यक्ति पर बिना मुकदमा चलाये तीन महीने तक नजरबन्द रर सकती हैं। संसद यदि चाहे तो इस अवधि को बढ़ा भी सकती हैं। आपात काल मई, 1975 फरवरी, मार्च, 1977 में कुछ ज्यादतियों के कारण जन समुदाय में रोष था। वस्तुतः इतने अधिक अपवाद तथा प्रतिबन्ध लगा दिये गये कि यह समझना तक कठिन हैं कि व्यक्ति को मौलिक अधिकारों से मिलेगा क्या?

**4. आपातकाल**-मौलिक अधिकारों को आपात कालीन स्थिति अनुच्छेद 352 में स्थगित किया जा सकता हैं। उस समय अनुच्छेद 19 में दी गई स्वतन्त्रतायें अपने आप ही स्थगित हो जाती हैं। इनके अतिरिक्त अन्य अधिकारों को संसद की स्वीकृति से स्थगित किया जा सकता हैं। अनुच्छेद 32 में दिये गये संवैधानिक उपाचारों के अधिकार को स्थगित करने से कोई भी व्यक्ति अपने अधिकारों की रक्षा के लिए न्यायालय में नहीं जा सकता हैं। इस स्थिति में सरकार अपनी शक्ति का दुरूपयोग कर सकती हैं।

**आलोचनाओं का उत्तर**-मौलिक अधिकारों का गहन अध्ययन करने पर अनेक आलोचनायें निराधार सिद्ध होती हैं, जैसे-

**1. न्यायसंगत बनाने के लिए**-यह सच हैं कि मौलिक अधिकारों में काम पाने का अधिकार, विश्राम और अवकाश का अधिकार, शिक्षा तथा सामाजिक अधिकार आदि को नहीं दिया गया हैं। किन्तु इसका कारण यह हैं कि तीसरे अध्याय में दिये गये मौलिक अधिकारों को न्यायसंगत बनाया गया हैं, जिससे वे अधिकार वास्तविक बन जाते हैं। यदि उपरोक्त अधिकारों को भी न्याय संगत बना दिया जाता हैं तो देश में संवैधानिक संकट उत्पन्न हो जाता हैं। सरकार

अपने सीमित साधनों के कारण इन अधिकारों को तुरन्त लागू नहीं कर सकती और नागरिक इन्हें लागू करने के लिए न्यायालय में जाते। इसलिए इनमें से अधिकांश नागरिक अधिकारों को राज्य के नीति निर्देशक तत्वों में स्थान दिया गया हैं।

**2. प्रतिबन्ध**–संविधान में स्वतन्त्रता के अधिकार पर प्रतिबन्ध लगाने की व्यवस्था की गई हैं। किन्तु जिस उद्देश्यों के आधार पर वे प्रतिबन्ध लगायें गये हैं उन्हें देखने से प्रतिबन्ध अनुचित नहीं लगते हैं। मौलिक अधिकारों पर जो भी प्रतिबन्ध लगाये जायेंगे उनका औचित्य पूर्ण होना आवश्यक हैं। और प्रतिबन्धों के औचित्य का निर्धारण की शक्ति व्यवस्थापिका या कार्यपालिका को नहीं बल्कि न्यायपालिका को दी गई हैं।

**3. सामाजिक व आर्थिक न्याय**–भारत में सामाजिक तथा आर्थिक न्याय की स्थापनाप करना, प्रस्तावना में घोषित किया गया हैं। यदि सम्पत्ति के अधिकार को निरंकुश या प्राकृतिक आधार पर लिया जाता हैं फिर सामाजिक तथा आर्थिक सुधार नहीं हो सकते थे।

**4. न्यायालय की शक्तियाँ**–मौलिक अधिकारों पर लगाये गये हैं प्रतिबन्धों के आधार पर की गई आलोचना में भी अधिक बल नहीं हैं, क्योंकि राज्य केवल युक्ति संगत प्रतिबन्ध लगा सकता हैं। न्यायालय के द्वारा अनुचित प्रतिबन्ध लगाये जाते हैं तो सर्वोच्च न्यायालय उसे अवैध घोषित कर सकता हैं।

**5. देश की सुरक्षा**–मौलिक अधिकारों को स्थगित करने के विषय में कहा जा सकता हैं कि देश की सुरक्षा करने के उद्देश्य से यदि कुछ समय तक अधिकारों के प्रयोग पर रोक लगा दी जाये तो इसमें कोई हानि नहीं हैं, क्योंकि अगर देश समाप्त हो जायेगा तो फिर मौलिक अधिकारों का कोई महत्त्व नहीं हैं।

**अधिकारों का स्थगन अधिक भयावह नहीं**–राष्ट्र की सुरक्षा व्यक्ति की सुरक्षा से अधिक महत्त्वपूर्ण तथा मूल्यवान होती हैं। शासन को मौलिक अधिकारों के अतिक्रमण का अधिकार केवल आकस्मिक परिस्थितियों को ही प्राप्त होता हैं और इस प्रकार की परिस्थितियाँ अल्पकालिक होती हैं।

भारतीय संविधान में दिये गये मौलिक अधिकारों ने न केवल व्यक्ति के विकास में सहायता प्रदान की हैं बल्कि अल्पसंख्यक वर्गों में भी विश्वास की भावना उत्पन्न की हैं। इसलिए इनसे भारत में प्रजातन्त्र की जड़ें मजबूत हुई हैं। इनके आधार पर ही भारत में सामाजिक तथा आर्थिक न्याय की व्यवस्था सम्भव हैं।

**भारत के नागरिक का यह कर्त्तव्य होगा कि वह–**

1. संविधान का पालन करे और उसके आदर्शों, संस्थाओं, राष्ट्र ध्वज और राष्ट्रगान का आदर करें।
2. स्वतंत्रता के लिए हमारे राष्ट्रीय आन्दोलन को प्रेरित करने वाले उच्च आदर्शों को हृदय में संजोए रखे और उनका पालन करें।

3. भारत की संप्रभुता, एकता और अखण्डता की रक्षा करे और उसे अक्षुण्य बनाये रखे।

4. देश की रक्षा करे और आह्वान किये जाने पर राष्ट्र की सेवा करे।

5. भारत के सभी लोगों में समरसता और समान भ्रातृत्व की भावना का निर्माण करे जो धर्म, भाषा और प्रेदश या वर्ग पर आधारित सभी भेदभाव से परे हो ऐसी प्रथाओं का त्याग करें जो स्त्रियों के सम्मान के विरुद्ध हैं।

6. हमारी सामाजिक संस्कृति की गौरवशाली परंपरा का महत्त्व समझें।

7. प्राकृतिक पर्यावरण की, जिसके अन्तर्गत वन, झील, नदी, पहाड़ और वन्य जीव हैं, रक्षा करें और उनका संवर्धन तथा प्राणी मात्र के प्रति दयाभाव रखें।

8. वैज्ञानिक दृष्टिकोण, मानववाद और ज्ञानार्जन तथा सुधार की भावना का विकास करें।

9. सार्वजनिक सम्पत्ति को सुरक्षित रखें और हिंसा से दूर रहें।

10. व्यक्तिगत और सामूहिक गतिविधियों के सभी क्षेत्रों में उत्कर्ष की ओर बढ़ने का सतत् प्रयास करें जिससे राष्ट्र निरन्तर बढ़ते हुए प्रगति और उपलब्धि की नई ऊँचाईयों को छू ले।

भारत के नागरिकों का मूल रूप से यह कर्त्तव्य है कि वे राष्ट्र की सम्प्रभुता के प्रति समर्पित रहें। व्यक्ति की व्यक्तिगत गरिमा और राष्ट्र कर सम्प्रभुता, विकास और गौरव को बनाए रखने में यह कर्त्तव्य सहायक है। नागरिक अपने कर्त्तव्यों को अंजाम दे सके, इस लक्ष्य की प्राप्ति में पुलिस पग-पग पर अपनी विशिष्ट उपस्थिति को महसूस करवाती है। कर्त्तव्यों की पालना के संदर्भ में नागरिक व पुलिस के इन सम्बन्धों को अलग अंदाज से देखा जा सकता है। चूंकि यह कर्त्तव्य आम नागरिक को स्वय के ऊपर उठाकर समग्र से जोड़ते हैं, अतः इनकी अनुपालना के लिए व्यक्ति का प्रशासनिक व्यवस्था के संपर्क अवश्यम्भावी हो जाता है। इस रूप से व्यक्ति प्रशासनिक ईकाईयों से प्रत्यक्ष सम्पर्क हो जाता है। इस रूप में व्यक्ति प्रशासनिक ईकाइयों से प्रत्यक्ष अवश्यम्भावी हो जाता है। इस रूप में व्यक्ति प्रशासनिक ईकाइयों से प्रत्यक्ष सम्पर्क स्थापना के कई अवसरों से गुजरता है। अतः निश्चित रूप से उसे पुलिस जैसे व्यापक गतिविधियों में संलग्न संगठन से भी दो-चार होना स्वाभाविक है। यहाँ यह स्पष्ट कर देना आवश्यक है, कि पुलिस के कंधों पर ना केवल राष्ट्र व समाज की आंतरिक सुरक्षा तथा कानून और व्यवस्था बनाए रखने का दायित्व है, बल्कि पुलिस की समाज के सभी वर्गों के बीच तालमेल, मेल-जोल ओर संवाद की स्थितियों को संभव बनाने के लिए सहयोगी होती है। अतः आंतरिक प्रशासन को संभव बनाने के लिए सहयोगी होती है। अतः आन्तरिक प्रशासन की सामान्य और असामान्य दोनों ही परिस्थितियों में आम नागरिक को पुलिस के सहयोग की ना केवल आवश्यकता ही रहती है बल्कि अपेक्षा भी

रहती है। नागरिक कर्त्तव्यों की अवधारणा को व्यापक पैमाने पर समझने के लिए जरूरी है कि हम यह साफ तौर पर समझे कि पुलिस वाले भी नागरि है तथा जनता पुलिस है। नागरिक होने के नाते पुलिस वालों को भी उन कर्त्तव्यों का निर्वाह करना होता है, जिनकी अपेक्षा आम नागरिक से की जाती है। इसी तरह आम नागरिक को भी उसके निर्धारित कर्त्तव्यों के अन्तर्गत ऐसे काम करने की अपेक्षा की जाती है जो पुलिस कार्यों जैसे प्रतीत होते है। उदाहरण के लिए संज्ञेय अपराधों पर कार्यवाही करना पुलिस का कर्त्तव्य है। इस क्रम में अपराध प्रक्रिया संहिता यानी सी.आर.पी.सी. की धारा 39 के अन्तर्गत प्रत्येक नागरिक का यह दायित्व है कि यदि उसके ध्यान में किसी संज्ञेय अपराध के घटित होने की इतला हो तो वह इसकी सूचना तत्काल क्षेत्र के पुलिस अधिकारी को दें। नागरिको के मूल कर्त्तव्य अनुच्छेद 51 क में अंतर्विष्ट हैं, जो कि 42 वे संविधान संशोधन अधिनियम द्वारा 1976 में अंत:स्थापित किए गए है। यहाँ यह उल्लेखनीय है, कि इन मूल कर्त्तव्यों के सीधे लागू किये जाने या उनके उल्लंघन के लिए किसी दण्ड का सीधे तौर पर कोई प्रावधान नहीं है। परन्तु यह आशा की जाती है कि यदि न्यायालय इस सम्बन्ध में कुछ युक्तियुक्त मानेगा तो इस सम्बन्ध में व्यवस्था की जा सकती है।

मूल कर्त्तव्य वस्तुत उन नागरिकों को चेतावनी के रूप में हैं, जो संवैधानिक और असामाजिक क्रियाकलाप करते हैं। अनुच्छेद 51(क) में वर्णित अधिसंख्य नागरिक कर्त्तव्यों की प्रकृति एवं पुलिस दायित्वों की प्रकृति में काफी सीमा तक समानता है। इस समानता के निहितार्थ यह है कि पुलिस जन जन कर्त्तव्यों से जुड़ी अवहेलना की स्थितियों से निपटे तो आम नागरिक पुलिस की सहायता एवं सहयोग करें। संविधान में वर्णित कर्त्तव्यों की प्रेरणा यह भी है कि आम नागरिक असामाजिक तत्वों, अपराधियों, आतंककारी तत्वों, सामुदायिक सदभाव को बिगाड़ने वाली स्थितियों, जातीय संघर्षों एवं तनाव फैलाने वाले तत्वों पर कड़ी निगरानी रखे और इन स्थितियों की रोकथाम के प्रयासों एवं इनके निराकरण के लिए पुलिस प्रयत्नों में पुलिस की हर स्तर पर इमदाद करें।

संविधान में वर्णित नागरिकों के कर्त्तव्यों का एक अन्य महत्त्वपूर्ण निहितार्थ यह है कि आम नागरिक शासन, प्रशासन एवं पुलिस के आँख, नाक, कान के रूप में काम करें ओर राज्य की अस्मिता और शान्ति व्यवस्था पर खतरा पैदा करने वाली कड़ी चुनौतियों का सामना करने की आत्म प्रेरणा से परिपूर्ण रहें। अनुच्छेद 51(क) में वर्णित सभी दायित्व वैसे तो पुलिस कार्यों के निष्पादन में नागरिक सहयोग एवं पहल की चेतना से नागरिकों को प्रेरित रहने की अपेक्षा रखते हैं परन्तु इस अनुच्छेद की उप अनुच्छेद (क) के अन्तर्गत नागरिकों से संविधान का पालन करने की अपेक्षा रखी गई है तथा उप अनुच्छेद (ग) में नागरिकों के लिए यह दायित्व निर्धारित किया गया है कि वे भारत की सम्प्रभुता, एकता, अखण्डता की रक्षा करेंगे तथा इनकी अक्षुण्णता को बनाए रखेंगे और उप अनुच्छेद (ङ) अनुसार भारत के नागरिकों का यह दायित्व निर्धारित किया गया है कि वे सभी लोगों में समरसता ओर समान भातृत्व की भावना का निर्माण करेंगे जो धर्म भाषा और प्रदेश या वर्ग पर आधारित सभी भेदभावों से परे होगी तथा वे ऐसी सभी प्रथाओं का त्याग करेंगे जो स्त्रियों के सम्मान के

विरुद्ध होगी। इसी प्रकार उप अनुच्छेद (झ) के अनुसार नागरिकों का यह दायित्व निर्धारित किया गया है कि वे सार्वजनिक सम्पत्ति को सुरक्षित रखेंगे तथा हिंसा से सदा दूर रहेंगे।

संविधान में निर्धारित इन कर्त्तव्यों का एक अन्य महत्त्वपूर्ण निहितार्थ यह है कि नागरिक शासन, प्रशासन एवं पुलिस के आँख, नाक, कान के रूप में काम करें ओर राज्य की अस्मिता और शान्ति व्यवस्था पर खतरा पैदा करने वाली कड़ी चुनौतियों का सामना करने की आत्म प्रेरणा से परिपूर्ण रहें। अनुच्छेद 51 (क) में वर्णित सभीर दायित्व जैसे तो पुलिस कार्यों के निष्पादन में नागरिक सहयोग एवं पहल की चेतना से नागरिकों को प्रेरित रहने की अपेक्षा रखते थे परन्तु इस अनुच्छेद की उप अनुच्छेद (क) के अन्तर्गत नागरिकों से संविधान का पानल करने, उसके आदर्शों, संस्थाओं, राष्ट्र ध्वज ओर राष्ट्र गान का आदर करने की अपेक्षा रखी गई है तथा उप अनुच्छेद (ग) में नागरिकों के लिए यह दायित्व निर्धारित किया गया है कि वे भारत की सम्प्रभुता, एकता, अखण्डता की रक्षा करेंगे तथा इनकी अक्षुण्णता को बनाए रखेंगे और उप अनुच्छेद (ङ) अनुसार भारत के नागरिकों का यह दायित्व निर्धारित किया गया है कि वे सभी लोगों में समरसता ओर समान भातृत्व की भावना का निर्माण करेंगे जो धर्म भाषा और प्रदेश या वर्ग पर आधारित सभी भेदभावों से परे होगी तथा वे ऐसी सभी प्रथाओं का त्याग करेंगे सभी भेदभावों से परे होगी तथा वे ऐसी सभी प्रथाओं का त्याग करेंगे जो स्त्रियों के सम्मान के विरुद्ध होगी। इसी प्रकार उप अनुच्छेद (झ) के अनुसार नागरिकों का यह दायित्व निर्धारित किया गया है कि वे सार्वजनिक सम्पत्ति को सुरक्षित रखेंगे तथा हिंसा से सदा दूर रहेंगे।

संविधान में वर्णित नागरिक कर्त्तव्यों के स्वरूप एवं प्रकृति के कारण पुलिस एवं जनता पारस्परिक, मेल-मिलाप एवं सूझ-बूझ के आधार पर अपराध एवं अपराधिकता के निवारण एवं राष्ट्र की एकता एवं अखण्डता को बनाए रखने में भागीदारी के भाव के साथ-साथ मिलकर काम करें ऐसा अभिप्राय संविधान में वर्णित इन नागरिक कर्त्तव्यों का है।

संविधान के अलावा अपराधिक विधि यथा भारतीय दण्ड संहिता, दण्ड प्रक्रिया संहिता, साक्ष्य अधिनियम एवं अन्य कानूनों के अन्तर्गत भी नागरिकों को ऐसे अधिकार दिए गए हैं कि वे अन्य कानूनों के अन्तर्गत भी नागरिकों को ऐसे अधिकार दिए गए हैं कि वे अपराधों के निराकरण एवं शांति व्यवस्था की स्थापना में अपनी भागीदारी निभा सकते है। दण्ड प्रक्रिया संहिता की धारा 37, 38, 39, 40, 43, 72 एवं 73 में ऐसी स्थितियों का उल्लेख है जिनमें आम नागरिक से यह अपेक्षा रखी गई हैं कि वह शांति व्यवस्था की स्थापना एवं पुलिस तथा मजिस्ट्रेट को उनके कार्यों के निस्तारण में आवश्यक सहायता प्रदान करें।

धारा 37 के अन्तर्गत प्रत्येक नागरिक से यह अपेक्षा रखी गई है कि वह प्राधिकृत पुलिस अधिकारी एवं मजिस्ट्रेट को ऐसे व्यक्ति को पकड़ने में गिरफ्तारी में सहायता करें। जिसे ऐसा अधिकारी गिरफ्तार करने के लिए प्राधिकृत है। शांतिभंग, दंगा, निवारण एवं हिंसा दमन की स्थितियों में पुलिस की इमदाद करें ओर यदि कोई व्यक्ति, रेल, नहर, तारघर या लोक सम्पत्ति को क्षति पहुँचाता है तो उसे गिरफ्तार करने में पुलिस अधिकारी को वारन्ट के निष्पादन में

नागरिकों से सहायता की अपेक्षा की गई है। धारा 39 एंव 40 में कुछ अपराधों के बारे में जनता द्वारा पुलिस को इत्तिला दिए जाने का प्रावधान किए गए है। धारा 43 के अन्तर्गत आम नागरिक को कुछ विशेष परिस्थितयों में गिरफ्तारी के अधिकार दिए गए है तथा धारा 72 एवं 73 में नागरिकों द्वारा वारंटों की तामील करवाए जाने के प्रावधान है। भारतीय दण्ड संहिता की धारा 172 से 190 तक उन अपराधों का वर्णन किया गया है जो नागरिकों द्वारा लोकसेवकों को सहयोग नहीं देने की वजह से उत्पन्न हो सकते हैं। इस प्रकार नागरिक दायित्वों का कर्त्तव्यों का निर्वाह नहीं कर सकते हैं तो उन्हें दण्डित भी किया जा सकता है। एक प्रजातांत्रिक समाज के जिम्मेदार नागरि अपने दायित्वों एवं कर्त्तव्यों का निर्वाह करें तथा पुलिस एवं न्याय व्यवस्था को अपना सहयोग देकर शांति स्थापना एवं अपराध निराकरण के संदर्भों से अपने को जोड़कर एक अच्छे समाज की रचना में भागीदारी करें, इसकी अपेक्षा की जाती है। ये स्थितियाँ मानवाधिकारों के संदर्भ में भी एक आदर्श वातावरण का निर्माण कर सकती है।

संविधान में वर्णित कर्त्तव्य उपबन्धों की अपेक्षा तो सीधे तौर पर यह है कि प्रत्येक नागरिक अपराधों एवं अपराधिकता से निराकरण, शांति एवं व्यवस्था की स्थापना, आन्तरिक एवं बाह्य सुरक्षा, साम्प्रदायिक सद्भाव जैसे अहम पुलिस कार्यों के निर्वाह में पुलिस प्रशासन की सहायता एवं सहयोग हर स्तर पर करें।

❑❑❑

# 16

# राजनीतिक दल तथा दबाव समूह

राजनीति के क्षेत्र में, विशेषकर जनतन्त्रीय शासन-व्यवस्था में जनता की इच्छा द्वारा राज्य के कार्यों की प्रकृति का निर्धारण होता है। जनतन्त्र में शासन का संचालन जनता के प्रतिनिधियों द्वारा होता है, अत: ऐसे शासन का आधार जनमत होता है। जनमत के निर्माण में अनेक तत्त्व कार्य करते हैं और उन तत्त्वों में राजनीतिक दलों का स्थान महत्त्वपूर्ण होता है। राजनीतिक दल जनतन्त्र के आधार होते हैं, क्योंकि वे जनमत के निर्माण, अभिव्यक्ति और उचित दिशा में उसके विकास के माध्यम होते हैं। मतदान अथवा निर्वाचन के समय वे राज्य के नागरिकों को राजनीतिक साहित्य प्रदान करते हैं, उनमें शासन के प्रति जागरूकता उत्पन्न करते हैं, उनको उनके राजनीतिक कर्त्तव्यों का बोध कराते हैं और स्थान-स्थान पर जनसभाएँ आदि करके जनमत का निर्माण करते हैं। राजनीतिक दलों के कुछ विशेष लक्ष्य और उद्देश्य होते हैं। उन लक्ष्यों की प्राप्ति के लिए उनके कुछ साधन होते हैं तथा उनका एक संगठन होता है। अत: 'दल नहीं तो जनतन्त्र नहीं' यह कहना सर्वथा उचित है। विभिन्न राजनीतिक दल अपने-अपने संगठनों और साधनों द्वारा अपने-अपने उद्देश्यों की पूर्ति और लक्ष्यों की प्राप्ति करने की चेष्टा करते हैं और इस प्रकार राज्य के राजनीतिक जीवन का निर्माण होता है। हम राजनीतिक दलों के बारे में विचार करेंगे। साधारण भाषा में राजनीतिक दल ऐसे व्यक्तियों का संगठन होता है, जो एक ध्येय विशेष के लिए परस्पर सहमत हों। इसका अर्थ यह हुआ कि वे व्यक्ति जिनमें एकता की भावना हो, जिनमें एक राजनीतिक

ध्येय पर मतैक्य हो, जो सुसंगठित हों, दल कहलाते हैं। संस्कृत की प्रसिद्ध लोकोक्ति है कि "**मुण्डे मुण्डे मतिर्भिन्ना**" अर्थात् अलग-अलग व्यक्तियों के अलग-अलग मत होते हैं। किन्तु मतभेदों के होते हुए भी जिस माध्यम से व्यक्ति संगठित होकर ध्येय विशेष की पूर्ति के लिए एक होकर कार्य करते हैं, वह दल का मत होता है तथा उस मत के मानने वाले लोगों का ही वह दल होता है। इस प्रकार चाहे व्यक्तियों में व्यक्तिगत रूप से कितने ही मतभेद हों, दल में एक होने पर दल के सिद्धान्त तथा साधन उनके सिद्धान्त तथा साधन हो जाते हैं। इस प्रकार दल व्यवस्था व्यक्तियों में एकता स्थापित करने का एक उत्तम मार्ग है। राजनीतिक दल के व्यक्तियों के एक से सिद्धान्त होते हैं। समस्याओं पर विचार-विमर्श होने के बाद एक सामान्य - निकाला जाता है, जिस पर वे चलते हैं। दल द्वारा सामान्य मत एवं नीति के आधार पर सरकार बनाने की शक्ति प्राप्त कर लेने पर निश्चित नीति और ध्येय की पूर्ति में दल के सदस्य समान रूप से कार्य करते हैं। यदि दल सरकार नहीं बना सकता, तो सरकर के बाहर वे अपने मत का प्रचार करते हैं, सरकार का विरोध करते हैं, जनता की इच्छा सरकार तक पहुँचाते हैं तथा जनमत को अपने दल की नीतियों और सिद्धान्तों के पक्ष में करने का प्रयत्न करते हैं।

दल क्या होता है इसके विषय में विभिन्न विचारकों ने विभिन्न विचार व्यक्त किये हैं। **एडमण्ड बर्क** के मतानुसार "राजनीतिक दल ऐसे लोगों का एक समूह होता है जो कि किन्हीं पूर्व-स्वीकृत सिद्धान्तों के आधार पर, अपने सामूहिक प्रयत्नों द्वारा जनता के हित में काम करने के लिए एकता में बँधे होते हैं।" **गैटिल** के मतानुसार "एक राजनीतिक दल न्यूनाधिक संगठित उन नागरिकों का समूह होता है जो राजनीतिक इकाई के रूप में कार्य करते हैं और जिनका उद्देश्य अपने मतदान रूप बल के प्रयोग द्वारा सरकार का नियन्त्रण करना और अपनी सामान्य नीतियों का संचालन करना होता है।" **गिलक्राइस्ट** के अनुसार "राजनीतिक दल की परिभाषा उन नागरिकों के संगठित समूह के रूप में की जा सकती है, जो राजनीतिक रूप से एक विचार के हों और जो राजनीतिक इकाई के रूप में सरकार पर नियन्त्रण करना चाहते हों।" मेकाइवर के मतानुसार, "राजनीतिक दल एक ऐसा समुदाय होता है जो किसी ऐसे सिद्धान्त अथवा ऐसी नीति के समर्थन के लिए संगठित हुआ हो, जिसे वह वैधानिक साधनों से सरकार का आधार बनाना चाहता हो।"**प्रोफेसर लीकॉक** के कथनानुसार "राजनीतिक दल से हमारा तात्पर्य नागरिकों के उस संगठित समूह से होता है जो एक राजनीतिक इकाई के रूप में कार्य करते हैं।" राजनीतिक दल की इन परिभाषाओं से उसकी कुछ विशेषताएँ हमारे समक्ष स्पष्ट हो जाती हैं। एक बात जो हमारे समक्ष स्पष्ट होती है कि राजनीतिक दल का निर्माण मानव-स्वभाव की दो विशेषताओं-मतैक्य और संगठन पर आधारित होता है। मनुष्य चूँकि सामाजिक होता है, अत: व्यक्तिगत मतों की विभिन्नता होते हुये भी उसमें सामान्य मतैक्य पाया जाता है तथा अनेक विषयों में वे सामान्यत: एक मत होते हैं। इस मतैक्य के आधार पर व्यक्ति संगठित होते हैं तथा संगठित रूप से सामान्य मत की सफलता के लिये प्रयत्न करते हैं और उनके उस प्रयत्न का रूप अपने मत के अनुसार लोकमत का निर्माण करके उसके अनुसार राज्य का शासन चलाना होता है।

दूसरी बात जो इन परिभाषाओं से प्रकट होती है व यह है कि राजनीतिक दलों के निर्माण के मूल में दो धारायें रहती हैं तथा उन दो धाराओं के आधार पर इन परिभाषाओं को दो भागों में बाँटा जा सकता है। प्रथम धारा जिसे हम आदर्शवादी धारा कह सकते हैं तथा जिसके प्रतिनिधिस्वरूप हम बर्क और मेकाइवर की परिभाषाएँ ले सकते हैं, इस बात पर बल देती हैं कि राजनीतिक दलों के कुछ मूल सिद्धान्त एवं वैचारिक परिप्रेक्ष्य होते हैं जिनके आधार पर वे सामूहिक हितों की साधना एवं शासकीय नीतियों के निर्धारण के लिए सचेष्ट रहते हैं। दूसरी धारा जिसे यर्थाथवादी कहा जा सकता है और जिसके प्रतिनिधिस्वरूप हम गैटिल, गिलक्राइस्ट व लीकॉक की परिभाषाओं को ले सकते हैं, इस बात पर बल देती हैं कि राजनीतिक दल मुख्यत: सत्ता के लिए संघर्षरत विभिन्न व्यक्तियों एवं हित समूहों के संगठन होते हैं। व्यवहारवाद के विकास के साथ राजनीतिक दलों के निर्माण के प्रेरक तत्त्व के विषय में यह दृष्टिकोण राजनीति शास्त्रियों में अधिक लोकप्रिय हुआ है। अब वस्तुत: यह माना जाने लगा है कि राजनीतिक दलों की परिभाषा उस रूप में की जानी चाहिए जिस रूप में उन्हें हम यथार्थ के धरातल पर रखते हैं और यथार्थ में चूँकि राजनीतिक दलों का मुख्य कार्य सत्ता के लिये संघर्षरत संगठनों के रूप में ही की जानी चाहिये। आस्टिन रेने व विलमोर केंडल ने उनकी परिभाषा इसी रूप में की है और कहा है कि राजनीतिक दल वे "स्वायत्त एवं संगठित समूह होते हैं जो सरकारी प्रशासन एवं नीतियों के नियन्त्रण की आशा से चुनावों में भाग लेते हैं व प्रत्याशियों का चयन करते हैं।"

## राजनीतिक दलों के निर्माणक तत्त्व

राजनीतिक दलों के निर्माणक तत्त्वों का विवेचन हम अग्रलिखित उपशीर्षकों के अन्तर्गत कर सकते हैं:

**संगठन**-संगठन राजनीतिक दलों के निर्माण की पहली आवश्यकता होती है। किसी व्यक्ति या समुदाय को राजनीतिक दल कहलाने के लिये उसे पूर्ण रूप से सुसंगठित होना चाहिये, क्योंकि "एकता ही शक्ति होती है।" जब तक समान विचारधारा वाले व्यक्ति मिलकर एक नहीं होते, वे राजनीतिक दल का रूप नहीं धारण कर सकते। दल के निर्माण के लिए यह आवश्यक है कि उसके सदस्य संगठित हों, संगठन का कोई विधान हो और सदस्य अनुशासन में रहते हों, क्योंकि तभी उनमें निष्ठा एवं सहयोगपूर्वक दल की नीतियों के लिए कार्य करने की भावना हो सकती है। संगठन द्वारा ही दल को वह शक्ति प्राप्त होती है जिसके उपयोग से वह अपना कार्य करने में सफल होता है।

**मतों और सिद्धान्तों की एकता**-राजनीतिक दल के निर्माण के लिये दूसरी आवश्यकता मतों और सिद्धान्तों की एकता होती है। दल के लिये यह आवश्यक है कि सदस्यों में सामान्यत: विचारों और सिद्धान्तों की एकता पाई जाती हो। राजनीतिक दल को संगठन की दृष्टि से ही नहीं विचारों और सिद्धान्तों की दृष्टि से भी एक इकाई के रूप में होना चाहिये। सिद्धान्तों के क्रियान्वय के लिए समर नीति सम्बन्धी बातों में चाहे उनके मतभेद हों, किन्तु सिद्धान्तों के विषय में उनमें पारस्परिक विरोध नहीं होना चाहिए, अन्यथा

मतों व सिद्धान्तों की एकता के अभाव में राजनीतिक दलों का विघटन हो जाता है। सिद्धान्तों की एकता के अभाव में विघटन अतिमार्गी दलों में अधिक और मध्यममार्गी दलों में कम होता है। वस्तुत: मध्यममार्गी दलों का एक ही सिद्धान्त और एक ही आदर्श होता है, वह है सत्ता की प्राप्ति। उनके दल या गुट के सत्तारूढ़ रहने तक वे विभिन्न विचारों के लोगों की भीड़ की तरह सत्ता में बने रहते हैं। भारतीय राष्ट्रीय कांग्रेस इस प्रकार के मध्यममार्गी दल का सर्वोत्तम उदाहरण है। इस दल में विचारों की दृष्टि से साम्यवादी, समाजवादी, मिश्रित अर्थव्यवस्था, एवं अनियंत्रित अर्थव्यवस्था के समर्थक सभी देखने को मिल जायेंगे, यद्यपि इसके कारण किसी भी दिशा में बढ़ पाना इस दल के लिए मुश्किल हो जाता है। संयुक्त राज्य अमरीका के दोनों प्रमुख दल- रिपब्लिक एवं डेमोक्रेटिक-भी इसी प्रकार के उदाहरण हैं। एक राष्ट्रपति के चुनावों के अवसर पर जब डेमोक्रेटिक दल में संस्थापित समृद्ध वर्ग के सदस्यों ने महसूस किया कि राष्ट्रपति पद के दलीय प्रत्याशी मेकनवर्ग के नेतृत्व में सत्ता उनके हाथ से निकलकर श्रमिक, नीग्रो आदि निम्नवर्ग के समूहों के हाथों में चली जाएगी, तो उन्होंने समय के अनुसार उक्त वर्गों के विरोध की नीति का परित्याग ही अधिक उचित समझा। मध्यममार्गी दलों की सिद्धान्त विमुखता के विरुद्ध अतिमार्गी दलों की सैद्धान्तिक दृढ़ता के उदाहरण भी देखे जा सकते हैं। परन्तु इसके कारण दलों में टूट या विभाजन भी काफी होता है। भारतीय साम्यवादी दल इसका उदाहरण है। मतैक्य के अभाव के कारण साम्यवादी दल, दक्षिणपंथी, वामपंथी, नक्सलपंथी, माओपंथी इत्यादि कई भागों में बँट्य हुआ है।

**मतदान और उसके निर्णय में विश्वास**-राजनीतिक दल के निर्माण और संचालन की तीसरी आवश्यकता यह है कि दल के सदस्य मतदान तथा उसके निर्णयों में विश्वास रखें। राजनीतिक दलों के सदस्यों को चाहिये कि वे मतदान की शक्ति में विश्वास रखें और अपने ध्येयों की पूर्ति के लिये शान्तिपूर्ण तथा वैज्ञानिक ढंगों को काम में लायें। उन्हें कभी भी अपने उद्देश्य की पूर्ति के लिये गोपनीय ढंग, क्रान्ति तथा सैनिक शक्ति आदि का उपयोग नहीं करना चाहिये। मतदान के बाद जो निर्णय हो, वह सर्वमान्य होना चाहिए और उसे कार्यान्वित करना सम्पूर्ण दल का कार्य होना चाहिये। अपनी नीति विशेष के आधार पर सरकार बनाना दल का कार्य होना चाहिये। यदि मतदान द्वारा निर्णय के अनुसार किसी दल विशेष को सरकार बनाने का अवसर नहीं मिलता है, तो उसे उसके लिये अन्य अलोकतन्त्रीय ढंगों का प्रयोग नहीं करना चाहिये क्योंकि वैसी दशा में दल का स्वरूप दल का नहीं रह जायगा। परन्तु यह सब भी आदर्शात्मक ही अधिक होता है। वस्तुत: न्यूनाधिक रूप में विश्व के सभी देशों में यह देखा जाता है कि दल न निर्वाचन व्यवस्था में विश्वास करते हैं और न उचित साधनों के प्रयोग में। उनका विश्वास सत्ता प्राप्ति के लक्ष्य में होता है, यद्यपि इतना अवश्य है कि एक सीमा से परे सामान्य नियमों का उल्लंघन वे नहीं कर सकते क्योंकि उस दशा में व्यवस्था के ही टूटने का डर रहता है।

**राष्ट्रीय हित**-राजनीतिक दल के निर्माण की चौथी आवश्यकता राष्ट्रीय हित होता है। दल के लिये यह आवश्यक है कि जो उद्देश्य, ध्येय या आदर्श वे अपने सामने रखें, उनका आधार जातीय, संस्थागत अथवा व्यक्तिगत हित न होकर राष्ट्रीय हो। यदि कोई

राजनीतिक दल किसी विशेष जाति, धर्म, सम्प्रदाय अथवा व्यक्ति के हितों की पूर्ति करता है, तो उसका स्वरूप राजनीतिक दल का नहीं अपितु साम्प्रदायिक दल का हो जाता है। अत: राष्ट्रीय हित ही राजनीतिक दल का प्रमुख और अन्तिम लक्ष्य होना चाहिये।

## राजनीतिक दलों की उत्पत्ति

ऐतिहासिक दृष्टि से अपने आधुनिक रूप में दलीय संगठन की उत्पत्ति केवल एक शताब्दी पूर्व ही हुई है यद्यपि दलीय संगठन के बीज तो बहुत पहले चले आ रहे थे। मानव द्वारा संस्थापित क्लब, संस्थाएँ, संसदीय समुदाय अथवा ऐसी ही अन्य अनेक संस्थाएँ उस संगठन के रूप रहे हैं। यह ठीक है कि इस प्रकार की संस्थाओं का सरकार से कोई सम्बन्ध नहीं था, तथापि यह निश्चित है कि वे राज्य-विषयक अनेक बातों के सम्बन्ध में लोकमत की अभिव्यक्ति करते थे। इस प्रकार जैसा ब्राइस ने कहा "राजनीतिक दल जनतन्त्र से कहीं अधिक प्राचीन है।" किन्तु इसका यह अर्थ कदापि नहीं है कि वे दल किसी भाँति प्रत्यक्ष रूप से शासन या सरकार के संचालन अथवा नियन्त्रण से सम्बन्धित थे। सरकार या शासन के संचालन या नियन्त्रण से प्रत्यक्ष रूप से सम्बन्धित राजनीतिक दल-व्यवस्था का विकास वस्तुत: जनतन्त्र तथा आधुनिक शासन-प्रणाली के विकास के साथ-साथ ही हुआ है और आधुनिक निर्वाचन-प्रणाली ही वास्तव में राजनीतिक दलों की जननी है।

यदि मनोवैज्ञानिक दृष्टिकोण से देखा जाय तो दलों की उत्पत्ति मनुष्य के स्वभाव में निहित प्रवृत्तियों तथा उससे उत्पन्न विचार-भेद के आधार पर हुई है। कुछ लोग स्वभाव से ही रूढ़िवादी होते हैं और वे वस्तु-स्थिति में कोई परिवर्तन या सुधार नहीं चाहते। दूसरे लोग स्वाभाविक तौर पर प्रगतिवादी होते हैं तथा वे सुधार, परिवर्तन और नवीनता के समर्थन होते हैं। मानव स्वभाव के यह भेद बहुधा परिस्थिति और आयु के भेद के कारण भी होते हैं। वृद्धावस्था में मनुष्य स्वभावत: रूढ़िवादी हो जाता है और उसके स्वभाव में अनुभवजन्य बौद्धिक निर्णयों का समावेश रहता है। इसके विपरित युवावस्था प्रगतिवादी प्रवृत्तियों की प्रतीक होती है और युवकों में संवेगशीलता एवं विवेक के प्रति उदासीनता पाई जाती है। 19 वीं शताब्दी के एक लेखक रोहमर ने इस दृष्टि से मनुष्यों को चार वर्गों में बाँटा और कहा कि "स्वभाव से किशोर प्रगतिवादी, युवक उदारवादी, अधेड़ मनुष्य स्थितिपालक और वृद्ध रूढ़िवादी एवं प्रतिक्रियावादी होते हैं।"

मनुष्यों के इस प्रकार के स्वभाव-भेद के कारण उनमें विचार-भेद पाया जाता है और उसी विचार-भेद के आधार पर हम दल-व्यवस्था की उत्पत्ति मान सकते हैं। कुछ विचारकों के अनुसार मनुष्य के विचारों के जिस भेद के कारण विभिन्न दलों की उत्पत्ति होती है, उसका आधार मनुष्य में पायी जाने वाली अनुकरण की प्रवृत्ति है। उसके कारण विभिन्न प्रकार की प्रथाओं का अनुकरण करने वाले मनुष्यों के विभिन्न प्रकार के विचार होते हैं और उन विभिन्न प्रकार के विचारों के आधार पर हम विभिन्न दलों की उत्पत्ति हुई मान सकते हैं। हेनरी मेन जैसे विचारकों के अनुसार दल-व्यवस्था की उत्पत्ति का मूल मनुष्य की झगड़ालू प्रवृत्ति है हेनरी मेन ने कहा है कि "दल कदाचित् मानव जाति की प्रारम्भिक

स्वस्थ राजनीतिक प्रतियोगिता पर आधारित है। राजनीतिक दलों के बीच परस्पर स्वस्थ प्रतिस्पर्द्धा, व्यापक जनसम्पर्क, जनमत की शुद्ध अभिव्यक्ति आदि ऐसी बातें हैं, जिनसे जनतन्त्र सार्थक होता है। इस बारे में पिनॉक एवं स्मिथ का यह कथन बड़ा उपयुक्त है कि "लोकतान्त्रिक संस्थाओं के संतोषप्रद रूप में कार्य करते रहने के लिए सामान्य मतदाताओं का संगठन आवश्यक होता है। राजनीतिक दलों जैसी किसी युक्ति के अभाव में यह सम्भव है कि जनता की आवश्यकताओं एवं माँगों की पूर्ति की चेष्टा शिथिल हो, राजनीतिक उत्तर-दायित्व की व्यवस्था यदि असम्भव नहीं तो कठिन अवश्य हो तथा नेतृत्व अपर्याप्त और शासन अप्रभावी हो।" राजनीतिक दलों की उपयोगिता के विषय में एक दूसरा पक्ष भी है तथा अनेक क्षेत्रों में दल-व्यवस्था को हेय दृष्टि से भी देखा जाता है और राजनीति में दृष्टव्य सारी बुराइयों की जड़ राजनीति दलों को माना जाता है। स्वयं हमारे देश में उस गाँधीवादी चिंतन के अनुसार जो सर्वोदयी विचारधारा के रूप में सामने आया है, राजनीतिक दलों पर आधारित लोकतन्त्र को वास्तविक लोकतन्त्र नहीं माना जाता तथा दल विहीन लोकतन्त्र (Partyless Democracy) को उसका ऐसा विकल्प माना जाता है, जो लोकतन्त्र का वास्तविक रूप हो सकता है। महात्मा गाँधी के अनुसार राजनीतिक दल चूँकि विग्रह, विरोध और विघटन के मूल होते हैं, अतः इनका उन्मूलन ही श्रेयस्कर है। **जयप्रकाश नारायण** ने अपनी पुस्तक ए प्ली फॉर दी रिकन्स्ट्रक्शन ऑफ इण्डियन पोलिटी (A Plea for the Reconstruction of Indian Policy) मैं भी ऐसे ही विचार व्यक्त किये हैं।

□□□